合肥工业大学研究生培养质量工程
精品课程建设重点项目（YJC2009Z02）

Money and Banking
Theory · Practice · Policy

货币金融学

理论·实务·政策

主　编　张　晨
副主编　王丽娜

中国金融出版社

责任编辑：王　君　单翠霞
责任校对：张志文
责任印制：陈晓川

图书在版编目（CIP）数据

货币金融学：理论·实务·政策（Huobi Jinrongxue：Lilun·Shiwu·Zhengce）/张晨主编.—北京：中国金融出版社，2013.3
ISBN 978 – 7 – 5049 – 6703 – 9

Ⅰ.①货… Ⅱ.①张… Ⅲ.①货币和银行经济学 Ⅳ.①F820

中国版本图书馆 CIP 数据核字（2012）第 298023 号

出版
发行　中国金融出版社

社址　北京市丰台区益泽路 2 号
市场开发部　（010）63266347，63805472，63439533（传真）
网上书店　http://www.chinafph.com
　　　　　　（010）63286832，63365686（传真）
读者服务部　（010）66070833，62568380
邮编　100071
经销　新华书店
印刷　北京松源印刷有限公司
尺寸　169 毫米 × 239 毫米
印张　26.25
字数　477 千
版次　2013 年 3 月第 1 版
印次　2013 年 3 月第 1 次印刷
定价　48.00 元
ISBN 978 – 7 – 5049 – 6703 – 9/F. 6263
如出现印装错误本社负责调换　联系电话（010）63263947

前　言

　　货币金融活动是随着商品市场经济的发展而逐步产生和发展起来的一类经济活动。金融是现代经济活动的核心，是货币流通与经济运行中信用活动的总称。简单来说，金融就是资金融通，而货币及各类金融工具是资金融通活动中的主要载体，货币通过发挥其度量、核算、媒介、支付和储藏价值等功能，实现资源的跨期调配。为国民经济的资金循环提供资金融通服务是货币金融活动产生的出发点，更是货币金融活动得以发展的动力源泉。

　　不同国家和地区的市场经济有着各自不同的形成发展特点和历史环境，本书以市场经济的一般规律为切入点，以市场经济理论为基础，围绕货币金融的重点内容，以"货币与货币制度—信用与利率—银行等金融机构—金融市场各种金融产品和金融业务—金融创新与金融监管—宏观经济的金融货币政策调控"为逻辑主线展开论述。

　　全书分成三篇共十章。"第一篇　货币金融理论篇"以货币、信用、利率与现代微观金融理论为主要内容，阐述金融活动及其在现代经济中的核心地位；分析货币的本质及其职能的发挥条件，基于历史发展观的视角，分析货币制度的演变背景和过程；分析信用本质及其在金融活动和现代经济中的作用；研究利率的本质内涵与利率行为，分析不同的利率理论对金融产品定价和金融活动的影响；现代微观金融理论的讨论揭示了金融理论随着金融实践需求不断发展的轨迹，反映出人们在解决各种金融实务的利益—风险均衡问题中对金融的认知和理解的不断深入。"第二篇　货币金融实务篇"以开展金融活动的中介机构和交易场所为研究对象，分析在金融活动中扮演重要角色的金融中介机构的特征、运行及其对金融活动的作用；完整描述了各类金融市场的特点、功能及发展。"第三篇　货币金融政策篇"是对金融活动的深层次思考，从宏观经济的角度，对隐藏在金融活动背后的经济学原理加以深刻阐述；将金融研究拓展到一个开放经济的框架之下，对在金融活动向外延伸中出现的新问题、新理论作启发性的介绍和讨论。这三篇之间有着内在的逻辑关联，构成了货币金融学的有机整体。第一篇货币金融理论作为研究第二篇货币金融实务具体金融活动和工具的基础知识，以及作为第三篇货币金融政策的理论指导；第二篇的金融实务的发展和创新为第一篇货币金融理论发展轨迹提供了线索和内在动力；第三篇货币金融政策正是基于第一篇的金融理论来设计解决金融实务中所产生的各种矛盾、失衡等问题。

笔者从事面向非金融专业的各类硕士研究生和本科生的金融学专业课的教学工作近20年，主要采用国内财经类大学的相关金融教材，同时吸收国际知名大学的金融领域经典教材。在美国北科罗拉多大学（UNC）和日本久留米大学从事金融领域访学交流期间，学习了国外大学金融相关课程的内容设置和知识拓展方式，并将这些教学理论与实践经验体现于本教材中，给学生构建完备的金融知识体系，同时掌握金融问题的分析路径和方法。本教材具体特点表现为：

1. 掌握基本的分析方法。本教材通过构建货币金融理论、银行等金融机构与金融市场、金融监管与政策调控的完整框架，基于经济学的基本理论，分析货币在经济中的作用、资产价格决定、金融市场结构、银行经营管理、金融监管和调控等问题。重点运用经济学基本概念，包括均衡概念、需求—供给理论解释金融行为、利润最大化的市场原则、交易成本和信息不对称理论解释金融结构、宏观经济的总需求—总供给分析货币均衡模型等。由此所构建的统一分析框架使得学生在面对变化的金融实务时，能够把握分析金融问题的基本方法和路径，培养其自我更新知识的能力。

2. 多源信息资源加深理解。为了帮助学生理解和应用教材提供的统一分析框架，本教材采用专题研究、案例研究和拓展阅读等方式，一方面充分介绍了理论工作者在相关金融问题上的理论思想和实证研究结论，将支持和质疑被讨论主题的各种代表性实证研究证据展现给学生，让学生学会科学的理论研究方法；另一方面大量引用金融事件的实例和经济数据，让学生形成自己的分析方法和结论。让学生学会理性分析经济学理论在实践中应用的结果，理性分析货币政策当局出台的各种政策的科学性，分析在当前环境下是否还有政策优化的空间。

3. 课外学习平台提升应用能力。为了让学生将在课本中所学的金融知识更好地运用于实践，学会解读重要专业刊物上的金融新闻，随时了解金融活动的最新动态及专业评析，本教材给学生推荐了重要的金融资讯官方网站和专业网站，以供学生利用网站平台充实课外学习内容并提高学习效率。这些网站中有大量的第一手数据资料，是学生分析金融问题的主要素材。网站上也会提供大量的金融政策法规，以及披露金融监督检查结果，为学生理解金融政策的调整意图、分析政策的实施效果以及金融机构和金融市场问题的治理措施，提供了官方的信息来源渠道。专业网站上还提供专业人士的研究报告和咨询报告，这些报告为学生掌握金融问题的科学研究方法提供了范本，也给学生自主研究提供了求证和检验的样本。

本书可作为高等院校学术型研究生、MBA、MPA 及各类专业硕士研究生的金融专业课程教材。本书的三篇内容相对独立，在章节安排上由浅入深，可供高等院校非金融专业本科生全面掌握金融知识使用。也可供高等院校经管类其他专业师生及相关人员学习货币金融知识时选用。

本书共三篇十章，第一篇和第三篇的作者是张晨教授，第二篇的作者为王丽娜博士，全书由张晨教授总纂定稿，合肥工业大学管理学院的研究生梁宏莉、梅孙华、吴电云同学分别在第一篇、第二篇和第三篇的内容撰写中投入大量的基础性工作，赵冠同学在全书校对和绘图工作中提供大量帮助。本书撰写得到合肥工业大学研究生培养质量工程精品课程建设重点项目（YJC2009Z02）的支持，得到经济学院院长朱卫东教授的选题指导和立项支持，管理学院的赵惠芳教授、姚禄仕教授在本书定稿过程中给予有益的指导，在此向他们表示诚挚感谢。

张晨

2012 年 11 月 14 日

目　录

第一篇
货币金融理论篇

货币金融学 理论·实务·政策

Money and Banking
Theory Practice Policy

第一章

货币金融是现代经济的核心

【本章导读】

邓小平1991年在视察上海时指出："金融很重要，是现代经济的核心。金融搞好了，一着棋活，全盘皆活。"邓小平的这段讲话，精辟地阐明了金融在现代经济中的核心地位和重要性。当前研究货币金融的内涵和运行规律、探讨金融服务于国民经济循环的理论和方法，对我国经济发展具有重要的实践指导意义。本章通过讨论货币金融与市场经济中资金循环的关系，明确金融是现代经济的核心，给出了本书研究货币、银行和金融市场的方法，指导读者学习、使用本书。

第一节　金融与市场经济的资本循环

金融是"资金融通"的简称，是资源跨时间和空间的融通调配。这种资源跨期调配的金融活动是在其服务于国民经济循环的过程中而产生发展起来的。

国民经济循环描述了社会再生产的过程和机理，从马克思的社会再生产理论来看，国民经济循环的内容主要有经济环节的划分及各环节的关系、经济主体和产品类型的划分及其关系、经济流量循环与周转、实物流量与价值结构及其关系等。不同的经济学家对经济流量运动过程的理解存在差异。马克思主义政治经济学提出社会再生产四环节理论：价值产生于生产环节，以生产环节作为起点，通过分配流向消费环节，然后再通过交换返回生产环节，实现价值的循环。凯恩斯恒等式"收入减消费恒等于储蓄，储蓄恒等于投资"就是对经济流量运动过程简练的表述，即生产所创造的收入首先流动到消费环节，消费的剩余即储蓄再通过利率的调节流动到投资领域，消费价值对生产的消费品的交换以及投资价值对生产的投资品的交换使价值再流回生产环节，最后实现了价值循环。

1932 年，德国统计局提出了国民收入生产额、国民收入分配额、国民收入使用额的概念。1937 年美国经济学家 S. 库兹涅茨在《国民收入和资本形成》一书中，分别从生产、分配和消费三个阶段给出了国民收入的定义，并且指出了这三者必然相等的"三方等价原则"，虽然大致上概括了经济过程的主要变量，但它没有对收入过程进行分解，未考虑再分配关系；没有对支出过程进行分解，未考虑储蓄向投资的转化问题。三方等价原则不能完整概括国民经济循环的全过程。凯恩斯经济学派之后，经济学中普遍采用储蓄概念，国民收入的支出分为消费和投资两个阶段，其中包含储蓄向投资的转化过程及储蓄与投资的等价关系。

国民经济循环全过程的分析从简单体系逐步扩展到完备体系。国民经济的简单二元循环只考虑居民家庭（households）和企业（firms）两个经济单位，就是消费者向企业提供生产要素（劳动力和资本），企业支付给消费者相应的报酬（工资和股利）；企业向消费者提供最终产品（商品和服务），消费者从企业购买商品和服务，企业获得了销售收入。国民经济的复杂循环考虑居民、企业、政府（government）和国外经济体（rest of the world）四个经济单元，增加了储蓄和投资、财政收入和支出、进口和出口这三对漏出（leakage）和注入（injection）[①]，此三者之和相等才能保证国民经济在原有水平上循环周转。

按照国民经济循环模式（见图 1.1），国民经济核算体系中至少需要表述五

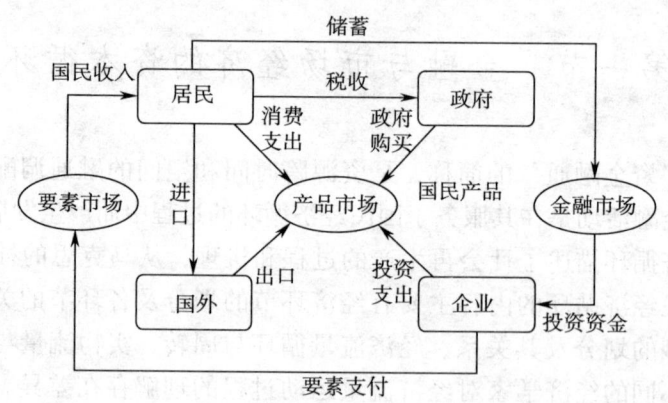

图 1.1　国民经济的资金循环

个方面的等价关系，才能完整概括国民经济循环的全过程①：（1）生产量和初次分配收入之间的等价关系；（2）初次分配收入与可支配收入之间的等价关系；（3）可支配收入与消费支出、储蓄之间的等价关系；（4）储蓄与投资之间的等价关系；（5）可支配收入与消费支出、投资之间的等价关系。在国民经济循环中，收入由生产环节所创造，收入首先要进行初次分配，形成各部门的原始收入，因此，生产的价值和原始收入是等价的。人们取得原始收入以后，国民经济还要对原始收入进行再分配，从而收入结构发生了变化。国民经济各部门的可支配收入一部分用于消费，没有消费的部分成为储蓄，消费加储蓄与可支配收入是相等的。由于储蓄与投资的等量关系，所以消费加投资与可支配收入也是相等的。这就形成了经济流量循环全过程的等价关系。

五方等价原则揭示了国民经济循环中的价值平衡关系。然而，在实际运行中价值平衡关系并非即刻实现，往往存在一定的时滞。国民经济循环是一个包含众多环节的复杂结构系统，在经济运行过程中往往出现局部资源的短缺或者过剩，影响了国民经济的高效运转，因此需要构建资源跨期调配的金融服务体系，通过金融体系的资金融通服务来解决国民经济循环中的局部环节资源短缺和过剩问题。金融体系提供了将剩余资金调配到短缺一方的资金融通机制，就如同给国民经济这个庞大复杂的机器提供了润滑系统（lubricating system），有利于国民经济的平稳运行。

金融体系的结构可以分为直接金融和间接金融体系（见图1.2）。直接金融（direct finance）体系是由金融机构提供交易服务，让资金盈余部门与资金短缺部门分别作为最后贷款者和最后借款者直接协商借贷，一般以有价证券买卖的

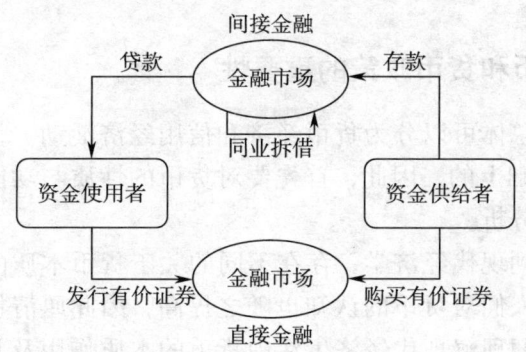

图 1.2 金融体系的结构

① 国民账户体系（System of National Accounts，SNA）的设计就是依据国民经济循环全过程的五方等价原则。

形式而实现资金融通的金融行为。间接金融（indirect finance）体系是资金盈余部门与资金短缺部门分别通过金融中介机构的信贷业务从而间接实现资金融通的金融行为。

各国金融体系的特征形成依赖于本国经济发展模式的演化，研究发现（谢平，2005），公司法、证券法、破产法、银行法等法律体系、税收政策、国民经济发达水平等因素，对不同的金融体系形成具有影响作用。美国形成了以直接金融（市场主导型）为特点的金融体系，中国则是以间接金融（银行主导型）为特点的国家。直接金融和间接金融在一国乃至国际金融体系中相互配合，以完成调配经济循环中价值流的不同目标，一般而言，融资增量的调节主要依靠商业银行实现，而融资存量的调节主要依靠资本市场来完成；银行资产安排有助于缓解长期跨期调配风险，证券市场的多种工具有助于缓解市场横断面风险。两类金融体系在风险机制等方面存在差异，在市场主导型的直接金融体系下，以股票、债券市场为主，企业亏损或违约风险直接由投资者承担，证券价格波动的市场风险较大；市场派生出多种衍生工具用以对冲风险，需要充分的信息披露和发达的市场中介体系；证券公司等直接金融服务机构的破产风险相对较小；系统性（市场系统）风险可能较小。在商业银行主导型的间接金融体系下，企业违约风险由银行承担，存款者并不直接承担贷款风险，存款者对企业信息要求低，商业银行破产风险较大，系统性（支付系统）风险可能性大。

第二节　研究货币金融对市场经济的重要性

一、研究货币和货币政策的重要性

货币金融活动总体可以分为货币经济和信用经济活动。整个金融经济是建立在货币经济的基础上的，因此，首先要对货币的性质与功能、货币制度的内涵与体系进行深入分析。

从古典经济学到现代经济学，存在不同的关于货币本质的讨论。随着市场的不断发展变化，人们对货币的认知也随之提高，因此厘清货币本质认知的发展变化，有助于我们理解现代经济生活中货币的本质作用及其在未来的发展趋势。对于货币的研究不仅仅局限于货币本质、功能的认识和货币形态的变化上，还直接关系到信用行为、银行等金融机构的产生、性质、运作规律和经济作用等微观经济活动，特别是在高度发展的现代科技推动下出现的电子货币、电子支付体系和云金融服务等。对于新兴金融业的作用与反作用的研究占据了未来一段时间内货币金融的创新领域，还关系到宏观经济的货币供求均衡和货币政策对经济的调控等理论和实践，在开放经济条件下，更关系到不同货币制度中的货币关系和相互影响，有助于加深人们对国际货币制度演变历史的理解，更加有助于对未来货币制度的设计和构建。

货币（money），也称货币供给，是在商品或服务结算以及债务支付中被广泛接受的东西。与货币联系的各种经济变量影响到我们每一个人、每一个企业、每一个社区和国家，这些经济变量对经济的健康发展至关重要。

（一）货币与经济周期

许多实证研究发现，货币在经济周期（business cycle）形成过程中扮演了主要的角色。经济周期（景气循环）是指经济运行中周期性出现的经济扩张与经济紧缩交替更迭、循环往复的一种现象，是国民总产出、总收入、总就业或总体经济活动扩张与紧缩的交替或周期性波动变化过程。经济周期可以通过许多渠道影响到我们每一个人，例如，当产量上升时，就业状况会趋于好转；当产量下滑时，找一份理想的工作就会比较困难。从美国的历史数据可以看出（图1.3中的阴影为经济衰退期），每次经济衰退出现之前，都伴随着货币增长率的下降，这说明货币供给的变化是经济周期波动的推动力之一。然而并非每次货币增长率下降之后都会出现经济衰退。

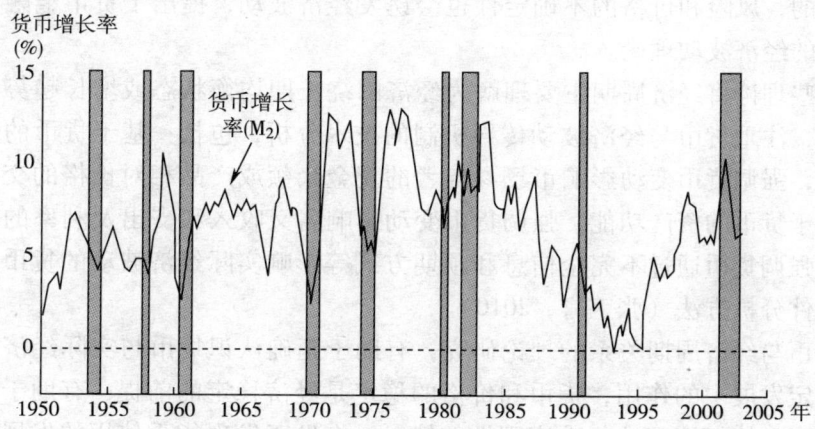

资料来源：Federal Reserve Bulletin, www. federalreserve. gov/releases/h6/hist/h6hist1. txt.

图 1.3　美国货币（M₂）增长率与经济周期

货币既可以表现为经济危机的诱发因素，也可以成为促进危机后复苏和经济稳定发展的积极力量。货币是如何作用于经济中的产出、就业和价格水平的？货币对经济稳定发挥积极作用的条件是什么？是货币变动导致实际经济波动，还是相反？18世纪的理查德·坎蒂隆，19世纪的桑顿、魏克塞尔等对这些问题进行了研究。而有关反映货币在周期的形成、传导及均衡恢复机制中作用较完整的经济周期理论主要产生于 20 世纪。霍特里（1913）从瓦尔拉斯均衡出发，认为经济周期是货币供给非均衡变动的结果。20 世纪 30 年代凯恩斯、哈耶克提出了货币与实际经济相结合的周期理论，面对 20 世纪 30 年代初资本主义经济大萧条，凯恩斯反对霍特里将货币作为经济周期根源的研究方法，认为经济周期的时间顺序和期限长短具有规则性，主要取决于资本边际效率的波动方式。20 世纪 60—70 年代，以弗里德曼为代表的货币主义认为，由于价格具有伸缩性，市场力量使经济在长期内具有内在稳定性，长期内实际产出和就业不受货币的影响，短期内经济的周期性波动是货币扰动的结果。弗里德曼（1963）认为，美联储货币供给的下降是 20 世纪 30 年代大萧条发生的主要原因，60 年代的滞胀是凯恩斯主义相机抉择的货币调节政策所导致的结果。20 世纪 70 年代卢卡斯等指出，货币主义说明 60 年代的适应性预期会产生系统性误差，认为短期内与价格信息不完全相联系的"货币失察"，会引起经济的周期性波动，而在长期由于理性预期的作用，系统性和非系统性的货币变动对实际产出和就业的影响都是中性的。20 世纪 80 年代，非均衡凯恩斯主义者将新古典综合派的工资刚性拓展到劳动力和商品市场，认为均存在名义价格刚性，提出基于市场协调失灵的经济周期理论。格林沃尔德和斯蒂格利茨（1993）指出，即使名义价格变量是非刚性的，风险和价格的不确定性也会诱发经济波动，提出了货币金融市场不完善下的经济波动理论。

这些理论将经济周期主要理解为经济围绕长期均衡状态或增长趋势周期性地波动，注重货币与经济波动传导机制的技术分析，包括：基于货币的转移支付功能，强调货币变动影响市场参与者的现金余额或产品相对价格的交易分析法；基于货币的资产功能，强调货币变动影响名义收入和支出及利率的收入分析法；强调货币通过不完全信息和预期方式等影响实际经济波动的货币作用的市场条件分析方法（张玉喜，2010）。

货币与经济周期关系的理论研究，有助于正确认识货币与实际经济因素在经济稳定发展中的作用，货币和价格的稳定是经济稳定的前提；有助于揭示货币调节中个体经济理性与政府理性的统一；有助于发现货币信用的发展必须与社会再生产发展相适应的客观规律，从而实行适于本国经济周期的货币调节政策。在应对 2008 年以来的金融危机中研究如何发挥货币对经济周期的调节作用，改善后危机时期货币信用体系等问题具有重要的理论和实践意义。

（二）货币与通货膨胀

2010—2011 年的经济生活中，作为中国居民感受最深的恐怕是消费物价指数的快速上涨。通货膨胀给百姓的感觉就是"钱不值钱了"——货币购买力的下降。一些网络流行语"豆你玩"、"蒜你狠"和"小猪当家"的出现表达出这一时期通货膨胀的主要动因，过度的流动性冲击原材料和资源品市场。由此引起人们实际工资下降，生活水平下降。

弗里德曼在 1963 年提出的论断"通货膨胀无论何时何地都是一种货币现象"。与通货膨胀相对的概念是物价稳定。格林斯潘认为物价稳定就是"价格水平变化如此之低，以至于经济主体在做出经济决策时不需要考虑价格变动所带来的影响"。实践中，各国央行通常把消费者物价指数上涨高于 0 但低于 2% 定义为物价稳定。弗里德曼认为货币供应量的增速超过实际经济增速只能导致物价水平的全面上升。弗里德曼的论断得到了许多实证研究的支持：在横截面数据上，平均货币供应量增速高的国家通胀水平也较高（Mccandless、Weber，1995；King，2001 等）；从时间序列角度来看，货币与通货膨胀存在长期正向相关关系（Lucas，1980；Stock 和 Watson，1999；Christiano 和 Fitzgerald，2003 等）。一些实证研究显示出货币与通胀之间存在更加复杂的关系，DeGrauwe 和 Polan（2001）分析了 160 个国家 30 年的平均货币增速与通胀数据发现，货币只有在高通胀环境下才与通胀率正向相关。当通货膨胀率低于 10% 时，货币与通胀之间不存在明显联系，或者是非常不显著的正向相关关系。多数学者认为（Estrella 和 Mishkin，1997；Svensson，2000；Trecroci 和 Vega，2002 等），短期内货币与通胀之间的联系并不显著，货币总量对预测短期通胀的价值相对有限。

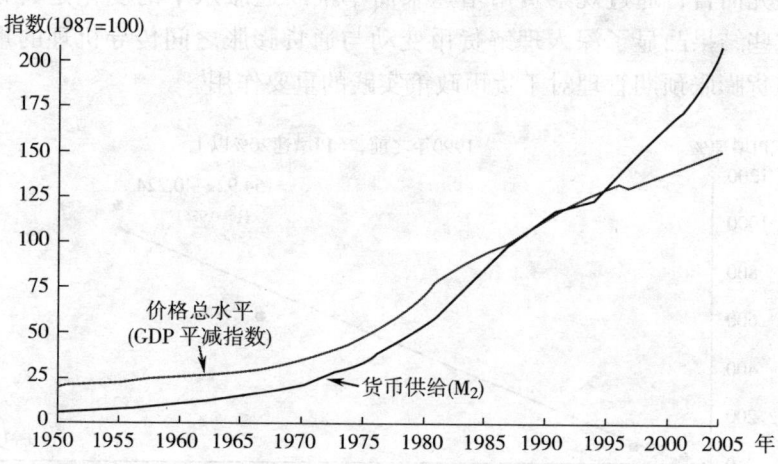

资料来源：www. stls. frb. org/fred/data/gdp/gdpdef；www. federalreserve. gov.

图 1.4　美国 1950—2005 年的货币供给和通货膨胀

高善文（2011）总结了货币与通胀在长期与短期的关系以及这种关系在中国经济中的表现。通过对 1950—2009 年期间 89 个国家的货币增速与通货膨胀数

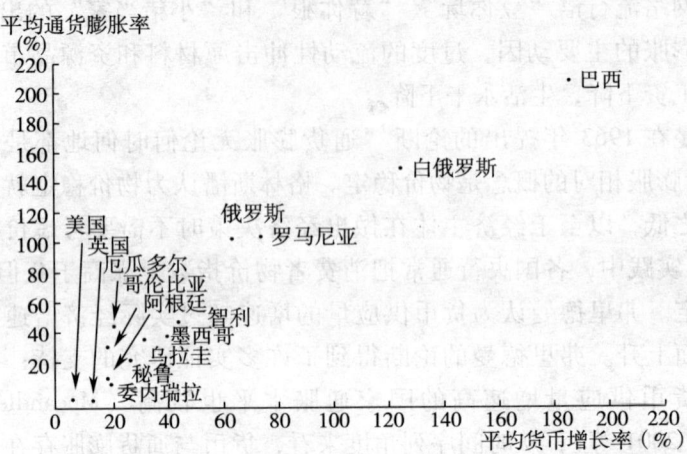

资料来源：International Financial Statistics. IMF http：//elibrary－data. imf. org/。

图 1.5   货币供给与通货膨胀率的国际比较（1992—2002 年）

据的实证研究显示：（1）总体来说通胀与货币之间在长期内确实存在相当紧密的联系；（2）对于较低通胀水平的样本，这一联系的紧密程度明显减弱；（3）最近二十年以来，货币与通胀的长期紧密联系出现显著下降（拟合优度 R^2 从图 1.6 的 0.9751 下降到图 1.7 中的 0.1118），在目前的宏观经济环境下，即使对于长期研究而言，通过观察货币增速来简单推断通胀水平的变化是具有较大风险的。这些结果凸显了深入理解货币变动与通货膨胀之间传导机理的重要性，暗示了通货膨胀预期管理对于货币政策实践的重要作用。

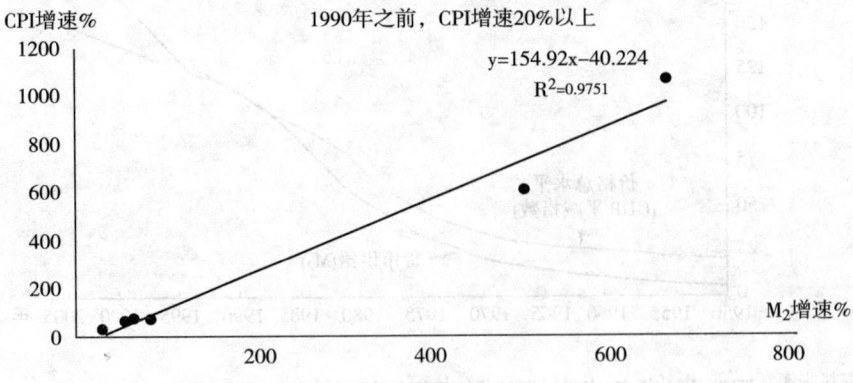

图 1.6   1990 年之前中国货币供应量增速与通货膨胀率

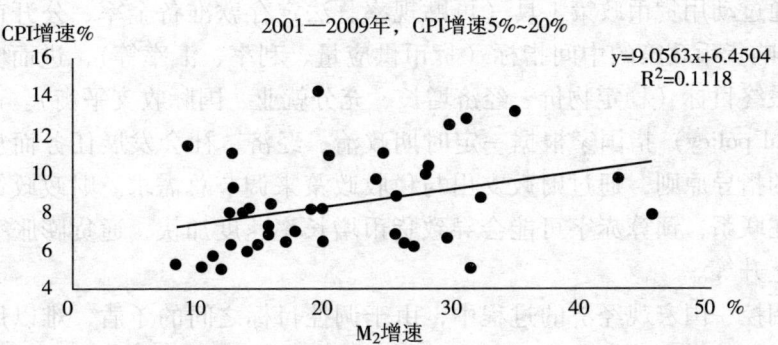

资料来源：CEIC，安信证券宏观经济研究，2011. http：//www.cf40.org.cn/uploads/userup/1108/301325339129. jpg.

图1.7 2001—2009年中国的货币供应量增速与通货膨胀率

（三）货币与利率

货币在利率波动过程中扮演重要的角色，而利率作为金融市场资金调配的价格，其波动与企业和消费者的利益休戚相关。利率根据形成机制、期限、资金交易主体和工具的不同有多种分类。在西方市场化国家一般选择流动性好且安全性好的短期政府债券（国库券）利率作为无风险收益率的替代变量，用政府的长期债券利率作为长期实际利率的代表。

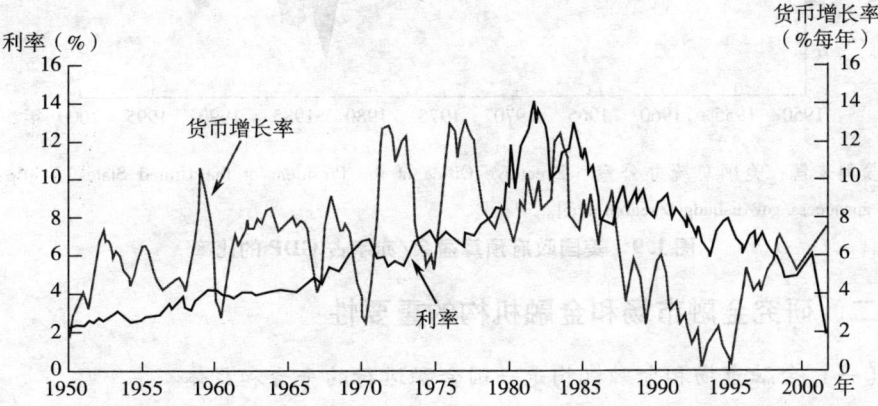

资料来源：Federal Reserve Bulletin, p. A4, Table. 10；www.ferdalreserve.gov/releases/h6/hist/h6hist1.txt.

图1.8 货币增长率与利率（美国长期政府债券利率）的关系

（四）货币与货币政策

正是由于货币供给可以影响到社会经济的诸多变量，各国政府和货币当局都非常重视货币政策（monetary policy）调控。中央银行负责货币政策的制定与

实施，通过动用货币政策工具（再贴现率、法定存款准备金率、公开市场业务
等），影响货币政策的中间指标（货币供应量、利率、汇率等），进而实现货币
政策的最终目标（稳定物价、经济增长、充分就业、国际收支平衡）。而财政政
策（fiscal policy）指国家根据一定时期政治、经济、社会发展任务而规定的财
政工作的指导原则，通过财政支出与税收政策来调节总需求。财政政策与货币
政策存在联系，预算赤字可能会导致货币增长率速度加快、通货膨胀率上升和
利率的上升等。

在调控一国宏观经济的过程中，由于调控目标之间的矛盾，难以用一种政
策实现多个目标（丁伯根法则），因此，货币政策和财政政策的协调与配合，直
接影响到政策的效果。

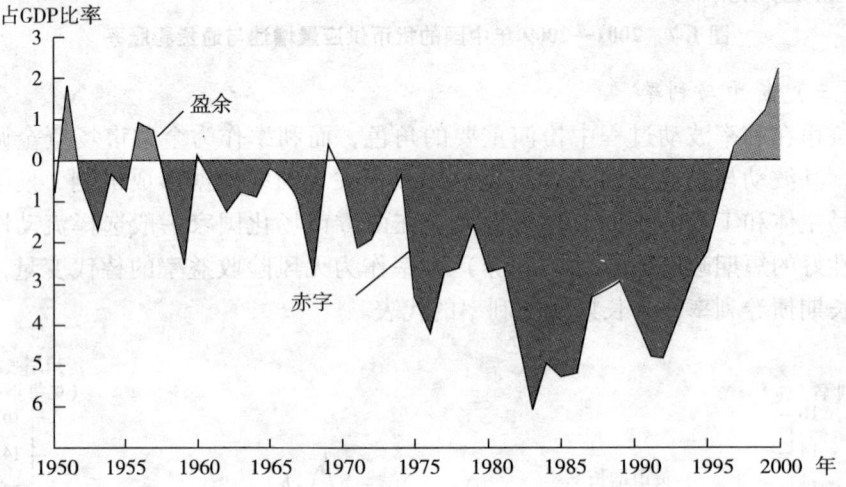

资料来源：美国总统办公室（Executive Office of the President of the United States），http://
www.gpoaccess.gov/usbudget/search.html。

图 1.9 美国政府预算盈余/赤字占 GDP 的比率

二、研究金融市场和金融机构的重要性

（一）金融市场和金融机构是一国金融运行的平台和载体

金融市场和金融机构与人们的日常生活密切相关，金融市场交易和金融机
构的业务涉及经济生活中大量的资金运动。金融市场根据资金调配的期限长短
分为货币市场和资本市场，资本市场又包括债券市场、股票市场、外汇市场等；
金融市场根据交易的品种分为基础性金融市场和衍生金融市场；根据金融产品
发行和流通的程序不同分为原始市场（一级市场）和流通市场（二级市场），流
通市场根据交易组织制度的不同又分为有组织的交易所和场外市场。金融机构

总体上分为直接金融机构和间接金融机构，商业银行是间接金融市场的信用中介，投资银行、证券公司等是直接金融市场中的服务中介。

利率是资金借贷的价格，利率的变化受货币供给、市场供求关系、国际市场利率等诸多因素的影响，同时，利率又是金融市场中各类金融产品定价的决定性因素。对利率的调整还是中央银行调控宏观经济的重要工具。

债券市场是各种公司债券、市政债券和国库券进行交易的场所，它在经济活动中扮演着非常重要的角色。企业通过发行公司债券，筹集资金用于生产性投资；政府通过发行国库券，筹集资金用来弥补财政赤字；社会公众、企业以及金融机构则通过购买公司债券、国库券进行投资。

股票市场是各种公司收益的权证（股票）进行交易的场所，它在经济活动中起着非常重要的作用。股票市场作为最活跃的金融市场，其状况往往是经济形势变化的晴雨表。股票价格的上下波动是变幻莫测的，这种变动对经济活动会产生很大影响。

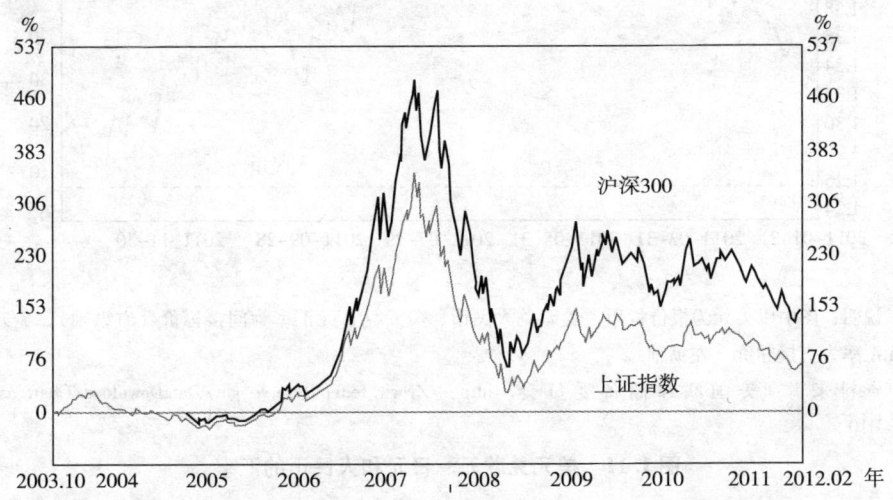

资料来源：和讯网行情中心，http://stockdata.stock.hexun.com/indexhq_000001_1.shtml。

图 1.10 中国上证指数与沪深 300 指数（2003.10—2012.02）

外汇市场是进行各种外汇交易的场所。外汇市场在经济生活中扮演着非常重要的角色，外汇市场的存在使各种不同货币可以相互兑换，使资本在国际范围内的转移、流动与重组成为可能，从而使国际经济生活尤其是国际金融市场的一体化程度大大提高。

汇率是两种货币交换的比价，货币汇率的波动受诸多因素的影响，在外汇市场上，汇率水平的上下波动往往是非常显著、频繁而且变幻莫测的。这种波动都会直接或间接地对社会公众、企业、政府当局的行为产生深远的影响。汇率不可预知性的波动给持有外汇资产和负债的经济体带来外汇风险。为了规避外汇风险，金融市场出现了各种金融创新产品，为防范利率和汇率风险提供各种套期保值的工具。推动金融创新的另一个动机是追求利益，在利益驱动下，许多金融创新产品成为投机活动的交易产品。如果投机行为过度或金融监管弱化，往往会产生巨大的金融危机。因此，金融创新产品是一把"双刃剑"，它既能给市场主体提供风险规避的工具，又能带来更大的风险，关键是看使用者如何利用它。

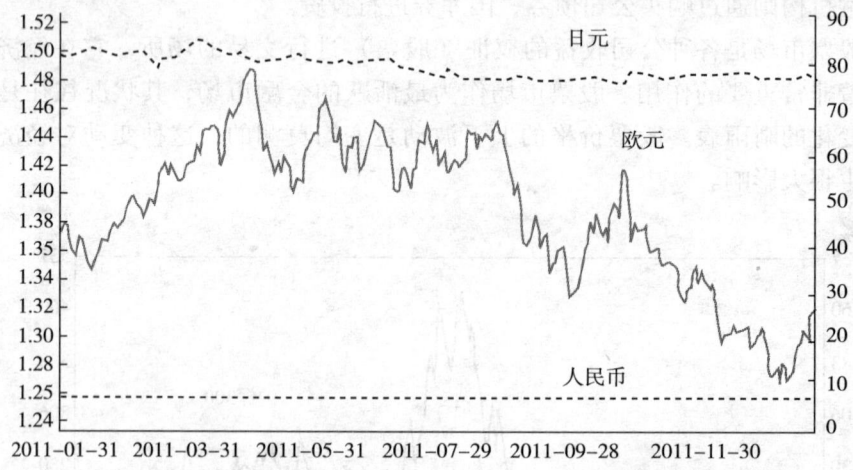

说明：图中以美元为报价货币，美元兑人民币、美元兑日元汇率为间接标价（右纵轴），美元兑欧元汇率为直接标价（左纵轴）。

资料来源：美国联邦储备委员会。http：//www.federalreserve.gov/DataDownload/Chart.aspx? rel＝H10。

图1.11 美元兑欧元、日元和人民币的汇率

由于许多金融法规已经不能适应金融创新的发展，管制当局对金融体系监管的难度加大；金融创新使国际金融市场的一体化程度大大提高，金融创新伴生的过度投机行为妨碍了金融体系的健康发展，金融创新对各国在金融体系监管的国际协调提出了更高的要求。

（二）金融市场和金融机构是货币政策调控宏观经济的平台和载体

中国改革开放30多年取得了经济高速增长的巨大成就，但同时也存在深层次的矛盾和风险，需要进一步深化改革。2010年我国GDP总量以5.8万亿美元超越日本，成为世界第二大经济体（世界经济第一大国美国的GDP为15万亿美元）。经济规模上升的同时也暴露出经济结构和分配体制的问题，中国的贫富差

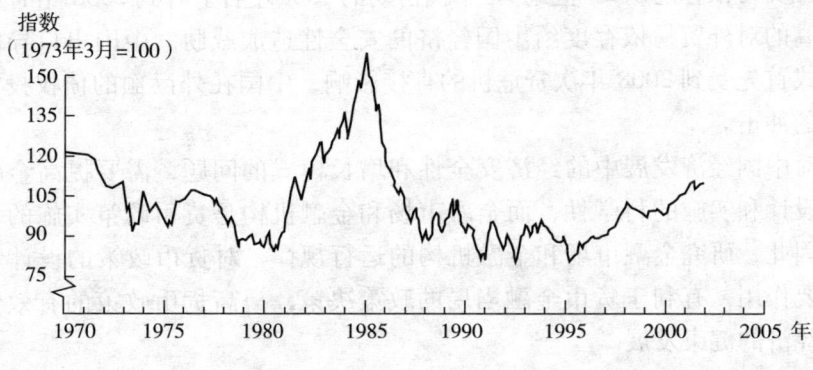

指数
（1973年3月=100）

图 1. 12　美元指数①

距不断扩大，反映一国贫富差距的基尼系数已经从改革开放初期的 0.28 上升到 2007 年的 0.48，近两年不断上升超过 0.5，超过国际通行的贫富差距过大的警戒线 0.4②。

中国成为世界最大的初级产品和资源品的生产国，2006 年中国以 23.6 亿吨的产量成为世界第一煤炭生产大国；2008 年中国以 5.1 亿吨产量成为世界第一粮食产国，以产量 772.9 万吨成为世界第一棉花生产大国，以产量 13.9 亿吨成为世界第一水泥生产大国，以年产 2.68 亿吨的产能成为世界第一钢铁生产大国，钢铁产量占全球的 25%……中国是世界初级产品和资源品的最大供应国，却不具有世界资源市场的定价权，世界市场的需求和价格的变化会给中国经济和产业结构的安全性造成巨大的冲击。

中国对外贸易飞速发展，成为支撑中国经济的重要支柱。贸易顺差带来外汇储备的增长，2006 年中国的外汇储备总量超过日本，成为世界第一外汇储备国家。截至 2012 年 6 月中国的外汇储备已经超过 3.4 万亿美元。持有庞大的对外债权需要承担巨额的机会成本和外汇风险。中国改革开放以来实行的"出口导向型"对外贸易模式，在推动中国外贸发展的同时也加大了中国经济的风险。通常使用对外贸易依存度（一国一定时期内对外贸易额占该国同期 GDP 的比重）反映一国经济与国际经济的关联程度，对外贸易依存度是一个区间型指标，即存在一个最佳的合理区间，对外贸易依存度过小或者过大都不是最佳状态。

---

①　美元指数（US Dollar Index）于 1973 年由纽约交易委员会（New York Board of Trade，NYBOT）推出，采用 6 种货币对美元汇率的指数加权平均计算而得，6 种货币是欧元（EUR）、日元（JPY）、英镑（GBP）、加拿大元（CAN）、瑞典克朗（SEK）和瑞士法郎（CHF）。基期美元指数定为 100。货币指数能够描述该货币实际价值的变化情况。

②　信息来源：网易新闻，www.news.163.com，2010 年 5 月 21 日。

中国对外贸易依存度从 20 世纪 90 年代初期的 15% 左右上升到 2006 年的 65% 左右，过高的对外贸易依存度给中国经济的安全性造成威胁。中国出口导向型的贸易模式首先受到 2008 年次贷危机的直接影响，中国在外巨额的债权投资也受到较大的冲击。

面对中国经济发展中的经济安全性和增长模式的问题，需要提高金融货币政策的设计和实施的科学性，而金融市场和金融机构是货币政策实施的平台和载体，因此，研究金融市场和金融机构的运行规律，对货币政策的设计和实施具有重要作用，有利于货币金融当局的政策决策，提高货币政策的有效性，保障国家经济的健康发展。

以下是学习货币金融学可参考的一些重要网站。

1. 中国人民银行：http：//www. pbc. gov. cn。

2. 中国银监会：http：//www. cbrc. gov. cn。

3. 中国证监会：http：//www. csrc. gov. cn。

4. 中国保监会：http：//www. circ. gov. cn。

5. 中国国家统计局：http：//www. stats. gov. cn。

6. 美国联邦储备体系：http：//www. federalreserve. gov。

7. 美国统计署：http：//www. census. gov。

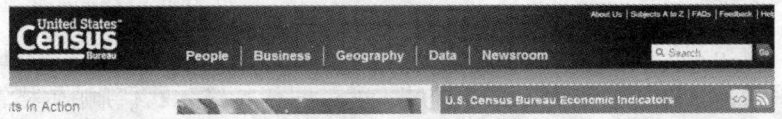

8. 美国经济分析局：http：//www. bea. gov。

9. 美国国家经济研究局：（The National Bureau of Economic Research）网站 http：//www. nber. org。

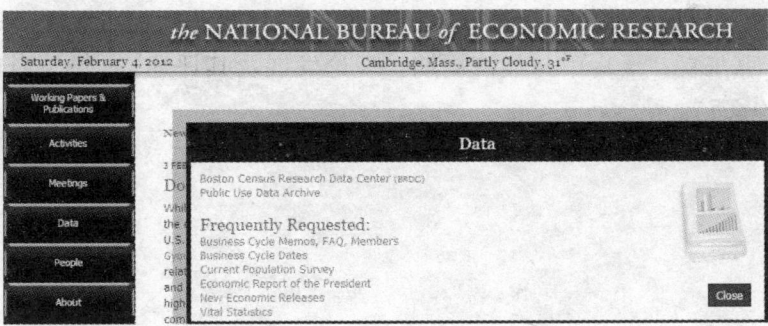

10. 美国证监会（SEC）：网站 http：//www. sec. gov。

11. 国际货币基金组织（IMF）：http：//www. imf. org/external/index. htm。

12. 世界银行（WB）：http：//www. worldbank. org。

参考文献

［1］樊苗江、柳欣：《货币理论的发展与重建》，北京，人民出版社，2006。

［2］彼得·纽曼、默里·米尔盖特、约翰·伊特维尔：《新帕尔格雷夫货币金融大辞典》（第1卷），北京，经济科学出版社，2000。

［3］（英）凯恩斯（Keynes, J. M.）：《就业、利息和货币通论》（英文），上海，上海世界图书出版公司，2010。

［4］杰格迪什·汉达：《货币经济学》，北京，中国人民大学出版社，2005。

［5］钱津：《国际金融危机对现代经济学的挑战》，北京，经济科学出版社，2009。

［6］《马克思恩格斯全集》，第46卷（上），北京，人民出版社，1979。

［7］张玉喜：《货币与经济周期：理论发展及其评述》，载《当代经济研究》，2010（5）。

第二章

货币与货币制度

【本章导读】

货币是商品经济发展的产物。货币从商品中分离出来，固定充当一般等价物时，它不仅克服了商品流通中的矛盾，而且使经济发展与货币密切联系在一起。货币是现代金融活动的基本工具。在人类社会从商品经济到货币经济，从货币经济到信用经济，从信用经济到金融经济的发展过程中，货币形式不断演进，信用工具层出不穷，有力地推动了现代金融经济的发展。

美国地球物理学家金·哈伯特（M. K. Hubbert）曾说："在一万个人中只有一人懂得通货问题，而我们每天都碰到它。"在当今社会，人们的日常生活和社会经济活动都离不开货币，它是现代金融体系的核心要素。本章主要通过阐述货币的产生和发展来认识货币的本质，剖析货币的职能，进而了解货币制度的主要内容及货币制度演变过程，并对货币发行和区域货币进行阐述。

货币是商品经济内在矛盾发展的产物，是商品矛盾运动中价值形式发展的必然结果。货币的形式随着生产和交换的发展以及科技进步而不断地演变，出现从实物货币到金属货币，从代用货币到信用货币，从电子货币到云金融服务体系的发展，并将不断演化创新下去。对于货币本质的认识，历史上具有代表性的观点有货币金属论、货币名目论、货币职能论和劳动价值论。根据马克思的观点，货币的职能包括价值尺度、流动手段、贮藏手段和支付手段。无论货币形态如何推陈出新，其担当一般等价物的本质不会改变。

货币制度是一个国家或一个经济区域（如欧盟）以法律形式规定的该国或该地区货币流通的结构、体系和组织形式。从历史演变来看，货币制度大体经历了银本位制、金银复本位制、金本位制、不兑现的信用货币制度等阶段。

货币发行是一定时间内从央行进入流通流域的货币减掉回流到央行的货币的差额，按其性质可分为经济发行、财政发行、隐蔽的财政发行和信用发行。

区域货币一体化是指一定地区内的有关国家和地区在货币金融领域实行协调与结合，形成一个统一体，最终实现统一的货币体系，现有较为典型的包括欧洲统一货币、拉美国家美元化和非洲区域货币合作。

第一节　货币的产生与发展

一、货币的产生

人们在对货币产生的探索中形成了各种各样的看法，如有人认为货币是"人们协商的产物"，也有人认为货币是"国家强权的产物"，马克思在《资本论》中揭示了货币起源于商品经济的发展。人类社会起初并无货币存在，货币是商品交换发展的自然结果。

马克思在《资本论》中指出了物物交换困难是货币产生的根本原因，"货币是交换过程的必然产物"，第一次阐明了货币产生的根源是商品经济。商品是用于交换的劳动产品，是价值和使用价值的统一体，价值是商品的本质属性，使用价值是商品的自然属性。马克思从商品和商品交换入手，从两个方面论述了货币的产生。

（一）货币是商品经济内在矛盾发展的必然产物

商品是为了交换而生产的劳动产品，商品经济内部存在着三对矛盾：使用价值与价值的对立统一；具体劳动与抽象劳动的矛盾；私人劳动与社会劳动的矛盾。

社会分工和不同所有制是商品经济的两个基本前提条件。劳动的私人性质决定产品归私人所有，而产品又不是或主要不是供生产者本人消费，必须纳入社会化产品中进行分配。私人劳动要求社会承认它具有社会意义并转化为社会劳动，私人劳动只有通过商品交换才能转化为社会劳动。生产的商品交换出去了，说明生产商品所花费的私人劳动为社会所需要，是社会分工体系的必要构成部分；通过交换取得了别人的劳动产品，同时也实现了从社会总产品中分得一定份额的权利。

不同商品是由不同形式的具体劳动生产出来，具有不同的使用价值，对人们有不同的效用（utility），商品的使用价值千差万别，无法衡量和比较，只能依据商品的共同属性——凝结在商品中的无差别的人类劳动，即商品的价值来衡量。各种商品的价值在质上是同一的，在量上可以比较。商品交换就是以价值为基础，遵循等价交换的原则。价值比较和表现的过程就是私人劳动向社会劳动的转化。任何社会经济形态中的商品，都是使用价值和价值的矛盾统一体。

一方面商品的使用价值和价值是统一的，价值的存在要以使用价值的存在为基础，使用价值是价值的物质承担者。另一方面商品的使用价值和价值又是矛盾的。使用价值作为商品的自然属性，反映的是人与自然的关系，是一切有用物品包括商品所共有的属性；价值作为商品的社会属性，反映的是商品生产者之间的社会关系。

在物物交换条件下，所有的商品都只是特殊等价物。由于社会生产力的发展和交换的扩大，使得某一种特定的商品成为一般等价物，于是这一商品的自然形式就成为社会公认的等价形式。"由于这种社会过程，充当一般等价物就成为被分离出来的商品的特殊社会职能。这种商品就成为货币。"马克思揭示的货币产生过程的逻辑推理为：商品的内在矛盾推动商品交换→交换过程中的矛盾导致价值形式有独立的必要→一般等价物的出现和发展→货币产生。

（二）货币是商品价值形式发展的必然产物

价值是抽象无形的，无法直接计量，只有在两种商品相互交换中，通过另一种商品表现出来。商品交换中必须有商品价值的表现形式，称为价值形式或价值形态（form of value）。价值形式随着商品交换的发展而不断发展演变。

原始社会后期，由于社会生产力的发展，出现了社会分工，产品在满足生产者自身需要后出现剩余，在原始公社之间出现了最初的物物交换。在最初的物物交换中，由于用于交换的物品较少，一种商品的价值只能偶然地、简单地表现在另一种商品的使用价值上，马克思用公式表示为：1 只绵羊 = 2 把石斧，称为简单（偶然）价值形式。在简单价值形式中，"绵羊"这一商品的价值得以实现转化为社会劳动，而个别等价物——石斧则作为货币的胚胎出现。后来商品交换变得日益频繁和丰富，用于交换的物品也日益增多，一种商品的价值可以用许多商品来表示，发展到扩大的（或总和的）价值形式。

扩大的价值形式相对于简单价值形式的进步表现在：源于不同的生产过程、具有不同的使用价值的各种商品都可以用来表现同一件商品的价值，扩大的价值形式体现了人类劳动的同质性。然而简单价值形式和扩大价值形式中的商品交换还都是直接的物物交换。随着商品交换的频率的提高、规模和范围的日益扩大，直接的物物交换对交换双方的供求在空间和时间上的吻合有着严格苛刻的要求，常会使得商品转让极其迂回复杂，不适应商品经济发展的要求。因此，商品经济的发展必然要求有一个一般等价物作为交换的媒介。

在日益增多的商品进入频繁交换的过程中，某些进入交换次数较多、人们需求较为普遍的商品逐渐分离出来，这些商品作为一般等价物可以与其他任何商品直接交换。直接的物物交换发展为以一般等价物为媒介的间接交换，这就是一般价值形式（general form of value）。在这里价值形式发生了质变，一般等价物从商品世界中分离出来，成为表现其他一切商品的统一的、一般的价值形式，充当商品交换的媒介，具有了货币的一般性质。

最初充当一般等价物的商品是不固定的，它只在狭小的范围内暂时地交替地由这种或那种商品承担，无法在更大范围进行更深程度的商品交换。经过长期的发展，人们认识到一般等价物要求有价值稳定、易于保存、不易变质、易于分割和携带等自然属性，而贵金属金银最符合这一要求，于是出现了由金银固定充当一般等价物的价值形式。当一般等价物逐渐固定在特定种类的商品上时，它就定型化为货币。货币形式与一般价值形式并没有本质的区别。

马克思关于"金银天然不是货币，但货币天然是金银"[①] 的论断概括了货币价值形式从商品交换中演变的历程，以及金银具有担任货币职能的最佳自然属性。

二、货币形态的演进

在商品经济中，货币作为一般等价物的本质是不变的，但货币形态却随着生产和交换的发展而不断演变。按币材的自然属性，货币可分为实物货币、金币、银币和纸币等；按发行者的身份，货币可以分为私人铸币、银行货币和国家铸币或纸币；按货币的实际价值与货币所代表的价值之间的关系，货币可分为足值货币和非足值货币。

（一）实物货币

实物货币（commodity money）是价值与其作为普通商品价值相等的货币，依据其自身的价值担当货币职能。人类历史上最古老的货币是实物货币，如谷物、布、农具、木材、家畜等许多商品都做过货币。在中国，大致在新石器时代晚期开始出现牲畜、龟背、农具等实物货币。夏商周时期是中国实物货币发展的鼎盛期，这时期的实物货币主要是由布帛、天然贝等来充当。古代俄罗斯，毛皮、牲畜也曾充当过货币。由于一般实物货币存在价小体大、不易分割、不便携带等缺点，阻碍了商品生产和商品交换的发展。随着人类的金属开采、冶炼和加工技术的提高，以及贵金属本身具有充当货币材料的天然优良属性使其逐步排挤了一般实物货币而独占货币地位。

（二）金属货币

金属货币（metallic currency）是以金、银、铜等金属作为货币材料，充当一般等价物的货币。严格来说，金属货币也是实物货币。

商周时期，随着商品经济的进一步发展，市场交换对货币的需求逐步增大，

---

① 卡尔·马克思：《政治经济学批判》，北京，人民出版社，1972。

以往的天然贝类货币已不能满足日益发展的形势要求。随着社会发展，人类已掌握冶炼技术，便出现了金属贝类货币，如无纹铜贝、铜仿大贝、金贝、银贝、锡贝、铅贝、包金铜贝等，这些以金属铸制仿贝型的货币统称金属铸贝货币。

金属货币在流通早期是以条块形式出现的，以自然重量计量标准，故称为"称量货币"。后来随着交易的发展，金属货币逐渐演变成按一定重量、成色铸造的货币，初期由私人铸造，最后演变为由国家统一铸造、统一流通。

金属货币的流通虽有优点，但也有明显的缺点，一是称量与鉴定成色十分麻烦，二是金银数量有限，币材的供应无法适应市场交易发展的需要。随着经济的发展出现了代用货币。

（三）代用货币

代用货币（representative money）是在贵金属货币流通的制度下，代替金属货币流通的货币符号。它本身价值低于货币面值，但可以和所代表的金属货币自由兑换。代用货币通常是纸制的，相当于一种实物收据，可由政府或银行发行，但要求有足量的金属保证，以满足代用货币的随时兑现。使用代用货币的优点是印刷成本远低于铸币的铸造费用；避免了日常自然磨损对贵金属的损耗；容易保管、携带和运送，节省了流通费用。

然而代用货币的发行量仍然受贵金属准备的限制，不能满足经济发展的需要。由于战争和经济危机的冲击，随着金本位制的崩溃，代用货币演变为信用货币。

（四）信用货币

信用货币（credit money）是由国家法律规定的强制流通且不以任何贵金属为发行基础的独立发挥货币职能的货币。与代用货币不同，信用货币本身的价值低于其代表的货币价值且不依托任何金属货币，只是一种信用凭证，完全依靠发行者信用（银行信用或政府信用）而流通。由于信用货币属于银行或政府的负债，又被称为债务货币。目前世界各国发行的货币基本都属于信用货币。

20世纪30年代，由于世界性的经济危机，各主要资本主义国家先后放弃金本位制和银本位制，所发行的纸币不再兑换金属货币，从而产生了信用货币。一般说来，信用货币作为一般的交换媒介必须具有两个条件：货币发行的立法保证；人们对此货币有信心，而信心来自于货币发行国经济社会的稳健运行。

信用货币有广义、狭义之分。广义的信用货币是指由借贷行为产生的，具有一定流动性的信用凭证和信用符号。它主要包括国家信用凭证（纸币和政府短期债券）、银行信用凭证（活期、定期等各类存款）和高信用等级的商业信用凭证（商业票据、银行承兑汇票等）。狭义的信用货币包括现钞和银行活期存款，具有普遍接受性。

第二节　货币的本质与职能

一、货币的本质

货币作为商品经济时代一种普遍的现象，几乎所有经济行为和经济运行的背后，都可以归结为货币的运行。从居民家庭的日常生活，到企业的生产经营乃至国民经济的运行，人们用货币衡量其劳动所得，用货币计量经济活动的成本与收益，用货币象征其对社会财富的拥有，用货币预测未来经济增长的规模。货币在现实生活中的作用发挥客观上使商品经济过渡到货币经济时代，并在货币经济基础上向信用经济和金融经济时代发展。对货币本质的认识，代表性的观点有以下几种。

（一）货币金属论

货币金属论认为货币是一种商品，其自身必须有价值，它的实际价值是由货币金属的价值所决定的，因此只有金银才是货币。提出这种观点的主要是早期的重商主义者，最后的形成与完善则是古典经济学派的威廉·配第、亚当·斯密和大卫·李嘉图等人。

重商主义是欧洲资本原始积累时期代表商业资产阶级利益的一种经济学说和政策体系，流行于16—17世纪。当时产业资本尚未发展，工业生产主要还是手工业生产，并被商人资本所控制。新兴的资产阶级要求积累财富，但这时掌握政权的封建帝王为了弥补财政赤字而实行铸币贬值。在英国，一磅白银1290年铸造240个便士，到了1616年则铸成792个便士。铸币贬值损害了商人利益，它与新兴资产阶级积累财富的要求相矛盾。在这种历史条件下产生了重商主义的货币理论与政策。

早期重商主义者主张在对外贸易方面奉行绝对的"少买多卖"原则，增加对外贸易顺差，换回更多的金银，并禁止金银出口。晚期重商主义者为了适应当时工场手工业和转运贸易发展的需要，主张扶植手工业以扩大输出，通过降低物价来加强对外竞争力，最终实现对外贸易顺差，使更多的金银流入国内。早期和晚期的重商主义在基本认识上是相同的，都是货币金属论者，其基本观点是：

（1）货币是唯一的财富，货币必须足值，只有金、银才是货币。

（2）货币就是资本，强调货币资本的重要性。资本一般分为生产资本、商品资本、货币资本等多种形态。

（3）利润是买卖商品的结果，是在流通中产生的额外货币，而不是生产中创造的。流通支配生产。

代表产业资本利益的古典政治经济学派形成并完善了货币金属论，他们对货币本质的解释是：

（1）货币是从普通商品中分离出来的起货币作用的特殊商品。它的价值决定于生产金、银所耗费的劳动。货币商品与普通商品的交换是等价交换。货币有内在价值，金、银是货币。

（2）货币是交易的媒介或交换的工具。与重商主义者不同，他们并不认为货币数量越多越好，而是主张适量货币流通。威廉·配第把货币比做国家躯体的脂肪，过多或过少都对商业有害。他提出的商业所需货币量的决定因素成为人们至今仍遵循的原理：货币需要量与商品交换额成正比，与交换的次数即货币流通速度成反比。亚当·斯密和大卫·李嘉图都主张银行券或纸币流通，但这些价值符号发行的数量应不超过流通界对金银货币的需要量。

（3）作为一般社会财富的金、银货币，为每一个人所接受，不受时间、地点的限制，而且能长期保存。普通商品如谷物、酒品、肉类等，虽是财富，但它们是一时一地的财富，这些具体的财富往往不易保存、容易变质。

（二）货币名目论

货币名目论不以商品学说为基础，否认货币与贵金属之间的联系，认为货币价值能否稳定，并非货币所含的贵金属所能保证的。货币名目论从根本上否定了重商主义的货币财富观，认为货币是一个观念的计量单位，是计算商品价值的比例名称。其货币本质可以概括为：

（1）货币不是商品，不是价值与使用价值的统一体；货币所代表的价值是货币职能的价值，货币的价值并非来自于货币的材料；认为纸币同金属货币一样具有货币的职能，指出纸币是货币发展的更高一级形态。

（2）货币量不是金属的数量，而是对社会财富的一种保证，表示商品价值的一种计算单位。货币不是财富，只是便利财富转移的一种手段。

（3）货币为一国法令的创造物，国家以法令的形式赋予本国货币特定的名称、一定的价值或面值。

货币名目论对货币本质的解释是针对不足值的金属货币或纸币而言的，适合于信用货币制度。

（三）货币职能论

这种观点从货币职能或用途来解释货币本质。如美国经济学家斯蒂格利茨说："货币就是货币行使的职能，经济学家们根据货币行使的职能定义它，因此我们在了解货币的正式定义之前，有必要首先看看这些职能。"米什金从货币的支付职能给货币下了定义:"经济学家将货币(货币供应)定义为:在商品或劳务的支付中或债务的偿还中被普遍接受的任何东西。"托马斯·梅耶认为:"任何一种能执行交换中介、价值标准或完全流动的财富贮藏手段职能的物品都可看成是货币。"

(四) 劳动价值论

这种观点的主要代表人物是卡尔·马克思。他在分析了货币在商品交换中的发展过程后,对货币本质的认识是:货币是商品的一般等价形式,是一定生产关系的体现。马克思在研究19世纪中期的金本位制的基础上,揭示出货币具有内在劳动价值,是在商品内在矛盾发展到一定阶段后从商品中分离出来的充当一般等价物的特殊商品。

【讨论题】货币的本质是什么?站在今天的商品经济发达的社会,如何认识马克思关于货币的定义——固定充当一般等价物的特殊商品?

二、货币的职能

不同学派对货币职能划分标准没有太大分歧,但对如何概括各职能则有不同看法。马克思是按照价值尺度、流动手段、贮藏手段、支付手段的顺序进行阐述的。

(一) 价值尺度 (measure of value)

价值尺度是货币最重要的基本职能,其他职能都是在此基础上派生的。价值尺度指货币充当衡量和表现一切商品价值大小的社会尺度。执行价值尺度职能的货币,只是想象的或观念上的货币,无须现实的货币;而且所指的是十足价值的货币。

马克思对于价值尺度职能的解释是基于其劳动价值学说:"货币作为价值尺度,是商品内在的价值尺度即劳动时间的必然表现形式。"[1] 劳动时间是价值量的内在尺度,因为价值量本身是由劳动时间决定的;而货币则成为价值量的外在尺度。货币作为价值尺度同社会必要劳动时间的关系,就表现为商品同货币的交换比例。用货币来表现商品的价值量就是商品价格,虽然价值量的内在尺度决定外在尺度,但外在尺度也反作用于内在尺度,外在尺度由于受到外部因素的影响,而具有偏离内在尺度的可能性。

(二) 流通手段 (medium of circulation)

货币的流通手段职能是价值尺度职能的进一步发展。当货币在商品交换中

---

[1]   马克思:《资本论》(第1卷),第112页,北京,人民出版社,1975。

起媒介作用时，发挥的职能是流通手段或交换媒介。

以货币为媒介的商品交换就是商品流通，它由商品变为货币（W－G）和由货币变为商品（G－W）两个过程组成。由物物交换过渡到商品流通，意味着卖与买被分成了两个独立的过程，W－G 即卖的阶段是商品的第一形态变化，这一阶段很重要而且实现比较困难，马克思称之为"惊险的跳跃"。因为如果商品卖不出去，不能使原来的商品形态转化为货币形态，则商品的使用价值和价值都不能实现，商品所有者就有可能破产。货币作为流通手段的职能，就已经包含了经济危机形式上的可能性。G－W 即买的阶段是商品的第二形态变化，由于货币是一切商品的一般等价物，如果商品充足，有货币就可以买到商品，这一阶段是比较容易实现的。由于货币在商品流通中作执行流通手段的职能，打破了直接物物交换时间和空间的限制，扩大了商品交换的品种、数量和地域范围，从而促进了商品交换和商品生产的发展。

由于货币执行流通手段职能时把商品交换分为卖和买两个独立的行为，这就孕育了商品买卖可能脱节的矛盾。当买入大于卖出，必然使一部分商品积压，严重时造成过剩危机；当买入小于卖出，又会加大物价上升的压力，容易引起通货膨胀。产生这两种结果的原因是复杂的，其中一个重要原因是货币的数量不能适应商品流通的需要。确定适应商品流通需要的货币流通量，就要研究货币流通规律。货币流通规律是指一定时期内一个国家的商品流通过程中客观需要的货币量的规律。它揭示了流通中所需要的货币量，与待实现的商品价格总额成正比，与同一单位货币的平均流通速度成反比。这一规律可以用公式来反映：

$$M = \frac{\sum Q_i \cdot P_i}{V}$$

式中：M 为一定时期内流通中所必需的货币量；P_i 为某类 i 商品价格；Q_i 为某类 i 商品流通量；V 为单位货币流通速度。

在金属货币流通的情况下，由于金属货币具有贮藏手段的职能，在一定程度上能够自发地调节流通中的货币量，使之同实际需要量相适应，因而不容易出现通货膨胀或通货紧缩。而在纸币流通体制下，纸币的贮藏手段职能发挥具有局限性，难以自发地调节流通中的货币量，容易出现通货膨胀或通货紧缩。因此，纸币流通时期的货币当局深入研究影响本国货币流通的各种因素，遵循货币流通规律对经济稳定发展具有重要意义。

（三）贮藏手段（means of hoarding）

贮藏手段是指货币退出流通领域充当独立的价值形式和社会财富的一般代

表、以一种静止的状态被储存起来的一种职能。马克思称之为货币的"暂歇"，弗里德曼则称之为"购买力的暂栖处"。

在商品经济条件下，货币作为贮藏手段一定程度上能够自发地调节流通中的货币量。当流通中需要的货币量减少时，多余的货币就退出流通；当流通中需要的货币量增加时，部分被贮存的货币就进入流通。作为贮藏手段的货币必须是现实的、足值的金属货币，以确保贮藏价值的稳定，这是货币执行贮藏手段职能的一个基本前提。

【讨论题】充当贮藏手段的货币，必须是实在的足值的金银货币吗？纸币是否具备贮藏手段的职能？纸币发挥贮藏手段职能有哪些条件？

作为贮藏手段的货币必须是实在的足值的金属货币，以确保贮藏价值的稳定，而信用货币纸币的实际价值远小于其法定的名义价值，理论上说，作为价值符号的纸币在退出流通领域后无法保存任何价值，纸币不具有贮藏手段职能。然而现实中我们也能够看到纸币在一定条件下担当了"购买力的暂栖处"的职能，只有当纸币币值长期保持稳定的条件下，人们才会储藏纸币。

（四）支付手段（means of payment）

支付手段是指货币作为独立价值形式的单方面运动，用以结清业已存在的债权债务关系时所执行的职能，如清偿债务、缴纳税款、支付工资和租金等。

支付手段是随着赊销行为的产生而出现的。在商品流通中，商品生产时间的长短不一，销售商品所需时间各不相同，有些商品生产带有季节性，因此难以确保每笔交易都是现付货款，出现了商品/劳务与对价的不同时相向运动，即赊买赊卖。处于赊销期间的买卖双方就演变成为债权债务双方。当债权债务关系到期清偿时，货币就执行支付手段职能。

货币支付手段职能的发挥中出现了信用行为。由于人们对不同形式消费的主观评价不同，通过交换各取所需可以增加双方的效用。同样，人们对处于不同时间的消费主观评价也有所不同，跨期交换同样可以增加总效用。这种时间维度上的交换要通过信用（借贷）行为来实现。由于经济体对未来财富的评价总是低于现在，经济体总是偏好拥有现在的流动性强的财富（流动性偏好），提前消费的人要向推迟消费的人支付一定的费用（利息）。

【讨论题】比较货币的流通手段职能和支付手段职能的区别有哪些？

（五）世界货币（world currency）

世界货币职能指货币跨越国境在国际上发挥一般等价物作用时的功能，是货币诸职能在世界范围的延伸。

世界货币的主要作用有：（1）充当国际间一般的支付手段，如支付国际贸易差额、偿还国际借贷等。（2）作为社会财富的代表，由一国转移到另一国，如战争赔款、向别国借款或贷款、国际援助等。

金属货币因其具有十足价值，可以完整执行世界货币的职能，而信用货币因其不具有十足价值，是依靠发行国法律强制流通的价值符号，一旦跨越国境，其法律强制力不再有效，因此，信用货币的世界货币职能的发挥具有附加条件。

【讨论题】你认为当前哪些纸币能够担当世界货币职能？纸币担当世界货币的条件有哪些？

【专题2-1】　　　　电子货币与"云金融"

在人类的发展史上，用于交换的媒介不断演化，从最初的实物，到黄金、白银、银行券、纸币，形成了今天的货币形式。交易成本最小化在货币演化过程中起到了重要的推动作用。交易成本包括：（1）交易制度成本：国际组织、国家及有关的社会组织为保证和促进交易以更低的成本顺利地进行而制定、修改制度及保证制度正常运行的成本。（2）交易活动成本：交易者在该制度下从事交易活动所发生的成本。主要包括交易贮藏成本、交易信息成本、交易运输成本、交易市场成本、交易风险成本。随着信息与网络技术的发展，经济体寻求最小化交易成本的动机催生了各种新型货币和电子支付体系的发展。

1. 电子货币

随着电子商务发展而出现的电子货币（electronic money），是继纸币取代铸币以来货币形式发生的第二次标志性变革。

欧盟支付系统工作小组于1994年5月向欧洲货币当局提交《预付价值卡（Prepaid Card）》，报告认为："电子货币是一种最近出现的新型支付工具，被称为多用途卡或者电子钱包，它是包含着真实购买力的塑料卡片，为了获得该卡片，消费者必须预先支付其价值。"1998年，欧洲中央银行发布的《电子货币》报告修订了1994年报告中的电子货币定义，界定电子货币为"以电子方式存储在技术设备中的货币价值，是一种预付价值的无记名支付工具（bearer instrument），被广泛用于向除电子货币发行人以外的其他人的支付，但在交易中并不一定涉及银行账户"。美国通货管制局在储值卡系统文件中认为电子现金可以直接储存在个人的计算机或储值卡上。

巴塞尔银行监管委员会有关网上银行监管的主要文件包括《电子货币、消费者保护、法律实施、监管和跨国问题》、《电子银行和电子货币的风险管理》、《电子银团动议和白皮书》以及《电子银行风险管理原则》等，相关文件指出，电子货币是指在零售支付机制中，通过销售终端、各类电子设备之间以及在公开网络（如 Internet）上执行支付的"储值"（电子钱包）和预付支付机制（数字现金）。

表 2.1   电子货币的类型

类型	举例	比较
储值和信用卡型	如储蓄卡和信用卡	使用电子技术和支付方式相结合的系统，所存款或其他资金划入另一个账户，没有新的货币形态创造，没有新的信用产生，只是新的电子化支付方法。
智能卡型	如 IC 卡、电子支票	
数字现金型	依靠 Internet 支持在网络上发行、购买、支付的数字现金（digital cash）。	以计算机网络为基础的新型支付方式，融储蓄、信贷和非现金结算等多种功能为一体。

资料来源：刘颖：《货币发展形态的法律分析》，载《中国法学》，2002（1）；肖祖平：《电子货币交易中的隐私权法律保护》，北大法律网，2006－11－30。

从 20 世纪 90 年代开始，中国社会的总支付量每年都在成倍增加，而社会流通中的现钞量几乎没有增加，一直稳定在 3 万亿元左右。2008 年全国支付量是 1130 万亿元，其中，700 万亿元是大额支付系统完成的电子支付；300 万亿元是各大银行电子支付完成的交易；127 万亿元由中国银联的银行卡系统完成；剩下 3 万亿元是现钞流通完成的。目前我国零售交易上使用的现金，其成本大概是 1.7% 左右，而电子货币是 0.6% 左右。如果没有现代化支付系统，也许要多建造 100 个中国印钞厂。从成本上看，中央财政为人民币的印刷、保管、运输、销毁花费了大量成本，仅仅是中国人民银行在各地建金库的投资，就可以再建一个陆家嘴金融区（欧阳卫民[①]）。

2. 电子支付体系

支付系统是指由提供支付服务的中介机构、管理货币转移的法规以及实现支付的技术手段共同组成，用来清偿经济活动参加者在获取实物资产或金融资

---

① 中国人民银行支付结算司司长欧阳卫民 2009 年在第 25 期中欧陆家嘴金融家沙龙上表示："由于这几年网上银行、电子支付、电子货币的发展，我们完全可以自豪地说，中国社会进入了非现金支付时代！"

产时所承担债务的一种特定方式与安排。支付系统是重要的社会基础设施之一。电子支付系统是采用数字化形式进行电子货币数据交换和结算的网络银行业务系统，它是实现网上支付的基础。目前多种电子支付系统通常只是针对某一种支付工具而设计的，各种支付工具有自己的特点和运作模式，适用于不同的交易过程。目前主要有：Mondex 系统、First Virtual 系统和 FSTC 系统等。电子支付系统未来发展方向是兼容多种支付工具。

　　第三方支付是一些与产品所在国家以及国外各大银行签约、并具备一定实力和信誉保障的第三方独立机构提供的交易支持平台。利用第三方机构的支付模式及其支付流程，可以相对降低网络支付的风险。相对于传统的资金划拨交易方式，第三方支付可以比较有效地保障货物质量、交易诚信、退换要求等环节，在整个交易过程中可以对交易双方进行约束和监督。因此随着电子商务在中国国内的快速发展，对于支付安全的要求和目前相对宽松的监管环境，将给第三方支付行业快速发展带来重要契机。

　　以美国为代表的西方发达国家，由于金融电子化与信息化的水平较高，网络支付与结算方式在这些国家的发展也较为成熟，具有较高的应用普及率。自从 1951 年第一张银行信用卡在美国富兰克林国际银行诞生以来，短短的几十年时间已经遍及全球各个国家，银行卡的交易额已占总销售额的 70% 以上。

　　目前控制全球银行卡标准的国际信用卡组织主要是美国的 VISA、MASTER 和运通。它们最初都是由美国多家发卡机构联合设立的股份公司，经过几十年的发展已经成为巨型跨国企业。其经营核心就是制定银行卡的标准、基于标准的银行卡品牌和覆盖全球的交易网络。在全球各发卡机构发行的近 40 亿张银行卡中，80% 以上是 VISA、万事达卡。我国各银行发行的 6 亿多张银行卡中，90% 以上是 VISA、MASTER。在这种格局下，各发卡银行成为 VISA、MASTER 的品牌分销商，而区域性的或国内的银行卡网络和组织也主要是为它们进行交易转接，实际上已经成为其全球网络的组成部分。[①]

　　中国金融电子化与信息化虽然起步较晚，但起点较高，且存在着跨越式发展的机会。自 20 世纪 80 年代以来的一系列电子化与信息化工程，以及中国国家现代化支付系统的实施，为推进网络支付方式提供了良好的基础。

　　目前，中国基本上建成了同城清算所系统、全国手工联行系统、全国电子联行系统、电子汇兑系统、银行卡支付系统、邮政储蓄和汇兑系统、中国国家

---

① 资料来源：国内外银行卡组织全览，金融界，http：//bank. jrj. com. cn/2010/06/0715007591379. shtml，2010 - 06 - 08。

现代化支付系统等电子支付结算系统，这些系统的相互配合与应用形成了中国现代化电子支付与电子银行体系，也基本上能直接或间接地为电子商务提供支付结算服务。（1）同城清算所（Local Clearing Houses，LCHs）。由分布于城镇的大约2500家第三方同城清算所来处理商务中涉及多个商业银行的资金清算。大多数同城清算所仍然使用实物票据交换，在发达城市同城清算所已经采用电子化或网络化手段交换支付信息。（2）全国电子联行系统（The National Electronic Inter – bank System，EIS）于1991年正式投入使用，已成为中国国内银行业异地资金汇划的主要渠道。（3）中国国家现代化支付系统（China's National Advanced Payment System，CNAPS）为1991年世界银行技术援助贷款项目，是中国人民银行建设推广的集金融支付服务、资金清算服务、金融经营管理和货币政策职能于一体的现代化支付清算系统。

3. 云金融——金融服务的发展趋势

云金融（cloud finance）是金融机构融合云计算模型及业务体系所诞生的新产物。从技术上讲，云金融就是利用云计算系统模型，将金融机构的数据中心与客户端分散到由庞大分支机构所构成的云网络当中，从而达到提高自身系统运算能力、数据处理能力，改善客户体验评价，降低运营成本的目的。利用云计算模型在金融数据处理系统、金融机构产品服务体系和金融机构安全系统中的应用，构建金融机构的新型组织形式成为金融服务未来发展趋势。

云计算作为一种以服务为对象的技术，通常分为：软件即服务（Software as a Service，SaaS）、平台即服务（Platform as a Service，PaaS）和基础设施即服务（Infrastructure as a Service，IaaS）三类。云概念最早的应用是亚马逊（Amazon）于2006年推出的弹性云计算（Elastic Computer Cloud ES2）服务，其核心是分享系统内部的运算、数据资源，以达到使中小企业以更小的成本获得更加理想的数据分析、处理和储存的效果。

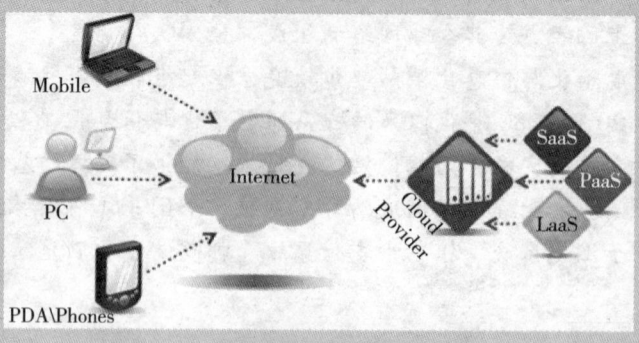

图2.1　云计算示意图

微软公司的 CEO 史蒂夫·鲍尔默曾经说过："云技术是互联网赐予我们的一个礼物。"① 最近二十多年，基于摩尔定律的"Wintel"架构一直主导着 IT 产业的发展：微软推出更大的操作系统，英特尔生产更快的 CPU，进而导致硬盘、内存、软件等产品随之不断升级。随着云计算（cloud computing）时代的来临，几乎所有数据和运算能力都搬到"云"里，从而解放了用户的终端。这将彻底颠覆传统的"Wintel"架构，并促成 IT 产业的革命。云计算是一种全新的商业模式，是业务转型的契机和动力。

第三节　货币制度的演进和理论发展

货币制度（monetary system）简称"币制"，是一个国家、地区或一个经济区域以法律形式规定的该国或该地区货币流通的规则、结构和组织体系的总称。它主要包括确定本位货币材料、货币单位、货币发行过程和流通程序及准备制度等内容。货币制度是随着商品经济的发展而逐步产生和发展的。完善的货币制度能够保证货币和货币流通的稳定，保障货币正常发挥各项职能。货币制度大体经历了银本位制、金银复本位制、金本位制、不兑现的信用货币制度等阶段。依据货币制度作用的范围不同，货币制度包括国家货币制度、国际货币制度和区域性货币制度。

一、货币制度的基本内容

（一）本位货币材料

确定本位货币材料是建立货币制度的基础。货币金属的确定受到客观经济发展条件以及资源禀赋的制约。随着经济的发展，货币金属由贱金属向较贵重金属和贵金属渐进。到了 19 世纪，体积小价值大的贵金属——黄金占据了统治地位，确立了黄金货币金属地位。一般来说，发达国家的货币金属多为黄金，落后国家则多为白银。

（二）货币单位

在金属货币时期，法律规定的货币单位名称和每一货币单位所包含的货币金属量为货币单位，它是一国的价格标准，使货币更准确地发挥计价流通的作

---

① 资料来源：《IT 时代周刊》，2010 − 08 − 11。

用。例如，美国的货币单位名称为美元，1900年的金本位法案规定1美元含成色9的黄金25.8格令，纯金23.22格令；我国1914年北洋政府的《国币条例》中规定，货币单位名称为圆，每圆含纯银23.977克。在金属货币向信用货币过渡时期，如布雷顿森林体系制度（1944—1973年），信用货币尚未脱离金属货币的影响，货币单位的值是每单位货币的理论含金量；1976年《牙买加协定》确定黄金非货币化后，货币单位的值的确定与货币的实际购买能力有直接关系，而不再采用黄金定值。

（三）货币的铸造、发行和流通程序

（1）金属货币制度。规定流通中货币的种类主要指规定标准化主币和辅币，主币是一国的基本通货和法定价格标准。金属货币制度下，主币是用国家确定的本位货币金属，按照国家规定的货币单位所铸成的铸币。辅币是主币以下的小额通货，供日常零星交易使用。

主币是足值货币（名义价值等于实际价值），因此具有无限法偿能力、自由铸造和自由输出入等特点。无限法偿是指国家规定本位币具有无限制的支付能力，不论每次支付的数额大小，收款人都不得拒绝接受。自由铸造是指每个公民都有权把经国家确定的货币金属交由国家造币厂代为铸成铸币，在数量上不受限制，国家不收或收取很低的费用，同时公民也有权把铸币熔化为条块状，但严禁私自铸造。自由铸造使铸币本身的价值与其所包含的金属价值保持一致，同时一定程度上自发调节货币投放量与货币需要量的动态一致。为保证本位币的名义价值与实际价值的一致，防止不足值与足值货币混合流通时出现的"劣币驱逐良币"现象①，各国对铸币都规定了"磨损公差"，即法定的铸造误差或法律允许的磨损程度。如英国在1870年规定：英镑标准重量123.27447格令，最轻重量不得低于122.5格令，其公差为0.77447格令，如果本位币重量低于122.5格令，可以请求政府兑换足值货币。

辅币是本位币以下供零星支付的小额通货，一般用贱金属铸造，其面值大多为本位币的1/10或1/100，如美元的辅币是美分，1美元=100美分。辅币所包含的实际价值低于名义价值，属于不足值的货币，因此辅币的发行流通制度规定：①国家垄断辅币的铸造发行，辅币不能自由铸造，其铸币收入是国家财政收入的重要来源。②国家以法令形式规定辅币在一定限额内使用，辅币具有

---

① 在16世纪的英国，贵金属不敷造币使用，必须在新铸造的货币之中加入其他金属成分，故当时市场上就有两种货币，一种是原先不含杂质的货币，另一种是被加入其他金属的货币。由于两种货币在法律上的价值相等，人们就会把足值的金银货币（良币）储存起来而将含杂质的不足值货币（劣币）拿去交易流通，从中赚取良币与劣币之间的价值差，这样一来就只剩下劣币充斥市场。这一现象最早被英国的财政大臣格雷欣（1519—1579）所发现，故称之为"格雷欣法则"。

"有限法偿能力"，即在一次支付行为中只可用一定金额辅币支付，超过法定数量，收款者可以拒收。但在向国家纳税和向银行兑换时可不受此限制。例如美国曾规定："10 分以下的银币每次支付限度为 10 元，铜镍分币每次支付限度为25 分。"中国北洋政府 1914 年《国币条例》中规定："五角银币每次授受以合20 元以内，二角一角银币每次授受以合 5 元以内，镍币铜币每次授受以合 1 元以内为限。"

（2）纸币制度。纸币的产生经历了从早期的银行券，到不兑现的信用纸币的演变。银行券是由银行发行、以商业信用为基础的信用货币，它产生于货币的支付手段职能，是代替金币充当支付手段和流通手段的信用证券，最早出现于欧洲的银行。在银行办理信贷业务时，既可以付现金，也可以开出随时能够兑换的银行券。进入 19 世纪后，众多工业化国家先后禁止商业银行发行银行券并把发行权集中于中央银行，国家以法律形式规定中央银行发行的银行券为法定支付手段。19 世纪末 20 世纪初，贵金属铸币的流通数量日益减少。第一次世界大战前，由于经济震荡，一些国家停止银行券兑现并由国家法令支持流通。战后，有些国家曾一度实行金块本位制和金汇兑本位制，但到 20 世纪 20 年代末30 年代初，世界主要国家的银行券完全变成了不兑现的纸币。

纸币是代替金属货币进行流通、由国家发行并强制使用的货币符号。纸币本身没有价值，又不能兑现贵金属货币，它产生于货币的流通手段职能。货币在发挥流通手段职能时，只是交换的媒介，这就意味着货币符号可以替代货币进行流通。在纸币本位制下，纸币的发行权由国家货币管理当局所垄断，主币和辅币的名义价值都高于其实际价值，所以无限法偿与有限法偿的区分已无意义。

（四）准备制度

货币发行准备制度是为约束货币发行规模维护货币信用而制定的，要求货币发行者在发行货币时必须以某种金属或资产作为发行准备。在金属货币制度下，货币发行以法律规定的贵金属作为发行准备。在信用货币制度下，各国货币发行准备制度的内容比较复杂，一般包括黄金准备、社会商品（财富）准备、外汇资产准备等。

货币发行机构按照一定要求与规则持有黄金就是黄金准备，是货币制度的一项重要内容，也是一国货币稳定的基础。多数国家的黄金储备都集中于中央银行或国库。在金属货币流通的条件下，黄金储备主要有三项用途：（1）作为扩大和收缩国内金属货币流通的准备金，以保证国内货币流通的稳定。（2）作为支付存款和兑换银行券的准备金。（3）作为国际支付的准备金。在纸币流通制度下，黄金准备的前两项用途已经退化，但黄金作为国际支付的准备金这一作用仍继续存在。

在不兑现的信用货币制度下，作为价值符号的纸币是在国家信用的基础上建立的。货币发行不受黄金供给的限制，而是根据社会经济发展的实际需要调整货币供应量，社会商品（财富）的价值成为货币发行的准备。

一些国家或地区的中央银行为了保证货币的信用稳定，会采取外汇资产准备，例如，中国香港地区的港元发行拥有美元准备。

二、货币制度的演进

在前资本主义社会，世界各国先后出现了具有确定形状、重量、成色并标明面值的金属货币（铸币）。最初的铸币是以金属的自然条块流通的，每次交换时都必须鉴定成色、权衡重量，然后按交易额的大小来进行分割，不便于商品交换的发展。一些有影响力和信誉的大商贾在货币金属上打上自己的印记，并标明其重量和成色以便流通，这就是最初的铸币。随着市场的扩大，需要对金属条块做出更加权威的证明。拥有政治权力的国家最具这种权威，于是，国家就集中铸造具有一定形状、成色、重量，并打上印记的铸币。

铸币权分散是前资本主义货币流通的重要特点。而资本主义经济制度的核心是统一的市场，而统一的市场需要有统一、稳定和规范的货币流通制度。分散的货币制度对资本主义生产方式的建立起着阻碍的作用。因此，当资产阶级国家建立后，逐步建立起统一的、稳定的资本主义货币制度。各国政府先后以法令和条例的形式对货币流通作出规定：①建立起以中央银行为唯一发行机构的统一和集中的货币发行体系，垄断货币发行，以利于国内统一市场的建立。②规定相对稳定的货币单位，以保证货币制度的稳定，以利于资本主义经济制度自由竞争的要求。③为了能自发调节流通中的货币量，规定以贵金属充当币材。

纵观世界各国货币制度的演变过程，大体上经历了银本位制、金银复本位制、金本位制、不兑现的信用货币制度等阶段。

（一）银本位制（silver standard）

银本位制是以白银作为本位币的一种货币制度。通货的基本单位是由定量的银规定的货币本位制。其基本特征是：白银作为本位币的价值与其所含白银价值相等；银币可以自由铸造；货币代表物可以自由兑换银币；银币具有无限法偿能力；白银和银币可以自由输出入境等。

白银在前资本主义社会是主要币材，这与当时的经济发展水平是相适应的，因为那时经济不够发达，商品交易主要是小额交易，规模很小，因此对货币的需要量也不大，白银价值较低，适合这种交易的需要。在货币制度萌芽的中世纪，许多国家就实行银本位制。

在贵金属货币流通中，银本位制作为一种独立的货币制度在一些国家存在的时间并不长，范围也不广，主要有墨西哥、日本、印度等。由于银的价值较低并且不够稳定，在经济发展过程中，银本位制逐渐暴露出很多弱点。在 19 世纪 70 年代白银价格大幅度下降以后，各国相继放弃银本位制，转为金银复本位制或金本位制，只有少数落后国家仍保持银本位制。20 世纪 30 年代以后世界上基本没有国家采用银本位制。

（二）金银复本位制（gold and silver bimetallism）

金银复本位制的出现弥补了黄金产量不能满足市场需求的问题，曾在 18—19 世纪被英、美、法等国长期采用。在这种制度之下，黄金与白银同时作为本位币的材料，金币与银币都具有无限法偿能力，都可以自由铸造、流通、输出入境，金币和银币可以自由兑换。金银复本位制度在其历史发展过程中有三种不同的形态：

1. 平行本位制：作为主币的两种金属货币按各自所含金属的实际价值独立流通，国家对两种货币的交换比率不加规定，金币与银币的比价完全由市场决定。英国曾于 1663 年实行了这种制度，当时英国的基尼金币与先令银币同时作为本位币在市场上流通。

在平行本位制度中，由于金银市场比价随市场供求关系变化而经常发生变动，金币与银币之间的交换比例也就随之变动，这给延期支付货款及债权债务关系的清偿带来了混乱。从国与国之间的经济往来关系看，当各国市场上金银比价发生差异时，由于金银自由输出输入，将使黄金流入金价较高的国家，使该国蜕变为金本位制；而白银将流入银价较高的国家，也使该国货币制度演变为银本位制，事实上瓦解了金银平行本位制。为了解决这一问题，许多国家实行双本位制。

2. 双本位制：金币与银币同为一国的本位货币，均具有无限法偿能力，金币与银币之间的比价由政府通过立法的形式确立。比如 1717 年英国立法规定 1 个基尼金币等同于 21 个先令银币，金银间价格比为 1:15.2。1792 年美国颁布铸币法案采用双本位制，1 美元折合 371.25 格令（24.057 克）纯银或 24.75 格令（1.6038 克）纯金。

双本位制在 19 世纪曾被广泛采用，除了补充黄金不足的原因外，还有金银之间补偿作用的考虑。补偿作用可以使金银市场的比价与金银的法定比价相等，以稳定本位货币之间的比价及各国之间的汇率。例如，在金银的法定比价为 1:15，市场比价为 1:16，则黄金的法定价低估，金币将被熔化并用以交换银币，势必造成市场上金币减少而银币增加（格雷欣法则）。而生金的增加会引起金价的下跌，生银减少会引起银价上涨，最终使金银市场比价与法定比价接近。然而遵守格雷欣法则所产生的金银市场价格偏离其实际价值，对经济发展产生不利影响。

3. 跛行本位制：指国家规定金币可以自由铸造而银币不允许自由铸造、金币与银币可以固定的比例兑换。受 19 世纪 70 年代世界银价暴跌时"劣币驱逐良币"现象的影响，美国、法国、比利时、瑞士、意大利等资本主义国家开始实行跛行本位制。实际上，此时银币已经降为附属于金币的地位，跛行本位制是双本位制向金本位制过渡的一种中间过渡形式。

复本位制的这种不稳定性，对资本主义经济的进一步发展起到阻碍作用，世界主要金融大国都不希望受到复本位变化莫测的影响，于是开始向金本位过渡，英国在 19 世纪初首先过渡到金本位制，美国在 1900 年通过了《金本位法案》，正式采用单一的金本位制。

（三）金本位制（gold standard）

金本位制就是以黄金为本位币的货币制度。国家规定每单位的货币价值等同于若干重量的黄金（即货币含金量）。当不同国家使用金本位时，国家之间的汇率由它们各自货币的含金量之比——金平价（gold parity）来决定。从 19 世纪初到第二次世界大战，在金本位制度的发展历史上，有过三种形式的金本位制：金币本位制、金块本位制、金汇兑本位制，其中金币本位制是最典型的形式。

1. 金币本位制

金本位制度最初的表现形式是金（铸）币制度（gold specie standard），其基本特点是：金币可以自由熔化铸造；金币的价值与其所包含的法定黄金价值保持一致；辅币或银行券可以自由兑换金币；黄金、金币可以自由输出入境；金币具有无限法偿能力。

金本位制度促进了资本主义商品生产和流通的发展。因为：（1）金币的币值相对稳定，便于精确计算成本、价格和利润，为促进生产发展创造有利条件；其稳定的流通手段增强了人们对通货的信心，有利于扩大资本主义商品流通；币值稳定使债权人和债务人的利益均不受损，保证了信用业务的正常发展，加速了金融资本的形成和壮大，金融市场的活跃又促进了工商业的更大发展。（2）在西方主要国家的货币制度向金本位过渡时，银行券的发行制度也日趋完善，各国中央银行建立并垄断了银行券发行，建立健全发行保证制度，保证银行券与金币的自由兑换，从而使银行券能够稳定地代替金币发挥作用。（3）黄金、金币的自由输出入境，保证了各国货币比价的稳定，促进了国际贸易的发展。在金本位体制下，两国之间货币的汇率由铸币的金平价决定。例如，1 英镑的含金量为 113.0015 格令，而 1 美元的含金量为 23.22 格令，则 1 英镑 = 113.0015/

23.22 = 4.8665 美元，只要两国货币的含金量不变，两国货币的汇率就保持稳定。当然，这种固定汇率也会受外汇供求、国际收支的影响，但是汇率的波动仅限于黄金输送点（gold point）范围之内。汇率波动最高不能超过黄金输出点，即铸币平价加运费（两国间运输单位黄金的总费用）；最低不能低于黄金输入点，即铸币平价减运费。超过或低于这一界限，就会引起黄金的输出入和货币汇率的自动调节。当一国国际收支发生逆差，外汇汇率上涨超过黄金输出点时，将引起黄金外流，货币流通量减少，物价下降，从而提高商品在国际市场上的竞争能力，促进出口增加，导致国际收支恢复平衡；反之，当国际收支发生顺差时，外汇汇率下跌低于黄金输入点，引起黄金流入，货币流通量增加，物价上涨，出口减少而进口增加，导致国际收支恢复平衡。由于黄金输送点和物价的机能作用，自动调节汇率在极为有限的范围内波动，保持汇率稳定。按照当时英美两国的地理位置测算，在两国之间每运送 1 英镑黄金所花费的各项成本合计约为 0.03 美元，英镑兑美元的汇率波动幅度控制在铸币平价 ±6‰ 的狭小范围内。在第一次世界大战前的 35 年间，美国、英国、法国、德国等国家的汇率从未发生过超出黄金输送点范围的波动。

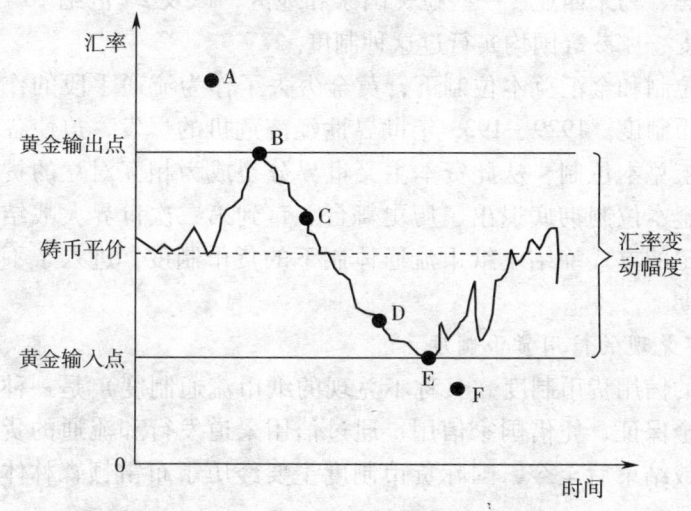

图 2.2　金本位制度下的汇率决定机制

但是这种稳定的局面被帝国主义经济矛盾加剧和第一次世界大战所打破。一战前夕，各帝国主义国家为了备战，加紧对黄金的掠夺和集中控制，使金币自由铸造、价值符号与金币自由兑换受到严重削弱，黄金的输出入受到严格限制。一战爆发以后，各国军费开支猛烈增加，纷纷停止金币铸造、价值符号的自由兑换并禁止黄金输出入，从根本上破坏了金币本位制存在的基础，金币本位制彻底崩溃。

2. 金块本位和金汇兑本位——"削弱的"金本位制

一战后，世界各国在纸币流通的前提下，分别实行了金块本位制（gold bullion standard）和金汇兑本位制（gold exchange standard）。英国、法国、美国等一些发达国家的黄金存量锐减，无力恢复金币本位，建立了金块本位制（又称"生金本位制"），货币单位仍然规定含金量，但黄金只作为货币发行的准备金集中于中央银行，而不再铸造金币和实行金币流通，流通中的货币完全由银行券等价值符号所代替，银行券在一定数额以上可以按含金量与黄金兑换。例如，英国以银行券兑换黄金的最低限额为相当于 400 盎司黄金的银行券（约合 1700 英镑），低于限额不予兑换。因此，金块本位制又被称为"富人金本位"。中央银行掌管黄金的输出和输入，禁止私人自由输出和输入黄金。

一战后一些相对弱小的国家则实行了金汇兑本位制（又称"虚金本位制"）。国内不铸造、不使用金币，只流通价值符号；价值符号只能购买可以兑换黄金或金块的外汇；金汇兑本位制国家的通货同一个金块本位制国家的金币保持固定比价，并在后者存放外汇或黄金作为稳定汇率的基础。第一次世界大战前的印度、菲律宾、马来西亚、一些拉美国家和地区，以及 20 世纪 20 年代的德国、意大利、丹麦、挪威等国均实行过这种制度。

金块本位制和金汇兑本位制下，黄金失去了作为流通手段的作用，都是极不稳定的货币制度。1929—1933 年世界性经济危机的爆发，迫使各国放弃金块本位制和金汇兑本位制，从此资本主义世界分裂成为相互对立的货币集团和货币区，国际金本位制彻底退出了历史舞台。直到第二次世界大战结束后，各国采取政府协定的方式缔结了纸币流通体制下的货币制度，进入了不兑现的信用货币制度时期。

（四）不兑现的信用货币制度

不兑现的信用货币制度（又称不兑现的纸币流通制度）是一种不能兑现黄金、弱化黄金保证、凭借国家信用、通过信用渠道发行和流通的货币制度。第二次世界大战结束后至今，国际货币制度主要经历了布雷顿森林体系和牙买加体系两个阶段。

1. 布雷顿森林体系（1944—1973 年）

（1）布雷顿森林体系（Bretton Woods System）的历史背景。国际贸易、国际金融和国际投资被认为是支撑世界经济的三大支柱，在 20 世纪后半叶的半个多世纪中，关贸总协定（世界贸易组织的前身）、国际货币基金组织（IMF）和世界银行（WB）是协调管理世界经济三大支柱领域的主要国际组织，三者均肇始于 1944 年召开的布雷顿森林会议。

在两次世界大战之间的 20 年中，国际货币体系分裂成几个相互竞争的货币集团，各国货币竞相贬值，动荡不定。20 世纪 30 年代世界经济危机和第二次世界大战后，各国的经济政治实力发生了重大变化，美国登上了资本主义世界盟主地位，美元的国际地位因其黄金储备的巨大而空前稳固。在此背景下，1944年 7 月 44 个国家或政府的财长、央行行长和经济特使聚集在美国新罕布什尔州的布雷顿森林市，商讨战后的世界贸易格局。会上提交了英国的凯恩斯计划和美国的怀特计划，经过谈判，会议最终通过了代表怀特计划的《国际货币基金协定》，决定成立国际复兴开发银行（即世界银行）、国际货币基金组织以及一个全球性的贸易组织。从此开始了国际货币体系发展史上的一个新时期。1945年 12 月 27 日，参加布雷顿森林会议的 22 国代表在《布雷顿森林协定》上签字，正式成立国际货币基金组织和世界银行。两机构自 1947 年 11 月 15 日起成为联合国的常设专门机构。中国是这两个机构的创始国和缔约国，1980 年中华人民共和国恢复了在这两个机构中的席位。

图 2.3　1944 年的布雷顿森林会议　　　　图 2.4　会议中的英美代表团主席

（2）布雷顿森林体系的主要内容。布雷顿森林体系是一种"双挂钩"制度：首先是美元与黄金挂钩，确定 1 盎司黄金等于 35 美元的官价；其次是其他国家货币与美元挂钩，即其他国家货币与美元建立固定的比价，美国政府规定美元的理论含金量，其他国家货币也规定理论含金量，这相当于用黄金给各国纸币赋值。两种纸币理论含金量之比即纸币平价决定各国货币汇率。汇率波动的界限受到 IMF 的控制，即为纸币金平价的 ±1%，汇率波动超过此限，各国货币当局就有义务进行干预以保持汇率的相对稳定。只有当一国国际收支发生"根本性不平衡"，且市场干预失效时，该国才可请求变更平价。

美元可以兑换黄金和各国实行的钉住汇率制，是构成布雷顿森林货币体系的两大支柱，IMF 则是维持这一体系正常运转的中心机构，拥有监督国际汇率、提供国际信贷、协调国际货币关系三大职能。

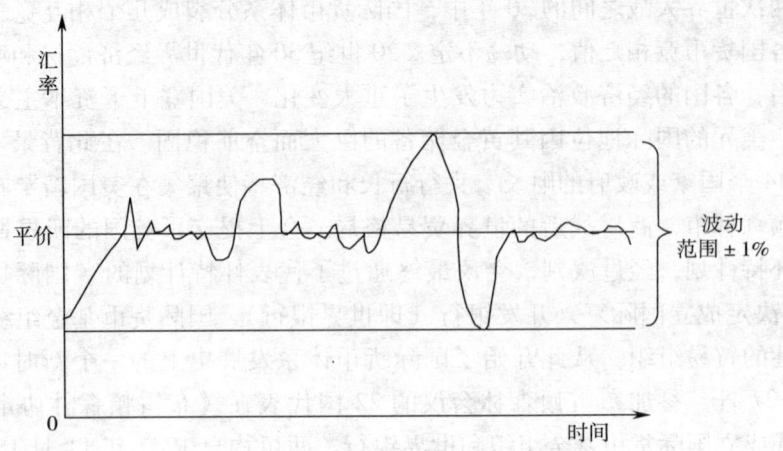

图 2.5　布雷顿森林体系下的汇率机制

（3）布雷顿森林体系的崩溃。布雷顿森林体系的建立，将第二次世界大战后的世界经济引入了国际贸易空前发展和全球经济紧密依存的时代。但布雷顿森林体系存在着内部无法克服的缺陷，以一国信用货币（美元）作为主要储备资产，具有内在的不稳定性。揭示这一内在矛盾的是美国经济学家罗伯特·特里芬，1960 年在其《黄金与美元危机——自由兑换的未来》一书中指出"由于美元与黄金挂钩，其他国家的货币与美元挂钩，美元虽然取得了国际核心货币的地位，但是各国为了发展国际贸易，必须用美元作为国际结算与储备货币，这样就会导致流出美国的货币在海外不断沉淀，对美国来说就会发生长期贸易逆差；而美元作为国际货币核心的前提是必须保持美元币值稳定与坚挺，这又要求美国必须是一个长期贸易顺差国。这两个要求互相矛盾。"因此，这一内在矛盾被称为"特里芬难题"（Triffin dilemma）。

从 20 世纪 50 年代后期开始，随着美国经济竞争力逐渐削弱，其国际收支开始趋向恶化，出现了全球性美元过剩（"美元灾"）情况，各国纷纷抛出美元兑换黄金，美国黄金开始大量外流。直至 1971 年，美国的黄金储备再也无力支撑日益泛滥的美元，尼克松政府被迫于 1971 年 8 月宣布放弃美元按官价兑换黄金，实行黄金与美元比价的自由浮动。欧洲经济共同体、日本、加拿大等国也纷纷宣布本币兑美元实行浮动汇率。1973 年 2 月美元进一步贬值，世界各主要货币由于受投机商冲击被迫实行浮动汇率制。这标志着布雷顿森林体系的两大基础已全部丧失，该体系至此完全崩溃。然而由布雷顿森林会议诞生的两个机构——世界银行和国际货币基金组织至今仍然在世界投资和金融格局中发挥着至关重要的作用①。

国际货币基金组织理事会和世界银行集团理事会通常在每年的 9—10 月间举行共同的年会讨论其相关机构的工作。双年会一般每两年在总部华盛顿召开，第三年在其他会员国举行。

表 2.2　　　　　　　　美国以外的双年会地点：1947—2009

年份	地点	年份	地点
1947	伦敦	1979	贝尔格莱德
1950	巴黎	1982	多伦多
1952	墨西哥城	1985	首尔
1955	伊斯坦布尔	1988	柏林
1958	新德里	1991	孟买
1961	维也纳	1994	马德里
1964	东京	1997	中国香港
1967	里约热内卢	2000	布拉格
1970	哥本哈根	2003	迪拜
1973	内罗毕	2006	新加坡
1976	马尼拉	2009	伊斯坦布尔

资料来源：世界银行网站 http://fundbankmeetings.org/。

2. 牙买加协定（1976 年至今）

国际货币基金组织（IMF）于 1972 年 7 月成立专门委员会研究国际货币制度的改革问题。1974 年 6 月委员会提出"国际货币体系改革纲要"，对黄金、汇率、储备资产、国际收支调节等问题提出了一些原则性的建议。1976 年 1 月，IMF 理事会"国际货币制度临时委员会"在牙买加首都金斯敦举行会议，讨论国际货币基金协定的条款，签订了《牙买加协议》，同年 4 月，国际货币基金组织理事会通过《IMF 协定第二修正案》，从而形成了新的国际货币体系。

《牙买加协议》的主要内容：（1）实行浮动汇率制度的改革。协议正式确认了浮动汇率制的合法化，承认固定汇率制与浮动汇率制并存的局面，成员国可自由选择汇率制度。IMF 继续对各国货币汇率政策实行监督，协调成员国的经济政策，促进金融稳定。（2）推行黄金非货币化。协议规定：废除黄金条款，取消黄金官价，成员国中央银行可按市价自由进行黄金交易；取消成员国相互之间以及成员国与 IMF 之间须用黄金清算债权债务的规定，IMF 逐步处理其持

① 更多阅读请进入世界银行网站 www.worldbank.org 和国际货币基金组织网站 www.imf.org。

有的黄金。（3）增强特别提款权的作用。主要是提高特别提款权的国际储备地位，扩大其在 IMF 一般业务中的使用范围。（4）增加成员国基金份额，扩大信贷额度以增加对发展中国家的融资。成员国的基金份额从原来的 292 亿特别提款权增加至 390 亿特别提款权，增幅达 33.6%。

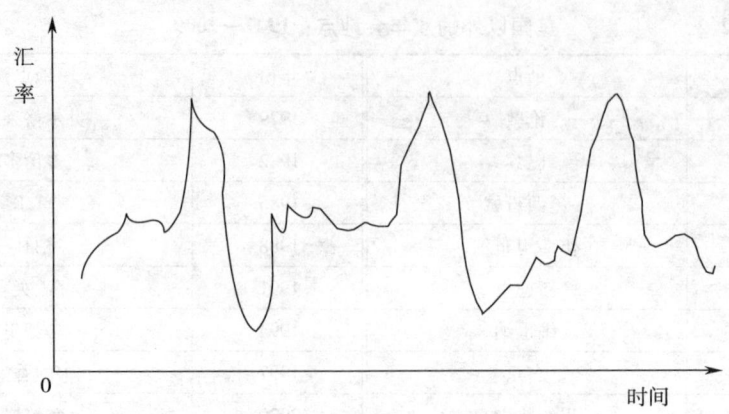

图 2.6   牙买加体系下的汇率浮动

IMF 在 1969 年的年会上通过了十国集团提出的特别提款权方案，决定创设特别提款权（Special Drawing Rights, SDRs）以补充国际储备的不足。SDRs 于 1970 年 1 月开始正式发行，由 IMF 按会员国缴纳的份额分配给各会员国成为其储备资产，当会员国发生国际收支赤字时，可以动用 SDRs 偿付收支逆差，或用于偿还 IMF 的贷款。SDRs 又称纸黄金，最初发行时每单位等于 0.888 克黄金，与当时的美元等值。1990 年后每单位 SDRs 由美元、德国马克、日元、英镑和法郎的加权平均定值，其利率由美、德、日、英、法 5 国金融市场短期利率加权平均计算而得。

《牙买加协议》实施以来，多元化的储备结构摆脱了布雷顿森林体系下各国货币间的人为固定关系，为国际经济提供了多种清偿货币，较大程度上解决了储备货币供不应求的矛盾。多样化的汇率安排适应不同发展水平的各国经济，为各国维持经济发展与稳定提供了灵活性与独立性。然而在多元国际储备格局下，储备货币发行国仍享有"铸币税"等多种好处，同时，缺乏统一稳定的货币标准，可能造成国际金融的不稳定；汇率变动不定，增大了外汇风险，在一定程度上抑制了国际贸易与国际投资活动，对发展中国家而言，这种负面影响尤为突出；国际收支调节机制并不健全，各种现有的渠道都有各自的局限，牙买加体系并没有消除全球性的国际收支失衡问题。过去几十年的历史表明，现行国际货币体系虽然比布雷顿森林体系有更强的适应性，但依然存在着较大的不稳定性和不合理性，国际金融和国际货币市场的动荡仍无法消除。20 世纪 80 年代的拉美债务危机、90 年代后期的亚洲金融危机及墨西哥、俄罗斯和阿根廷等国的金融危机，直至 2008 年蔓延全球的金融危机都是明显的例证。许多国家都在不断调整自己的货币和汇率机制，并寻求建立更加公平合理的国际货币体系。1999 年欧元的诞生即是欧洲国家消除汇率风险、减少货币动荡对经济的负面影响的积极尝试。但是没有从根本上撼动美元的地位，当前的国际货币体系仍然可以视为是美元本位制（dollar standard）。

三、金融危机后国际货币体系的改革

牙买加体系可以说是一个"非体系的体系"，30 多年的实践证明，牙买加体系仍然存在许多问题。

（一）金融危机凸显现行国际货币体系的弊端

1. 现行国际货币制度缺失致使国际汇率动荡。牙买加协议使浮动汇率制合法化，作为国际储备货币中最主要的主权货币——美元，由于其稳定价值职能的缺失导致国际汇率体系不稳定，危机频繁发生。布雷顿森林体系崩溃后，黄金丧失了衡量货币价值的标准，美元却无法替代黄金成为国际货币价值的新标准。根据蒙代尔的三元悖论（The impossible trinity），在开放经济条件下，货币政策独立性、汇率稳定性和资本自由流动三个目标不可能同时实现，最多只能同时满足两个目标。例如，在 1944—1973 年的布雷顿森林体系中，各国"货币政策的独立性"和"汇率的稳定性"得到实现，但"资本流动"受到严格限制。而 1973 年以后，"货币政策独立性"和"资本自由流动"得以实现，但"汇率稳定"不复存在。

作为自由经济的积极倡导者，美国为了本国经济发展，不可能放弃货币政策独立性，也不可能限制资本的自由流动，因此美国只有放弃汇率的稳定性，任美元汇率自由浮动，才最符合美国自身经济利益。作为国际储备最主要的主权货币，美元发行权具有国家属性，发行量根据美国国内经济发展需要来决定。美国长期实行膨胀政策，客观上满足了不断增长的全球贸易和各国对国际储备资产的需求，同时也使欧洲和亚洲美元泛滥，引起美元的潜在贬值。美元、欧元和日元汇率长期的不稳定波动，为金融危机爆发埋下了隐患。

2. 现行国际货币体系的制度安排具有非均衡性。现行国际货币体系由少数国家居于主导地位，缺乏平等的参与权和决策权。例如，在 IMF 和 WB 中，会员国所拥有的投票权和其他权益均与其在 IMF 的认缴份额、WB 的股本成正比，少数发达国家或跨国金融机构实际主导着其决策权。美国在 IMF 拥有 16.7% 的投票权，欧盟作为一个整体也拥有 30% 以上的投票权。在 IMF 框架下，任何一

项重要决议都要获得 85% 的投票权同意才能通过，因此美国与欧盟实际上掌握着否决权，广大发展中国家不具备平等的参与权和决策权，造成现行 IMF 的决策难以反映大多数成员国的利益。IMF 对主要发达国家、发展中国家和新兴市场国家进行的监督存在不均衡性，所以不能对系统性风险进行及时的预警和有效应对。

IMF 的贷款机制不合理，无法通过贷款实现有效的收支协调。IMF 资本不足，对会员国的贷款规模极其有限，并会按会员国交纳的份额安排部分贷款，最需要贷款的发展中国家难以得到足够的贷款资金平衡国际收支。为保证国际收支平衡，绝大多数国家只能通过建立庞大的外汇储备和引进短期资本。由于美元的霸权地位，外汇储备多以美元为主。为了储备资产的保值增值，这些外汇储备又被重新投入到美国金融市场购买美国国债和其他金融衍生品。持有巨额外汇储备存在着巨大的汇率风险。2008 年金融危机使各国外汇资产遭受重大损失，暴露出现有国际货币体系缺乏有效的协调合作机制。

3. 现行国际货币体系助长美国的负债消费模式。长期以来，美国以"双赤字"为依托建立起的负债消费模式是推动美国经济增长的主要动力。以美元本位为主要特征的国际货币体系赋予了美元特殊的地位，美国完全可以靠政府和私人部门的举债进行消费。美元本位制使美联储拥有世界中央银行的权利，没有黄金做后盾的美元和没有国内储蓄支持的美国国债的过度发行制造了全球范围内的信用泡沫（吴桂华，2009）。美国国内储蓄率已经降至极低水平，从 1984 年的 10.08% 降到 1995 年的 4.6%，再降到 2004 年至 2007 年间的 1.8%、0.4%、-1%、-1.7%。2007 年美国居民、企业和政府未清偿债务总额对 GDP 的比重高达 229.74%，其中居民负债比重为 100.30%。当资产价格泡沫破灭，巨额债务便最终酿成了一场偿付能力的危机。

2011 年 8 月 3 日美国总统奥巴马正式签署已获两院通过的提高国家债务上限议案，暂时平息了美债危机。但美国继续"寅吃卯粮"的发债行径，实质是将负担转嫁到全球市场，为全球经济埋下了更大隐患。作为美国最大债主的亚洲和已深陷泥潭的欧洲经济会再受牵连。

（二）危机推动国际货币体系改革

次贷危机乃至全球性金融风险让人们深刻认识到改变以美元为中心的货币体系的必要性和紧迫性。维系现行体系需要支付成本，改革也需要付出高昂的代价，只有当改革现行体系的预期收益远远大于成本时，新的体系才能最终取代现行体系。从目前情况看，考虑到经济规模、金融市场深度以及历史惯性等决定储备货币地位的诸多因素，在短期内要彻底颠覆以美元为主导的国际货币体系是不现实的（宋玉华等，2010）。现行国际货币体系改革的方向主要是：

1. 多元化国际货币体系。虽然金融危机的爆发还不能在短期内改变以美元为主导的单极货币体系，但从长远来看，国际货币体系将逐步由单极向多元国际货币体系发展。随着欧元等货币的日益成熟，区域货币合作的进一步加强，竞争性货币格局将逐步替代当前美元霸权体系，具有内在约束力和外部协调性的多层次多元国际货币体系将成为发展方向（武艳杰，2009）。据 IMF 统计显示全球外汇储备中美元的比例从 1999 年的 71% 下降到 2007 年底的 63.9%，同期欧元的比例从 17.9% 上升到 2007 年底的 26.5%。欧元的诞生及其十多年的发展，证明了区域货币合作在当今国际货币体系发展当中的重要作用，并起到了积极的示范效应。受其影响东亚地区的货币合作进程正在加速，为亚洲区域货币的产生奠定了初步基础；正在积极筹建的海湾地区货币联盟将对国际间资金流动和国际货币格局产生更为深远的影响。

2. 改善国际货币基金组织的职能。国际货币基金组织作为现行国际货币体系的重要载体，其核心多边机构的功能和作用应进一步增强，自身的治理机制需要改革，对主要储备货币国经济政策的监测，约束职能必须加强（张红伟，2010）。包括：①份额制的改革。扩大基础投票权，增加广大发展中国家的份额比例和话语权，更多地体现透明、平等与合理的分配原则，避免实际否决权被某一国或某一国家集团所掌握。②加强事前监控和事后控制机制。在汇率自动调节国际收支的功能弱化的情况下，对国际收支长期处于严重逆差的国家，IMF 对其国内经济政策提供建设性的建议，以便当事国与利益相关国家作出正确的预判，或对其政策规劝并对其政策实施提供帮助。另外，通过增加成员国的缴纳份额或建立货币互换和储备调拨机制等增加 IMF 的实力。适当放宽贷款条件，更好地为各国经济服务（陈玮，2009）。

3. 国际储备货币体制的改革。国际储备本位币的选择存在的方案有：回归金本位制、恢复美元本位制、建立商品储备本位制、以特别提款权（SDRs）作为储备基础等。而多数文献支持多元储备货币体系是未来国际货币体系改革的方向。金融危机后，随着欧元以及人民币不断崛起，使之与美元形成三足鼎立的多基准货币的新国际货币体系（李稻葵等，2010）。以周小川（2009）为代表的学者认为，通过改造特别提款权 SDRs 成为支付货币，各国合作创建一种与主权国家脱钩并能保持币值长期稳定的国际储备货币，即超主权储备货币体系，是未来国际货币体系可能演变的方向。"欧元之父"蒙代尔主张建立"世界货币"方案，以美元、欧元、日元、英镑、人民币 5 个主要经济体的货币为基础构建一个世界货币，并将国际货币基金组织改组为可以发行货币的世界中央银行。

【专题 2 - 2】　　　　香港地区的货币发行制度

　　香港地区最初的纸币是由 1845 年在香港成立的东藩汇理银行发行。在 1935 年政府通过货币条例以前，很多银行都发行纸币，但政府只接受部分特许银行的纸币为合法通货。香港政府在 1935 年 11 月 9 日通过《货币条例》，公布以"港元"作为香港货币单位，并将港元与英镑汇率定为 16 港元兑 1 英镑。1935 年以后，政府授权汇丰银行、有利银行（其后被汇丰银行并购）及印度新金山中国汇理银行（后易名为渣打银行）发行 5 元以上的港元纸币，面额一元及以下的港元纸币则由香港政府发行。1937 年 8 月 1 日终止了各种银元的流通，正式以港元作为法定货币。

　　19 世纪末，香港作为英国殖民地而采用联系汇率制，港元与英镑挂钩。由于战后英国的经济实力减弱，英镑曾一度大幅贬值，影响香港经济。香港政府在 1972 年 6 月英镑自由浮动之后，改为将港元与美元挂钩，最初汇率为 5.65 港元兑 1 美元。布雷顿森林体系崩溃后，港元自 1974 年 11 月起改为自由浮动。直至 1983 年，香港财政司宣布再度实行联系汇率制度，港元与美元挂钩一直维持至今。

　　联系汇率制度是一种货币发行局制度，要求货币基础的流量和存量都必须得到外汇储备的充分支持。它是香港金融管理局（简称金管局）首要货币政策目标，在联系汇率制度的架构内，通过稳健的外汇基金管理、货币操作及其他适当的措施，维持汇率稳定。港元联系汇率制包括的主要内容：（1）港元发行：当香港特区的发钞银行（目前有汇丰银行、渣打银行和中国银行）发行港元时，先要按 1 美元 = 7.8 港元的官定汇率向外汇基金（由金管局控制）交存一定额度的美元，并换取"负债证明书"作为等值港元的发行准备凭证。（2）港元回笼：如果发钞银行向外汇基金退回港元与负债证明书，则按 1 美元 = 7.8 港元的官定汇率从外汇基金赎回等值的美元。联系汇率规定的 1 美元 = 7.8 港元的官定汇率只适用于发钞银行与外汇基金以及商业银行与发钞银行之间的发钞准备规定，在香港外汇市场上的港元与美元的交易并不受此约束。可见，香港特区实际存在发行汇率、受供求关系决定的市场汇率两种汇率并存。

　　联系汇率制度也存在一定的缺陷：采用联系汇率制，中央银行发挥最终贷款人的作用受到局限，影响其货币政策工具的实施，实际上把货币政策的决策权让给了所联系货币的管理当局。然而，经过近 30 年的实践证明，港元的联系汇率制度经受住了 1980 年的香港股灾、1997 年亚洲金融危机和 2008 年全球金融危机等多次经济危机的考验，捍卫了港元的稳定，降低了市场的交易费用，为香港经济的繁荣稳定奠定了坚实的信用基础。① 联系汇率制度的实施有赖于香港庞大的外汇储备支持。国际上采用联系汇率比较典型的例子有阿根廷比索对美元的联系汇率制和保加利亚列弗对德马克（后为欧元）的联系汇率制，此外东欧的爱沙尼亚、保加利亚、波斯尼亚等国，中美洲的厄瓜多尔、萨尔瓦多、危地马拉等国家也是货币局制度的实践者。2001 年由于阿根廷国内的财政恶化、外汇储备锐减以及脆弱的银行体系导致其放弃了实行 10 年之久的联系汇率制度。因此，只有继续保持香港坚实的官方储备、稳健可靠的银行体系以及灵活的经济结构，才能保证香港的联系汇率制度持续健康运作，从而维护香港经济繁荣发展。

【专题 2 - 3】　　　　　　区域货币体系的发展

区域性货币一体化（Regional Monetary Integration）又称货币集团化，是国际货币体系改革的重要内容和组成部分。在战后国际金融权力日益分散化、国际货币关系趋向区域化的背景下，区域性货币一体化是一定地区的国家为建立相对稳定的货币区域而进行的货币协调与合作，其最终目标是组建一个由统一的货币管理机构发行单一货币、执行单一货币政策的紧密的区域性货币联盟。在经济竞争日益全球化、区域化、集团化的大趋势中，统一货币是最有力的武器之一。

迄今为止，全球真正意义上的区域性单一货币有：（1）欧盟 25 国中 12 个成员国统一使用的欧元；（2）西非经济货币联盟 8 国统一使用的西非法郎；（3）中非经济与货币共同体 6 国统一使用的中非法郎。后两个区域均属原非洲法郎区（15 国）。除了这三个单一货币外，美元作为世界上最大的国际结算货币和国际储备货币，在美洲及美洲以外的地区正在影响着越来越多的国家。1997 年东南亚金融危机过后，为了稳定亚洲的货币环境，一些国家和地区开始提出了在东亚建立"亚元"货币区的构想。近年来，在东盟"10 + 3"机制框架内，人们为达成这一目标而不懈努力。

---

① 资料来源：中国新闻网，中新社香港 2011 年 8 月 15 日电：香港金融管理局总裁陈德霖 15 日重申，现时并没有一个更适合香港的汇率制度，特区政府无意改变香港自 1983 年以来行之有效的联系汇率制度。

（一）欧洲统一货币——欧元

欧元（EUR）是自罗马帝国以来欧洲货币改革最重要的结果。欧元不仅使欧洲统一市场得以完善，更是欧盟一体化进程的重要组成部分。欧洲一体化进程主要经历了四个阶段：（1）1921 年建立的荷兰、卢森堡、比利时三国经济联盟是区域一体化的雏形。（2）1958 年，在欧洲煤钢共同体的基础上，法国、联邦德国、意大利、荷兰、比利时和卢森堡 6 国在罗马签署《欧洲经济合作条约》和《欧洲原子能共同体条约》，合称为《罗马条约》。该条约的生效标志欧洲经济共同体的正式成立。（3）1967 年法国、联邦德国、意大利、荷兰、比利时和卢森堡 6 国签署《布鲁塞尔条约》，将欧洲煤钢共同体、欧洲经济共同体和欧洲原子能共同体合并，建立欧洲共同体（European Community）。（4）1993 年 11 月，欧洲共同体马斯特里赫特首脑会议通过的《欧洲联盟条约》正式生效，标志着一个在世界上具有重要影响力的区域经济一体化组织——欧洲联盟（European Union，EU）的诞生。截至 2010 年 10 月欧盟共有 27 个成员国。

表 2.3　　　　　　　　　　　　　欧盟 27 个成员国

序号	英文名称	中文名称	序号	英文名称	中文名称
1	Austria	奥地利	15	Latvia	拉脱维亚
2	Belgium	比利时	16	Lithuania	立陶宛
3	Bulgaria	保加利亚	17	Luxembourg	卢森堡
4	Cyprus	塞浦路斯	18	Malta	马耳他
5	Czech Republic	捷克共和国	19	Netherlands	荷兰
6	Denmark	丹麦	20	Poland	波兰
7	Estonia	爱沙尼亚	21	Portugal	葡萄牙
8	Finland	芬兰	22	Romania	罗马尼亚
9	France	法国	23	Slovakia	斯洛伐克
10	Germany	德国	24	Slovenia	斯洛文尼亚
11	Greece	希腊	25	Spain	西班牙
12	Hungary	匈牙利	26	Sweden	瑞典
13	Ireland	爱尔兰	27	United Kingdom	英国
14	Italy	意大利			

欧元的前身是欧洲货币单位（ECU）。欧元 1999 年 1 月 1 日起在奥地利、比利时、法国、德国、芬兰、荷兰、卢森堡、爱尔兰、意大利、葡萄牙和西班牙11 个国家开始正式使用，随后希腊、斯洛文尼亚、塞浦路斯、马耳他、斯洛伐克、爱沙尼亚先后加入。欧元现钞于 2002 年 1 月 1 日起正式流通，欧元区的各

图 2.7　欧盟各成员国的地理分布

成员国原货币从 2002 年 3 月 1 日起停止流通。截至 2011 年 1 月欧元区共有 17 个成员国和超过 3.8 亿人口。英国、丹麦、瑞典等国家因考虑自身利益仍未进入欧元区。

欧元由欧洲中央银行（European Central Bank，ECB）和各欧元区国家的中央银行组成的欧洲中央银行系统（European System of Central Banks，ESCB）负责管理。欧洲中央银行的前身是管理欧洲货币单位（ECU）的欧洲货币局。总部位于德国法兰克福的欧洲中央银行有独立制定货币政策的权力，欧元区国家的中央银行参与欧元纸币和欧元硬币的印刷、铸造与发行，并负责欧元区支付系统的运作。泛欧自动实时清算系统（Trans - European Automated Realtime Gross Settlement Express Transfer System，TARGET）是一个在欧元发行以前就已经设立的欧洲范围内大额交易清算系统。对于小额支付，在欧元区之内的转账视为国内转账，欧元区内信用卡支付、票据支付和 ATM 取款的费用与国内费用相同。

随着欧元区资本市场的一体化发展，欧元为在国际市场融资带来优势。投资银行费率的降低和投资者倾向于通过国际市场进行投资组合分散风险，带动了欧元区的主权债券发行的增长。以欧元发行的国际负债额已经远远超过以美元发行的国际负债额，成为全球最大的发行币种。伴随着欧元区成为世界第二

图 2.8　欧元部分面值的纸币图样（正反面）

大经济体，以及巨大的具备较强流动性的金融市场的形成，欧元拥有了制衡美元的潜力。

（二）拉美国家美元化

在经济易发生动荡的拉美国家，为寻求本国经济的稳定增长，早在 20 世纪 70 年代就开始实施美元化政策，使美元具有和本国货币同等的法定货币资格，由此形成了特有的美元区域化现象。拉美国家货币美元化的经济学内涵表现了"货币替代"现象，即指一国居民因对本币的币值稳定失去信心，或本币资产收益率相对较低时发生的大规模货币兑换，从而使外币在价值储藏、交易媒介和计价标准等货币职能方面全部或部分地替代本币。

地区经济一体化是拉美经济"美元化"的重要动因。拉美国家为适应经济全球化的需要，不断加强区域内联系与合作，以增强抵御外来冲击的能力。南方共同市场、安第斯共同体、美洲自由贸易区等经济协作体的建立就是这种合作的体现。地区经济一体化，特别是贸易一体化推动了货币一体化。当贸易关系加强时，同主要的经济伙伴分享一种共同货币会带来利益。2005 年美洲自由贸易区的建立加强了拉美同美国市场的贸易联系，并加速了这个地区的"美元化"。

（三）非洲区域货币合作

非洲的货币合作最早起源于殖民地时期，法属殖民地和英属殖民地的各类国家群体联合进行了共同货币制度安排。当时实行的货币制度安排主要采取两种方式：英属殖民地国家的货币钉住英镑，并由英镑支持，当地政府的作用极其有限，殖民行政当局凭借在英国政府储备投资的利息而获得领地特权收入；而法属殖民地法郎也是钉住宗主国法国的法郎，且殖民地的货币发行最终是由法国财政部的可兑换性保证和对政府借贷融资幅度的限制来支持的。

非洲法郎区形成了世界上独一无二的货币、经济和文化区域，是世界上唯一一个融合不同发展水平国家的地区性货币体系，开辟了一条适合欠发达区域开展货币合作的路径。非洲法郎区由 15 个原法属殖民地非洲国家组成，包括 2

个次区域货币联盟：由贝宁、布基纳法索、科特迪瓦、马里、尼日尔、塞内加尔、多哥和几内亚比绍 8 个国家组成的西非货币联盟，及由喀麦隆、中非共和国、刚果、加蓬、赤道几内亚、乍得和科摩罗 7 个国家共同组成的中部非洲货币联盟。20 世纪 60 年代，原有的法属殖民地的一家中央银行逐渐分化为西非国家中央银行（BCEAO）和中部非洲国家银行（BEAC）。根据 1992 年的《马斯特里赫特条约》，法国法郎被欧元所取代，非洲法郎自 1999 年 1 月 1 日也同欧元挂钩。西非法郎与中非法郎当前与欧元保持固定比价，即非洲法郎实行的是钉住欧元的固定汇率制度。

在非洲法郎区域内，包括经常项目和资本项目的所有资金完全自由流动，但整个区域对外实行统一的外汇政策。这使得非洲法郎区具有了"货币联盟"的性质。然而这种形式的货币联盟是在奴隶贸易和殖民经济背景下演变而来的，并受欧洲货币一体化的发展的推动，其产生发展具有外因诱导性质，不同于欧盟和美洲的内因主导型合作模式。

参考文献

［1］黄达：《货币银行学》，北京，中国人民大学出版社，2006。

［2］黄宪、江春：《货币金融学》，北京，武汉大学出版社，2005。

［3］刘瑞波：《货币银行学》，北京，经济科学出版社，2001。

［4］戴国强：《货币金融学》，上海，上海财经大学出版社，2001。

［5］凌江怀：《货币金融学》，北京，中国经济出版社，2002。

［6］秦艳梅：《货币银行学》，北京，经济科学出版社，2002。

［7］李扬、周素芳：《货币制度理论》，北京，中国人民大学出版社，2004。

［8］臧良运、纪香清：《电子商务支付与安全》，北京，电子工业出版社，2006。

［9］何燕：《区域货币合作模式及东亚的选择》，载《商场现代化》，2009（3）。

［10］武艳杰：《全球金融危机下对国际货币体系的审视与展望》，载《上海金融》，2009（3）。

［11］张延良、木泽姆：《非洲货币合作历程及发展前景》，载《国际金融研究》，2002（12）。

［12］马克思、恩格斯：《马克思恩格斯全集（第 23 卷）》，北京，人民出版社，1992。

［13］斯蒂格利茨：《经济学（下册）》，北京，中国人民大学出版社，1997。

［14］米什金著，郑艳文译：《货币金融学（第 9 版）》，北京，中国人民大

学出版社，2010。

[15] 托马斯·梅耶、詹姆斯·S. 杜森贝里：《货币、银行与经济》，上海，上海人民出版社，1994。

[16] 宋玉华、叶绮娜：《后危机时代世界经济再平衡及其挑战》，载《经济理论与经济管理》，2010（5）。

[17] 张红伟：《后金融危机时代的国际货币体系：功能缺陷与改革方向》，载《西南金融》，2010（7）。

[18] 周小川：《关于改革国际货币体系的思考》，载《中国金融》，2009（7）。

[19] 陈玮：《论金融危机后国际货币体系改革之路》，载《经济师》，2009（5）。

[20] 李稻葵、尹兴中：《国际货币体系新架构：后金融危机时代的研究》，载《金融研究》，2010（2）。

[21] 刘颖：《货币发展形态的法律分析》，载《中国法学》，2002（1）。

[22] 肖祖平：　《电子货币交易中的隐私权法律保护》，载北大法律网，2006。

[23] BIS, Electronic Money Consumer Proteetion, Law Enforcement, Supervision and Cross – border issues, April 1997.

第三章

信用与利率

【本章导读】

信用是从属于商品货币关系的一个经济范畴，它不是某个社会形态所特有的，而是商品货币经济发展到一定阶段的产物。当商品交换出现延期支付，货币执行支付手段的职能时，信用就产生了。信用是借贷活动的总称，是以偿还为前提条件的价值的特殊运动形式，通过自身的媒介功能和信用创造功能来实现经济资源的最优配置和利用。信用关系是现代经济的基本特征之一，商业信用、银行信用、国家信用、消费信用、租赁信用和国际信用共同构成了现代信用制度，有力地促进了商品经济的发展。

在讨论信用的产生和发展、信用结构、信用机制以及信用工具的时候，货币资金的借贷价格——利息率问题是研究的重点。信用活动中，借方使用货币资金必须支付一定的代价，在信用的基础上产生了利息这一经济范畴，它是由劳动者创造的价值的一部分。而利率是计量借贷资金收益高低的数量指标，是金融资产的价值表现，也是调节资金供求和经济活动的重要经济杠杆。其经济功能包括联系国家、企业和个人，沟通金融市场与实物市场，连接宏观经济与微观经济的中介功能，对国民收入进行分配与再分配的分配功能等五个方面。本章在讨论了信用的相关内容之后，对利率的决定因素、利率期限结构理论及其经济杠杆功能的表现进行分析。

第一节　信用

一、信用的概念

"信用"一词的内涵丰富。从伦理道德层面看，信用主要是指参与社会和经济活动的当事人之间所建立起来的、以诚实守信为道德基础的"践约"行为。我国《民法通则》中规定"民事活动应当遵守自愿、公平、等价有偿、诚实守信的原则"。从经济学层面看，信用是在商品交换或者其他经济活动中，授信人在充分信任受信人能够实现其承诺的基础上，用契约关系向受信人放贷，并保障自己的本金能够回流和增值的价值运动。在《牛津法律大辞典》中，"信用（Credit），指在得到或提供货物或服务后并不立即而是允诺在将来付给报酬的做法"。

金融学对信用的界定是："信用是以还本付息为条件让渡资本使用权的一种借贷行为。"信用是体现着特定经济关系的借贷行为，是价值运动的特殊形式。它有两个基本特征：以偿还为条件；偿还时带有一定增加额——利息。

信用是商品货币经济发展到一定阶段的产物。随着商品生产和交换的发展，在商品流通过程中会产生因买方资金短缺导致现付交换的困难。为了使社会再生产能够持续进行，在销售商品时就不能再坚持现金交易而必须实行赊销，即延期支付或分期付款，于是商品让渡及其价值的实现在时间上就相互分离了。这样买卖双方由商品交换关系衍生出了一种债权债务关系，即信用关系。信用要求货币的支付手段职能存在。当赊销到期，债务人支付欠款时，货币不是充当流通手段而是充当支付手段，这种支付是价值的单方面转移。由于货币具有支付手段的职能，所以它能在商品早已让渡之后独立地完成商品价值的实现。

信用是现代经济生活的一种基础制度安排。信用是在一段时间内维系着的债权债务关系，在这个期间内存在诸多的不确定性，因而信用关系蕴涵了风险。正如制度经济学创始人之一的康芒斯（J. R. Commons）所谓的信用的"未来性"，如果所有的活动都能立刻显现出后果来，则一切"预期"、"信任"都将失去存在的必要，正是在"现在"与"将来"之间行为和环境变化的不确定性，必须要用某种制度约束来维系。制度经济学认为，信用不只是一种"信任"的心理现象，也不只是一种"价值单方面转移"的借贷活动，它还是弥漫于整个现代经济生活的一种制度，是经济活动赖以存在的环境。康芒斯认为债务和所有权都不是财富而是制度。作为制度的"信用"具有更加广泛的内涵：①信用是人类个体的一种心理现象，具有信任和安全感的心理学特征。金融机构发放信贷时，所凭据的就是对该借款人肯定会按期还贷的信任；如果某个国家发生了"信用危机"，人们在"信用活动"中就失去了安全感。正如在2008年金融危机爆发后，希腊等欧盟国家于2010—2011年所发生的主权债务危机，表现为国家主权信用评级下降、信用活动失去了开展的基础。②信用是人类个体集结成社会的必要条件。信用的社会学和经济学意义在于它构建了具有特殊主义

（particularism）和普遍主义（universalism）的社会信任结构（structure of trust）。特殊主义就是凭借与行为者的属性的特殊关系而认定行为对象的价值至上性；而普遍主义信任是独立于行为者与行为对象在身份上的特殊关系的（T. Parsons 和 E. Shils，1951）。信任结构的性质以及特殊主义和普遍主义之间的相互关系决定了各种信用制度的演进过程。建立在对血缘关系的亲属和朋友信任基础上的特殊主义信用推动了早期的商品交换，这种信任是一种较低层次的信用，也是最为普遍的信用，保持了基本社会信任秩序，至今仍然在现实经济生活中发挥重要的作用。随着社会分工的深化、交易规模与范围的拓展使得信息不对称现象成为经济生活的基本特征。市场经济的发展客观上要求普遍主义信任关系的发展，基于完善的法律体系构建的信用制度是在信息不对称条件下消除契约不完全性所带来的道德风险以及降低交易费用的制度保证（宋玮，2007）。在现实中，"特殊主义"演绎出人伦情感，而"普遍主义"则演绎出契约平等。在以契约和完全信息为基本特征的市场经济下，普遍主义与市场经济的契合度更高。

二、信用的产生与发展

信用的产生与发展经历了从高利贷信用到现代信用的演变。

（一）高利贷信用

高利贷信用是通过放贷货币或实物获得高额利息的一种生息资本的运动形式。它最早产生于原始社会末期，在奴隶社会和封建社会中得到广泛的发展，商品经济不发达和小生产是其赖以存在的经济基础。小生产者的经济地位极不稳定、经不起任何意外事件的袭击，小生产者的大量存在，构成了对高利贷的稳定需求。一些奴隶主和封建地主为了满足其政治上或生活上的需要，也向高利贷者借债。因此，前资本主义的政治经济条件决定了高利贷的产生和发展。

高利贷（usury）作为一种信用形式，具有价值单方面让渡、到期偿还、收取利息等信用的一般特征，同时也有其自身的特点：

第一，利率高。在旧中国，高利贷利率年利一般都在 50% 以上，有的高达 100% 以上，而且是"利滚利"。民法学界认为，高利贷是一种超过正常利率的借贷。我国现行法律规定，利率高于银行同期贷款利率 4 倍就属于高利贷。由于各国在立法和司法中没有统一的关于高利贷利率具体的规定和解释，在实践中只能按照《民法通则》和有关法律规定的精神，本着保护合法借贷关系，有利于生产和稳定经济秩序的原则，对借贷关系进行具体分析。

第二，非生产性。高利贷一般都不直接服务于社会化大生产，多是用于政治和生活消费。正是由于高利贷的非生产性，才导致其利率超过正常的社会生产利润率。在前资本主义社会，小生产者借取高利贷多是为了急用以渡过难关（诸如缴纳租税、抵御自然灾害等），因此对高利贷的价格需求弹性极小；而在供给方面，由于商品经济还不发达，社会上可用于借贷的闲置资金是极为有限的，这种对高利贷的无弹性需求远远大于供给，这就为高利贷者索取高额利率创造了条件。

马克思在《资本论》第三卷[①]中全面分析了高利贷资本的本质和历史作用，高利贷不改变小生产广泛存在的经济运行方式，而是像寄生虫那样吸附在小生产方式的"虚弱身体"上，迫使其再生产每况愈下。高利贷使得无数小生产者破产，只有靠出卖劳动力维持生活，为资本主义生产方式提供了雇佣工人。同时，高利贷者积累起大量的资本，为资本的积累并转化为生产资本创造了条件。

（二）现代信用

现代信用是以生产性为基本特征的信用方式。随着信用活动的发展，不论在发达的工业化国家还是发展中国家，债权债务关系的存在都是一种极为普遍的现象。马克思认为借贷运动就是以偿还为条件的付出，借贷的对象是借贷资本。借贷资本是货币资本家为了获取利息而贷给职能资本家使用的货币资本，是生息资本的现代形式。借贷资本的形成同资本主义生产过程有着密切的联系。在产业资本的循环过程中，由于种种原因会产生一部分暂时闲置的货币资本，如折旧基金、应付工资、用于准备购买生产资料的流动资本以及用于积累的货币资本等，这些形成了借贷资本的供给。而在产业资本的循环过程中，总会有部分产业循环过程需要补充货币资本，这就形成了对借贷资本的需求。闲置货币资本的拥有者把部分货币资本以信用形式暂时借给需要货币资本的使用者，并在一定时期后收回本利，这些闲置的货币资本就变成了借贷资本，借贷资本家通过投入借贷资本服务于产业循环过程而获得增值（利息），实现了对剩余价值的分割。

 【讨论题】比较借贷资本与产业资本、商业资本的区别。

借贷资本与产业资本、商业资本相比具有自身的特点。

第一，借贷资本是一种所有权资本。借贷资本虽然是一种商品资本，但资本家将其出卖（贷出）时，只是让渡了使用权，而不是所有权，在这一点上又

---

① 马克思：《资本论》，第三卷（中文版），北京，人民出版社，1975。

与普通商品的买卖不同。借贷资本家始终保持对借贷资本这种特殊商品的所有权，并凭借这种所有权向职能资本家收取利息。借贷资本是一种特殊的商品资本，卖方是货币资本家，买方是职能资本家，利息是这种商品的价格。

第二，借贷资本有特殊的转让形式。普通商品的让渡遵循的是等价交换的原则，通过买卖实现商品和货币价值对等交换。而借贷资本的转让不是通过买卖的形式，而是通过借贷来实现。当货币资本家把借贷资本贷给职能资本家时，并没有获得任何等价物；当职能资本家偿还借贷资本和利息时，也没有得到相应的等价物，因此，借贷资本的运动是一种价值的单方面转移。

第三，借贷资本具有特殊的运动形式。产业资本的运动形式为：货币—商品……生产……商品—货币（G－W…P…W'－G'）。商业资本的运动形式为：货币—商品—货币的循环（G－W－G'）。借贷资本的运动形式则为：货币—货币（G－G'），始终表现为货币形态。三者在运动形式上的差别体现了产业资本运作的分工细化，从产业循环完整的链条中分化出了专业的商品流通业态和资金融通服务业态，提高了专业化程度，也提高了各个环节的生产效率。

三、货币信用与经济发展的关系

（一）信用创造社会资本

17 世纪后期，欧洲国家信用已经相当发达。以 18 世纪的约翰·劳（John Law）、19 世纪的麦克鲁德以及 20 世纪的熊彼特等人为代表的"信用创造学派"在货币金融学理论中占有重要地位。信用创造论认为：信用创造资本，信用就是货币。信用既然被用做流通手段和支付手段，那么，信用就是货币、就是财富。信用创造资本，信用就是生产资本，通过这种生产资本的扩张可以创造社会财富，使国民经济具有更大的活力。信用创造理论继承和发展了古典学派关于商业银行信用媒介论的观点，认为银行的本质在于为社会创造信用。银行能够通过吸存放贷创造派生存款完成信用的创造[1]，为社会创造新的资本。

约翰·劳[2]认为货币就是财富——货币不必是金银，而以土地、公债、股票等为保证所发行的纸币为最好；纸币是银行的一种信用——银行通过供给这种信用，就可提供丰富的货币，给经济以最初的推动力。认为国家拥有的货币多，创造就业的机会就多，就能增加国民财富。麦克鲁德在他的《信用的理论》

---

[1]　商业银行的多倍存款创造功能将在第五章第三节中详细讨论。

[2]　约翰·劳（John Law）是一位苏格兰裔金融家和投机家，也是 18 世纪早期法国的财政总监。约翰·劳主张建立以土地不动产为担保品发行纸币的一种特殊银行。1715 年路易十四驾崩，约翰·劳大量发行纸币和股票，一度让法国经济复苏，孰料却引发金融投机狂潮，导致金融崩溃，后来以"密西西比泡沫"结束了他曾拥有无限财富的短暂人生。

(*The Theory of Credit*)① 中指出："货币的本质是向他人要求生产物与劳务的权利或符号，实为一种信用。金银货币可以称为金属信用。"认为信用与货币两者的本质是一致的，信用的创造就是货币的增加，两者可以统一于"通货"的概念之下。1920 年德国金融理论学者阿伯特·韩（Robert Han）出版的《银行信用之国民经济理论》中指出信用就是货币，从生产和分配的领域论述信用形成资本。他认为信用愈扩大，利率愈低，资本商品的生产就愈多，从而资本也就愈能形成。"资本形成不是储蓄的结果，而是信用提供的结果。"熊彼特在 1912年出版的《经济发展理论》中，专门分析信用与资本形成过程，其信用创造论置于其创新理论中，他认为科学技术进步，新产品、新工艺、新材料的出现引起生产要素的重新组合，从而产生对银行信用的需求。"更有用的方法可能是从信用交易着手，把资本主义金融看成是一种清算制度，它抵消债权债务，将差额转移到下期——使得'货币'支付成为特殊情况。"即通过信用扩张创造资本，实现创新。

（二）信用化率与经济发展模式

首先，厘清货币、资本和财富的区别和联系。货币是流动性最强的金融资产，是具有最普遍接受性的价值载体，可以表现为实物货币和信用货币（纸币）；资本是能够生产新增价值的价值，表现为货物的产权证，具有一定的流动性，但其流动性比货币低。研究宏观经济存量核算时，"资本"泛指一切投入再生产过程的有形资本、无形资本、金融资本和人力资本。从投资活动看，资本与流量核算相联系，而作为投资活动的沉淀或者累计结果，资本又与存量核算相联系；财富既包括流动性的价值，也包括不具有流动性的价值。财富的范围大于资本，资本的范围大于货币。财富可以在一定条件下转化为资本，甚至变现。货币是将财富变卖后的所得；资本是以产权契约、证券契约等形式将财富资本化后的所得，是资产和未来收入流动的产权证。因此，决定货币、资本和财富之间距离的要素就是市场、契约和产权制度（陈志武，2009）。

其次，信用与经济发展的关系。经济信用化程度的提高主要表现为信用在经济活动中迅速普及；经济主体普遍采用信用方式进行融资和结算；各种主要信用工具与 GDP 密切相关；信用对经济的作用和影响不断扩大。信用总规模（AC）指一个国家或地区能够计量的全部信用交易的规模，是包括债券、贷款、商业赊购款、货币、存款余额在内的信用活动的总计。信用总规模是国内各个部门——包括政府部门、金融部门、非金融企业部门和居民部门信用规模的总

---

① Henry Dunning Macleod（1821—1902）. The Theory of Credit. London, New York, Longmans, Green, and Co. , 1889 - 91.

和，即信用总规模＝政府部门负债＋金融部门负债＋非金融企业部门负债＋居民部门负债。其中，政府部门负债包括中央政府和地方政府发行的政府债券余额，商业赊购应付款项，向中央银行或金融机构的借款和透支；金融部门负债即货币与准货币的合计；非金融企业部门负债包括公司债券，非金融企业向金融机构的借款和抵押，企业商业赊购应付款等；居民部门负债包括商业企业、金融机构提供给个人的消费信贷等。经济信用化率（AC/GDP）用以描述经济信用化的情况，该比率越高表明经济信用化程度越高，信用活动越活跃（吴晶妹，2005）。

　　20 世纪 80 年代开始的市场经济改革，拉近了中国的财富与货币的距离，更多的财富可以在市场中交易，财富比以前更容易转变成货币。工业和服务业的发展以及城市化都使得中国社会的货币化程度上升，传统社会下靠血缘、亲情实现的互惠式金融交易被货币化（陈志武，2009）。研究发现，1990 年以后，我国市场经济改革取得重要成果，在信用规模和信用结构等方面都表现出与经济增长的促进作用（吴晶妹，2004）。但是我国的信用依存度[①]和经济信用化率仍然偏低，信用活动与经济增长不匹配。1987—1996 年，我国信用规模和 GDP 几乎都是 1:1 增长。而 70 年代以后美国、德国、法国、日本、韩国等国家信用活动与 GDP 之比一般达到 3:1 ~ 5:1。

　　而市场化国家的实证研究发现，经济信用化率与一国的经济发达程度呈现明显的正相关关系。美国稳健的经济信用化（经济金融化）带来了充沛的金融资本供给，这些流动性的金融资本，促进美国科技创新、对外投资和创业的发展。我国信用总规模小，信用活动对经济的促进作用远没有发挥出来。经济信用化发展能够促进我国经济发展方式的转变，土地、资源和未来劳动收入的资本化是未来中国经济增长的主要推动力。经济信用化要求推进我国信用管理体系建设。信用管理体系主要是规范一个国家或地区的信用活动，它是一种社会机制，是由信用立法与执法、信用管理行业运行惯例与约定、社会信用行为与道德规范、不良信用惩罚机制、教育等多个子体系共同作用、交织形成的社会机制。建立健全我国信用管理体系是实现经济信用化发展的基础，是推进我国经济发展方式转变的重要条件。

---

　　① 信用依存度是指经济增长对信用交易的依赖程度，体现了信用活动的发达程度及信用交易对一国经济的贡献。信用依存度 = 信用交易余额/GDP。

【拓展阅读】　18 名荷兰人演绎出一则震动欧洲的诚信故事

　　1596 年，一位名叫巴伦支的荷兰商船船长，为了避开激烈的海上贸易竞争，带领 17 名船员出航，试图从荷兰往北开辟一条新的到达亚洲的航线路线。他们经过了地处北极圈之内的三文雅（现俄罗斯的一个岛屿）。一天清晨，他们突然发现自己的船航行在海面的浮冰里，这时他们才意识到被冰封的危险迫在眉睫。然而为时已晚，经过艰苦的努力之后，最终他们仍然不得不放弃返航的努力，把船停泊在岛屿旁边。没有人类生存的三文雅岛上常常覆盖着 10 至 12 英尺的雪，厚厚的积雪被零下 40 至 50 度的严寒冻结，变得像花岗岩一样坚硬。巴伦支船长和 17 名荷兰水手在这孤立无援的条件下度过了 8 个月的漫长苦寒的冬季。他们拆掉了船上的甲板作燃料，靠打猎来取得勉强维持生存的衣服和食物。在恶劣的险境中，有 8 个人死去了。但巴伦支船长和剩下的水手却丝毫未动别人委托他们的货物，而这些货物中就有可以挽救他们生命的衣物和药品。冬去春来，幸存的巴伦支船长和 9 名水手终于把货物几乎完好无损的带回荷兰，送到委托人手中。他们用生命作代价，守住信用，创造了传之后世的经商法则。他们的做法震动了欧洲，也给荷兰这个当时只有 100 多万人口的小国赢得了卓著商誉，从而成为海运贸易的强国。

四、信用的基本要素

（一）信用主体

信用作为特定的经济交易行为，首先要有行为的主体，即信用行为双方当事人，具有各种民事行为能力的经济主体（包括法人和自然人）。其中转移资产的一方为授信人，而接受资产转移的一方则为受信人。授信人通过授信取得一定的权利，即在一定时间内向受信人收回一定量货币和其他资产与服务的权利，而受信人则有偿还的义务。

（二）信用客体

作为信用这种经济交易行为的被交易的对象，信用客体就是授信方的资产，它可以是有形的（商品或货币形式），也可以是无形的（服务形式）。

（三）信用内容

授信人以自身的资产为依据授予对方信用，受信人则以自身的承诺为保证取得别人的信用。在信用交易行为发生的过程中，授信人取得一种权利（债权），受信人承担一种义务（债务），具有权利和义务关系是信用的内容，是信用的基本要素。

（四）时间间隔

信用行为与一般的交易行为不同，它是在一定的期限内，以偿还为条件的价值单方面转移。在价值的单方面转移期间，信用行为主体维系着债权债务关系，才有了信用关系的内容。没有时间间隔，信用就没有栖身之地。

（五）信用流通工具

信用双方的权利和义务关系，需要表现在一定的载体上（如商业票据、股票、债券等），这种载体被称为信用流通工具。信用工具是指用来证明债权债务关系的书面凭证，是各种信用关系的反映并为其服务。信用工具的一般特征是：

（1）偿还性。商业票据和债券等债权债务型信用工具（debt securities）①，一般都载明债务的偿还期限，债权人可以按信用工具上所记载的偿还期限按时收回其债权金额。

（2）可转让性，即流动性，是指信用工具可以在金融市场上买卖。信用工具的所有者可以随时将持有的信用工具卖出而收回其投放在信用工具上的资金。

（3）收益性。信用工具能定期或不定期地给其持有者带来收益。其收益有两种：一种为固定收益，如债券或存单在票面上记载了利息率，投资人按规定利息率得到固定收益。另一种是不固定收益（或即期收益），即按市场价格出卖时所获得的收益，如股票交易的收益。金融工具收益性的大小，是通过收益率来衡量的，其具体指标有名义收益率、当期收益率、到期收益率、持有期收益率等。

名义收益率又叫票面收益率，是金融资产票面收益与票面额的比率。例如某种债券面值 100 元，10 年偿还期，年息 6 元，则该债券的名义收益率就是 6%。

当期收益率是债券的年息除以债券当前的市场价格所计算出的收益率，当期收益率 = 票面收益/当期市场价格。它并没有考虑债券投资所获得的资本利得或是损失，只在衡量债券某一期间所获得的现金收入相较于债券价格的收益率。如某种债券面值 100 元，10 年偿还期，年息 6 元，某投资人以 95 元的市场价格购入，则他的当期收益率为 6.32%（6/95）。

到期收益率又称最终收益率，相当于投资者按照当前市场价格购买并且一直持有到期时可以获得的年平均收益率。由计算公式①整理得到公式②。公式①表明，到期收益率是用资本利得或损失调增或调减当期收益率。

---

① 基础性金融工具分为债务类（debt securities）和权益类（equity securities）两种，权益类金融工具（如股票）一般不具有偿还性。

到期收益率 = 票面利息/债券买入价 + 资本利得（或损失）/持有期限×债券买入价 　　　　　　　　　　　　　　　　　　　　　　　　　　　　　①

到期收益率 =（到期本息和 – 债券买入价）/（债券买入价×剩余到期年限）　　　　　　　　　　　　　　　　　　　　　　　　　　　②

如某种债券面值 100 元，10 年偿还期，年息 6 元，某投资人以 95 元的市场价格购入，并持有 10 年到期，到期收益率为 6.85%（6/95 + 5/10 ×95）。

持有期收益率指投资者持有股票期间的股息收入与买卖价差占股票买入价格的比率。一般需要将不同持有期限的持有期收益率化为年收益率。

$$持有期收益率 = \frac{持有期股息收入与买卖价差收入}{买入价格} \times \frac{持有期天数}{360}$$

（4）风险性。信用工具的风险是指投入的本金遭到损失的可能性。正是因为信用存在时间间隔的要素，才有了在信用期间内可能发生的不确定性风险，任何信用工具都有程度不同的风险。[①] 信用工具的风险可分为信用风险（债务人的违约风险）和市场风险（由于金融资产的市场价格会随着市场利率不可预知的波动而变化所产生的风险）。一般来说，信用工具本金风险性与偿还期成正比，与流动性成反比。

五、信用的形式

无论是资本主义社会还是社会主义社会，在商品经济快速发展的当代，信用在经济中发挥的作用越来越大。国家、企业和个人都从各种形式的信用中获得经济的发展、生产的扩大和效用的提高。现代经济越来越体现为一种信用经济，各种信用形式和信用工具不断涌现。

（一）商业信用

商业信用是企业之间在买卖商品时，以延期付款或预付货款等形式向对方提供的信用。商业信用随着资本主义商品经济的繁荣而得到了充分发展，并成为现代信用制度的基础。

中国传统的信用本质上是一种道德观念，包括以个体身份为基础的私人信用，以及相互依赖的契约社会中的商业信用。私人信用由于儒家建立起一套制度化的法律和实践系统，逐渐深入到习俗之中，根植于中国人的传统观念。而商业信用由于缺乏社会的现实基础，没有相应的理论和制度的支持，它处于自然的失范状态。这种契约社会培植出来的以平等互利为基础的、以诚实信用为

---

① 由于金融工具具有表外风险，国际会计准则和美国公认会计原则均要求操作金融工具的企业在财务报表的主体和附注中披露金融工具的信息。

标志的商业道德在传统身份社会缺乏存在的社会基础。

1. 商业信用的主要特点

（1）商业信用是主体（工商企业）之间的直接信用，体现的是工商企业之间的信用关系，授信的债权人和受信的债务人都是直接参加生产、流通的工商企业。

（2）商业信用的客体是商品资本。商业信用所提供的信贷资本是仍处于产业资本循环过程中商品资本，是产业资本的一部分，而非游离于产业资本循环之外的闲置资本。商业信用流通工具主要是基于交易活动的商业票据（commercial paper）。

（3）商业信用的产生与产业资本的循环紧密相连。产业资本循环过程中，由于各种原因，不可能每次商品交换都能用现金结算，而商业信用下的销售，能够在暂时缺乏现款的情况下将再生产持续进行。商业信用还与商业资本的存在和发展有着直接联系。商业资本服务于生产和消费的中间环节，商业企业赚取中间差额作为利润。商业企业往往没有足够的资本从工业企业那里购买其经销的全部商品，为了保证商品流通的顺利进行，工业企业会向商业企业提供商业信用。商业信用是直接为产业资本循环和商业资本循环服务的。

（4）商业信用与产业资本的变动是一致的。在经济复苏、繁荣时期，生产增长，产业资本扩大，商业信用的规模也就扩大；相反，在经济危机、萧条时期，商业信用又会随生产和流通的缩小、产业资本的缩小而萎缩。

2. 商业信用的局限性

由于商业信用是直接以商品生产和流通为基础、并为之服务的，所以商业信用对加速资本的周转，最大限度地利用产业资本和节约商业资本，促进资本主义生产和流通的发展，具有重要的促进作用。由于受其自身特点的影响，商业信用又具有一定的局限性：（1）商业信用的规模受工商企业的数量及其所拥有资本量的限制。商业信用是工商企业之间对现有资本总额进行跨期调配，其最高限度仅仅是工商企业的现有资本量。（2）商业信用受商品流转方向性限制。商业信用提供的商品只能发生在生产该商品的企业和需要该商品的企业之间，工商企业一般只会向与自己有经济业务联系的企业发生商业信用关系。（3）商业信用是工商企业之间的直接信用，对其监管难度较大；而且企业直接面对的市场经营风险较多，导致主观上或者客观上的商业信用违约风险较大，因此，商业信用的信用度较低。

（二）银行信用

银行信用是银行及其他金融机构以货币形式，通过存贷款等业务提供给国民经济各部门、各企业和家庭等各类经济主体的信用。它在商业信用基础上产生发展起来，成为现代信用中的重要形式。

银行信用的特点是：

（1）银行信用的主体包括企业、其他经济体以及商业银行等金融机构，企业和其他经济体（政府、社团、家庭和个人等）是银行信用的最终供应者和需求者，而银行等金融机构是银行信用的中介。

（2）银行信用的客体是货币资本。从资本类型上看，银行信用的资本是以货币形态提供的，是从产业资本循环中独立出来、暂时闲置的货币资本。

（3）银行信用是商业信用发展到一定水平后产生的间接信用。银行信用的中介机构——金融机构运行的稳健性将关系到一国、一个地区甚至全球的金融安全，因此各国金融当局和国际金融组织对金融中介机构进行严格的监管和控制，一般而言，银行信用的信用度较高。

（4）银行信用与产业资本的变动是不完全一致的。由于银行信用贷出的资本是独立于产业资本循环的货币资本，其来源除了工商企业外还有社会其他方面，因此银行信用的运动同产业资本的发展保持着一定的独立性。例如在经济危机时，商业信用因为生产停滞而大量缩减，但企业为了防止破产及清偿债务，势必需要银行信用，导致对银行信用的需求激增。

（5）银行信用克服了商业信用的局限性。银行信用能聚集社会上的游资（如各种临时闲置的货币资本和社会货币储蓄），超越了商业资本只限于产业资本循环内部的界限。由于银行信用是以货币资本提供的，可以不受商品流转方向性的限制。

虽然银行信用成为现代经济中信用的主要形式，它却不能完全代替商业信用。商业信用与商品生产和流通有着直接的联系，能直接为产业资本循环服务，当工商企业能在商业信用的范围内解决问题时，就不必求助于银行信用。商业信用是银行信用发生和发展的基础，一些银行信用业务如票据贴现、票据抵押贷款等，都是在商业信用的基础上进行的。

（三）国家信用

国家信用（又叫政府信用）是以国家为主体进行的一种信用活动。国家按照信用原则以发行债券、借贷等方式，从国内外货币持有者手中借入货币资金，因而国家信用是一种国家负债。

在市场经济中，政府以管理者和市场主体的双重身份出现。作为管理者，政府制定相应的政策、法规和条例以保障市场经济的健康运行；作为市场主体，政府向公众提供国防、教育、交通、保健和社会福利等公共产品和服务。公共产品消费的非竞争性、非排他性的特性导致了对其供给的稀缺，因而只能依靠政府出面组织生产和供应。政府行使职能时需要大量的经费开支并承担了较大的风险,在一定时期和条件下,政府的税收往往入不敷出,为了弥补财政赤字,政府会发行各种信用工具,典型的政府信用工具是公债和国库券。

1. 国家信用的形式

按信用资金来源分,国家信用包括国内信用和国际信用两种。国内信用是指国家通过发行公债向国内居民、企业取得信用,筹集资金的一种信用形式,它形成国家的内债。国际信用是指国家向外国政府或国际金融机构借款以及在国外金融市场上发行债券,向国外居民、企业取得信用,筹集资金的一种信用形式,它形成国家的外债。

按信用的期限分,国家债券期限在1年以内的称为国库券(T-Bill),属于短期债券;期限在1年以上的为长期公债(T-Bond)[①]。

按发行方式分,可分为公开征募和银行承销。公开征募是指国家公债公开向公众、企业发行,由后者认购。而银行承销是指公债由银行通过与国家订立协议进行承销,由银行负责向公众、企业出售,并从中赚取承销费。现在多采用银行承销的方式发行公债。

2. 国家信用的作用

第一,调剂政府收支不平衡的重要手段。当财政年度内出现财政收支不平衡时,国家往往借助于发行国库券解决短期的财政困难。当政府在执行其政府职能时遇到资金困难,相对于采取财政紧缩政策(提高税率等)、量化宽松的货币政策(增发货币)等措施来说,选择发债的方式是较为稳妥的办法,西方发达国家政府国库券的发行量有90%以上是用于临时性解决财政赤字的,甚至有时会通过发新债还旧债。中国在20世纪80年代开始运用政府信用推动经济发展。[②] 以国家信用形式将分散在居民、企业、团体的小额、零散的货币或资金集聚起来并加以运用,既可以解决财政资金供应不足的矛盾,又可使闲置的货币或资金增值。

第二,调节货币流通和经济运行的手段。国家发行或者兑付公债或国库券、中央银行通过买进或卖出国家债券来调节货币供应,影响金融市场资金供求关系,使商品流通和货币流通保持适当的比例,从而达到调节经济的目的。

第三,通过中央政府和地方政府债券结构的调整可以协调中央财政和地方

---

① 公债有时也称为国债,在法律不允许地方政府借债的国家,这两个概念是一致的,即都是指中央政府的借债。但在允许地方政府借债的国家,一般只把中央政府的借债称为国债,而地方政府的借债只能称为市政公债或地方债。所以,公债=国债+地方债券(法律允许前提下)。

② 在中国,政府信用的涉足领域更加广泛,除了解决财政赤字,支持基础设施建设,还会用来推动市场经济改革。例如,政府通过发债筹资来给处于改革困境中的国有企业注入资金。中国政府曾于20世纪90年代通过发行公债募集资金用于解决国有银行因不良资产过高而引起的银行资本充足率下降的问题。

财政的矛盾。国家财政经常性收入是有限的，如何划分财政收入，中央和地方存在着矛盾。地方政府根据本地区经济发展状况，以信用形式集聚资金，既减轻了中央的负担，又满足了地方对财政资金的需求。

【拓展阅读】　　西方经济学派对国家信用的认识

对于公债问题，西方经济学界经历了由肯定到否定，再到肯定的螺旋上升过程。

早期重商主义代表资本原始积累时期商业资产阶级的利益，适应资本主义生长中对货币积累和市场扩大的需要，宣扬国家发行公债不会增加人民负担。

而古典经济学派大多反对发展公债，认为公债减少了生产资本，妨碍工商业的正当投资；公债会增加将来财政困难，公债不断膨胀，使市场信用增多，促使物价上涨等。亚当·斯密（Adam Smith，1723—1790）认为公债会增加国家的负担，"举债的方策，曾经使采用此方策的一切国家都趋于衰弱"。认为偿债往往会加重人民的税收负担，而当公债增大到某种程度时，几乎会完全丧失偿还的能力。大卫·李嘉图（David Ricardo，1772—1823）认为，公债是国民资本被浪费的因素，因而主张迅速地消除公债。

随着20世纪30年代经济大衰退的爆发，大多数经济学家对公债的态度开始由否定转向肯定，产生了"公债新理论"，其代表人物是英国经济学家凯恩斯。在公债是否为负担的问题上，凯恩斯主义基于政府借债与个人或家庭借债完全不相同的假定而提出新的观点。认为个人或家庭的理财习惯和政府职责在指导思想上有区别：对于个人或家庭来说，预算平衡十分必要，借款提供了一种推迟现行支付的方法，最终仍须支付其应负担的款项。而对于政府不存在这种负担的时间转移，只要公债全部是内债，国内人民拥有自己的债务，借贷双方的损益会相互抵消，所以公债并不构成一国的实际负担。现代凯恩斯学派把公债和赤字以及补偿性财政政策联系在一起，支持大力发展公债。

作为凯恩斯主义在美国的倡导者，保罗·萨缪尔森（Paul A. Samuelson，1915—2009）认为政府举债并不会形成沉重负担。认为政府公债的真正负担体现在3个方面：首先，为支持债务利息而征税会造成效率损失。其次，会产生资本替代效应。"也许大量公债的最严重后果是由于公债代替了一国财产存量中的资本而引起的。私人资产会被政府债务所取代"。再次，债务会对人们的情绪和私人投资产生影响。萨缪尔森的公债思想既同古典学派的反对公债的观点不一致，又同凯恩斯学派极力赞同政府举债的观点有所区别，他是从否定的角度来肯定公债的。萨缪尔森的最后结论是公债的发行不但不应视做国家的债务，而且还应视为国家的资产，发行公债有利于经济繁荣和充分就业。然而，过度依赖公债发展起来的国家经济是存在风险的。例如1997年的东南亚金融危机就暴露出过分依赖国家债务的"东亚小龙"经济发展模式是高风险和不可持续的。

图 3.1　晚年的保罗·萨缪尔森

（四）消费信用

消费信用又称个人信用，是由商业企业、商业银行以及其他信用机构向消费者个人提供的直接用于生活消费的信用。由企业提供的消费信用主要有赊销和分期付款等形式；银行或其他金融机构以货币形式向消费者提供间接信用，主要有消费信贷以及有透支额度的信用卡消费等。开展信用卡业务对银行、商店以及持卡人都是有利的，银行能够增加利息和服务费收入，商店促进了商品销售，持卡人（最终消费者）获得安全授信和支付便利。

20世纪50年代中国曾经出现过消费信用，随后一度被取消。20世纪80年代银行出现以住房为主要形式的消费信贷，但在当时市场经济尚不发达的情况下，信用消费并不具备充分发展的经济基础和市场条件，消费信用品种单一、规模小，处于摸索阶段。20世纪90年代以来，随着买方市场的形成，消费需求不足成为制约经济增长的主要因素，政府采取多种措施扩大内需，消费信用作为刺激消费需求的有效手段得到重视和推广。1997年末全部金融机构人民币消费贷款余额172亿元，到2003年末增加到15736亿元，较1997年增长90倍，其中个人住房贷款余额11780亿元，信用消费占各项贷款的比例由不足0.13%上升到10%。2008年末全部金融机构人民币消费贷款余额达到3.7万亿元；2010年末达到7.5万亿元。其中，个人短期消费贷款余额1.0万亿元，个人中长期消费贷款余额6.5万亿元。①

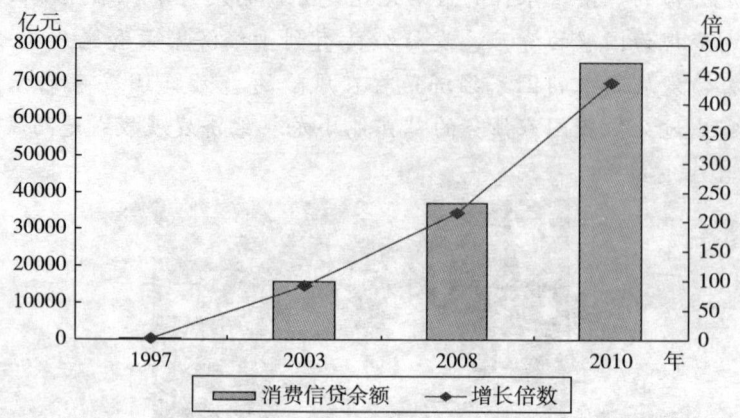

图3.2 我国消费信贷的发展

　　从提供信用消费的机构看，虽然国内所有商业银行都有消费信用业务，而四家大型商业银行②的消费信用余额占全部金融机构提供的消费信用总额的88%。经过近几年的快速发展，形成包括个人住房与住房装修、汽车消费与信用卡消费、大额耐用消费品与教育助学、旅游与医疗贷款、个人综合消费与个人短期信用贷款及循环使用额度贷款等十几个大类、上百个品种的信用消费品种体系。

　　由于中国目前缺乏完善的全国性征信管理机构和信用审核业，导致部分消费信贷出现较高的拖欠率，给信贷机构带来较大的不良资产的压力。虽然消费信用促进了现代商品经济的发展，但由于它使消费者提前动用了他们的购买力，实际上是以未来消费需求的萎缩来获得现在消费需求的扩大，消费者在未来一段时期里不得不负担起偿还贷款本息的重担，造成生产和消费的脱节。如果消费信用过度膨胀必然推动通货膨胀，甚至会出现消费信用危机。③ 因此，对消费信用发放的对象、额度及用途都应加以严密控制，以保证其对经济发展的积极作用。

---

　　① 数据来源：中华人民共和国国民经济和社会发展统计公报2008年版、2010年版，中国人民银行金融机构信贷统计数据。

　　② 从中国银监会信息披露可以看出，中国工商银行、中国银行、中国建设银行和中国农业银行四大银行的称谓从"国有独资银行"变成为"国有控股银行"，2009年以后又称作四家大型商业银行，称谓的变化从一个侧面反映出中国银行体系市场化改革的不断深入。

　　③ 2007年以来，席卷全球的金融危机的导火线就是由于美国次级住房按揭贷款持有人信用违约，导致基于次贷的美国金融衍生品市场崩溃，引发了金融风险。

（五）租赁信用

租赁信用是指租赁公司或其他出租者将其租赁物的使用权出租给承租人，并在租期内收取租金的一种信用形式。现代租赁主要有经营性租赁（operating leasing）和融资性租赁（financial leasing）。

经营性租赁又称营业性租赁，是由普通出租和租用关系形成的一种传统的租赁方式，提供租赁物件的短期使用权，通常适用于一些需要专门技术进行维修保养、技术更新较快的设备。在经营性租赁项下，租赁物件的保养、维修、管理等义务由出租人负责，承租人在经过一定的预告期后，可以中途解除租赁合同。租赁过程中承租人以支付租金为前提使用设备，出租人自始至终拥有设备所有权。这种传统租赁信用形式早在公元前 2000 年居住在巴比伦地区的苏美尔人中就已出现，公元前 1400 年地中海西岸的腓尼基人开始了商船租赁。中国奴隶社会后期产生的以土地和房屋为对象的租赁活动，在封建社会得到进一步发展，土地、房屋、车船、农具及其他工具、集市场地等都成为可租让的标的物。

融资租赁，又称金融租赁或财务租赁，是指出租人根据承租人对供货人和租赁标的物的选择，由出租人购买租赁标准物后租给承租人使用，租赁物件的维修保养由承租人负责，出租方只提供金融服务收取名义租金，租金计算是以租赁物件的购买价格为基础，按承租人占用出租人资金的时间为计算依据，根据双方商定的利率计算租金。租约到期时设备产权将转移给承租人。与传统的经营性租赁相比，融资性租赁实质是依附于传统租赁上的金融交易，是一种特殊的金融工具。20 世纪以来，随着科学技术的不断发展，投资数额急剧增加，特别是第二次世界大战后各国百业待举，银行信用形式已不能完全满足企业投资需求，融资租赁信用得以快速发展。现代融资租赁业于 20 世纪 50 年代发源于美国，20 世纪 60—70 年代迅速在全世界发展起来，目前已成为企业更新设备的主要融资手段之一。在发达国家，融资租赁行业作为"朝阳产业"已经成为仅次于银行信贷的第二大金融工具（韩向柏，2010）。

作为现代融资租赁业发源地的美国，拥有现代融资租赁业最庞大的市场。目前，设备制造商、银行、独立租赁机构在美国融资租赁市场占据"三分天下"（见图 3.3）（于方，2006）。设备制造商在美国的租赁市场上非常活跃，如 IBM、HP 和 DELL 都有自己的租赁机构或子公司，经营某一特定范围的设备，并在这一领域掌握专门的技术知识，特别是在计算机、飞机以及建筑机械方面做出重大贡献。银行参加租赁业务开辟了新的资本来源渠道，通过对各种设备提供资金融通，银行取得租金收入、手续费、贷款利息等，创造了新的利润增长点。美国大部分独立的租赁公司都是地方型的，只为当地市场服务，也有少部分全国性的独立租赁公司。

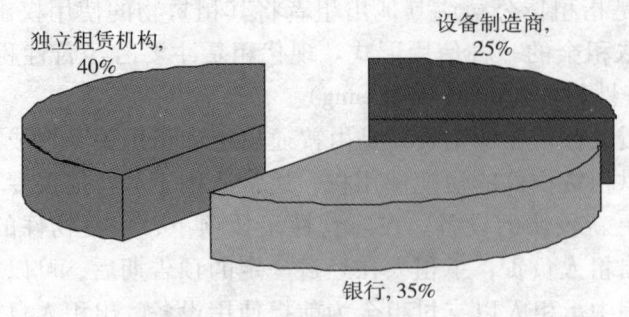

图 3.3　美国融资租赁市场构成

　　美国融资租赁业的发展经验表明，制造商从事租赁业务可以提供专业化的服务，银行从事租赁业务具有资金和成本优势，独立租赁公司可以提供设备选择的咨询、选定、租后服务等一系列的综合服务，三者各有优势，支撑起美国租赁业在世界租赁市场上的霸主地位。

　　我国的现代融资租赁业出现在 20 世纪 80 年代，在当时急需先进设备且资金严重短缺的情况下依照日本租赁业模式成立了融资租赁公司，在引进先进设备和技术，发展我国工业化的过程中发挥了重要作用，但由于市场运作和监管不力，许多租赁公司不良资产比例扩大，经营困难。虽然有着 20 多年的发展历史，中国融资租赁业的发展与在世界经济中的地位是不相称的：我国的租赁总额仅占国内资本份额的 4%，对 GDP 的贡献仅有 0.3‰。租赁渗透率（通过租赁投资额占社会固定资产投资比率）仅为 1.5%，美国则长期保持在 30% 以上。根据国家统计局的数字，我国 2009 年全社会固定设备投资总额为 17 万亿元，如果达到发达国家 10%～15% 的平均渗透率，我国的租赁规模应在 2 万亿元左右，市场尚有 90% 以上的空白，远未达到其应有的程度，融资租赁在我国具有巨大的市场空间。对比美国融资租赁公司 3000 家左右的规模，我国融资租赁企业相对巨大的中国市场仍然比较稀缺，中国融资租赁企业数量仅相当于美国的 6.13%。近年来，国家出台了一系列政策推进融资租赁的发展。国务院关于上海"两个中心"建设规划公布以来，[①] 外资融资租赁公司迅速进入，内资融资租

---

　　① 2009 年 4 月 29 日《国务院关于推进上海加快发展现代服务业和先进制造业建设国际金融中心和国际航运中心的意见》提出，上海国际金融中心建设的总体目标包括：到 2020 年，基本建成与我国经济实力以及人民币国际地位相适应的国际金融中心；基本形成国内外投资者共同参与、国际化程度较高，交易、定价和信息功能齐备的多层次金融市场体系；基本形成以具有国际竞争力和行业影响力的金融机构为主体、各类金融机构共同发展的金融机构体系等。

赁公司试点加快。至 2010 年 4 月底，中国融资租赁公司的数量已达到 148 家，注册资本超过 700 亿元人民币。

（六）国际信用

国际信用指一国政府、银行等金融机构及其他法人或自然人对别国的各类经济主体所提供的信用。国际信用表示的是国际间的借贷关系，债权人与债务人是不同国家的法人，直接表现为资本在国际间的流动。最早依托于国际贸易的票据结算就是国际货币资金借贷行为的开始，现代国际金融领域内的各种活动都同国际信用有着紧密联系，国际信用的资金周转运动，保障了国际经济与贸易的顺利进行。

1. 国际信用按照业务领域划分为贸易信用和金融信用

（1）国际贸易信用，是以与对外贸易业务联系在一起的各种信用形式。信用的提供以外贸合同的签订为条件，它只能用于为合同规定的商品交易供应资金。这种国际信用又有公司信用和银行信用（如出口信贷）。出口信贷是一国政府为支持和扩大本国大型设备的出口，通过对出口产品给予利息补贴、提供出口信用保险及信贷担保，鼓励本国的银行或非银行金融机构对本国的出口商或外国的进口商（或其银行）提供利率较低的贷款，以解决本国出口商资金周转困难的一种国际信贷方式，分为卖方信贷和买方信贷。卖方信贷由出口国银行向出口厂商提供优惠贷款以支持出口商向进口商提供分期付款；买方信贷是出口方银行直接向进口商或进口方银行提供的信用，进口商获得贷款用以付清出口商的货款，再分期偿付出口方银行的贷款本息。

（2）国际金融信用，金融信用没有预先规定资金的具体运用方向，不以贸易合同为授信前提。可用于偿还债务、证券投资等目的。金融信用按照融资方式又有国际的间接信用（如国际银行信贷、政府信贷、国际金融机构信贷等）和国际的直接信用（如国际债券）。

国际债券（international bonds）是一国政府、工商企业、金融机构或组织为筹措融通资金，在国外金融市场上发行的以外国货币标示的债券。国际债券的发行者和投资者属于不同的国家，以国际债券为载体所完成的资金调配构成国际资本流动中的一部分。国际债券的发行和交易，可以平衡发行国的国际收支，也可用于发行国政府或企业的开发和生产。依据发行债券所用货币与发行地点的联系不同，国际债券又可分为外国债券和欧洲债券。

外国债券是指借款人在其本国以外的某一国家金融市场发行的、以市场所在国货币为面值的债券。外国债券是传统国际金融市场业务，已有几个世纪的历史，其发行必须经发行地所在国政府批准，并受该国金融法令的管辖。在美国发行的外国债券（美元）称为扬基债券；在日本发行的外国债券（日元）称为武士债券。

欧洲债券是借款人在债券票面货币发行国以外的国家或在该国的离岸国际金融市场发行的债券。

欧洲债券（Euro bonds）的票面货币并非发行国家当地货币，而是以境外通货（external currency）为单位，在本国境外货币市场（external currency market）进行买卖。一般把在发行国以外存放并发挥货币职能进行交易，且不受货币发行国金融法令管制的货币称为离岸货币（offshore money）或境外货币。例如，伦敦巴克莱银行吸收的美元存款就是离岸美元，上海某银行吸收的港元存款就是离岸港元。最早的离岸货币出现在欧洲，因而也称做欧洲货币（Euro‑currency）。伦敦这样的经营离岸货币借贷和交易的金融市场被称为离岸金融中心（offshore market or offshore center）。相应地，没有离岸的传统货币业务称为在岸货币（onshore money），如纽约某银行的美元存款、伦敦某银行的英镑存款等。离岸货币的经营活动游离于货币发行国境外，并且离岸市场所在国对别国货币的本土经营也不加约束，所以离岸货币是一种"自由货币"。进入 20 世纪 50 年代，由于东西方"冷战"而引发的欧洲货币市场开始发展起来，这个新兴的国际金融市场具有超越传统国际金融市场的优势，一跃成为目前最重要的国际金融市场。欧洲货币市场不受任何国家政府管制和税收限制，经营非常自由；资金来自世界各地，数额庞大、币种齐全，能满足各种不同类型的融资者对不同期限与不同用途的资金需要；资金调度灵活，手续简便；其存放款利率的差额很小，一般在 0.5% 左右，欧洲货币市场对存款人和借款人都更具吸引力；欧洲货币市场是一个批发市场，由于投融资者大都是一些大型机构，每笔交易数额很大，一般少则数万美元，多则可达到数亿甚至数十亿美元。欧洲货币银行借贷、欧洲债券是欧洲货币市场的主要业务。

由于目前人民币不是完全可兑换货币而是有条件可兑换，在法律上还不能行使世界货币职能，中国的金融系统不向境外银行提供人民币的清算服务，所以人民币的海外离岸市场尚未形成。国内金融机构可以吸收外币存款并发放外币贷款，上海和深圳还建立了用美元和港元计价交易的股票市场，国内可经营外汇业务的银行还向客户提供不涉及人民币的外汇兑换服务，可以说中国境内初步建立了其他货币的离岸市场。

2. 国际信用按照贷款人分为商业信用、国家信用和国际组织信用

国际信用按照贷款人的不同分为由私营企业、银行、经纪人等提供的商业信用，由政府直接提供或通过国营的信贷机构提供的国家信用，以及国际金融组织与区域性金融组织的信用。

政府信贷是一国政府向另一国政府提供的具有经济援助性质的贷款,具有利率低、期限长等优惠条件,但通常指定贷款用途。有时候政府信贷还会与出口信贷结合。

国际金融机构信贷主要指国际货币基金组织(IMF)、世界银行(WB)、国际开发协会(IDA)、国际金融公司(IFC)等国际金融机构所提供的信用。这类信用一般有特定的用途,贷款期限较长且贷款条件优惠。

【专题 3 – 1】　　　　　中国的国家信用发展

我国国债发展大致可以分为六个阶段:[1]

第一阶段(1950—1958 年):新中国成立初期的经济建设公债。

1950 年发行的"人民胜利折实公债"成为新中国历史上第一种国债。此后又于 1954—1958 年间每年发行了一期"国家经济建设公债",发行总额为 35.44 亿元,相当于同期国家预算经济建设支出总额 862.24 亿元的 4.11%。1958 年中国国债的发行被终止。1968 年国家偿付了全部内外债本息,1968—1981 年间我国政府既无内债又无外债。

第二阶段(1981—1987 年):改革初期以行政摊派发行的长期公债。

1981 年 1 月国务院通过《中华人民共和国国库券条例》,决定发行国库券来弥补财政赤字。

1981—1987 年,国债年均发行规模仅为 59.5 亿元。这一期间尚不存在国债的一、二级市场,国债发行采取面向国营单位和个人的行政摊派形式且存在利率差别,个人认购的国债年利率比单位认购的国债年利率高四个百分点。券种比较单一,除 1987 年发行了 54 亿元 3 年期重点建设债券外,均为 5~9 年的中长期国债。

第三阶段(1988—1992 年):国债场内、场外交易市场初步建成。

1988—1993 年国债年发行规模扩大到 284 亿元,增设了国家建设债券、财政债券、特种国债、保值公债等新品种。1988 年国家分两批在 61 个城市进行国债流通转让试点,初步形成了国债的场外交易市场。1990 年 12 月上海交易所成立,在交易所开户后进行记账式债券交易,形成国债的场内交易市场,当年国债交易额占证券交易总额 120 亿元的 80% 以上。1991 年我国开始试行国债发行的承购包销。

---

[1] 本专题部分资料来自中国人民银行网站、中国国债协会网、中国国债投资网等披露信息。

第四阶段（1993—1996 年）：国债衍生品创新探索和国债发行方式变化。

1993 年以后出现了机构以代保管单的形式超发和卖空国库券的现象，国债市场风险巨大。1993 年 10 月和 12 月上海证券交易所正式推出了国债期货和回购两个创新品种，开启了新中国成立以来的金融衍生品创新首例。1994 年财政部首次发行了半年和一年的短期国债。1995 年国债二级市场交易活跃，特别是期货交易量屡创纪录，以武汉证券交易中心等为代表的区域性国债回购市场因虚假抵押泛滥而被关闭，1995 年国债期货"3·27"事件和回购债务链问题等违规事件爆发，致使国债期货交易于 1995 年 5 月被迫暂停。1995 年 8 月国家正式停止一切场外债券市场，证券交易所成为中国唯一合法的债券市场。1996年以后，国债市场呈现出以全国银行间债券交易市场，深、沪证交所国债市场和场外国债市场构成的"三足鼎立"之势。

第五阶段（1997—2007 年）：国债市场分立发展。

1995 年之后我国确立了金融业分业经营体制①。1997 年 11 月，中央金融工作会议提出建立健全"集中统一"的证券市场监管体制，商业银行退出上海和深圳交易所的债券市场。在中国外汇交易中心基础上成立了银行间债券市场，中国债券市场就此形成了两市分立的状态。

1998 年 5 月人民银行债券公开市场业务恢复，以买进债券和逆回购投放基础货币，为商业银行提供了流动性支持。1998 年 9 月国家开发银行通过银行间债券发行系统，采取公开招标方式首次市场化发行了政策性金融机构债券。1998—2007 年，人民银行先后批准保险公司、城乡信用社、部分证券公司和全部的证券投资基金、财务公司、非金融机构法人、企业年金基金加入银行间债券市场。

第六阶段（2008 年以来）：金融危机后地方债的出现。

2007 年源自于美国的次贷危机对中国经济产生了剧烈的冲击。中国在2008 年 11 月确定了宏观政策转型为积极的（扩张性的）财政政策和适度宽松的货币政策之后，经济运行态势在 2009 年从"前低"转入"后高"，年度GDP 增速为 8.7%。为了给 4 万亿元的经济刺激计划准备地方配套资金，中国

---

① 此时国际上已开始从分业经营向综合经营的转变，以美国为代表，1999 年 11 月 4 日美国国会参众两院分别以压倒性票数，通过了《金融服务现代化法案》，结束了自 1929—1933 年大危机后美国长达66 年之久的金融分业历史。为了挽救大危机后陷于瘫痪的金融业，美国政府相继通过 1933 年《格拉斯—斯蒂格尔法》、1934 年《证券交易法》和 1940 年《投资公司法》。这一系列法案规定，银行、证券、保险分业经营。1999 年 11 月，美国通过的《金融服务现代化法》，标志着在国际金融体系发展过程中又一次划时代的变革，美国由分业经营向混业经营体制的转变，影响了全球金融格局的转变。

首次发行地方政府债券。在 4 万亿元经济刺激计划中，中央政府承担 1.2 万亿元的份额，而余下的部分由地方政府以及企业承担。政策扩张带来了国债和地方债规模的明显上升，除较规范的长期建设国债和 2000 亿元地方债之外，出现了各种地方政府融资平台和新的融资工具，地方举债融资的规模迅速扩大。

据香港的研究机构 GaveKal Asia 估算①，在 2008—2010 年经济刺激计划实施期间，中国地方政府的债务余额扩大了一倍以上，达到近人民币 11 万亿元。在 2005—2008 年间，地方政府融资平台的债务占 GDP 的比例基本稳定在 14% 左右。但这一比例现在 2010 年已达到约 27%，超过了中央政府正规债务的规模。GaveKal Asia 报告称，封闭的金融系统使中国几乎不可能发生像希腊那样的政府债务危机，中国地方政府融资平台的债务风险可控。2010 年 8 月，财政部会同发展改革委、人民银行、银监会联合部署地方政府对融资平台公司债务进行全面清理核实。财政部会同有关部门抓紧研究建立融资平台公司债务统计报告制度，建立健全地方政府债务规模控制和风险预警机制，并研究地方政府自主发行债券的可行性。

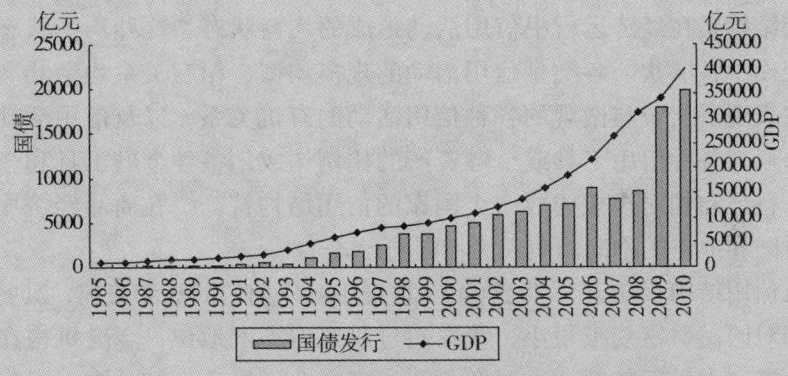

图 3.4　中国国债发行与经济发展

由图 3.4 可见随着我国 GDP 的持续增长，国债年发行量呈现出同步上升的趋势。在一国每一特定经济发展时期，必然客观地存在着某种适度债务规模的数量规定性。学者认为，中国国债发行具有较稳固的实体经济作为支撑，因此风险可控。通过构建国债规模变化动态模型的实证研究表明，如果保持经济增长速度、赤字比率和国债发行条件不变，只要实际经济增长率高于国债实际利率，尽管国债实际规模越来越大，但是国债负担率会趋于稳定，国债风险仍是

---

① 《华尔街日报》，2011 – 06 – 21。

可控的（王晶晶，2005）。只要政府加强国债的管理，就不会出现国债规模风险（洪源等，2005）。2002—2006 年国债负担率稳定在 25% 以内的水平，在无特殊外部因素的扰动下，国债具有可持续性（谭晓兰，2007）。但是也有一些学者对我国增长的国债发行规模表现出了担忧，我国国债发行数量从 1998 年开始推行积极财政政策之后进入到了一个快速增长的阶段。2007 年为成立国家外汇投资公司注入资本金，发行了 1.55 万亿元的特别国债，导致国债负担率明显增加。截至 2007 年底，平均每年增长 26%，快于 GDP 的增长速度，导致国债负担率上升，虽然远未达到发达国家国际警戒线 60% 的标准，但已超过20% 的中国国债规模安全标准，潜在风险不容忽视。（李伟，2009）。

六、信用结构与信用机制

（一）信用结构

信用结构是在经济运行中信用活动形成的均衡状态，这种均衡状态是由在信用总规模中各层次、各类型信用活动的规模均衡、相互关系均衡共同构成实现的。它表现了宏观与微观的各种信用活动的有机关系，以及信用活动现有的和动态布局。各种信用工具或金融资产的比例构成，各种金融工具和金融机构的现状、特征和相对规模构成一个国家的信用结构特征。在商品经济中，信用结构因时间和地点的不同而表现为不同的形式。

古典信用结构存在于 18 世纪和 19 世纪中叶以前的欧洲和美洲，其特征是信用工具相对国民财富规模很小，债券超过股票占支配地位，金融机构在全部流通的金融资产中份额较低，小型企业和家庭企业引导生产和分配。近代信用结构流行于 19 世纪中期到 20 世纪初大多数非工业化国家，与第一种类型相似，区别在于，政府和金融机构发挥较大作用；在某些情形中存在拥有大型股份企业的部门；银行在资金融通中发挥较大作用，但国内储蓄和投资的规模较小。现代信用结构 20 世纪以来广泛流行于工业发达国家，其特征是金融资产规模较大；股票规模扩大；金融机构占全部金融资产份额较高，且趋于多样化。

实践中，大多数国家的信用结构有自己的特征，而且信用结构之间的转化是逐渐演化的。衡量信用结构可以有很多关系来表达，主要有：金融资产总额与实物资产总额之间的关系；各种金融资产和负债在金融工具总量中的结构分布；金融工具在金融机构和非金融经济单位中的分布；所有这些存量关系都对应着一个流量关系。中国信用结构较单一，以存、贷款为主要形式，证券信用正在扩大之中，但目前数量有限。

（二）信用机制

信用机制是社会化信用管理体系的运行机制，是由信用运行、信用经营、信用立法、信用执法和信用教育等子体系共同构成彼此交织的运行机制。信用机制从运行意义上包括两大机制：即信用市场运行机制和信用管理机制，其中信用市场运行机制包括信用征信机制、信用评估机制、信用交易机制和信用奖惩机制，信用管理机制包括宏观管理机制和微观管理机制。从广义上讲，信用机制实际上是一种社会机制，它把各种与信用相关的社会力量和制度有机地组合起来，共同促进信用的完善和发展，制约和惩罚失信行为，从而保障社会秩序和市场经济正常地运行和发展。

在现代市场经济中，信用机制正常运行的前提是：普遍具有良好的全民信用教育和信用意识，具有完善的管理信用立法和失信约束惩罚机制，有发达的商业化、社会化运作的信用中介服务机构，有信用管理行业的自律组织。

信用机制的运行首先是基于信用的市场运行。以征信机构（包括资信公司、银行、工商、税务、法院、质检、海关、担保公司、保险公司等）为主体，客观、公正地收集、记录、制作、保存自然人、法人的信用资料，将市场主体的社会信息资源、金融资源、纳税资源、司法资源等分散在各个部门的信息集中起来，形成统一的信用档案，对市场主体的信用状况做出整体评价，并充分利用计算机网络等先进技术和现代化工具建立起个人、企业和各类经济组织的征

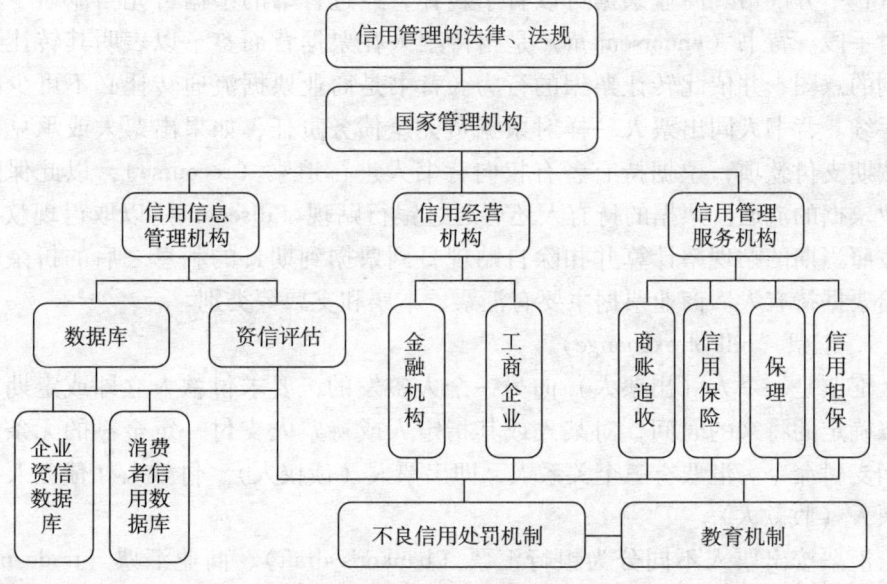

图 3.5　美国的信用管理体系结构

信体系；成立由银行、合作金融机构以及工商、质量技术监督、审计等部门共同参加的区域性信用等级评审机构，建立一个统一的信用评价指标体系和评审办法；形成个人、企业信用档案信息查询系统，要有公开、有效的信息传递机制，包括建立信息披露制度、交换制度等，建立信用信息共享机制，使征信企业和信用中介机构（咨询调查公司、担保公司）等公平、合理采集和使用信用信息，并为全社会提供征信服务；建立起守信收益高、失信成本高的信用奖惩机制，对各类市场主体进行激励和监督；发挥中介组织作用，构建中介组织的自律性机制和监管体系，从重从严惩处中介组织的非诚信行为，使其真正成为"诚信"的重要载体。

七、信用工具的种类

随着信用在现代经济生活中不断深化和扩展，信用工具的种类越来越多。主要的信用工具有：

（一）商业票据（commercial paper）

商业票据是以商业信用进行交易时所开出的一种证明债权债务关系的书面凭证。商业票据一般是由金融公司或某些信用较高的企业开出的无担保短期票据，其可靠程度依赖于发行企业的信用程度。

商业票据的期限一般在9个月以下，由于其风险较大，利率高于同期银行存款利率。商业票据可以由企业直接发售，或由经销商代售，但对出票企业信誉审查十分严格。商业票据可以背书转让，经过背书的票据可充当流通手段和支付手段。背书（endorsement）是指持票人在票据背面签章以表明其转让票据权利的意图，并依此转让票据的行为。背书是商业票据流通转让必不可少的法律手续。背书人同出票人一样对票据负完全债务责任，如果出票人或承兑人不能按期支付款项，票据持有者有权向背书人进行追索（recourse），以此保障了商业票据的流通。票据的持有人还可通过银行贴现（discount）以取得现款，银行按照当期的贴现率计算并扣除自贴现日到票据到期日的利息之后的折余价值付给票据持有人。商业票据主要有汇票、本票和支票等类别。

1. 汇票（bill of exchange）

汇票是一个人（出票人）向另一个人签发的，要求付款人立即或定期或在可以确定的将来的时间，对某人或其指定人或持票人支付一定金额的无条件与书面支付命令。汇票有三个关系人，即出票人（债权人）、付款人（债务人）和持票人（收款人）。

汇票按出票人不同分为银行汇票（banker's draft）、商业汇票（trade bill）。按承兑人的不同分为商业承兑汇票（commercial acceptance bill）、银行承兑汇票

（bank's acceptance bill）。按付款时间不同分为即期汇票（sight bill or demand draft）、远期汇票（time bill or usance bill）。远期汇票一般须经过付款人承兑才能生效。承兑是指汇票的付款人在汇票上签章，用以表示到期付款的意愿的行为。由商业企业承兑的为商业承兑汇票（commercial acceptance bill）；由银行承兑的为银行承兑汇票（bank's acceptance bill）。银行承兑汇票提高了商业票据的信用能力，增强了其流通性。

2. 本票（promissory note）

本票（又叫期票）是一个人向另一个人签发的，保证即期或定期或在可以确定的将来的时间对其或其指定人或持票人支付一定金额的无条件书面承诺。它涉及两个关系人，即出票人（债务人或其代表）和受票人（债权人）。

本票有一般本票，即出票人为企业或个人，可以是即期本票，也可是远期本票。而出票人是银行的银行本票（casher's order）只能是即期本票。

3. 支票（check，cheque）

支票是出票人签发，委托办理支票存款业务的银行或者其他金融机构在见票时无条件支付确定的金额给收款人或持票人的票据。支票是一种特种汇票，也涉及三方关系人。支票一经背书即可流通转让，成为替代货币发挥流通手段和支付手段职能的信用流通工具。运用支票的非现金结算，可以减少流通中的现金量，节约货币流通成本。

开立支票存款账户和领用支票，必须有可靠的资信，并存入一定的资金。为了避免出票人开空头支票，收款人或持票人可以要求付款行在支票上加盖"保付"印记，当支票由付款银行加上"保付"字样并签字，就成为保付支票。保付支票不会因存款户无存款发生退票拒付的情况。支票还可分为现金支票和转账支票（划线支票）。

（二）有价证券（securities）

有价证券是证明持有人有权按期取得一定收入并可自由转让和买卖的所有权或债权凭证。有价证券是虚拟资本的一种形式，广义的有价证券按其所表明的财产权利的不同性质，可分为三类：商品证券（如提货单、仓单等）、货币证券（如汇票、本票等商业票据）及资本证券（如股票、债券等）。狭义的有价证券即为资本证券。

1. 股票（stocks）

股票是股份公司在筹集资本时向出资人公开或私募发行的、用以证明持有者（股东）对股份公司的所有权，同时对公司收益和资产的索取权的凭证。这种所有权是一种综合权利，如普通股股东可以参加股东大会、投票表决、参与公司的重大决策，收取股息或分享红利等。

股票是一种无偿还期限的有价证券，即投资者选择股票投资后，在公司续存期间不能要求股份公司购回股票，只有在公司清算时可以按照清算价格赎回股本金。股票可以在二级市场中转让，股票转让只意味着公司股东的改变，并不减少公司资本，所以股票的期限等于公司存续的期限。公司可以通过在股票市场回购自己发行的股票以提高股票价格来保护股东的权利。

股票的收益主要包括两个方面：一是股息收入，股息收入来源于股份公司的利润；二是资本利得，即投资者通过股票市场的买卖获得买卖差价的收入。股票的收益水平相对较高，但其风险也较大。由于股票价格受到诸如公司经营状况、市场供求关系、银行利率、宏观经济形势、大众心理等多种因素的影响，其波动具有很大的不确定性。因此，股票是一种高风险的金融产品。

2. 债券（bonds）

债券是由借款者发行并承诺按期付给债券持有人预先约定的利息和按约定条件偿还本金的一种书面凭证。发行人可以是工商企业、金融机构和政府等经济主体。债券记载着一种债权债务关系，债券发行人即债务人，投资者（或债券持有人）即债权人。由于债券的利息通常是事先确定的，债券又被称为固定利息证券（fixed interest rate security）。

债券是现代经济中一种重要的融资工具，按照发行人的不同主要分为公司债券、政府债券和金融债券。公司债券是股份公司为增加资本而发行的借款凭证；政府债券是政府为筹集资金而发行的债券，有中央政府债券、地方政府债券等。国债因其信誉好、利率优、风险小而被称为"金边债券"；金融债券是指银行及其他金融机构发行的债券，用来筹集信贷资金，作为放款的资金来源。

债券按照有无担保品分为担保（抵押）债券和信用债券。担保（抵押）债券是指有不动产或其他专门的资产作为偿债担保的债券。用做抵押的资产价值通常要大于债券发行总价值，因此担保债券具有较高的安全性。如果发行者无法履行还本付息的承诺，抵押资产托管人有权变卖抵押品，以所得净收入偿还给债券持有人；如果所得净收入不足以偿还债券，未偿还部分的清偿要求权将等同于信用债券。信用债券是无抵押或担保的债券，发行全凭公司的信用，该类债券的违约风险通常大于有抵押债券，利息率也比抵押债券要高。

债券按照发行人与发行市场的关系不同分为国内债券和国际债券。本国的各类经济主体作为发行人在本国金融市场发行以本币标示的债券为国内债券；一国发行人在国外市场发行的债券为国际债券，国际债券又有外国债券和欧洲（境外）债券之分①。按债券的偿还期划分，可分为一次还本公司债券、分期还

---

① 详见本书第三章第一节的"五、信用的形式"中的国际信用的内容。

本债券和通知还本债券。按债券的票面形式，可分为记名债券和无记名债券，等等。

第二节　利息与利息率

一、利息与利率概述

（一）利息

信用活动是以偿还和付息为条件的借贷行为，借款者必须为取得借贷资金使用权付出一定的代价，因此，在信用基础上产生了利息这一经济范畴。利息是指负债方为借债向债权人所付的补偿性费用。从数量指标来考察，利息就是借款人支付给贷款人的超过本金的增值额，利息是他获得资金融通必须支付的成本；对于贷款人，利息是其放弃当前的消费而在经济上得到的补偿或风险报酬；对于商业银行而言，存款利息是它从事负债业务的主要成本，贷款利息是它从事资产业务的主要收入，存贷款利差是商业银行存贷业务经营的利润来源。

（二）利率

1. 利率的定义。利率是借贷期间内所生利息额与借贷资本本金的比例，它是计量借贷资金收益高低的数量指标，反映了生息资本的增值程度。按照计算利息的时间，可将利率分为年利率（annual interest）、月利率（monthly interest）、日利率（daily interest）。金融市场中一般采用年率计量利率。由于现代资金借贷服务于社会化大生产，在一般情况下，利率的最高界限为社会平均利润率，最低界限为零。

金融市场交易的金融工具多种多样，但是其共同的本质都是作为货币资金交易的载体帮助实现资金的跨期融通。资金融通以利率为价格标准，筹资者为了获得借贷资金的使用权，必须给资金供应者提供不低于其资金机会成本的收益率，利率是借贷资金价格的一般表现形态。

2. 利率的作用

利率作为借贷资金的融通价格在市场经济运行中起着十分重要的作用。

（1）利率的资本集聚功能。在现代经济条件下，依靠信用方式积累和积聚资金是现实可行的有效方式。在商品经济运行过程中，存在着资金闲置与资金短缺的矛盾，需要资金调配来解决。由于资金供给者与资金需求者的经济利益的需要，资金的让渡必须是有偿的，这种有偿的手段就是利率。利息收入的吸引力，可使闲置资金者主动让渡资金的使用权，从而使社会能够积聚更多的资金。通过利率杠杆来积聚资金，可以获得在中央银行不扩大货币供给的条件下，全社会的可用货币资金总量增加的效应。

居民实际收入水平的提高、金融工具的增多为居民的资产选择行为提供了前提条件和客观基础，利息收入则是居民资产选择行为的主要诱因。居民追求利息收入而产生的资产选择行为，对微观基础的重构和宏观经济调控都产生了重要影响。从中国目前的情况看，高储蓄率已成为中国经济的一大特征，2008—2010 年中国储蓄占 GDP 的比重超过 50%，这为发展中的经济高速增长提供了坚实的资金基础①。

（2）利率影响经济主体投融资行为。利率变化具有影响各类经济主体的经营活动和投融资行为的功能。利息作为企业的资金占用成本已直接影响企业经济效益水平的高低。企业为降低成本、增进效益，就要减少资金占用量，同时在筹资过程中对发行债券、股票和银行贷款等各种资金筹集方式进行成本比较。企业的利息支出节约的行为模式，有利于提高经济成长的效率。

对于银行等从事货币信用活动的金融中介机构而言，利率是其筹措资金的成本，也是其经营的利润来源，保持稳定合理的利差范围对银行等金融机构的盈利性和安全性都具有重要的意义。

如果政府用信用手段筹集资金，可以用高于银行同期限存款利率来发行国债，将部分社会货币资金吸收到政府手中，用于各项财政支出。凯恩斯宏观经济理论确立了国家干预宏观经济管理职能的重要性，政府通过举债方式筹集资金已成为当今各国的普遍做法。国家政府为了筹集建设资金，可以在国内外金融市场举债，利率则是举债成功与否的重要因素。

（3）利率担当政府宏观调控工具的功能。利率是经济的内生变量，也是金融政策的外生变量。由于利率在很大程度上反映着经济的发展走势，各国政府及金融管理当局常常利用利率手段来改变经济的发展态势，使利率成为国家宏观调控的重要经济杠杆。

政府将利率作为重要的经济杠杆对经济运行实施调节。①利用利率可调节货币流通量，保证货币流通正常运行。如中央银行若采取货币政策措施以降低利率，可贷资金就会更多地流向资本市场，会刺激投资和消费，促进经济增长；反之，可贷资金就会减少，起到抑制消费和投资的作用，进而实现抑制通货膨胀的目的。②利用利率杠杆可以优化产业结构。利率作为资金的价格，会自发地引导资金流向利润率较高的部门，实现社会资源的优化配置。同时，国家还

---

① 然而，中国目前的高储蓄率和过低的消费率，不利于国内经济的平衡与持续增长（参见：樊纲：《平衡中国的高储蓄率》，载《南方周末报》，2010 – 08 – 05）。

可以运用差别利率、优惠利率等政策，对急需发展的农业、能源、交通运输、高新技术等行业与领域，适当降低贷款利率，大力支持它们的发展；对需要限制的某些加工行业以及有关的企业和产品，适当提高利率，从而优化产业结构，实现经济结构合理化。③通过利率杠杆来调节国际收支的失衡。当国际收支逆差严重时，可将本国的利率调高，一方面可以阻止本国资金流向利率较高的其他国家，另一方面还可以吸引外资流入本国。但是，当国际收支逆差发生在国内经济衰退时期，则不宜采取调节利率水平的做法，而只能通过调整利率结构来平衡国际收支。

利率发挥"经济杠杆"的作用不是无条件的。它一方面要受到利率管制、授信限额、市场开放程度、利率弹性等环境性因素的影响，另一方面还要具备完善的利率机制，其中包括市场化的利率决定机制、灵活的利率联动机制、适当的利率水平、合理的利率结构等。在我国社会主义市场经济条件下，要充分发挥利率的杠杆性作用，就是要强调市场在利率决定中的作用，使政府对利率的调控间接化。中央银行应建立以经济手段和法律手段为主的间接调控体系，从而使货币政策工具都能影响利率，并使反映市场供求的利率水平和利率结构符合国民经济和整个社会发展的需要。商业银行体系对利率的升降变化应有相当的灵敏度，微观经济主体的融资行为要建立在健全的利益机制基础上，且对利率有较高的弹性。

3. 利率的种类

(1) 单利和复利。单利（simple interest）和复利（compound interest）是计算利息的两种方法。单利是指在计算利息额时，不论期限长短，均按本金计算利息，所生利息不再加入本金再次计息。即利息额（I）＝本金（P）×利率（r）×期限（n）。单利方式下的本利和 $S = P(1+rn)$。

复利是在计算利息时，按一定期限将所得利息加入本金再计息，逐期滚算。复利的利息和本利和计算为：$I = P[(1+i)^n - 1]$，$S = P(1+i)^n$。因此，借贷资金未来某一时点上本利和的现值为 $P = S/(1+i)^n$。拥有未来连续现金流收益的金融工具的现值为

$$PV = \frac{R_1}{1+i} + \frac{R_2}{(1+i)^2} + \frac{R_3}{(1+i)^3} + \cdots + \frac{R_n}{(1+i)^n}$$

式中：PV 为金融资产现值；R_j 是资产在第 j 年的预期年收益；i 为市场利率。

同理可得，有固定利息收入的金融资产（如长期存单、债券等）的现值为

$$PV = \frac{C_1}{1+i} + \frac{C_2}{(1+i)^2} + \frac{C_3}{(1+i)^3} + \cdots + \frac{(C_n+F)}{(1+i)^n}$$

式中：C_n 为金融资产第 n 年的利息；F 为到期偿还的本金。

（2）固定利率和浮动利率。按资金借贷关系、存续期内利率水平是否变动分为固定利率（fixed interest）与浮动利率（floating interest）。固定利率在整个借贷期限内利率水平保持不变。在物价稳定的条件下，固定利率具有简便易行、便于借贷双方进行成本收益核算的优点。固定利率适合于短期资金借贷。

由于未来的不确定性，如果借贷期限较长，市场变化难以预测，使用固定利率就可能使借款人或贷款人承担利率变化的风险，因此长期借贷多采用浮动利率。浮动利率（又称可变利率）是指借贷利率随市场利率的变化而定期调整。调整期限和调整时间作为基础的市场利率的选择，由借贷双方在借款时议定。例如，欧洲贷款市场的浮动利率，调整期限一般为 3 个月或半年，作为基础的市场利率大多采用 3 个月或半年期的伦敦银行间同业拆借利率（LIBOR）。实行浮动利率，借贷双方共担利率风险，利息负担同资金供求状况紧密结合是比较合理的。

（3）市场利率、官方利率、公定利率。按照利率的决定主体不同划分为市场利率、官方利率和公定利率。

市场利率（market interest rate）是指按照自由市场规律变动、由资金供求关系和风险收益等因素决定的利率。一般来说，当资金供给大于需求时，市场利率会下降；当资金供给小于需求时，市场利率会上升。当资金运用的收益较高而资金运用的风险也较大时，市场利率也会上升。因此，市场利率能较真实地反映市场资金供求与运用的状况。

官方利率（official interest rate）是由货币管理当局根据宏观经济运行的状况和国际收支状况等决定的利率，它直接体现了货币管理当局的政策意图，虽不反映借贷资金的市场供求关系，但是成为影响市场利率的重要因素之一。作为调节宏观经济的重要金融手段，官方利率在利率体系中发挥指导性作用。我国正在进行利率市场化改革，将要从官方利率为主、市场利率为辅的状况，经过循序渐进的改革，实现以市场利率为主导，并且市场利率与官方利率不存在显著背离的状态。

公定利率（pact interest rate）是指由金融机构或行业公会（如银行公会等）按协商的办法所确定的利率。这种利率只对参加该公会或协会的金融机构有约束作用，公定利率对整个市场利率有重要的影响。

（4）名义利率和实际利率。名义利率（nominal interest rate）是央行或其他提供资金借贷的机构所公布的未调整通货膨胀因素的利率。名义利率并不是投资者能够获得的真实收益。如果发生通货膨胀，投资者所得的货币购买力会贬值，因此投资者所获得的真实收益必须剔除通货膨胀的影响，这就是实际利率。实际利率（effective interest rate/real interest rate）是指物价水平不变，货币购买

力不变条件下的利息率，即剔除通货膨胀率后投资者得到利息回报的真实利率。名义利率与实际利率的关系为

$$1 + 名义利率 = （1 + 实际利率）\times （1 + 通货膨胀率）$$

如果忽略通货膨胀对利息部分所带来的损失，简单表达为

$$实际利率 = 名义利率 - 通货膨胀率$$

（5）长期利率与短期利率。长期利率（long term interest rate）与短期利率（short term interest rate）是按借贷期限长短来划分的，通常以1年为标准。长期利率是融资期限在一年以上的各种金融资产的利率，如各种中长期债券利率、中长期贷款利率等，是资本市场的利率。短期利率是指融资期限在一年以内的各种金融资产的利率，即货币市场上的利率，它对货币市场资金供求状况最为敏感。纽约货币市场和伦敦货币市场是世界上最大的短期融资中心，由这些市场确定的利率水平对世界市场起着引导作用。美国重要的短期利率中水平最低的是国库券利率，通常用做无风险利率的替代指标。伦敦银行业同业拆借利率（LIBOR）是国际上各种短期利率的基准，其他种类借贷款利率一般用"LIBOR＋附加利率"来表示。实际市场中，较为常见的是长期利率高于短期利率。

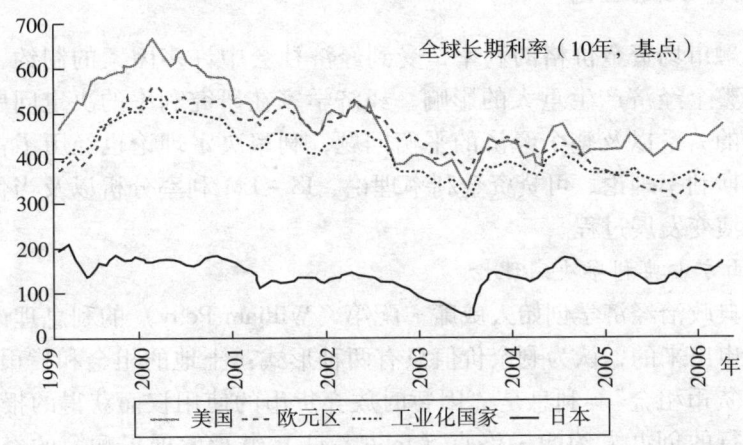

资料来源：IMF。

图3.6 全球长期利率走势

（6）一般利率和优惠利率。金融机构根据客户质量和贷款项目特性，可以对同类存贷款利率制定的不同标准来体现一般利率与优惠利率。各银行为争取大额稳定的资金来源，会给某些特定存款户以高于市场一般水平的利率，当然优惠的存款利率要符合国家有关金融法规的要求，否则就会发生高息揽储的违规行为。贷款优惠利率的授予对象多为银行的优质客户或者国家政策扶持的项目，如重点发展行业、部门，对落后地区的开发项目等。在国际借贷市场上，

低于 LIBOR 的贷款利率被称为优惠利率。

（7）同业拆借利率。同业拆借利率是指金融机构同业之间的短期资金借贷利率。它包括拆进和拆出两个利率。同业拆借利率是拆借市场的资金价格，是货币市场的核心利率，也是整个金融市场上具有代表性的利率，它能够及时、灵敏、准确地反映货币市场乃至整个金融市场短期资金供求关系。例如，伦敦银行间同业拆借利率（LIBOR）成为反映国际金融市场短期资金供求关系变动的核心指标。

同业拆借市场按有无中介机构参与可分为直接交易和间接交易，并由此导致不同的拆借利率的形成方式。在直接交易情况下，拆借利率由交易双方通过直接协商确定；在间接交易情况下，拆借利率根据借贷资金的供求关系通过中介机构公开竞价或从中撮合而确定。目前，国际货币市场上较有代表性的同业拆借利率有以下四种：美国联邦基金利率（Federal Funds Rate）、伦敦银行间同业拆借利率（LIBOR）、新加坡银行间同业拆借利率（SIBOR）和香港银行间同业拆借利率（HIBOR）。

二、利率决定理论

作为金融市场资金价格的利率，受到经济社会中许多因素的制约，而且利率的变动对整个经济产生重大的影响，经济学家在研究利率的决定问题时，重视各种变量的关系以及整个经济的平衡问题，利率决定理论也经历了古典利率理论、凯恩斯利率理论、可贷资金利率理论、IS – LM 利率分析以及当代动态的利率模型的演变发展过程。

（一）西方古典利率决定理论

英国古典政治经济学创始人威廉·配第（William Petty）的利息理论是直接从地租中引申出来的，认为剩余价值只有两种形式：土地的租金和货币的租金，称利息为"货币租金"。利息是"因暂时放弃货币的使用权而获得的报酬"。作为英格兰银行的创办人约翰·洛克（John Look）继承发展了配第的经济思想，也是从地租的存在来推导利息来源，但他认为利息源于货币分配不均，分配不均等对土地和货币的影响是一样的。即由于货币分配不均，货币少的人需要向货币多的人借款，借款人为了支付利息就必然更加勤奋，争取一个大于他应付利息的收入。英国理论经济学家达德利·诺思（Dudley North）比洛克更进一步，将作为资本的货币与作为流通的货币进行区别，认为利息源于资本的余缺和多余资本的出租行为（即借贷），利息率的高低受借贷资本供求关系的影响。

坎蒂隆从风险的角度研究利息，认为利息是对贷出者承担贷出货币风险的补偿，最先提出利息是货币价格的观点。约瑟夫·马西（Joseph Massie）首次明确地把利润作为一个独立的经济范畴，并指出利息是利润的一部分，贷款人所贷出的是货币或资本的使用价值。马西认为"利息的合理性，不是取决于借人者是否赚到利润，而是取决于所借的东西在适当使用时能否生产利润"。英国资产阶级古典政治经济学理论体系建立者亚当·斯密（Adam Smith）在此基础上更进一步指出利润是剩余价值的转化形式。亚当·斯密分两种情况讨论了利息的来源：如果把借贷的资金用于投资，利息来源于利润，是剩余价值的转化形式；如果把借贷的资金用于直接消费，利息来源于别的收入像地租之类。

古典利率决定理论又称实物利率理论，是从 19 世纪末到 20 世纪 30 年代的西方利率理论，认为利率为储蓄与投资决定的理论。欧文费雪的时间偏好与投资机会说从资金的供求分析利率水平，认为生产领域的储蓄与投资是借贷资金的供求双方。

古典经济学家认为：（1）能够用于贷放的资金来源于储蓄，而储蓄则意味着人们要减少现在的消费来增加未来的消费。人们在用未来的消费和现在的消费进行交换时，必须对这种交换产生的"延期消费"或"等待"行为进行补偿，利息便是这种补偿。利率越高，意味着这种补偿越大，人们也就有更大的愿望推迟消费，进行储蓄；反之，则减少储蓄。储蓄（S）和利率（i）的关系可以表示为储蓄是利率的增函数：$S=s(i)$，$\dfrac{\mathrm{d}S}{\mathrm{d}i}>0$。（2）贷款的需求主要来自于投资，而投资量的大小则取决于投资预期回报率与利率比较的结果，只有预期回报率大于利率时投资才是有利可图的。当利率低时，预期报酬率大于利率的投资机会增多，从而投资需求将增大；反之，投资需求则减少。贷款需求和利率的关系可表示为投资（I）是利率的减函数：$I=I(i)$，$\dfrac{\mathrm{d}I}{\mathrm{d}i}<0$。

图 3.7 中储蓄曲线 $S(i)$ 和投资曲线 $I(i)$ 的交点为 E，在 E 点有均衡的

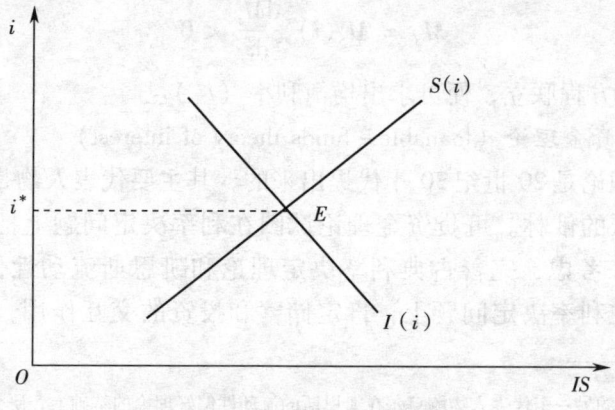

图 3.7　古典利率决定理论

利率 i^* 以及均衡的储蓄（投资）水平 S 和 I。当利率灵活变动时，它与商品的价格一样，具有自动调节功能，使储蓄和投资趋于一致，因此经济不会出现长期供求失衡。

（二）凯恩斯的利率理论

凯恩斯的利率理论是从货币供求领域提出的流动性偏好理论（liquidity preference theory）。凯恩斯（1936）认为利率是放弃流动偏好的报酬，是一种纯货币现象，利率不是由生产领域借贷资本的供求关系来决定，而是由货币市场的货币供求关系来决定，利率的变动是货币供给（M_s）和货币需求（M_d）变动的结果。他认为尽管储蓄与投资有着密切的关系，但不能把它们看做是两个可以决定利率水平的相互独立的变动因素，因为储蓄主要取决于收入，而收入一般又取决于投资。储蓄与投资是两个相互依赖的变量。

凯恩斯认为利率决定于货币供求关系，货币供给为外生变量，由中央银行直接控制。货币需求则是一个内生变量，由人们的流动性偏好决定。所谓"流动性偏好"是指公众愿意持有货币资产的一种心理倾向。货币作为一种特殊形式的资金，具有完全的流动性和最小的风险性，因此当人们考虑持有财富的形式时，对货币资产具有流动性偏好。而人们的流动性偏好的动机有三个：交易动机、预防动机和投机动机。其中，交易动机①与收入成正比关系，预防性动机与收入成正比、与利率成反比关系，投机动机与利率成反比关系。货币需求 M_d 是由货币的交易需求、预防需求和投机需求决定的，以 L_1 表示货币的交易需求，L_2 表示预防需求，L_3 表示投机需求，则有

$$M_d = L_1 + L_2 + L_3, \frac{\mathrm{d}M_d}{\mathrm{d}i} < 0$$

后来凯恩斯学派支持货币供给 M_s 也具有内生性，认为 M_s 是利率的增函数：

$$M_S = M_S(i), \frac{\mathrm{d}M_s}{\mathrm{d}i} < 0$$

将 M_d 和 M_s 方程联立，便可求出均衡利率（i^*）。

（三）可贷资金理论（loanable - funds theory of interest）

可贷资金理论是 20 世纪 30 年代提出来的，其主要代表人物是剑桥学派的罗伯逊和瑞典学派的俄林。可贷资金理论试图在利率决定问题上把货币因素和实物因素结合起来考虑，完善古典利率决定理论和凯恩斯流动性偏好利率理论。可贷资金理论在利率决定问题上，肯定储蓄和投资的交互作用，同时肯定凯恩

---

① 凯恩斯学派的另一个代表人物鲍莫尔在凯恩斯的流动性偏好理论的基础上，研究提出了货币需求的"平方根模型"，认为交易动机货币需求与经济体的收入呈正相关，同时与市场利率呈反相关。

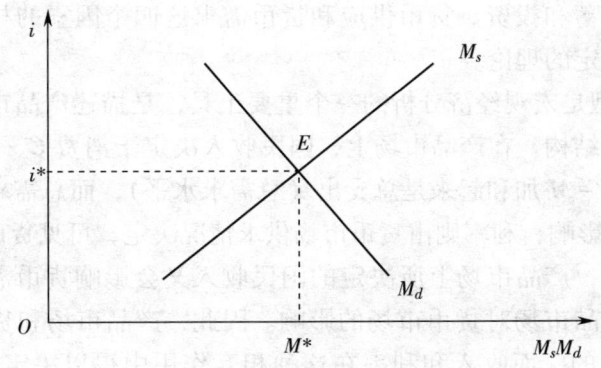

图 3.8 流动性偏好利率决定

斯的货币因素对利率的决定。

可贷资金论考察一个封闭经济体中，可贷资金 L_s 的供给包括：（1）家庭、企业的实际储蓄 S，它随利率的上升而上升；（2）实际货币供给量的增加量 ΔM_s。可贷资金的需求 L_d 包括：（1）购买实物资产的投资者的实际资金需求 I，它随着利率的上升而下降；（2）家庭和企业对货币需求量的增加 ΔM_d，即为了增加其实际货币持有量而借款或少存款。需要注意的是，可贷资金理论中的可借贷资金的供给和可借贷资金的需求均是流量概念，而不是存量概念。这里所谓家庭、企业的实际储蓄类似于古典学派储蓄投资理论中的储蓄的含义，指的是他们手中计划不用于消费部分的货币量，即计划储蓄。实际货币供给量的增加额类似于凯恩斯利率决定理论中的货币供给量的含义，指的是银行体系决定的通过信用创造的当期新增的货币供给量，这是一个外生变量。

可贷资金理论同时考虑生产领域和货币领域的思想，将整个社会的可借贷资金的供给划分为两个部分，即家庭、企业当期愿意储蓄的部分（实物部分）和银行体系决定的当期实际货币供给量的增加部分（货币因素）。因此，可贷资金理论比较完整的描述了社会经济中可贷资金的来源和供给。

（四）希克斯——汉森的 IS－LM 模型

英国现代著名的经济学家约翰·希克斯（John Richard Hicks）和美国凯恩斯学派的创始人汉森（Alvin Hansen）等人则认为以上理论没有考虑收入的因素，因而无法确定利率水平。1937 年由希克斯和汉森在凯恩斯宏观经济理论基础上概括出一个经济分析模式，即一般均衡理论基础上的 IS－LM[①] 模型，从而

---

① 该模型要求同时达到两个条件：（1）$I(r) = S(Y)$ 即 IS，Investment－Saving；（2）$M/P = L_1(r) + L_2(Y)$ 即 LM，Liquidity preference－Money Supply。其中，I 为投资，S 为储蓄，M 为名义货币量，P 为物价水平，M/P 为实际货币量，Y 为总产出，r 为利率。两条曲线交点处表示产品市场和货币市场同时达到均衡。

建立了一种在储蓄和投资、货币供应和货币需求这四个因素的相互作用下的利率与收入同时决定的理论。

IS - LM 模型是宏观经济分析的一个重要工具，是描述产品市场和货币之间相互联系的理论结构。在产品市场上，国民收入决定于消费 C、投资 I、政府支出 G 和净出口 $X-M$ 加和起来是总支出（总需求水平），而总需求尤其是投资需求要受到利率 r 影响，利率则由货币市场供求情况决定，可见货币市场影响产品市场；另一方面，产品市场上所决定的国民收入又会影响货币需求，从而影响利率，这又是产品市场对货币市场的影响。因此，产品市场和货币市场是相互联系、相互作用的，而收入和利率在这种相互作用中得以决定。根据此模型，利率的决定取决于储蓄供给、投资需要、货币供给、货币需求四个因素，导致储蓄投资、货币供求变动的因素都将影响到利率水平。该理论在比较严密的理论框架下，把古典理论的商品市场均衡和凯恩斯理论的货币市场均衡有机地统一在一起。

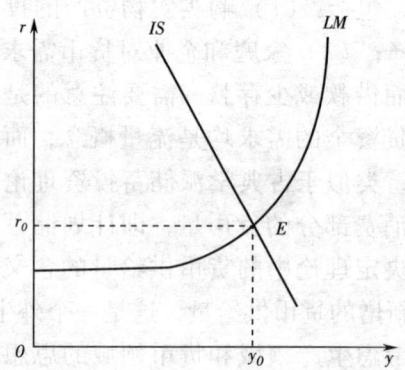

图 3.9　希克斯—汉森 IS – LM 模型

IS 曲线是描述产品市场均衡时，利率与国民收入之间关系的曲线。LM 曲线上斜率的三个区域分别指 LM 曲线从左到右所经历的水平线、向右上方倾斜线、垂直线的三个阶段。在水平线阶段的 LM 曲线上，表明对货币的投机需求已达到利率下降的最低点，即凯恩斯所谓的"流动性偏好陷阱"阶段，货币投机需求成为无限大，从而使 LM 曲线呈水平状态，货币需求对利率敏感性极大。在垂直阶段，LM 曲线斜率为无穷大，或货币的投机需求对利率已毫无敏感性，由于"古典学派"认为货币需求只有交易需求而无投机需求，因此垂直的 LM 区域称古典区域，介于垂直线与水平线之间的区域则称为"中间区域"，为市场经济的常态区域。

（五）帕廷金 CC – BB 模型

唐·帕廷金（Don Patinkin）1965 年提出构建包括劳动市场、商品市场、债券市场和货币市场的"四市场宏观经济模型"。根据瓦尔拉斯一般均衡原理，如果劳动、商品、债券市场实现了均衡，货币市场也一定均衡。由于在工资自由变动的情况下，劳动市场均衡是常态，所以，均衡利率取决于商品市场和债券市场。商品市场的 CC 曲线和债券市场的 BB 曲线的交点代表均衡价格和均衡利率。与利率相关的市场因素从货币市场、商品市场扩展到其他市场，综合考虑各种变动因素。

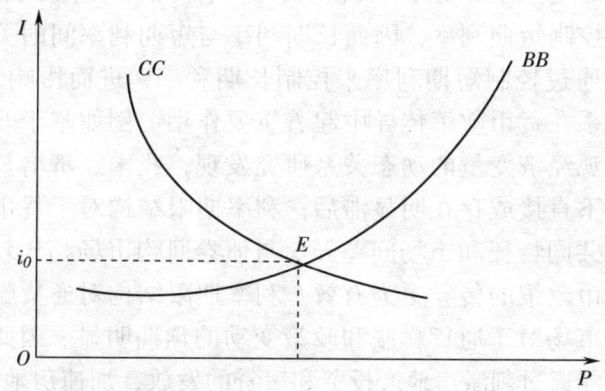

图 3.10　帕廷金的 CC – BB 模型

（六）马克思的利率理论

马克思认为利息的本质是剩余产品或利润的一部分，它是剩余价值的特殊转化形式。而利息率就是借贷双方所接受的对生产所创造的利润的分割比率。因此，马克思认为利息是由一般利润率调节的，一般利润率是起最后决定作用的最高界限。利率变化的正常范围是在零与平均利润率之间。

利润率决定利息率，使利息率有如下特点：第一，平均利润率随技术发展和资本有机构成的提高有下降趋势，因而平均利息率也有相同变化趋势。第二，平均利润率虽有下降趋势，但是是一个缓慢的过程，因而一定时间内的平均利息率具有相对稳定性，而传统习惯、法律规定、竞争等因素在利率决定上都具有影响力。

三、利率期限结构理论

利率结构理论主要包括利率的期限结构理论和利率的风险结构理论。

（一）利率期限结构及其研究意义

利率期限结构（term structure of interest rates）是指在某一时点上，不同期限资金的收益率（yield）与到期期限（maturity）之间的关系及其变化规律。利率期限结构研究具有相同风险、流动性及税收待遇，但期限不同的金融工具的利率水平之间的关系，反映了期限长短对其收益率的影响。利率的期限结构体现了不同期限的资金供求关系，揭示了市场利率的总体水平和变化方向，为投资者从事债券投资和政府有关部门加强债券管理提供可参考的依据。

首先，利率期限结构作为重要的参考指标，可以提高中央银行的预测能力和政策分析的精确度。在市场经济体制下，对实体经济产生影响的是长期利率，而货币政策直接控制短期利率，因而长期利率与短期利率间的关系稳定才能保证货币政策当局通过控制短期利率来控制长期利率，进而影响宏观经济运行，两者间稳定的关系在货币政策传导中起着重要作用。例如基于非线性框架下利率期限结构与宏观经济变量的动态关系研究发现，我国经济增长与利率期限结构的影响关系并不直接或存在明显滞后；利率期限结构对于货币政策的反应具有明显的市场内共同特征和市场间差异。与债券回购市场相比较，银行间同业拆借市场对于货币政策的传导更为有效。利率期限结构对通货膨胀的反应呈现非对称性，货币市场对于通货膨胀和政策变动的预期明显。因此，货币当局的不当行为极有可能通过刺激房地产投资和房贷的发放，加速房地产泡沫的累积。可见，在宏观调控的实施中，必须重视利率期限结构的传导机制，在谨慎对待短期利率调整的同时，重视长期利率的信号作用，以期在应对金融危机过程中增强政策调控效果的稳健性和可预见性（于震等，2011）。

其次，对于微观经济主体，利率期限结构是金融市场中固定收益债券定价的基本工具。利率期限结构与总产出、通货膨胀率、远期利率和汇率之间存在稳定的关系，这些关系所蕴含的经济信息可以通过利率曲线的形状、长短期利率的利差、利率水平的高低等因素反映，深入分析这些因素可以清楚了解宏观经济变量与利率期限结构之间的关系，研究结论为经济体的投资决策提供重要参考依据。

（二）利率期限结构理论

由于零息债券的到期收益率等于相同期限的市场即期利率，任何时刻的利率期限结构是利率水平和期限相联系的函数。因此，利率的期限结构可以用一条曲线来表示，如水平线、向上倾斜、向下倾斜的曲线或者复杂的收益率曲线。收益率曲线的变化本质上体现了债券的到期收益率与期限之间的关系，即债券的短期利率和长期利率表现的差异性。

传统的利率期限结构理论主要集中于研究收益率曲线形状及其形成原因，

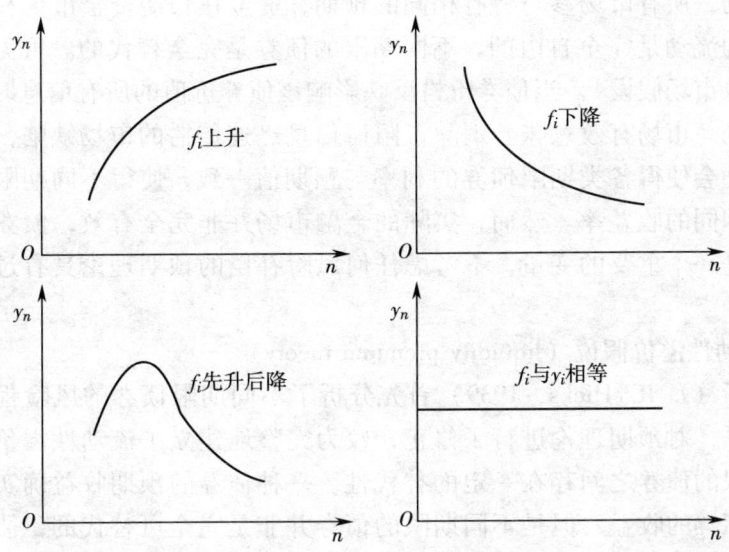

图 3.11　各种形状的收益率曲线

现代的利率期限结构理论着重研究利率的动态过程。

1. 预期理论（expectation theory）

早期的期限结构理论是欧文·费雪（Irving Fisher，1896）提出的预期理论，认为长期债券的现期利率是短期债券的预期利率的函数，长期利率与短期利率之间的关系取决于现期短期利率与未来预期短期利率之间的关系。即长期债券到期利率等于当前短期利率和未来预期短期利率的几何平均。若 i_t 为短期债券（1 阶段）现在的即期（时间 t）利率，$t+1$ 为下一阶段（时间 $t+1$）短期债券（1 阶段）的预期利率，i_{nt} 为长期债券（n 阶段）现在（时间 t）的即期利率，则预期利率认为 n 阶段长期债券利率满足：

$$i_{nt} = \frac{i_t + i_{t+1}^e + i_{t+2}^e + \cdots + i_{t+(n-1)}^e}{n}$$

因此，如果预期的未来短期债券利率与现期短期债券利率相等，那么长期债券的利率就与短期债券的利率相等，收益率曲线是一条水平线；如果预期的未来短期债券利率上升，那么长期债券的利率必然高于现期短期债券的利率，收益率曲线是向上倾斜的曲线；如果预期的短期债券利率下降，则债券的期限越长，利率越低，收益率曲线就向下倾斜。预期理论可以解释各种形状的收益率曲线产生的原因。

预期理论的基本假定是：（1）人们对未来短期债券的利率具有确定的预期，投资者在无风险的确定性环境中，或者投资者具有风险中性。（2）金融市场是完全竞争的，所有市场参与者有相同的预期，资金在长期资金市场和短期资金市场之间的流动是完全自由的，不同期限的债券是完全替代的。可见，预期理论基于有效市场假设①。当债券价格反映影响该债券价值的所有信息时，即出现了有效市场。市场有效意味着消除了阻碍信息迅速传播的市场缺陷，灵敏活跃的套利活动会使得各类期限债券的利率与预期值一致，使得不同期限的债券都只能取得相同的收益率。然而，实际的金融市场并非完全有效，债券期限的风险因素也是一个重要的变量，不考虑任何风险补偿的预期理论具有过分理想化的局限。

2. 流动性溢价假说（liquidity premium theory）

希克斯（J. R. Hicks, 1939）首先分析了不同期限债券的风险程度与利率结构的关系，对预期理论进行了修正，较为完整地建立了流动性溢价理论。认为不同期限的债券之间存在一定的替代性，一种债券的预期收益确实可以影响不同期限债券的收益，但是不同期限的债券并非是完全可替代的，债券期限越长，投资者本金价值波动的风险越大，投资者更倾向于选择短期债券，因此投资者对不同期限的债券具有不同的偏好。范·霍恩（Van Home）认为，远期利率除了包括预期信息之外，还包括了风险因素，它是对流动性的溢价。不同期限债券的可获得程度及投资者对流动性的偏好程度影响了债券的风险因素。

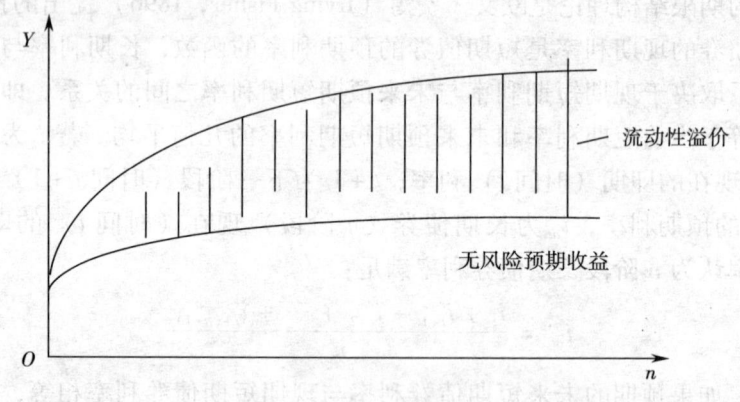

图 3.12　流动性收益曲线

流动性溢价理论假定投资者是风险厌恶者，大多数投资者偏好持有短期证券。为了吸引投资者持有期限较长的债券，必须向他们支付流动性补偿，而且

---

① 有效市场（Efficient Market Hypothesis, EMH）的概念最初是由 Fama 在 1970 年提出的。认为当证券价格能够充分地反映投资者可以获得的信息时，证券市场就是有效市场。在有效市场中，无论随机选择何种证券，投资者都只能获得与投资风险相当的正常收益率。

流动性补偿会随着时间的延长而增加，因此，实际观察到的收益率曲线总是要比预期理论所预计的高。若 L_{nt} 是 n 阶段长期债券在时刻 t 的期限溢价，即债券的流动性补偿，则有债券到期收益率为

$$i_{nt} = \frac{i_t + i^e_{t+1} + i^e_{t+2} + \cdots + i^e_{t+(n-1)}}{n} + L_{nt}$$

3. 市场分割理论（market segmentation theory）

市场分割理论的倡导者卡伯特森（Culbertson，1957）认为，债券市场可分为期限不同的互不相关的、分割的市场，各有自己独立的市场均衡价格（利率）。投资者对不同期限的债券有不同的偏好。根据市场分割理论，无法解释不同期限债券的利率所体现的同步波动现象，也无法解释长期债券市场的利率随着短期债券市场利率波动呈现的明显有规律性的变化，这是因为这一理论隐含市场无效率状态，长短期债券的投资者互相不知道对方市场的信息，不同期限的市场完全割裂，资金流动受到严重阻隔。不同到期日的债券是相互竞争的、完全不可替代。

市场分割理论可以视为预期理论的另一个极端。市场分割理论认为造成不同期限债券市场完全不可替代的原因主要有：①一国法律的限制。法律限制某种资金进入特定的市场，例如在分业经营的限制下，中国政府限制信贷资金进入股市。②缺乏能够联系债券未来价格与现期价格的远期交易市场。③债券的风险不确定。④国内市场缺乏品种齐全和规模有效的债务工具。

因为流动性偏好理论综合了利率期限结构的预期理论和市场分割理论，能够比较完善地解释主要的利率期限结构的事实，这个理论具有较好的普遍接受性（王佩真，2005）。

（三）利率的风险结构理论

利率的风险结构是指具有相同的到期期限的不同金融工具收益率之间的相互关系。利率风险结构反映了同样期限的债券具有不同的利率，且利率之间的差距会随着时间的不同而变化。这主要是由债券的违约风险、流动性和税收的差别等因素决定的。

1. 违约风险

违约是指在合同规定的期限内不能严格履约。违约风险是指金融工具的发行者不能履行其承诺的支付本金和利息义务的可能性。

由于不同的公司具有不同的现金偿还能力，导致那些资信度高的大公司的违约风险要低于一般的小公司，使得小公司必须支付更高的利息发行其债券来吸引投资者。政府债券也存在利率的违约风险结构问题。一般认为政府债券的违约风险小于公司债券，是因为政府能够行使其税收和创造货币的权利，能够

用财政担保或用税收来支付它们发行债券的本金和利息。不同国家的政府债券
的收益率差额（风险溢价）来源于国家的政治稳定性、经济发展状况以及战略
储备等方面的风险不同。相比之下，美国等发达国家的政府债券比一些欠发达
国家政府债券的违约风险较低，其政府债券收益率也较低。

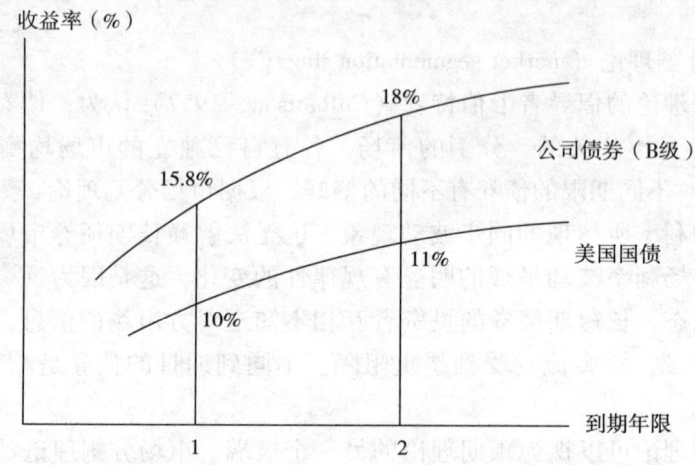

图 3.13   美国国债与公司债的收益率对比

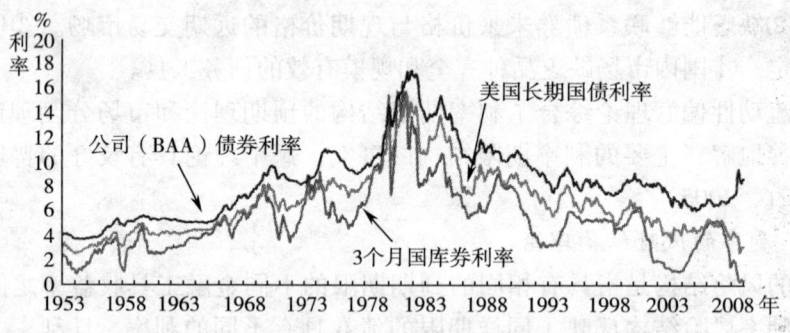

图 3.14   不同期限的美国国债与公司债的收益率对比

2. 流动性风险

金融工具的流动性是指在必要时可以迅速地、本金不受折损地变现能力。
由于经济体总是偏好于流动性较高的资产，因此在其他条件不变的情况下，流
动性越高的债券风险越小，其利率就越低。

一种资产的流动性可以用其变现成本来度量。债券的变现成本主要有：交
易佣金、债券的买卖差价。对于交易频繁的债券，其差价较小；而不活跃的债
券其买卖差价就会大些。因此，交易活跃的债券变现成本低，流动性高。在许

多国家的金融市场中，公司债券市场不如政府债券市场活跃，公司债券的流动性低于政府债券的流动性。结果，公司债券通常较政府债券有更高的收益率。同样，由于很多发展中国家的金融市场的成交量很低，金融工具多数情况下具有较低的流动性，导致大多数发展中的国家的债券在利率调整后的收益率通常高于发达国家相同到期期限的债券收益率。

3. 税收的差别

具有相同到期期限的债券收益率不同，不仅反映了债券之间风险和流动性不同，还体现出债券收益率受到税收因素的影响。因为债券持有人关心的是税后实际利率，如果一国的税法规定对于不同债券利息收入的税率不同，这种税收差异必然反映到税前利率上，税率越高的债券其税前利率也相应越高。例如，很多国家发行的国债都不用缴纳利息所得税，这样使得国债的税前收益率与税后收益率是一样的，并且低于需要纳税的其他种类债券的收益率。债券税收政策的差异导致投资者根据自己的资产组合配置不同的债券。

【拓展阅读】　　　　　　　信用评级

为了降低金融市场的信息不对称性，一些专业的调查评级机构通过收集更加全面的信息加以专业化的分析，向市场提供针对债券、股票和发行机构的信用评级服务。国际上较权威的独立评级机构有标准普尔（Standard & Poor's）、穆迪投资者服务公司（Moody's Investors Services）、惠誉国际信用评级有限公司（Fitch Ratings）等。这三大全球评级机构各有侧重，标准普尔侧重于企业评级，穆迪侧重于机构融资方面，而惠誉则更侧重于金融机构的评级。1975年美国证券交易委员会 SEC 认可标准普尔、穆迪、惠誉国际为"全国认定的评级组织"或称"NRSRO（Nationally Recognized Statistical Rating Organization）"。

图 3.15　标准普尔、穆迪和惠誉的公司 LOGO

（一）标准普尔公司

标准普尔公司由亨利·瓦纳姆·普尔先生（Mr Henry Varnum Poor）于1860年创立。现在，标准普尔是麦格劳—希尔集团的子公司，专为全球资本市场提供独立信用评级、指数服务、风险评估、投资研究和数据服务。

标普的长期主权信用评级主要分为投资级和投机级，信用级别由高到低，投资级分为 AAA 级、AA 级、A 级和 BBB 级；投机级分为 BB 级、B 级、CCC级、CC 级、C 级和 SD/D 级。AAA 级表示偿债能力极强，为最高评级。当债务到期而发债人未能按期偿还债务的即为 D 级，发债人有选择对某些债务或某类债务违约时为 SD（选择性违约）的评级。

标准普尔于 1993 年开始在中国市场开展业务，通过跨境信用评级帮助中国企业、银行业和保险业公司在国际资本市场发行债务，标准普尔参与中国国内评级市场。标准普尔的数据、信息和风险管理工具在支持中国国内金融市场增长与发展的同时还帮助中国投资者借助合格境内机构投资者（QDII）参与海外市场。

（二）穆迪投资者服务公司

穆迪公司最初由 John Moody 在 1900 年创立，1909 年首创对铁路债券进行信用评级，1913 年开始对公用事业和工业债券进行信用评级。穆迪投资服务公司信用等级标准从高到低可划分为：Aaa、Aa、A、Baa、Ba、B、Caa、Ca 和C。穆迪目前对中国的主权评级为：AI/稳定。

穆迪于 2001 年 7 月在北京设立代表办事处，开拓中国业务，2003 年 2 月成立全资附属公司——北京穆迪投资者服务有限公司。穆迪为中国开发了国家级评级，为投资者提供有关中国发行人及债务工具信用质量的评级、信用风险资料及管理服务、信用培训及信用风险管理咨询、软件工具及系统开发与服务等业务。

（三）惠誉国际信用评级有限公司

惠誉国际由约翰·惠誉（John K. Fitch）于 1913 年创办，1997 年并购英国IBCA 公司，又于 2000 年收购了 Duff &Phelps 和 Thomson Bank Watch。目前，公司 97% 的股权由法国 FIMALAC 公司控制。Hearst Corporation 于 2006 年并购了惠誉集团 20% 的股份。惠誉国际是全球三大国际评级机构之一，是唯一的欧资国际评级机构，总部设在纽约和伦敦。其业务范围包括金融机构、企业、国家、地方政府和结构融资评级。惠誉在美国市场上的规模要比其他两家评级公司小，但在全球市场上，尤其在对新兴市场上惠誉的敏感度较高、视野更国际化。

2000 年惠誉正式进入中国市场，并于 2003 年 6 月在北京成立了代表处。

参考文献

［1］胡庆康：《现代货币银行学教程（第三版）》，上海，复旦大学出版社，2006。

［2］吴学军：《经济信用机制的缺失与建立》，载《国家行政学院学报》，2003（4）。

［3］孙健：《货币金融学》，青岛，青岛海洋大学出版社，2000。

［4］黄达：《货币银行学》，北京，中国人民大学出版社，2006。

［5］凌江怀：《货币金融学》，北京，中国经济出版社，2002。

［6］汪祖杰：《现代货币金融学》，北京，经济科学出版社，2007。

［7］黄宪、江春：《货币金融学》，武汉，武汉大学出版社，2005。

［8］戴国强：《货币金融学》，上海，上海财经大学出版社，2001。

［9］张尚学：《货币银行学》，北京，高等教育出版社，2002。

［10］王晶晶：《我国国债政策的可持续性研究》，载《首都经济贸易大学学报》，2005（1）。

［11］洪源、陈英：《国债可持续发展的实现一个综合分析框架》，载《中央财经大学学报》，2005（5）。

［12］谭晓兰：《我国国债的可持续性研究》，载《西南交通大学学报（社会科学版）》，2007（6）。

［13］李伟：《中国国债风险状况的实证分析及模型研究》，载《中央财经大学学报》，2009（6）。

［14］王佩真：《货币金融理论与政策》，北京，中国金融出版社，2005。

［15］彼得·布劳：《社会生活中的交换与权力》，北京：华夏出版社，1988。

［16］宋玮：《从特殊主义走向普遍主义——刍议中国社会的信任结构与信用制度》，载《中国金融》，2007（24）。

［17］吴晶妹：《从我国信用交易水平看资信评估发展》，载《金融研究》，2005（2）（总第296期）。

［18］［英］亚当·斯密著，王勋等编译：《国富论》，北京，清华大学出版社，2010。

［19］［美］保罗·萨缪尔森、威廉·诺德豪斯著，萧琛等译注：《经济学》（第18版），北京，中国邮电出版社，2011。

［20］于方：《美国现代融资租赁业的发展及其对我国的借鉴》，载《当代医学》，2006（11）。

［21］姜淮：《中国银行同业拆借市场发展研究》，载《中国市场》，2008

（35）。

［22］李玉锁、齐中英：《中国银行间同业拆借市场信息国际化的检验》，载《中大管理研究》，2007（1）。

［23］威廉·配第：《赋税论、货币略论》，北京，商务印书馆，1983。

［24］于震、马庆魁：《利率期限结构与宏观经济因素关联性的实证研究》，载《学习与探索》，2011（5）。

［25］T. Parsons and E. Shils：Toward a General Theory of Action，Cambridge：Harvard University Press，1951，p. 82.

第四章

现代微观金融理论

【本章导读】

微观金融学是金融学的两大分支之一，它是基于微观经济学建立起来的一套研究在不确定环境下，通过资本市场对资源进行跨期最优配置的理论体系和科学方法。它的核心研究内容是：经济人在不确定环境下如何进行资源配置最优化；企业如何根据生产的需要接受内外部经济人的投资；市场和中介在协助经济人完成这一资源配置任务时应当起什么作用，资源配置的关键即合理的均衡价格体系如何达成等。微观金融学借助于经典经济学的基本方法，使用现代数学所提供的分析工具（例如，随机过程理论、概率论和数理统计，以及现代不确定决策理论等），专门解决不确定性和动态金融决策问题。

微观金融理论以金融市场为研究对象。20 世纪 50 年代前的微观金融理论为古典微观金融理论，50 年代初期之后的现代微观金融理论借助于现代信息技术，充分运用数学和模型分析方法以及定量分析方法，所处理的主要是不确定性条件下的金融决策问题。本章主要介绍了有效市场理论、资产组合理论、资本资产定价模型、套利定价理论和资本结构理论等现代微观金融理论以及 20 世纪 80 年代以后的一些新发展。

有效市场理论是西方主流金融市场理论，是预期学说在金融学或证券定价中的应用，主要研究信息对证券价格的影响，其影响路径包括信息量大小和信息传播速度两个方面。资本资产定价模型、套利定价理论以及期权定价模型都是在有效市场假设之上建立起来的。

现代资产组合理论是研究在各种不确定的情况下，如何将可供投资的资金分配于各种不同的资产上，以寻求不同类型投资者所能接受的收益和风险水平相匹配的最适当、最满意的资产组合的系统方法，它的提出主要是为了化解投资风险。

在资产组合理论的基础上发展起来的资本资产定价模型（CAPM）是现代金融市场价格理论的支柱，该模型是直接通过存在无风险资产时多种资产的有效集导出的。资产定价的依据是其风险和其他特征，风险在资产的定价中有着十分重要的作用。

套利定价理论用套利概念定义均衡，是资本资产定价模型（CAPM）的推广，用多个因素来解释风险资产收益，并根据无套利原则，得到风险资产均衡收益与多个因素之间存在（近似的）线性关系这一结论。

现代微观金融理论伴随着金融市场的变化而不断发展，如行为金融学从微观个体行为以及产生这种行为的心理等动因来解释、研究和预测金融市场的发展，认为投资者心理与行为对证券市场的价格决定及其变动具有重大影响；不完全金融契约理论认为企业的融资方式的选择不仅仅是资本结构的选择问题，而且是企业所有权结构的安排问题。

第一节　有效市场理论

1965 年，美国芝加哥大学教授尤金·法玛（Eugene Fama）在 *Financial Analysts Journal* 上发表的文章《股市价格的随机游走》（*Random Walks in Stock Market Prices*）中第一次提到有效市场（efficient market）的概念。有效市场的思想起源于法国数学家路易斯·巴舍利耶的研究贡献，他应用统计方法分析股票收益率时发现，股票收益率波动的数学期望值总趋近于零。1970 年法玛提出了有效市场假说（Efficient Markets Hypothesis，EMH），如果在一个证券市场中，价格完全反映了所有可以获得的信息，就称这样的市场为有效市场。

一、基本假设前提

1. 市场信息被充分披露，每个市场参与者在同一时间内得到等量等质的信息，信息的发布在时间上不存在前后相关性。信息的获取是没有或几乎没有成本的。

2. 存在大量的理性投资者，为了追逐利润最大化积极参与到市场中，理性地对证券进行分析、定价和交易。这其中隐含着：（1）投资者是理性的假设，投资者可以理性评估资产价值；（2）即使有些投资者不完全理性，但由于他们的交易随机产生而相互抵消，不至于影响资产的价格；（3）即使投资者的非理性行为并非随机而是具有相关性，他们在市场中将遇到理性的套期保值者，后者将消除前者对价格的影响。

3. 投资者对新信息会作出全面的、迅速的反应，从而导致股价发生相应变化。

二、有效市场假说

有效市场假说认为，资本市场能够对连续的、不可预期的信息流作出迅速、合理的反应，使市场价格充分反映所有可获得的信息，从而使价格连续随机波动，人们无法持续赚取超额利润。市场运行是有效率的，价格能够反映资本市场的资源配置情况。

如果资本市场是竞争性和有效率的，则投资的预期收益应等于资本的机会成本。在这里，机会成本是无风险的利率（r）。以 R_t 表示从 t 期到 $t+1$ 期持有某种资产的总收益，那么，有效市场假说可表述为：$E(R_t \mid I_t) = 1 + r_t$。$E$ 是在 t 时期对信息集 I_t（包括 r_t）条件下的资产收益预期。

有效市场是一个价格完全反映了所有可以获得信息的市场。有效市场假说的要点是：（1）在市场上的每个人都是理性的经济人。金融市场上每只股票所代表的各家公司都处于这些理性投资人的严格监视之下，他们每天都在进行基本分析，以公司未来的获利性来评价公司的股票价格，把未来价值折算成今天的现值，并谨慎地在风险与收益之间进行权衡取舍，股票价格反映了理性人的供求平衡。（2）股票价格能充分反映该资产的所有可获得的信息，即"信息有效"。投资者在买卖股票时会迅速有效地利用可能的信息，所有已知的影响一种股票价格的因素都已经反映在股票的价格中，因此股票的技术分析是无效的。

市场有效性分为内部有效和外部有效。（1）内部有效市场（internally efficient markets）又称交易有效市场（operationally efficient markets），它主要衡量投资者买卖证券时所支付交易费用水平（如证券商索取的手续费、佣金等）是否对市场有效性构成障碍；（2）外部有效市场（externally efficient markets）又称价格有效市场（pricing efficient markets），它探讨证券的价格是否迅速地反映出所有与价格有关的信息，这些信息包括有关公司、行业、国内及世界经济的所有公开的信息，也包括个人、群体所能得到的所有内部非公开的信息。而衡量证券市场是否具有外部效率的标准是：（1）价格是否能自由地根据有关信息而变动；（2）证券的有关信息能否充分地披露和均匀地分布，使每个投资者在同一时间内得到等量等质的信息。

（一）有效市场的形态

对于一种零交易费用的资产，由于 $R_t = P_{t+1}/P_t$，代入 $E(R_t \mid I_t) = 1 + r_t$，可以得到 $E(P_{T+1} \mid I_t) = (1 + r_t)P_t$ 或 $[1/(1 + r_t)]E(P_{t+1} \mid I_t) = P_t$。

利用上式，通过对决定价格所使用的信息集进行解释，就可给出有效市场理论的内容。罗伯茨（Harry Robens）于 1959 年首次提出用于描述信息类型的术语。当信息集 I_t 从最小的信息集依次扩展到最大的信息集时，资本市场也就相应地从弱式有效市场逐步过渡到强式有效市场。

1. 弱式有效市场假说（weak – form market efficiency）

弱式有效市场假说是指信息集 I_t 包括了过去的全部信息（即历史信息），认为在市场弱式有效情况下，市场价格已充分反映出所有过去历史的证券价格信息，包括股票的成交价、成交量，卖空金额、融资金额等，价格的任何变动都是对新信息的反应，而不是对过去已有信息的反应。

设 E_t 为 t 时刻给定信息条件下的期望，P_t 是今天的价格，P_{t+1} 是未来的价格。如果市场属于弱式有效市场，那么今天的价格就是未来价格的期望值，即 $E_t(P_{t+1}) = P_t$ ，或 $E_t(P_{t+1} - P_t) = 0$ 。这意味着在弱式有效市场上，预期价格变动为零。即在给定历史信息的条件下，不能预测市场的价格变化，因为当前的价格变动不包含未来价格变动的信息。

从数理统计的角度，弱式有效市场建立在随机游走假说的基础上。根据随机游走假说，各个金融资产的投资收益率在序列上是相互独立的，各投资收益率的概率分布恒定不变。弱式有效假说的推论：如果弱式有效市场假说成立，则股票价格的技术分析失去作用，基本分析还可能帮助投资者获得超额利润。

2. 半强式有效市场假说（semi – strong – form market efficiency）

半强式有效市场假说是指当前的证券价格不仅反映了历史价格包含的所有信息，而且反映了所有已公开的有关公司营运前景的信息，包括成交价、成交量、公司的财务报告、公司公告、有关公司红利政策、盈利资料、盈利预测值、公司管理状况的信息和经济形势等。信息对证券价格的影响是瞬时完成的。

半强式有效市场假说的推论：如果半强式有效假说成立，投资者无法凭借可公开获得的信息获取超额收益，则在市场中利用技术分析和基本分析都失去作用，但内幕消息可能获得超额利润。

3. 强式有效市场假说（strong – form market efficiency）

强式有效市场假说认为证券价格已充分反映了所有关于公司运营的信息，包括历史价格信息、所有能公开获得的信息和内幕信息，这三者共同构成强式有效市场假说的信息集 I_t。强式有效市场假说是有效市场假说的一种极端或理想情况。

在强式有效市场中，投资者能得到的所有信息均反映在证券价格上，任何信息都无助于投资者获得超额收益。强式有效市场假说的推论：在强式有效市场中，没有任何方法能帮助投资者获得超额利润，即使是有内幕消息者也一样。

　　证券组合理论构建的条件之一即是假设证券市场是充分有效的，所有市场参与者都能同等地得到充分的投资信息，同时不考虑交易费用。如果市场是强式有效的，管理者一般模拟某一种主要的市场指数进行投资。而在市场仅达到弱式有效状态时，组织管理者则是积极进取的，会在选择资产和买卖时机上努力寻找价格偏离价值的资产。

表 4.1　　　　　　　　　市场有效性与投资分析管理

	技术分析	基本分析	组合管理
无效市场	有效	有效	积极进取
弱式有效	无效	有效	积极进取
半强式有效	无效	无效	积极进取
强式有效	无效	无效	消极保守

　　有效市场理论的贡献在于为判断资本市场的金融资源配置效率提供了一种方法。金融资源有效配置的关键，要看社会经济生活中是否具备一个有效的资本市场定价机制及在其作用下金融产品价格能否准确反映金融资源的稀缺程度。如果金融资源配置是有效的，则各种金融产品的价格就应当正确反映其内在投资价值，并使各交易者的边际投资收益率趋于一致，超额利润现象得以消除。相反，如果金融产品价格对各种信息（包括过去、现在和预期信息）反应滞后，意味着信息传播的低效率，这种情况下的金融资源配置必然是低效率的。因此有效市场理论实际上是信息效率理论在金融市场的运用，描绘了金融市场竞争均衡的状态。

　　（二）有效市场的检验

　　三种市场有效假说形态的检验就是通过检验上面三个推论来完成的。强式有效假说成立时，半强式有效必须成立；半强式有效成立时，弱式有效亦必须成立。检验顺序是先从弱式有效到半强式有效，最后检验强式有效是否成立。目前国内外学者常用的有效市场性实证检验方法是：

　　1. 弱式有效假说检验

　　检验原理：技术分析是否能用于价格（收益）预测，若可用则弱式有效不能成立。检验方法有：（1）序列自相关分析。若股票收益率存在时间上的自相关，即以前的收益率能影响现在的收益率，则技术分析有用，弱式有效不能成立。（2）滤嘴法则，给出一个股票买卖的价格阈值区间（"滤嘴"），即在阶段最低点上升时买入，在阶段最高点下降时即卖出，观察是否比买入并持有策略有更高的收益率。（3）串检验。构造三种反映历史交易信息、公司经营的公开信息和内幕消息的指标变量（"串"）并检验其与股票收益率的相关性。

利用相关性检验方法，Moore（1962）发现股票价格的前后期变动序列之间不存在相关关系。法玛（1965）以1957—1962年期间道琼斯工业指数的30种股票作为样本，计算出价格序列残差的相关系数为0.03，表明各期股价不存在相关性。Granger和Morgenstern（1963）采用一种谱分析方法对股票价格波动进行研究，发现股票价格运动没有依赖性。20世纪80年代以前对西方多数证券市场的大量经验研究表明证券市场是弱式有效的，而80年代之后的多数经验分析却出现了不支持市场是弱式有效的经验证据，表现为有效市场中的异常现象。

2. 半强式有效假说的检验

检验原理：公司基本面分析是否对获利预测有用。检验方法一般是事件检验法，检验与公司基本面有关的事件发生时，股价变化有无快速反应。若能快速反应，则投资者不能通过新信息获得超额利润；若基本分析失灵，半强式有效成立。

例如，Ball和Brown（1968）运用累计超常收益研究年度会计盈余信息的披露对公司股价的影响，认为美国股票市场满足半强式有效市场。Keown和Pink-erton（1981）对公司接管前后收益率的研究发现，在消息公布之前目标公司的股价开始上升，这表示信息进入价格；在消息公布的当天股价发生向上阶跃，反映出目标公司股东获得了接管溢价；在消息公布以后价格没有继续上升或者发生反转，说明价格对信息的反应是正确的，结论与半强式有效假设一致。

3. 强式有效假说的检验

检验原理：市场的内幕消息是否对获利预测有用。检验方法可以检验基金或有可能获得内幕消息人士的投资绩效评价，若被评估者的投资绩效确实优于市场平均，则强式有效不能成立。

例如，Michael Jensen（1969）运用资本资产定价模型（CAPM）衡量经风险调整的互助基金经营业绩发现，即使不考虑运营成本，多数基金业绩无法超越指数业绩，满足强式有效市场的结论。Grimblatt和Titman（1989）、Ipplito（1989）对互助基金业绩的进一步研究，其结论类似：过去业绩表现好的基金并不表明未来也经营得比较好。

三、有效市场理论的争论与进展

围绕有效市场理论的争论主要集中于对理论假设的质疑和实证检验的异常，前者主要是：（1）投资者并非是完全理性的。Fischer和Black（1986）指出投资者购买所依据的是"噪音"而非信息。（2）投资者不止偶然偏离理性，而是经常以同样的方式偏离理性。行为金融学中"投资者心态"理论讨论的就是大量投资者犯同样的判断失误的错误，且他们的错误又具有相关性的现象。（3）

套利者不会完全消除非理性投资者的错误对价格的影响。大多数情况下证券没有合适的替代品。即使能找到完全的替代品,套利者也面临其他风险,如未来出让时价格不可预知(noise trade risk)。这些争论不仅使得有效市场理论和实证研究不断完善,也促进了许多其他学科的蓬勃发展。

(一)与有效市场理论相悖的现象

1. 整体市场的异象

证券价格(包括股票价格和债券价格)波动明显大于由有效市场理论所预测的内在价值(未来收益的现值)的波动。经验证据显示,美国股票的实际年收益率的标准差是15.5%,而红利的实际增长率的标准差只有6%。

2. 市场交易的异象

(1)动量效应(momentum effect):指股票价格变化表现出同一方向波动的持续性。Jegadeesh 和 Titman(1993,2001)经验研究显示,过去3~12个月表现好或差的股票(赢者或输者)在接下来的3~12个月内继续表现好或差的概率大。利用这一现象的动量交易策略(买入赢者、卖空输者)在美国和大多数成熟市场中都有持续的异常收益。Odean(1998)研究发现,投资者对亏损股票存在较强的惜售心理,不愿实现损失;在盈利面前趋向回避风险,愿意过早地卖掉处于盈利状态的股票以锁定利润。投资者表现出售盈持亏的行为趋向,即处置效应(disposition effect)。这种行为动机不能用组合重组、减少交易成本等理性原因来解释。Odean发现出于避税考虑,美国股票投资者在12月份卖出的亏损股票较多,处置效应在12月份表现不明显。

(2)分散不足与随机分散。分散不足(insufficient diversification)指投资者持有的证券数量显著少于标准的投资组合理论分散化投资组合的证券数量。经验证据显示,投资者有一种熟悉偏好(home bias)。随机分散(random diversification)指投资者在构建投资组合时采用随机方式选择证券(Benartzi 和 Thaler,2001)。而马柯维茨分散是指根据证券之间的相关性,尽量选择相关性较低、不相关甚至是负相关的证券构造组合。

(3)反应不足、反应过度与无信息反应。反应不足(under reaction)指证券价格对新信息的反应迟钝,在到位之前有一个相对缓慢变化的过程。反应过度(over reaction)指证券价格对新信息的反应过度,超过了其应该有的变化,在之后较长时间内证券价格再缓慢向相反方向回归。无信息反应(reaction to non – information)指在没有任何信息(对证券价格有影响的信息)的情况下证券价格发生相对较大的变动。Ikenberry、Lakonishok 和 Vermaelen(1995)考察了1980—1990年期间宣布股票回购(share repurchase)的公司,结果发现股票价格随着股票回购的宣布而上涨,而且在随后的几年中股票价格会连续维持同一方向的移动。Mitchell 和 Stafford（2001）将样本区间扩大为 1960—1993 年并且改进了估计方法，发现在控制了公司规模和账面价值/市场价值的比值后，公司股票在未来四年中仍然有一个显著的异常收益率，公司股票价格对公司宣布股票回购的事件反应严重不足。

3. 市场定价的异象

（1）小公司效应（small firm effect），也称规模效应（size effect）或规模溢价（size premium），是指投资于小市值公司股票所获得的收益大于投资于大市值公司股票的收益。Banz（1981）将在纽约交易所上市的股票按公司总市值大小分成五组，发现市值最小的一组公司其股票的平均收益率要高出市值最大一组公司 19.8%。Keim（1983）发现小公司效应主要集中在 1 月份，称为小公司元月效应（small firm–January effect）。实证研究发现，持续了 70 多年的小公司元月效应似乎在最近十几年中消失了。

（2）市盈率和市净率效应，具有低市盈率的股票或投资组合的未来收益率往往能超过具有高市盈率的股票或投资组合的收益率，其表现要好于市场平均水平。Basu（1983）为了消除小公司效应的影响，将样本公司按公司市场价值大小分成规模不同的五组，在每组中按市盈率的大小对公司进行排列，构造了五个投资组合。经过统计检验，结果发现具有最低市盈率的投资组合获得了最高的风险收益率。市净率较高的公司与市净率较低的公司相比，其股票收益率相对偏低、市场风险偏高（Fama 和 French，1992）。这一现象在市场低迷、经济衰退的时候表现得尤为突出（Lakonishok 等，1994）。显示市盈率、市净率指标对未来收益率具有预测能力，与中强态有效性假设相矛盾。

（3）季节效应，是指在某些特殊的时间期间内股票具有与其他时期显著不同的收益率。最常引用的季节效应就是元月效应（January effect）。Rozeff 和 Kinney（1976）首先运用方差技术分析了纽约证券交易所所有股票的市场指数在 1924—1974 年的月收益率，发现美国在元月份股票市场的平均收益率（3.48%）显著高于其他月份的收益率（0.68%）。这种季节效果在各国普遍存在，如在英国存在"十二月效应"。实证研究还发现了其他季节效应，如"周末效应"、"假日效应"、"月底—月初效应"等。对中国上海和深圳股票市场进行的周末效应检验，证实了我国股票市场也存在季节效应（戴国强等，1999）。股票市场中存在的这种"季节效应"，说明股票价格波动不服从随机游走过程，而是存在一定的规律。

（二）对有效市场理论的争论及发展

1. 对市场特性的争论

20 世纪 60 年代以来，人们对有序和随机的认识发生了革命性的变化。有些系统,特别是非线性系统会表现出一种非常复杂、类似随机的行为,无法根据给定的初始条件确定系统将来的状态,这种行为称为"混沌"。如果经济现象的不规则波动被证明是属于混沌现象,即是由经济系统内部因素之间或内外部因素之间的内在非线性作用所决定的类随机行为,则传统经济理论关于随机性来源的假定对于该类经济现象就不适用。由于已有的检验不是结构性的,不可能识别出混沌是源于经济结构内部还是来源于外部混沌性冲击。因此,不知道资产价格呈现的混沌非线性动力是否源自经济非线性结构。

2. 行为金融学对理性人假定的质疑

行为金融学认为,现实中的投资者是仅仅具有有限理性的,其对于风险的偏好程度不同,投资决策也往往会受到自身心理变化和外部环境的多重因素影响,造成在决策过程中存在直觉偏差,使得投资决策具有多变性,因此他们制定出来的方案未必是最优的。因此行为金融学认为投资者是有限理性的,主要表现为:

(1) 投资策略选择的非理性。在真实的证券投资过程中,投资者受自身知识水平和对信息的掌握程度约束,往往难以对各种投资方案的收益率进行准确而全面的预测,其风险偏好程度和投资行为难以表现出理论上的投资者最优行为模式。

(2) 对投资不确定性后果预测的非理性。Kahnanan 和 Tversky(1973)发现在对投资收益进行未来预测时,投资者往往倾向于相信短期数据对未来的预测结果,并倾向于夸大偶发性事件的概率,过分相信偶发性事件对于未来收益率的表征能力,其结果表现为投资行为的短视性,使得投资者行为违反贝叶斯法则。

(3) 投资者对风险的态度非理性。Kahneman 和 Tversky(1973,1979)认为个人对风险的态度是不同的,并不遵循 VonNeunann – Morgenstern 理性概念的假设,投资者往往习惯于以自己过往投资的盈利水平为参照系,在主观上判断投资策略的收益水平。

(4) 投资者交易行为的非随机性。根据 Kahneman 和 Riepe(1998)的研究显示,投资者的交易行为不是随机的而是系统性的,其交易行为对于市场价格的影响无法通过统计平均而消除。而且受各种心理和情绪等因素影响,许多投资者在进行投资时,其投资方式相互模仿具有一定的社会性,造成投资者往往是以同样的方式偏离理性决策。这种情况不只存在个人投资中间,根据 Falken-stein(1996)的研究,基金经理等专业投资人士受到与其他基金经理的攀比心理影响,也经常会作出偏离了资产价值最大化的决策。可见投资者交易行为对于偏离理性决策具有系统性和群体性。

3. 行为金融学对有效套利的质疑

行为金融学认为在现实的证券市场中套利机制未必能够充分发挥作用，其主要受到如下两个因素影响：

缺乏完美替代品。Mullailathan 和 Thaler（2000）从行为金融学角度指出，在现实的证券市场中难以找到用来对冲风险的完全替代品，而理性投资者如果利用非完美替代品进行套利交易时，就有可能出现定价偏差，无法完成无风险套利。

噪音交易者风险。DeLong（1990）等人认为，即便能够找到完美替代品，但是大多数人对于证券资产内在价值的认识需要一个较长的过程，而且证券资产的价格也会受到诸多因素的影响，其走势是难以准确预测的；即使是两只内在价值完全一致的股票，也有可能在非理性投资者的随机交易作用下，出现价格高的股票继续走高，价格低的股票继续走低，如果理性投资者的套利投资期长于证券资产价格回归其内在价值的周期，那么理性投资者的套利行为将获利；反之，这种套利行为将面临各种风险的威胁，甚至出现理性投资者的投资收益率低于非理性投资者的情况，降低套利机制的效果。

4. 有效市场假说的发展

有效市场假说主要研究投资者对信息的反应速度和程度，法玛（1970）认为市场中信息是完全的，任何人都可以无成本的获得无差异的信息。然而法玛对于证券市场的界定过于严格，与现实市场出入较大。于是 Jensen（1978）针对当时证券市场中出现的异象，通过对有效市场假说中有关收益率的再次界定，放宽了对完全竞争市场的条件，增强了有效市场假说的说服力。Jensen 认为有效市场假说中有关收益率的定义应该是在剔除包括税收、支付给经纪人的手续费、机会成本以及获得并处理信息等所构成的交易成本以后的收益率，这一收益率应该是经过风险调整后的净收益。

信息经济学认为，尽管市场有效性假说承认信息收集和处理是存在成本的，但是这一成本并不能影响市场的有效性，证券资产的价格仍然是其各种影响因素的集中表现。Malkie（1992）则从信息经济学角度，针对投资者对信息的接受程度方面完善了有效市场假说，他认为即使投资者对于信息的掌握是有差异的，但是只要投资者无法利用信息集差异构建投资策略以赚取超额收益，那么证券市场广泛存在的信息遗漏问题，将不能影响市场的有效性。这也就意味着投资者对特定信息集的使用差异，将不会引致市场有效性下降。Grossman 和 Stiglitz（1980）认为在证券市场中信息是不完全的、不对称的，这种信息不完全性是一种常态，促使投资者不断地寻找更新的信息以赚取超额收益。可是由于信息具有公共物品的特性，证券价格是信息的无差异反映，在投资者利用自己花费成本获得的信息进行证券交易时，自己花费成本获得的信息将必然反映在股票价格的变化上，而其他没有花费成本获得信息的投资者，完全可以通过观察股票价格的变化，预测影响价格变化的信息集，从而调整自己的投资策略，造成收集信息的投资者的边际收益下降，丧失收集信息的动力，转而进行随机选择证券。

第二节　资产组合理论

马柯维茨（Markowits）将概率论和线性代数的方法应用于证券投资组合的研究，探讨了不同类别的、运动方向各异的证券之间的内在相关性，并于1959年出版了《证券组合选择》一书，详细论述了证券组合的基本原理，从而为现代西方证券投资理论奠定了基础。

现代资产组合理论（Modern Portfolio Theory，MPT）是研究在各种不确定的情况下，如何将可供投资的资金分配于不同的资产上，以寻求不同类型投资者所能接受的收益—风险相匹配的最佳资产组合的系统方法。马柯维茨认为，个别资产的某些风险是可以分散的，只要不同资产间的收益变化不完全相关，就可以通过将多个资产构成资产组合来降低投资风险。投资者在衡量一项资产的风险大小时，不应以它本身孤立存在时的风险大小为依据，而应以它对一个风险充分分散的资产组合的风险贡献大小为依据。他认为最佳投资组合应当是具有风险厌恶特征的投资者的无差异曲线和资产的有效边界线的交点。

一、理论原理

（一）分散投资原理

市场风险一般由非系统性风险（Non - systematic risk，又称个别风险）和系统性风险（systematic risk）组成，前者是针对个别公司的风险，是对单个公司投资回报的不确定性，分散投资对象可以减少个别风险；后者指整个经济所产生的、无法由分散投资来减轻的风险。

一般来说，投资者对于投资活动所最关注的问题是预期收益和预期风险的关系。投资者要尽可能建立起一个有效组合，即在市场众多的证券中，选择若干证券组合起来以求得单位风险水平上收益最高，或单位收益水平上风险最小。投资组合理论的基本思想就是将多项有风险资产组合起来，以对冲部分风险而不降低平均的预期收益率。

（二）投资组合预期收益与风险的表达

一个有 N 种证券的投资组合的预期收益与标准差（风险度量）分别为

$$预期收益\ \overline{r_p} = \sum_{i=1}^{N} w_i \overline{r_i},\ 标准差\ \sigma_p = \left[\sum_{i=1}^{N} \sum_{j=1}^{N} w_i w_j \sigma_{ij} \right]^{\frac{1}{2}}。$$

式中：$\overline{r_p}$ 为组合 P 的预期回报率；$\overline{r_i}$ 为证券 i 的预期回报率；w_i 为组合 P 中投资于证券 i 的比例；σ_{ij} 表示证券 i 和证券 j 预期收益的协方差，协方差测度两个随机变量的相互关系，正值时表示两证券回报率倾向于同一方向变动；负值时表示两种证券收益率的相背变动倾向；相对小值或 0 值表明两种证券回报率之间相关性很小或没有关系。

相关系数 $\rho_{ij} = \dfrac{\sigma_{ij}}{\sigma_i \sigma_j}$ 是对协方差的重新标度，用以对随机变量之间相对值的变动特征进行比较，是反映两个随机变量之间共同变动程度的相关关系的数量表示。证券 i 和证券 j 回报率之间的相关系数可以反映两证券期望收益作同方向运动或反方向运动的程度，相关系数 ρ_{ij} 介于 -1 和 $+1$ 之间，值为 -1 表明两证券预期收益变动完全负相关，$+1$ 值表明两证券预期收益完全正相关，为零时表明证券收益率之间不存在线性关系。

二、基本假设

1. 投资者理性假设。投资者的目的是使其预期效用最大化。假设投资者是理性的，即在任一给定的风险程度下，投资者愿意选择预期收益高的有价证券，或者选择预期收益一定、风险程度较低的有价证券。预期收益率 $\overline{r_p} \sigma_p$ 和方差被用于刻画预期收益率的大小以及风险程度状况，是投资者进行投资决策的重要参考变量。投资者用有不同概率分布的收益率来评估投资结果。

2. 市场有效假设。证券市场是有效的，即市场上各种有价证券的风险与收益率的变动及其影响因素都为投资者掌握或者至少是可以得知的。

3. 供给弹性假设。假设市场具有充分的供给弹性，以消除市场供求因素对证券价格和收益率产生的影响。并且在有限的时间范围内进行投资分析。

三、现代资产组合理论模型

（一）均值—方差组合模型（mean – variance model）

马柯维茨于 1952 年提出的均值—方差（MV）组合模型是在不存在做空机制套期保值的风险市场（禁止融券）和没有无风险借贷的假设下，以个别股票收益率的均值和方差找出投资组合的有效边界（efficient frontier），即一定收益率水平下方差最小的投资组合。

根据马柯维茨投资组合的概念，在不存在做空机制套期保值的风险市场中，投资组合的风险小于风险的总合，$\sigma_p < \sum_i w_i \sigma_i$，组合证券收益率的相关系数越接近于 -1（异质证券组合），组合内各证券收益背向变动性大，风险降低的程度越大。马柯维茨的 MV 模型隐含建议将资金分散投资于不同产业的、具有不同属性的股票。

马柯维茨投资组合模型认为，通过有效的投资组合不可能将风险降至零。因为单项资产 i 的总体风险由系统性风险和非系统性风险组成，$\sigma_i^2 = \sigma_i^2 \rho_{i,M}^2 + \sigma_i^2 (1 - \rho_{i,M}^2)$，随着投资分散化趋于充分，资产 i 的收益率与市场组合收益率之间的相关系数 $\rho_{i,M}$ 趋近于 1，此时非系统性风险近乎对冲殆尽 $\sigma_i^2 (1 - \rho_{i,M}^2) = 0$，总体风险基本上由系统性风险构成 $\sigma_i^2 = \sigma_i^2 \rho_{i,M}^2$。

实证研究（Fama，1976）发现，纽约交易所股票组合风险随着组合种数 N 的增加而减少，但当 N 足够多（图 4.1 中 $N > 30$）时，组合风险不会继续下降，这里可以解释为保持了市场系统性风险水平[①]。

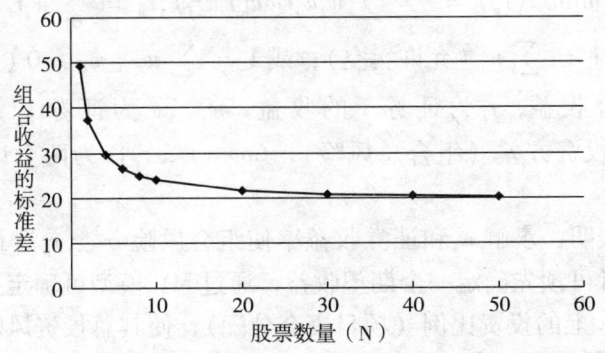

图 4.1　纽约交易所不同数量的股票组合风险变化

马柯维茨在确立证券组合预期收益—风险计算方法的基础上，提出了有效边界理论。一种证券的收益特征与风险特征可以由证券预期收益 $E(r)$ 和收益的标准差 σ 来描述，在坐标系 $E(r) - \sigma$ 内则表现为一个点。假定市场只有两种证券 A 和 B，则由证券 A 和 B 建立的证券组合位于连接证券 A 和证券 B 的直线或某一条弯曲的曲线上，相关系数 ρ 反映证券 A 和证券 B 之间收益的关系，ρ 决定连线的形状，投资于证券 A 和证券 B 的比例 w 决定组合在连线上的位置。

---

① 费希尔和洛里（1970）研究发现：当组合规模超过 8 种股票时，组合的收益和风险开始趋于稳定；在同等组合规模上，跨行业证券组合的收益—风险和简单随机等权重组合的收益—风险无显著性差异；市场整体的分散程度是单种股票组合的 50% ~ 75%；当持有股票数为 2 种、8 种、16 种、32 种、128 种时，分别可降低非系统性风险的 40%、80%、90%、95% 和 99%（李善民等，2010）。

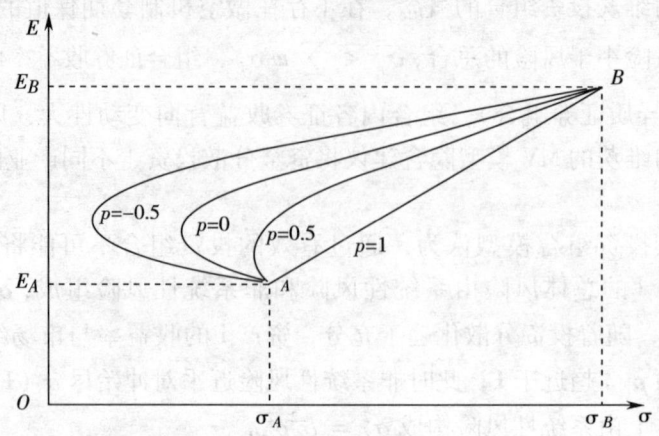

图 4.2 两证券组合可能的收益和风险状态

马柯维茨建立了资产优化配置的 MV 模型：

目标函数：$\min \sigma^2(r_p) = \sum \sum w_i w_j Cov(r_i, r_j), r_p = \sum w_i r_i$

限制条件：$1 = \sum w_i$（允许卖空）；或 $1 = \sum w_i, w_i \geq 0$（不允许卖空）

式中：r_p 为组合收益，r_i 为证券 i 的收益，w_i、w_j 为证券 i、j 的投资比例，$\sigma^2(r_p)$ 为组合投资方差（组合总风险），$Cov(r_i, r_j)$ 为两个证券收益之间的协方差。

目标函数表明，求解 w_i 和证券收益率使组合风险 $\sigma^2(r_p)$ 最小。其经济学意义是，投资者可预先确定一个期望收益，通过 MV 模型可确定投资者在每个投资项目（证券）上的投资比例（项目资金分配），使其总投资风险最小。不同的期望收益有不同的最小方差组合，这就构成了最小方差集合。

可行集代表所有可能的资产组合的集合；有效集（efficient set）是指可行集中那些如果投资者不额外增加风险就无法再提升其预期收益率的所有投资组合组成的集合，是可行集的一个子集。有效边界（efficient frontier）是有效集在风险与预期收益坐标图上的几何表述，最小方差曲线就是有效边界，它只有右上方的那一段才有实际意义（曲线 ACE）。理性投资者都会选择有效边界上的点进行投资。

有效边界上的所有投资组合都是最优的，即有效边界上不同投资组合之间并不存在优劣关系。有效边界的存在和确定与个别投资者的效用（收益—风险偏好）无关。投资者最终选择哪种投资组合取决于投资者收益—风险的效用函数（投资者偏好）。投资者的最优方案就是投资者的无差异曲线与有效边界的切点 e（见图 4.4）。

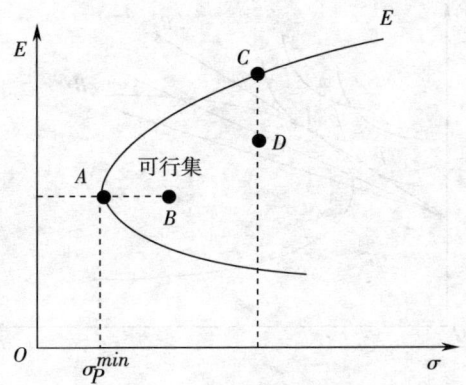

图 4.3　马柯维茨有效集

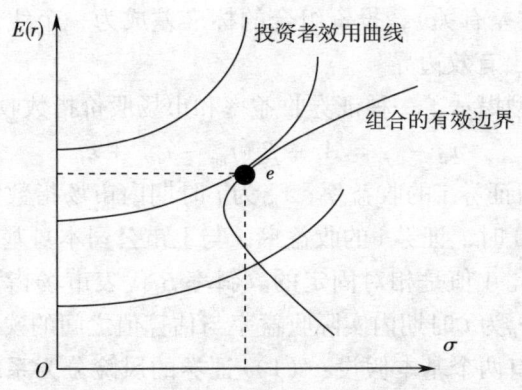

图 4.4　投资者的最优组合方案

若不考虑无风险证券，投资最优化组合在有效边界上。若考虑存在无风险证券后，市场组合和无风险证券可以构造的组合落在连接 r_f 点和包含所有可能的风险组合的曲线所围成的区域及其边界上某点的直线上（见图4.5）。其中效用最大（给定收益下的最小方差组合）的射线就是和有效边界相切的那条 r_fMR（称为资本市场线）。投资者根据自己的投资偏好在资本市场线上选择最优组合（不同投资者的无差异曲线与射线 r_fMR 相切的 P、M 点）。

（二）单因素模型（one - way analysis of variance）

威廉·夏普（Sharpe）于1963年提出单因素模型将 MV 模型简化。他认为马柯维茨的投资组合分析中方差—协方差矩阵过于复杂，提出对角线模式简化方差—协方差矩阵中的非对角线元素。并于1967年提出线性规划法求解马柯维茨的组合模型——单因素模型。根据威廉·夏普的实证研究，当股票种类达20

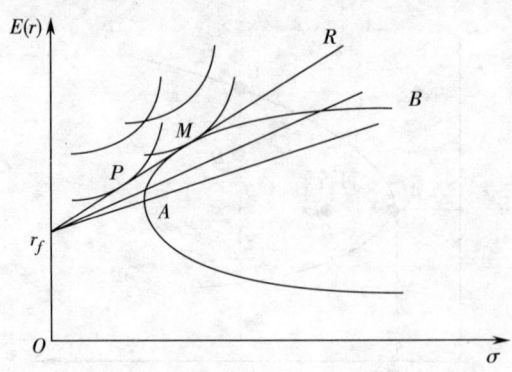

图4.5   存在无风险证券的投资最优组合

种以上时,投资组合的非系统风险逐渐趋于零,此时风险只剩下系统性风险(只与市场因素的方差有关),投资组合的标准差成为一个线性函数,可用"线性规划法"迅速找出有效边界。

夏普单因素模型揭示了一种证券收益率和市场股价指数收益率的相关关系:

$$r_{it} - r_f = A_i + \beta_i(r_{mt} - r_f) + \varepsilon_{it}$$

式中:r_{it}为 t 时期内证券 i 的收益率;r_{mt}为 t 时期内市场指数的收益率。截距 A_i 反映市场收益率为 0 时,证券 i 的收益率,与上市公司本身基本面有关,与市场整体波动无关。因此 A_i 值是相对固定的。斜率 β_i 代表市场指数的波动对证券收益率的影响程度。ε_{it} 为 t 时期内实际收益率与估算值之间的残差。

单因素模型中有两个基本假设:(1)证券的风险分为系统性风险和非系统性风险,因素对非系统性风险不产生影响;(2)一个证券的非系统性风险对其他证券的非系统性风险不产生影响,两种证券的回报率仅仅通过因素的共同反应而相关联。这两个假设意味着 $Cov(R_m, \varepsilon_i) = 0$,$Cov(\varepsilon_i, \varepsilon_j) = 0$;这在很大程度上简化了 MV 计算。

(三)Konno 的均值—方差—偏态最适投资组合模型

上述模型均是以均值—方差作为分析架构的,但事实上股票收益率分布并不完全服从正态分布,因此在进行投资组合分析时,考虑预期收益及方差的同时,还需考虑其他影响投资风险的因素(如偏态等)。实际股票收益率有三种分布:正态、右偏态和左偏态。若偏态为正值(右偏),表示投资这种股票获得的收益率可能极大,发生大的损失概率小;若股票收益率的偏态为负值(左偏),则投资这种股票可能损失较大,而获利可能仅局限于某一范围。一般理性投资者渴望选择具有右偏态的股票或投资组合。

Konno 于 1990 年提出"均值—绝对方差—偏态最适投资组合"模型,此模型以投资组合的预期收益以及绝对方差作为限制条件，以投资组合的偏态最大值为目标。Konno 的模型将偏态纳入选股的考虑因素中，以满足投资者获利无穷、损失极小的期望；以绝对方差取代方差用来衡量投资组合的波动程度可使投资组合模型线性化，可节省求解的时间，便于处理规模较大的投资组合模型（唐磊，2005）。

（四）Jacob 的限制资产分散模型

上述投资组合模型都比较适合样本非常大的投资组合，但 Jacob 认为一般投资者由于资金的限制及固定交易成本的考虑，多半趋向选择投资基金或少数几种股票，因此 Markowitz 和 Sharpe 的分析方法对小额投资者帮助不大。因此，Jacob 于 1974 年提出一套适合小额投资者的组合选择模型——限制资产分散模型，将 Sharpe 的单指数模型加入一条限制式以限制投资者股票的投资数目，使小额投资者可以在有限的股票数目中，选择最合适的投资组合。Jacob 认为在考虑交易成本的情况下，若接受一部分非系统性风险，可使交易成本降低的收益大于组合充分分散的收益，因此对投资者是有利的。

在资产风险度量方面，还有 VaR、CVaR、Down - side risk 等方法，复杂模型会考虑股票收益率分布函数的变动情况（如 robust portfolio optimization），以寻找最坏情形下的最优投资组合。在其他限制条件方面，还有加入交易费用、最小交易单位、给定股票只数、最多投资股票数、卖空等限制。

虽然分散投资可以降低非系统性风险，并不能规避整个系统性风险；即使分散投资也未必是投资在数家不同公司的股票上，而可能是分散在股票、债券等多方面；市场中未必每位投资者都会采取分散投资的方式。因此，在实践中风险分散并非总是完全有效。或者说，在市场快速变化且充斥大量不确定性、市场情绪变化等因素时，很难找到真正的最优投资组合。因此，研究动态调整投资组合技术具有现实价值，如恒定混合策略（constant mix strategy）、恒定比例投资组合保险策略（CPPI）等为国际投融资领域在投资决策中所常用的动态组合策略。

第三节　资本资产定价模型

资本资产定价模型（Capital Asset Pricing Model，CAPM）是由美国学者夏普（William Sharpe）、林特尔（John Lintner）、特里诺（Jack Treynor）和莫辛（Jan Mossin）等人在资产组合理论的基础上发展起来的，是现代金融市场价格理论的支柱，广泛应用于投资决策和公司理财领域。资产定价的依据是其风险和其他特征，风险在资产的定价中具有十分重要的作用。其中的一部分风险可以通过构造资产组合得以分散，它们在资产定价中不发生作用。因此对资产定价实际上是对不可分散的风险进行定价。

一、基本假设

资本资产定价模型（CAPM）是诺贝尔经济学奖获得者威廉·夏普（William Sharpe）于 1970 年在他的著作《投资组合理论与资本市场》中提出的。该模型是直接通过存在无风险资产时多种资产的有效集导出的，而这样的有效集的存在，需要市场符合一定的条件，这些条件就构成了资本资产定价模型成立的基本假设。CAPM 是建立在马柯维茨模型基础上的，因此 MPT 模型的假设自然包含在其中：

第一，投资者是理性的，而且严格按照马柯维茨模型的规则进行组合投资，并从有效边界选择投资组合，即：

（1）投资者希望财富越多愈好，效用是财富的函数，财富又是投资收益率的函数，因此效用为收益率的函数。

（2）影响投资决策的主要因素为期望收益率和风险。投资者能事先知道投资收益率的概率分布为正态分布，投资风险用投资收益率的方差或标准差标度。

（3）投资者都遵守主宰原则（dominance rule），即同一风险水平下，选择收益率较高的证券；同一收益率水平下，选择风险较低的证券。

第二，资本市场是完全有效的市场，没有任何摩擦阻碍投资：

（1）可以在无风险折现率 R_f 的水平下无限制地借入或贷出资金。

（2）所有投资者对证券收益率概率分布的看法一致，因此市场上存在唯一的效率边界。

（3）所有投资者具有相同的投资期限，且只有一期。

（4）投资者具有相同预期，对证券预期收益率、标准差和证券收益的协方差具有相同的预期值。

（5）买卖证券时不考虑税负及交易成本。不存在通货膨胀，且折现率不变。

二、重要特征

资本资产定价模型有一些比较重要的特征，这些特征有助于对模型的理解和将模型正确地在定价中应用。

（一）均衡时所有资产都在证券市场线上

市场均衡时，一些资产可以不位于均值—标准差有效集上，但它们必然均位于证券市场线上。这说明，以 β 作为风险度量，对投资者所承担的风险，市场均能给予补偿。此时，β 就是不可分散的风险。

（二）资产组合的风险为风险的线性组合

由个别资产组成资产组合时，风险可以叠加。设资产组合 P 由资产 x 和 y 组成，其中资产 x 的收益为 X，系统性风险为 β_x，在 P 中的投资比例为 a；资产 y 的收益为 Y，系统性风险为 β_y，投资比例为 $b = 1 - a$，则应有 $\beta_P = a\beta_x + b\beta_y$。

三、定价公式

在市场均衡时，市场资产组合为所有投资者对风险性资产的选择。投资者的风险态度反映在其最终投资组合中市场资产组合和无风险资产的投资比例。

假设市场组合 M 中风险资产为 N 个，资产 i 的收益率与标准差分别为 R_i 和 σ_i，i 资产在市场组合中所占比率为 ω_i，则市场组合的收益率为 $R_M = \sum_{i=1}^{N} \omega_i R_i$。

市场组合 M 的风险溢价可以分解为

$$E(R_i) = R_f + \left[E(R_m) - R_f \right] \frac{\sigma_{im}}{\sigma_m^2}$$

式中：$\sigma_{im} = \mathrm{Cov}(R_i, R_M)$。此为 CAPM 的一般形式，反映了任何资产的收益和其风险（$\beta = \dfrac{\sigma_{im}}{\sigma_m^2}$）的线性关系。CAPM 表明在市场均衡条件下，资产 i 的期望收益率与其风险系数之间存在线性关系（见图 4.6）。市场均衡时，所有资产都在证券市场线（SML）上。

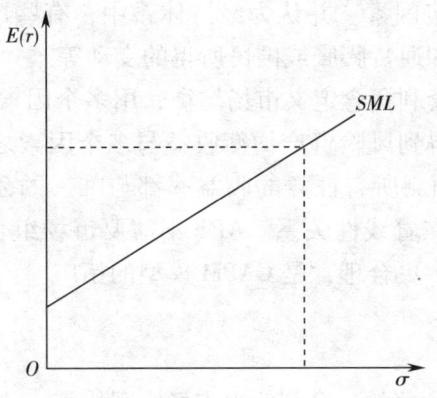

图 4.6　资本资产定价模型

在 CAPM 模型中，单位风险的价格为证券市场线的斜率，它反映资产组合波动性与市场组合波动性的关系，这一价格代表了市场对风险的补偿要求。这样，风险数量的度量为

$$\beta_{im} = \frac{\sigma_{im}}{\sigma_m^2}$$

资本市场线实际上并未对所有资产真正的风险作定价，只是对不可分散的风险进行了定价，CAPM 可以表示为 $E(R_i) = R_f + [E(R_m) - R_f]\beta_{im}$。

对无风险资产，$Cov(R_f, R_m) = 0$，$\beta = 0$；对市场资产组合 M，$\beta_m = 1$。

$E(r_i)$ 是资产 i 的预期回报率，R_f 是无风险率，β_{im} 是资产 i 的系统性风险，β 系数表示资产回报率对市场变动的敏感程度（sensitivity），可以衡量该资产的不可分散风险。$E(R_m)$ 是市场 M 的预期回报率，$(E(R_m) - R_f)$ 是市场风险溢价（market risk premium），即预期市场回报率与无风险回报率之差。

第四节　套利定价理论

1976 年，美国学者斯蒂芬·罗斯在《经济理论杂志》上发表了经典论文"资本资产定价的套利理论"，提出了一种新的资产定价模型，即套利定价理论（Arbitrage Pricing Theory，APT）。

套利交易是利用资产定价的错误、市场价格联系的失常，买入被低估的资产卖出被高估的资产来获取无风险利润的交易行为。套利是市场无效率的产物，一旦市场出现套利机会，投资者就会建立套利头寸推动市场价格恢复均衡，迅速消除套利机会。套利定价理论认为，套利行为是现代有效市场（或市场均衡价格）形成的一个决定因素。并认为经济体系中，有些风险是无法经由多元化投资加以分散的，例如通货膨胀或国民所得的变动等。

套利定价理论用套利概念定义市场均衡，用多个因素来解释风险资产收益，并根据无套利原则，得到风险资产均衡收益与多个因素之间存在（近似的）线性关系。CAPM 模型预测所有证券的收益率都与唯一的公共因子（整体市场证券组合）的收益率存在着线性关系。APT 不需要市场组合的存在性，所需的假设比 CAPM 模型更少、更合理，是 CAPM 模型的拓广。

一、基本假设

（1）市场是完全竞争的，套利使得市场实现均衡。

（2）投资者风险厌恶且追求效用最大化；每个投资者都会利用无风险套利机会增加组合的回报率。

（3）任何一种资产的收益率受 k 个共同因素的影响。

（4）组合中证券个数 n 必须远远超过模型中影响因素的个数 k。

（5）允许卖空。

与 CAPM 模型不同的是，套利定价理论不包括以下假设：（1）单一投资期；（2）不存在税收；（3）投资者能以无风险利率自由借贷；（4）投资者以收益率的均值和方差为基础选择投资组合。

二、套利定价模型

套利定价模型认为证券的收益率与一组影响要素线性相关：

$$R_i = a_i + b_{i1}F_1 + b_{i2}F_2 + \cdots + b_{ij}F_j + \varepsilon_i \tag{1}$$

式中：R_i 为第 i 种证券的收益率，F_j 为第 j 个影响证券收益率的要素，b_{ij} 为证券 i 的收益率对要素 j 的敏感程度，ε_i 为随机误差项，$E(\varepsilon_i) = 0$，$E(\varepsilon_i\varepsilon_j) = 0$（$i \neq j$）不同证券的残差项不相关；$E[\varepsilon_i(F_j - \overline{F_j})] = 0$，$\forall j = 1, 2, \cdots, n$，残差 i 与因子 j 不相关。

若 $n = 1$，表示是单因素模型，如夏普的单因素模型 $R_i = a_i + b_iR_f + \varepsilon_i$；若 $n > 1$ 表示是多因素模型。式中 F_i 表示对证券收益率有重大影响的因素，如国民生产总值 GNP 的增长率和通货膨胀率等。若有证券组合 $P = \{x_1, x_2, x_3, x_N\}$，则

$$r_P = x_1r_1 + x_2r_2 + \cdots + x_Nr_N = \sum_{i=1}^{N} x_ir_i \, 。$$

例：假定有三种证券 A、B 和 C，对应的灵敏度 b_{in} 如表 4.2 所示。

表 4.2　　　　　　　　　　各证券对各因子的灵敏度

证券	b_{i1}	b_{i2}
A	−0.40	1.75
B	1.60	−0.75
C	0.67	−0.25

若有组合 P 为 $x_1 = 0.3, x_2 = 0.7, x_3 = 0$，可以计算出证券组合对因子的灵敏度：

$b_{P1} = 0.3 \times b_{A1} + 0.7 \times b_{B1} + 0 \times b_{C1} = 0.3 \times (-0.4) + 0.7 \times 1.6 = -0.12 + 1.12 = 1$

$b_{P2} = 0.3 \times b_{A2} + 0.7 \times b_{B2} + 0 \times b_{C2} = 0.3 \times 1.75 + 0.7 \times (-0.75) = 0$

如果证券个数足够，可以使 $e_p \approx 0$，即非系统性风险充分降低。由此，通过调整 $P = \{x_1, x_2, \cdots, x_N\}$，投资者可以研究一个收益率只对要素 1 敏感的组合 PI，即 $R_{PI} = a_{PI} + F_1$. 上式有 $b_{PI1} = 1, b_{PI2} = 2, e_{PI} = 0$，这个组合 PI 称为"纯要素组合"。同样，本例中可以找出"纯要素 2"的组合 PII，PII = $\{0.625, 0, 0.375\}$，$R_{PII} = a_{pII} + F_2$：

$b_{PIII} = 0.625. b_{A1} + 0. b_{B1} + 0.375. b_{c1} = 0.625 \times (-0.40) + 0.375 \times 0.67 = -0.25 + 0 + 0.25 = 0$。

纯要素组合的预期收益率取决于相关要素的预期值，把组合预期收益率分成无风险收益率和风险贴水两个部分：

$$E(R_{PI}) = R_F + \lambda_1 = E(F_1)$$

$$E(R_{PII}) = R_F + \lambda_2 = E(F_2)\cdots$$

纯要素组合可能有不同的组合方式，但因为套利的存在，预期收益率在均衡时肯定相等。若有纯要素两种组合 P'_I 和 P''_{II}，而 P'_I 的预期收益率大，$E(rP'_I) > E(rP''_{II})$，则会有投资者买入 P'_I 卖空 P''_{II}，此时 P'_I 中证券价格上升，$E(rP'_I)$ 下降，P''_{II} 中的证券价格下跌，$E(P''_{II})$ 上升，最终达到 $E(rP'_I) = E(rP''_{II})$ 时，达到均衡，套利结束。

三、算例分析

A 投资者拥有 1200 元投资基金，平均投放在下面 3 种（见表 4.3）由单因素决定收益的风险资产上，这可以达到一种均衡状态吗？

表 4.3   证券资产收益和灵敏度

证券	收益率 r	灵敏度 b
1	0.15	0.9
2	0.21	3.0
3	0.12	1.8

令 $W_i(i = 1,2,3)$ 代表投入到第 i 种风险资产上的资金数量。令 ΔW_i 代表投资资金数量的变化。投资者个人总财富为 $W = \sum W_i$，则各类资产投资新增比率 $\Delta w_i = \Delta W_n / W$。可以构造套利资产组合：

（1）$\Delta w_1 + \Delta w_2 + \Delta w_3 = 0$，这是一种自我融资（self-financing）模式，即通过减少某些证券的持有量来增加其他资产持有量，它不需要任何新增投入。

（2）$B_1 \Delta w_1 + B_2 \Delta w_2 + B_3 \Delta w_3 = 0$，这是为了保证该套利资产对于因素风险完全免疫。套利资产应当相当分散，在本例中由于只有 3 种资产，很难消除非因素风险，假定存在很多类似的证券，完全可以把非因素风险减小到 0。

由于 3 个未知数 2 个方程可以有任意多组解，不妨假定 $\Delta w_1 = 0.1$ 得到

$$\begin{cases} 0.1 + \Delta w_2 + \Delta w_3 = 0 \\ 0.09 + 3\Delta w_2 + 1.8\Delta w_3 = 0 \end{cases}$$

得到解：$\begin{cases} \Delta w_2 = 0.075 \\ \Delta w_3 = -0.175 \end{cases}$

$$E(r_p) = 0.15 \times 0.1 + 0.21 \times 0.075 + 0.12 \times (-0.175) = 0.00975 > 0$$

投资者对此会迅速做出反应，会抛出第 3 种资产并使用该笔资金来买入第 1、2 种资产，这将导致它们价格上涨、收益率下降，从而又减少了投资者对它们的需求。对于第 3 种资产价格下降、收益上升，直到该套利资产组合不再产生净收益时达到市场均衡。

第五节 现代微观金融理论的发展

一、行为金融学

20 世纪 80 年代，对金融市场的大量实证研究发现了许多现代金融学无法解释的异象，对此，一些金融学家将认知心理学的研究成果应用于对投资者的行为分析，至 90 年代这个领域涌现了大量高质量的理论和实证文献，形成富有活力的行为金融学派。1999 年克拉克奖得主马修（Matthew Rabin）和 2002 年诺贝尔奖得主丹尼尔·卡尼曼（Daniel Kahneman）和弗农·史密斯（Vernon Smith），都是这个领域的代表人物，为这个领域的基础理论做出了重要贡献。

行为金融学是近 30 年来微观金融学研究的主要方向之一。行为金融学的核心理论——"前景理论"（prospect theory）在 20 世纪 70 年代末已经提出了，将心理学理论应用于微观金融学的研究主要从 20 世纪 80 年代开始，行为金融学的主要研究成果形成于 20 世纪 90 年代中后期。美国普林斯顿大学心理学家和经济学家丹尼尔·卡尼曼（Daniel Kahneman）获得 2002 年诺贝尔经济学奖，标志着行为金融学正在成为微观金融学研究发展的主流方向。

行为金融学研究心理学现象如何影响金融行为（Shefrin，2005），其研究成果动摇了微观经济学的"理性"基本假设，基于更现实的"有限理性"重构金融经济学的基础。行为金融学（behavioral finance）是金融学、心理学、行为学、社会学等学科相交叉的边缘学科，力图揭示金融市场的非理性行为和决策规律。它从微观个体行为以及产生这种行为的心理等动因来解释、研究和预测金融市场的发展。这一研究视角通过分析金融市场主体在市场行为中的偏差和反常，来寻求不同市场主体在不同环境下的经营理念及决策行为特征，力求建立一种能正确反映市场主体实际决策行为和市场运行状况的描述性模型。行为金融理论认为，证券市场价格并不只由证券内在价值所决定，投资者心理与行为对证券市场的价格决定及其变动具有重大影响。

（一）理论基础

1. 前景理论（prospect theory）

前景理论的思想最先是由马柯维茨（1952）提出的，但推动这一理论发展的是行为经济学先驱 Kahneman 和 Tversky 的研究（1979），在 *Prospect Theory：An Analysis of Decision Making Under Risk* 一文中，通过实验对比发现，与预期效用理论（expected utility theory）不同，大多数投资者并非标准金融投资者（standard finance investor），而是行为投资者（behavioral investor）：他们的行为并不总是理性的，效用不是单纯财富的函数，他们也并不总是风险规避的。标准金融投资者的效用依赖于财富或消费的绝对水平；而行为金融投资者的效用则表现为一条中间有一拐点（参考点 reference point）的 S 形曲线（见图 4.7），在盈利范围内通常是凸的、在损失范围通常是凹的、且曲线斜度在损失范围内比在盈利范围内要陡。表明行为投资者在损失情况下通常是风险偏好的，而在盈利时是风险规避的。投资者损失时所感受到的痛苦通常又远大于盈利时所获得的愉悦，这种价值函数的不对称性表明人具有"损失厌恶性"（loss aversion）。

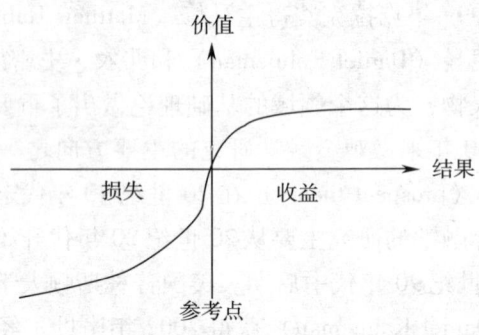

图 4.7 前景理论的价值函数

与期望效用假说不同，前景理论衡量获利与损失的方法，并不考虑结果的"绝对所得"（absolute wealth）。在前景理论中，对不同选择可能产生结果（即期望值）的衡量，都以价值（效用）乘以决策权重来进行加权处理。决策权重是通过对不同选项之间的比较和多次重复选择，根据其概率来确定的，但权重并不是概率。可能性权重函数（probability weighting function）π 用以表达一般人对概率的反应。一般而言，人对极不可能发生的事，会过度反应（over-react），而对中度、高度可能发生的事件则会反应不足（under-react）。即可能性权重函数 π 是非线性的，①它是可能性结果发生概率 p 的递增函数，且 $\pi(0)=1$，$\pi(1)=1$。②当 p 接近于 0 时，$\pi(p)>p$，即低概率结果的决策权重大于其实际概率；当 p 接近于 1 时，$\pi(p) < p$，即大概率结果的决策权重小于其实际概率。③对于所有 $0 < p < 1$，则 $\pi(p) + \pi(1-p) < 1$。运用前景理论可以解释很多在不确定条件下人们决策中的矛盾行为。

在期望效用理论中，某一特定决策的预期效用为 $U(x_i, p_i) = \sum_{i=1}^{n} p_i u(x_i)$；而在前景理论中，特定决策的前景值 V 由 v 和 π 两个变量决定，v 用以衡量决策问题的各个可能性结果 x 的主观值 $v(x)$，即衡量各个结果的主观值与参照点的偏离状况（获利还是损失）。π 是与决策问题结果的实际发生概率 p 相联系的决策权重。因此，常规前景值决策问题的价值方程为：$V(x_i, p_i) = \sum_{i=1}^{n} \pi_i(p_i) v_i(x_i)$。

2. 行为组合理论（Behavioral Portfolio Theory，BPT）与行为资产定价模型（Behavioral Asset Pricing Model，BAPM）

Meir Statman 和 Hersh Shefrin 运用行为金融理论对现代微观金融理论和模型进行改进，提出了行为组合理论（BPT）和行为资产定价模型（BAPM）。

BPT 是在马柯维茨的现代资产组合理论（MPT）的基础上，对现代资本资产定价模型（CAPM）的扩展。在 BAPM 中，投资者并非都具有相同的理性，而是被分为两类：信息交易者（information trader）和噪声交易者（noise trader）。信息交易者是严格按 CAPM 行事的理性投资者，他们不会受到认知偏差的影响，只关注组合的均值和方差；噪声交易者则不按 CAPM 行事，他们会犯各种认知偏差错误，并没有严格的对均值方差的偏好。两类交易者互相影响，共同决定资产价格。当前者是代表性交易者（representative trader）时，市场表现为有效率，而当后者成为代表性交易者时，市场表现为无效率。

在 BAPM 中，证券的预期收益是由其"行为 Beta"（Behavioral Betas）决定的，Beta 是"均值方差有效组合"（mean - variance - efficient portfolio）的切线斜率。这里，均值方差有效组合并不等于 CAPM 中的市场组合，因为证券价格受到噪声交易者的影响。

BAPM 还对在噪声交易者存在的条件下，市场组合回报的分布、风险溢价、期限结构、期权定价等问题进行了全面研究。然而，无论是 CAPM 还是 BAPM，在估计 Beta 值时都会出现问题。在 CAPM 中，人们知道市场组合的构建原则，但在实际中并无可行的方法，只能用综合指数来代替市场组合，这造成 CAPM 实证检验的困难；而在 BAPM 中，市场组合的代表问题更加严重，因为均值方差有效组合会随时间而改变。

（二）相关模型

1. BSV 模型与 DHS 模型

行为金融理论在研究市场行为时，有两种模型具有代表性：BSV（Barberis、Shleifer 和 Vishny，1998）模型和 DHS（Daniel、Hirshleifer 和 Subramanyam，1997）模型。根据 BSV 所建立的股价行为模型认为，收益是随机游走的（random walk），但是投资者错误地以为收益有两种范式：在范式 A 中，收益是均值回归的。当投资者持有范式 A 的信念时，他们会认为收益变化只是一种暂时的现象，因此他们并没有根据收益变化充分调整，表现为对股票未来收益的预期反应不足，而当随后的实际收益状况与投资者先前的预期不符时，他们才会重新做出调整，从而导致股价对于收益变化的滞后反应。在范式 B 中，同方向收益的连续变化，使投资者以为公司收益变化是趋势性的。当投资者相信趋势性的收益范式 B 时，他们就会错误地将这一趋势外推，从而导致股价过度反应。投资者一般认为 A 范式的可能性大，而 B 范式的可能性小。

DHS 模型将投资者分为有信息的和无信息的两类。无信息的投资者不容易受到判断偏差的影响。但是股票的价格是由有信息的投资者决定的，而他们却易于产生两种判断偏差——过度自信（over‐confidence）和有偏的自我归因（biased self‐attribution）。过度自信导致有信息的投资者夸大自己对股票价值判断的准确性；有偏的自我归因则使他们低估关于股票价值的公共信号。随着公共信息最终战胜了行为偏差，对个人信息的过度反应和对公共信息的反应不足，就会导致股票回报的短期连续性和长期的反转。所以，虽然 DHS 模型和 BSV 模型建立在不同的行为前提基础上，二者的结论却是相近的（Fama，1998）。

2. 统一理论模型（unified theory model）

Harrison Hong 与 Jeremy C. Stein（1999）从市场参与者的相互作用角度提出了资产市场中反应不足、动量交易和过度反应的统一理论模型。与 BSV 和 DHS 模型不同的是，统一理论模型把研究重点放在不同作用者的相互作用机制上，而不是在代表性作用者的行为心理和认知偏差方面。该模型将作用者分为"观察消息者"（newswatchers）和"动量交易者"（momentumtraders）两类。这两类作用者都是有限理性的，即每类作用者都仅能"处理"可得公共信息的某一子集，"观察消息者"根据他们所观察和获得的关于未来基本价值的信息来进行预测，其局限是完全不依赖当前或过去的价格；"动量交易者"则完全依赖于过去的价格变化，其局限是他们的预测是过去历史价格的单变量函数。并假设私人信息在"观察消息者"群体中是逐步扩散的。该模型将反应不足和过度反应现象统一归因为关于基本价值信息的逐渐扩散，最初由于"观察消息者"对私人信息反应不足，使得"动量交易者"力图通过套利策略来利用这一信息反应不足获利，然而他们的套利行为往往会推动价格走向另一个极端——过度反应。

3. 羊群效应模型

羊群效应模型是在 20 世纪 70 年代后期提出来的。关于羊群效应的理解先后出现两种不同的观点：（1）羊群效应是投资者在"群体压力"等情绪影响下采取的非理性行为。（2）投资者羊群行为并非是非理性的，而是符合最大效用准则的。经济学家采用不同的模型来刻画羊群效应，代表性的为序列型和非序列型羊群效应模型。

序列型羊群效应模型是由 Banerjee（1992）最早提出的，也是最有影响的羊群效应模型。模型认为，投资主体通过典型的贝叶斯过程从市场噪声以及其他个体的决策中获取自己决策的信息，这种依次决策的过程导致市场中的"信息流"。模型特征是其决策的序列性：投资者一次只做一种决策，在决策前将参考先于自己的其他个体的决策。但这一决策次序的假设在实际金融市场上缺乏支持。事实上，无数的同时涌入市场的投资者之间相互作用最终决定了市场表现，区分他们的决策顺序是不现实的。

非序列型羊群效应模型也是在贝叶斯法则下得出的。模型假设任意两个投资主体之间的仿效倾向是固定相同的。当仿效倾向较弱时，市场总体表现为收益服从正态分布；当仿效倾向强时则表现为市场混乱。无论在哪种情况都不会得到像股票市场那样的零点对称、单一模态的厚尾分布特性。

二、不完全金融契约理论

不完全契约方法被广泛地用来研究企业的融资契约和资本结构安排。Phlippe Aghon 和 Patrick Bolion（1992）从合约的不完全性考虑，提出了不完全金融契约理论，认为企业的融资方式的选择不仅是资本结构的选择问题，而且是企业所有权结构的安排问题。在不完全契约的情况下，如果融资采取的是发行带有投票权的股票的方式，则企业的剩余控制权配置给投资者，如果发行的是不带投票权的股票，企业的剩余控制权配置给企业的经理，如果采取的是债券融资方式，在非正常状态（如破产清算）下，债权人是企业的所有者。

不完全金融契约理论研究的基本问题是要解释当契约不完全时，为顺利实现融资活动，各种金融契约如债券、股权契约、可转换证券应具有的特征（包括现金流权和剩余控制权的配置），以及由这些金融契约所组成的资本结构的内生性问题。

不完全金融契约理论认为，企业为筹集外部资金而发行的金融证券不仅仅是企业现金流的要求权，而且包含了与企业所有权相关的剩余控制权和经营决策权的配置。考虑到经营者的福利依赖于他们对企业经营管理中的私人利益及货币报酬，这样投资者所拥有的控制权就可以成为激励经营者的一个手段。由于不同类型证券持有者在企业经营的不同状态下进行干预的成本—收益不同，所以，为了约束经营者的行为，需要控制权从一类证券持有人手中转移到另一类证券持有人手里，控制权的相机转移表明企业各种融资证券及资本结构具有内生性；不完全金融契约理论正确解释了现实中债务契约控制权转移的本质特征。

参考文献

[1] 曹龙骐：《金融学（第二版）》，北京，高等教育出版社，2006。

[2] 顾孟迪：《投资学》，上海，上海人民出版社，2002。

[3] 曹龙骐：《金融学（第二版）》，北京，高等教育出版社，2006。

[4] 苏江：《关于我国权证基于 B－S 模型定价研究》，北京大学中国经济研究中心金融部，2007。

[5] 邵宇：《微观金融学及其数学基础》，北京，清华大学出版社，2003。

[6] 张京、李贤功：《期权定价理论探析》，载《商场现代化》，2006（34）。

[7] 郭厦、潘敏：《资本结构动态权衡理论述评》，载《经济学动态》，2009（3）。

[8] Zvi. Bodie：《投资学（第五版）》，北京，机械工业出版社，2002。

[9] William. F. Sharpe：《投资学（第五版）》，北京，中国人民大学出版社，1998。

[10] 王素荣：《资本结构与税收相关性分析》，载《税务研究》，2005（10）。

[11] 杨长汉：《中国企业年金投资运营研究》，北京，经济管理出版社，2010。

[12] 才静涌、刘红忠：《市场择时理论与中国市场的资本结构》，载《经济科学》，2006（4）。

[13] 徐晓明、张松：《金融市场微观结构理论》，载《金融学术动态》，2004（4）。

[14] 刘澜飚、李贡敏：《市场择时理论的中国适用性——基于1998～2003年上市公司的实证分析》，载《财经研究》，2005（11）。

[15] 麦元勋：《现代资本结构理论的发展及其最新趋势》，载《价格月刊》，2009（2）。

[16] 杨光兵：《有效市场假说的争论与发展》，载《科学决策》，2010

（10）。

　　[17] 徐龙炳、陆蓉：《有效市场理论的前沿研究》，载《财经研究》，2001（8）。

　　[18] 许晓明：《不完全金融契约理论述评》，载《财经界》，2009（9）。

　　[19] 阳建伟、蒋馥：《行为金融：理论、模型与实践》，载《当代经济科学》，2001（23）。

　　[20] 王浩、李玉红：《资本结构理论发展与国内实证研究综述》，载《南开经济研究》，2005（2）。

　　[21] 赵蒲、孙爱英：《产业竞争、非理性行为、公司致力于最优资本结构——现代结构发展趋势及理论前沿综述》，载《经济研究》，2003（6）。

　　[22] 冯浩：《我国上市公司融资结构现状及对策分析》，载《北方经济》，2010（14）。

　　[23] 扈文秀、韩仁德、卢妮：《中国金融资产定价中无风险利率的选择研究》，载《经济问题探索》，2005（6）。

　　[24] 朱世武、郑淳：《中国资本市场股权风险溢价研究》，载《世界经济》，2003（11）。

　　[25] 斯蒂芬·A. 罗斯、伦道夫·W. 威斯特菲尔德、杰弗利·F. 杰富（Stephen A. Ross, Randolph W. Westerfield, Jeffrey F. Jaffe）著；吴世农、沈艺峰、王志强等译：《公司理财（原书第6版）》，北京，机械工业出版社，2003。

　　[26] 尤金·F. 布里格姆、乔尔·F. 休斯敦著（Eugene F. Brigham, Joel F. Houston），张志强，王春香译：《财务管理基础》，北京，中信出版社，2004。

　　[27] 斯科特·贝斯利、尤·F. 布里格姆著（Scott Besley, Eugene F. Brigham），刘爱娟、张燕译：《财务管理精要》，北京，机械工业出版社，2003。

　　[28] 马克·格林布莱特、施瑞丹·蒂特曼著（Mark Grinblatt, Sheridan Titman），贺书婕等译：《金融市场与公司战略》，北京，中国人民大学出版社，2003。

　　[29] Shefrin, H. A Behavioral Approach to Asset Pricing [M]. New York: Elsevier. 2005.

　　[30] 李善民、徐沛：《Markowitz 投资组合理论模型应用研究》，载《经济科学》，2000（1）。

第二篇
货币金融实务篇

货币金融学 理论•实务•政策

Money and Banking
Theory Practice Policy

第五章

金融中介机构和商业银行

【本章导读】

　　金融中介机构的形成并不是一个外部植入的过程，它是在商品生产和市场交易逐步发展的过程中形成的，因而是市场经济发展的产物。资金需求者除了通过金融中介机构进行融资外，还可以获得多种金融服务。当今各国都形成了规模庞大、分工精细的金融中介机构体系。

　　商业银行是金融机构体系的主体部分。商业银行是历史上最早出现的银行，它是货币信用关系推进和发展的必然产物，在经济发展与社会进步中发挥着越来越重要的作用。

　　本章将介绍金融中介机构的产生、发展及其存在基础，对金融机构体系的构成进行阐述，并着重介绍我国的金融机构体系。在此基础上，深入介绍商业银行的主要业务，以及现代商业银行的经营理念和管理方法。

第一节　金融中介机构体系

一、金融中介机构及其存在基础

（一）金融中介机构的概念

学术界对于金融中介机构的界定有狭义和广义之分。狭义的金融中介机构，是指从事投融资活动和提供各种金融服务的机构，正如米什金（1998）所言，金融中介机构是在间接融资过程中为借款人和贷款人提供中介服务的金融机构，它们向最终贷款人发行间接证券，然后购买借款人发行的原始证券。而广义的金融中介机构，不仅包括狭义的金融中介机构，而且包括经营金融商品的机构，比如证券公司、风险投资公司、投资基金和金融公司等。富瑞科斯和茹卡特 (1997) 认为,金融中介机构是从事金融合同和证券买卖的专业经济部门。格利和肖 (1988)、本斯通 (1976)、法玛 (1980) 指出金融中介机构是对金融契约和证券转化的机构。本书所指的金融中介机构是从广义上讲的,包括商业银行、储蓄贷款机构、保险公司、证券公司、风险投资公司、信托投资公司、金融租赁公司、投资基金和金融公司等。

(二) 金融中介机构存在的经济学解释

John Chant (1990) 将金融中介理论划分为 "新论" 和 "旧论"。"旧论" 可以追溯到 18 世纪中叶以亚当·斯密、李嘉图、约翰·穆勒为代表人物的 "信用媒介" 理论的产生,直到 20 世纪 50 年代的 "银行无用" 论和 "银行消亡" 论。"新论" 是指 20 世纪五六十年代,以信息经济学和交易成本学说为分析工具发展起来的金融中介理论。

1. "旧论" 关于金融中介机构存在的解释

(1) "信用媒介" 论和 "信用创造" 论。古典经济学关于金融中介的研究经历了 "信用媒介" 论和 "信用创造" 论两个阶段。

"信用媒介" 论产生于 18 世纪中期,主要观点有:信用仅仅是转移和再分配现有资本的工具,它并不能创造新的资本;银行的作用在于媒介信用,而非创造信用;银行必须首先接受存款,才能发放贷款;银行通过充当信用媒介发挥着转移和再分配社会资本,从而提高资本效益的作用。

"信用创造" 论产生于 19 世纪 70 年代以后,基本观点是:银行的作用在于为社会创造信用。

(2) 政治经济学。马克思 (1867) 在《资本论》里面提出:"银行一方面代表货币资本的集中,即贷出者的集中,另一方面也代表借入者的集中。"列宁 (1917) 说,随着银行业的发展并集中于少数机构,银行就由中介人发展成为垄断者,它们支配着所有资本家和小业主的几乎全部的货币资本,以及本国和许多国家的大部分生产资料和原料资源。从而能够使得社会资本迅速而大量的集中。马克思和列宁阐述了银行在经济发展中的基本作用及其重要性,揭示了银行在资本运作与分配中所扮演的重要角色。

(3) "银行无用" 论。根据阿罗—德布鲁—麦肯齐 (Arrow – Debreu – Mackenzie, 1954) 一般均衡模型理论,完全竞争的市场条件下,消费者和生产者可以通过市场直接联系,金融市场完全可以有效地配置金融资源,因而不需要金融中介机构。也就是所谓的 "银行无用" 论。

但是,阿罗—德布鲁的一般均衡理论存在的假设是一种理想化假设。现实中的信息不对称、交易成本、道德风险的存在,使得市场的部分金融功能失效,从而内生出对金融中介的需求。

2. "新论"关于金融中介机构存在的解释

20世纪五六十年代，金融中介理论的研究在阿罗—德布鲁—麦肯齐均衡理论的框架中找到了突破口，主要表现在关于交易成本和信息不对称方面的研究。

（1）交易成本理论。Benston和Smith（1976）承认在没有任何交易成本、信息成本和不可分割性等摩擦的市场上，也就不会有金融中介存在。但是现实中，市场交易过程中摩擦不可避免。如果没有金融中介的存在，金融交易可能会因为交易成本太高而无法完成。银行等金融中介可以将众多存款人的资金集中起来发放贷款，通过规模经济降低交易成本，通过分散投资降低投资风险。Benston和Smith第一次运用交易成本理论通过模型证明金融中介存在的必要性。

同时，金融中介还可以通过协调借贷双方不同的金融需求而进一步降低交易成本，并且依靠中介过程创造出各种受到借贷双方欢迎的新型金融资产，这被称为"中介技术"（孙杰，1998；2001）。

Allen和Santomero（1998）认为传统的金融中介理论假定所有的投资者都无成本地参与市场交易只是一种理想状态，大量事实表明，市场只是一个有限参与市场。Allen和Santomero认为：投资者要有效的参与市场，就要花时间和精力去学习市场运作规律、资本收益的分布情况以及监控金融工具的跨时期变化的方法等，这是投资者参与市场的固定成本，此外投资者还要支付平时监控和跟随市场的边际成本。随着收入和生活水平的提高，投资者的时间价值相应上升，投资者参与市场的机会成本亦迅速提高。在这种情况下，由金融中介代替投资者参与市场和进行投资，可以降低投资者的参与成本。

（2）信息不对称理论。信息经济学解释了在信息不对称情况下会导致事前的逆向选择和事后的道德风险。Leland和Plye（1977）通过模型证明拥有私人信息的企业可以通过将自有资金投资于该项目，使外部投资者相信其确实拥有私人信息。金融中介在发行证券筹集资金后将资金投资于拥有私人信息的企业中，从而有效地解决信息生产的可靠性问题和专用性问题。

戴蒙德（Diamond，1984）认为投资者可以委托金融中介（银行）作为监督者来克服企业的道德风险，因为金融中介可以通过规模经济降低投资者的监督成本。然而金融中介一旦被赋予监督者的角色，又产生了金融中介本身的激励问题和相应的代理成本。对此，戴蒙德认为，银行制度可以提供有效激励：存款人监督银行的最优安排是存款合约，而银行通过分散投资降低风险，使代理成本降到最低。活期存款为约束银行行为提供了可置信威胁——如果银行监督企业不力，委托人即存款人就会通过挤兑对银行进行惩罚。这就是"代理—监督"模型，它证明了：即使考虑金融中介自身的代理成本，金融中介仍然具有信息处理和监督的比较优势。

（3）风险管理理论。Allen 和 Santomero（1998）认为传统的金融中介理论过分强调中介在减少交易成本和信息不对称方面的作用。而这些作用随着金融创新的发展和金融市场的完善正日益变得无关紧要。过去的三十年里，金融中介的最大变化是：风险管理业务的重要性日益增加，并成为许多金融中介的核心业务。如共同基金的发展和金融衍生工具的广泛使用，其关键是风险管理而不只是参与成本控制。企业（包括金融企业和非金融企业）具有风险管理的需求的原因有：管理者的自我利益、税收的非线性、财务困境成本、资本市场的非完美性。因此，企业需要金融中介为他们规避风险提供相应的避险产品和增值工具。

（4）价值增值论。Scholtens 和 Wensveen（2000）对 Allen 和 Santomero（1998）的理论进一步补充，认为金融中介的价值增值功能应当成为金融中介理论的核心，因为价值增值是现代金融中介发展的主要驱动力。金融中介的职能不仅仅是被动的存款人和贷款人之间的中介，它们还是独立的市场主体，可以通过资产转换增加存贷双方的价值。而金融中介实现价值增值的方式是降低投资者的参与成本和扩展金融服务。

（5）金融功能观。美国哈佛大学的罗伯特·默顿（Robert C. Merton）和兹维·博迪（Zvi Bodie）等人在 20 世纪 90 年代提出了基于"功能观"的金融中介理论。Merton（1995）认为金融市场和金融中介在提供金融产品上具有各自不同的比较优势。金融市场倾向的交易有这样特点：具有标准化条款；能够服务于大量客户并且在定价上能够被交易所充分理解。而金融中介更适合提供那些为少量客户特别定制的金融产品。并且由金融中介提供的金融产品中一旦适应了市场，或者说信息不对称问题得到解决后，就会从金融中介转向金融市场。默顿认为，如果静态地分析某一金融产品，那么金融中介和金融市场的确是两个相互竞争的机制。但如果动态地考察整个金融体系的演进，两者又是相互补充的制度，在功能上彼此加强，相互促进，缺一不可。

二、金融中介机构体系

（一）金融中介机构的产生与发展

金融中介机构产生于经济社会发展中的各种需求，是商品经济和金融发展的必然产物，其发展也与经济社会的发展紧密相连。

在金属货币出现以后，由于异地交换和跨国贸易出现了早期的金银兑换、保管和汇兑业务，形成了早期的货币兑换商和钱庄银号等机构，这是近代工业和近代银行业产生以前商业银行的主要形式。

近代资本主义生产方式与工业革命是传统的货币经营业向现代金融业转变的主要动力。早在 16 世纪中叶，地中海沿岸各国的工商业与贸易有了较大发展，为了适应经济的发展与存款、贷款的要求，出现了最早的商人银行，这些商人银行既办理存款和贷款业务，也从事转账结算业务，但贷款往往具有高利贷的性质。在资本主义工商业发展的推动下，真正现代意义上的银行在 17 世纪末至 18 世纪中逐步发展起来。现代银行体系的建立并取代传统的货币经营业及高利贷商，是通过两条途径实现的：一是旧式的高利贷银行在新的经济条件下，转变为资本主义的银行；二是按照资本主义经济组织方式组建股份制银行。在商业银行发展初期，其他旧式金融机构也同时存在，只不过其地位与作用日益下降。

在金融业发展过程中，随着经济发展对金融需求的增加，金融中介机构也出现了多元化发展趋势，各种专业银行，如抵押放款银行、进出口银行等发展起来，还有各种专业化的金融企业如信托投资公司、投资银行、保险公司、财务公司、信用社等也有了广泛的发展。

（二）金融中介机构体系的构成

在现代工业化国家中，金融中介机构体系大致由三类不同的机构组成，即商业银行、专业银行和非银行金融机构。

1. 商业银行（commercial banks）

商业银行也称为存款货币银行，即它的经营活动主要以吸收社会公众存款与发放贷款为主要内容，这也是商业银行区别于其他金融机构的主要标志。

目前商业银行的发展出现了一系列新的特征：一是商业银行规模日益扩大。银行通过自身积累，实力不断上升，在竞争压力下，通过兼并与收购，使商业银行成为各主要工业化国家的巨型财团，对国民经济的发展产生着举足轻重的影响。二是商业银行日益走向资本社会化与股权开放，并以此积聚巨大的社会资本。目前主要工业化国家的商业银行大部分已成为上市公司，尤其是大商业银行，已很少有个人或家庭独资或合伙经营。三是商业银行的业务多样化与金融创新日益发展，使商业银行的经营范围、经营方式、经营手段发生了日新月异的变革。银行已不再局限于传统的短期融资放款业务，而是渗透到了长短期放款、证券投资、融资租赁、非资产性的表外业务等所有领域，商业银行的效率日益提高，服务更加全面，对经济的渗透力也更加巨大。

2. 专业银行（specialized banks）

专业银行是指具有特定业务范围、提供专业性金融服务的银行。它与一般性商业银行的区别主要在于业务范围不同，商业银行可从事存款、放款、投资、汇兑结算等各种业务，而专业银行往往只从事其中几项专门业务，因其业务的专业性强，往往有特定的客户。专业银行主要有以下几种类型：

（1）储蓄银行，是专门办理储蓄业务的银行。在美国，其名称为储蓄放款协会或互助储蓄银行；在英国，储蓄银行叫做信托储蓄银行；还有些国家有专门的邮政储蓄和民间的信贷协会等类似的机构。

储蓄银行的资金来源除了自有资本外，主要是吸收小规模的居民储蓄存款与定期存款，各种存款占其总负债的比重达 80% 左右，此外还通过货币市场从同业借入资金。其资产主要用于中长期不动产抵押贷款；购买政府的债券及公司股票债券；对个人提供分期付款的消费信贷；对市政机构贷款等。目前，储蓄银行与商业银行的界限日益模糊，与商业银行等金融中介机构的竞争也日益激烈。

（2）不动产抵押银行。也称抵押银行，是专门从事土地、房屋及其他不动产等抵押贷款的专业银行。如法国的房地产信贷银行、德国的私人抵押银行以及美国的联邦全国抵押贷款协会。

不动产抵押银行不从事一般商业银行的存款业务，其资金来源主要是发行不动产抵押证券，同时也可发行债券及短期票据，贷款对象主要为土地所有者与土地购买者；发放以城市房屋为抵押的长期贷款，贷款对象主要为房屋所有者、购买者和建筑商。现阶段，金融业竞争激烈，许多国家的商业银行也有大量不动产抵押贷款，而不动产抵押银行也开始经营一般商业银行的业务。

（3）开发银行。开发银行是指专门为经济开发提供长期投资性贷款的银行。开发银行多由国家开办或创办，不以营利为主要目的，一般具有政策性银行的性质。

开发银行的资金来源有国家财政拨款和其他财政性资金，向金融机构发行债券，向社会发行有财政担保的建设债券和经批准在国外发行债券。资金运用主要是对国内企业和建设项目提供长期贷款，这类贷款规模大、期限长、风险高，商业银行等金融机构无力承担或不愿承担，因此主要由国家开办或创办的开发银行承担。

（4）进出口银行。进出口银行是为支持本国对外贸易业务而设立的专业性银行。这类银行通常是官方机构或半官方机构，有些还属非营利性的机构，如美国的进出口银行，日本的输出入银行，都属政府金融机构；法国的对外贸易银行是半官方机构；我国的中国进出口银行也是一家官方性质的政策性银行。

进出口银行因其业务性质是促进一国的商品出口，所以其资金大部分来自于官方的投资、向政府借款，以及通过发行债券筹措。进出口银行的业务重点是为本国企业提供优惠出口信贷以增加本国产品的出口竞争力，同时它还执行政府对外经济援助及资本输出的任务，其业务的具体形式主要有国内企业的出口信贷、对外直接借款和提供国内外投资贷款的担保等。

（5）农业银行。农业银行是专门向农业部门或农场主提供优惠信贷及其他相关金融服务的专业银行。因农业领域的信贷期限长、利息低、风险较大，抵押品不易处理，一般商业银行不愿介入农业贷款领域。为了解决这一问题，许多工业化国家都由官方或在官方支持下成立专业性的农业银行，以支持农业信贷。

农业银行的资金来源主要依靠政府拨款，也可以通过发行金融债券来筹措。其资金的使用几乎全部面向农业生产，如用于购买土地、建造建筑物的贷款，用于农业生产设备的购买以及化肥、农药、种子购买方面的贷款，还有农场及住房建设的贷款。农业银行的贷款因有政府的资金支持及各种政策优惠而具有利率优惠的特点，因此农业银行的贷款具有一定的政策倾向。我国的中国农业发展银行属于政策性银行，其主要职能与业务重点也是支持农业的发展与农副产品的生产流通。而中国农业银行完全是商业银行性质。

3. 非银行金融机构

非银行金融机构（non - bank financial intermediaries）主要包括证券公司、保险公司、退休养老基金、投资基金、信用合作社、金融公司等。

（1）投资银行。投资银行是最典型的投资性金融机构，其基本特征是综合经营资本市场业务。美国金融专家罗伯特·库恩（Robert Kuhun）依照业务经营范围大小，对投资银行给出了外延由大到小四个层次的定义：

①投资银行是指任何经营华尔街金融业务的金融机构，业务包括证券、国际海上保险以及不动产投资等几乎全部金融活动。

②投资银行是指经营全部资本市场业务的金融机构，业务包括证券承销与经纪、企业融资、兼并收购、咨询服务、资产管理、创业资本等，与第一个定义相比，不包括不动产经纪、保险和抵押业务。

③投资银行是指经营部分资本市场业务的金融机构，业务包括证券承销与经纪、企业融资、兼并收购等，与第二个定义相比，不包括创业资本、基金管理和风险管理工具等创新业务。

④投资银行仅限于从事一级市场证券承销和资本筹措、二级市场证券交易和经纪业务的金融机构。

投资银行在各国的称谓不尽相同。在美国称投资银行，在英国称商人银行，在日本称证券公司，在法国称实业银行。我国的投资银行业务主要由证券公司承担。

（2）保险公司。保险公司是为保障社会经济安全而提供经济补偿的金融机构。保险具有分散风险、组织经济补偿两个基本功能，在现代社会中还有融通资金的功能。

保险业在西方国家十分发达，保险公司有：国有保险公司、股份保险公司、互助合作制保险公司、自保公司等；按保险标的，保险公司可分为财产保险公司、人寿保险公司、水灾和事故保险公司、老年和伤残保险公司、信贷保险公司、存款保险公司等，其中人寿保险公司的业务量最大。

保险公司的资金来源主要是投保人缴纳的保险费和发行人寿保单积累的货币资金，这笔资金除赔付被保险人的损失外，主要投资收益较高的长期证券，如购买公司股票或债券、政府公债，以及发放不动产抵押贷款、保单贷款等。在保险业务发达的国家，由于保险公司的保费收入稳定，且保费收入与赔付支出之间存在着时滞，保险资金日益成为比银行存款更稳定的长期性资金来源。

（3）退休养老基金。退休养老基金是一种向参加养老金计划的人以年金形式提供退休收入的金融机构。它最早兴起于 19 世纪 70 年代，到 20 世纪 20 年代，工业化国家已普遍建立起退休养老基金组织。30 年代大危机以后，社会保险制度与工会组织的发展促使了退休养老基金的发展。第二次世界大战以后，一方面由于工资收入增长与退休金的上升，另一方面由于政府颁布了建立养老金计划的立法及养老金储蓄的税收优惠，退休养老基金得到了进一步的发展。

退休养老基金的资金一方面来源于雇员工资的一定比例扣除及雇主的相应比例缴款，另一方面则来自于积聚资金的投资收益。基金主要用于购买公司股票和债券，以及政府债券。由于雇主与雇员每月的交款远远超过对退休人员的支出，其大量的多余资金则可用于稳定的投资。各工业化国家普遍规定交纳的养老基金的经常收入是免税的，从而鼓励了雇员交纳退休养老基金，而基金资产的增长与收益则增加了其基本的保障能力。

（4）投资基金。投资基金是一种通过发行股份或受益凭证，把众多分散的小额投资者的资金集中起来，再以适度分散的方式投资于各种金融资产的金融机构，是一种以证券为主体的投资信托。美国称之为共同基金或互助基金，英国称之为单位信托基金，日本、韩国则称之为证券投资信托。

投资基金作为一种金融制度设计，在国外已有一百多年的历史。最早的投资基金成立于 19 世纪的英国。1868 年，英国创立了世界上第一家基金机构"海外和政府殖民地信托组织"，专门从事对英国本土以外的殖民地投资，主要购买殖民地的公司债券。20 世纪 40 年代以后，投资基金的规模与种类迅速增加。

（5）信用合作社。信用合作社为一种互助合作型的金融组织，在工业化国家中广泛存在。信用合作社往往在特定行业或特定范围内发展，如农民或农村的信用合作社、城市手工业者的信用合作社、建筑业的信用合作社等。

信用合作社的规模一般比较有限，其资金来源主要是合作社成员缴纳的股金以及吸收的存款，其资金使用主要是向合作社成员发放短期生产性贷款与消费贷款。在资金充裕时，信用合作社也提供以不动产或证券为抵押的中长期信贷，用于生产者的设备投资及技术更新改造投资，但其融资规模较为有限。

（6）金融公司。金融公司是指通过发行商业票据、债券和股票等方式获得资金，并将资金主要用于特定消费者贷款和工商企业贷款的金融企业。金融公司一般不吸收存款，其业务特点是大额借入，小额贷出，主要用于汽车、电视机及其他耐用消费品的分期付款贷款。因此，金融公司可以依据消费者与特定工商企业的需要，合理地安排各种资产，而且金融业务不受商业银行法规的限制，也无须缴存准备金，其资产结构有较大的灵活性。

金融公司主要有三种：①销售金融公司，其主要业务是向消费者提供消费贷款；②消费者金融公司，它往往以较高的利率向消费者提供贷款，以资助他们购买汽车、电器、房屋设施等；③工商金融公司，其主要业务是通过贴现购买应收账款向工商企业提供贴现贷款，也从事设备的融资租赁业务。

（三）我国金融中介机构体系

目前，我国建立了以商业银行为主体，多种金融机构分工协作的金融中介机构体系。

1. 银行业金融机构

银行业金融机构包括大型商业银行、股份制商业银行、城市商业银行、农村商业银行、农村合作银行、政策性银行、国家开发银行、城市信用社、农村信用社、邮政储蓄银行、外资银行和非银行金融机构。

商业银行是我国金融机构体系的主体，2011 年我国银行业金融机构包括 5 家大型商业银行，12 家股份制商业银行，147 家城市商业银行，85 家农村商业银行，223 家农村合作银行，349 家村镇银行，1 家邮政储蓄银行。其中城市商业银行、农村商业银行分别由 20 世纪 90 年代的城市信用社和农村信用社改制而成，是地区性的银行类金融机构，在客观上填补了由于国有商业银行机构收缩、城市信用社和农村信用社业务品种简单、规模偏小而导致的部分中小城市市场缺位和金融服务空白，满足了各类企业对银行服务多层次、多方面的需求。

我国于 1994 年先后建立了国家开发银行、中国进出口银行、中国农业发展银行 3 家政策性银行，目的是实现政策性金融与商业性金融分离，以解决原来我国专业银行身兼二任的问题，割断政策性贷款与基础货币的直接联系。2008 年 12 月 11 日，国家开发银行已整体改制为国家开发银行股份有限公司。

2010 年，我国非银行金融机构中，有 2646 家农村信用社，4 家金融资产管理公司，63 家信托公司，107 家企业集团财务公司，17 家金融租赁公司，4 家货币经纪公司，13 家汽车金融公司，4 家消费金融公司，4 家贷款公司以及 37

家农村资金互助社。此外，我国还有 40 家外资法人金融机构。截至 2010 年底，银行业金融机构资产总额 95.3 万亿元，比上年增加 15.8 万亿元，增长 19.9%，银行业金融机构资产规模市场份额如图 5.1 所示。

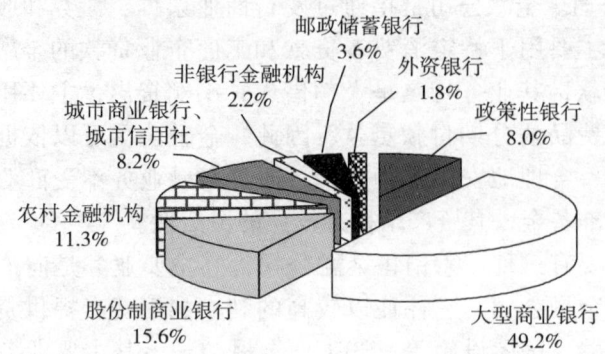

资料来源：中国银监会网站。

图 5.1　我国银行业金融机构资产规模市场份额结构

2. 证券业金融机构

证券业金融机构包括证券市场经营机构和证券市场服务机构。

证券市场经营机构包括三大类：证券类经营机构、基金类经营机构、期货类经营机构。截至 2010 年 12 月，合法经营机构中，我国共有 106 家证券公司、63 家基金管理公司和 163 家期货公司。

证券服务机构，即为证券市场参与者提供各种服务的专职机构。包括：①证券登记结算机构，即为证券交易提供集中的登记、托管与结算服务的不以营利为目的的法人；②证券交易服务机构，分为证券投资咨询机构和资信评估机构。前者的主要职能是帮助投资者了解市场、分析投资价值和引导投资方向；后者的主要职能是对证券市场上的机构和证券的信用状况进行评定，以客观真实地反映证券发行人及其证券的资信程度。

3. 保险业金融机构

保险业金融机构呈现出原保险、再保险、保险中介、保险资产管理相互协调，中外资保险公司共同发展的市场格局。截至 2010 年末，全国共有 9 家保险集团控股公司、146 家保险公司，保费收入由 4931 亿元增加到 1.47 万亿元，总资产由 1.5 万亿元增加到 5 万亿元。全国共有保险专业中介机构 2550 家。其中，保险代理公司 1853 家，保险经纪公司 392 家，保险公估公司 305 家，分别占 72.67%、15.37% 和 11.96%。全国保险专业中介机构注册资本达到 90.80 亿元，总资产达到 135.91 亿元。

【专题5-1】　　中国旧式金融组织——山西票号

票号即票庄、汇兑庄，一种介于钱庄与银行之间的旧式金融组织，主要办理国内外汇兑和存放款业务，为适应国内外贸易的发展而产生。嘉庆末年，随着社会经济的发展，地区间的货币流通量大大增加，山西商人率先在金融领域实行改革，创办了山西票号。山西第一家票号是由雷履泰于道光初年将日升昌颜料铺改制而成，日升昌票号成立后，营业繁荣，业务发展迅速。在日升昌的带动下，山西商人纷纷效仿投资票号。在此后将近一个世纪里，山西票号基本垄断了当时清朝的汇兑业务。

图5.2　著名票号日升昌遗址

票号商人与官府联系密切，代清政府筹措汇解京饷、军饷，筹还外债，收存中央及各省官款，起过代理国库和省库作用。八国联军向中国索要赔款，慈禧太后掌权的清政府就向晋商的乔家借钱还国债。甲午战争后中国沦为半殖民地，票号积极与外商竞争，促进国内外贸易，资助民族资本。

1893—1910年，山西票号达到了鼎盛时期，许多票号每股红利都能分到近2万两白银，其分支机构也遍及国内外，营业领域非常广泛。20世纪初期，为了摆脱西方金融机构的控制，山西票号在海外开设现代意义的金融机构。

当时山西票号虽带有家族色彩，但其经营方式和管理已具备现代企业组织形态，采用所有权（财东）与经营权（掌柜）两权分离的经营模式。晋商的成功还在于"诚信"和团结的商帮政策。德国学者李希霍芬男爵曾评价道："山西人具有卓越的商才和大企业精神，有无比优越的计算智能和金融才华。"西方人曾称太谷为"中国华尔街"。

由于清末以来政治和经济的动荡，加上现代银行的出现，山西票号开始走向衰落，辛亥革命后，票号进入尾声。民国初期，票号陆续倒闭，1921年仅存五家，平遥日升昌1923年歇业。到20世纪三四十年代，显赫百年的山西票号终于退出了历史舞台。

三、国际金融机构体系

国际金融机构是世界多数国家的政府之间通过签署国际条约或协定而建立的、从事国际金融业务、协调国际金融关系、维系国际货币和信用体系正常运作的超国家金融机构。按范围可分为全球性国际金融机构和区域性国际金融机构。

（一）全球性国际金融机构

1. 国际货币基金组织（International Monetary Fund，IMF）

国际货币基金组织是根据 1944 年 7 月在布雷顿森林会议签订的《国际货币基金协定》，于 1945 年 6 月成立的政府间国际金融机构，总部设在华盛顿。

目前，IMF 贷款的资金来自份额、借款和信托基金三个方面，其承担的主要业务是在成员国发生收支暂时不平衡时，以出售外汇的方式，根据成员国向 IMF 缴纳基金份额，等比例对成员国提供短期借贷。贷款方式主要有八类：普通贷款、中期贷款、出口波动补偿贷款、补偿与应急贷款、缓冲库存贷款、补充贷款、临时性信用贷款、结构调整贷款。

IMF 的组织结构由理事会、执行董事会、总裁和常设职能部门等组成（见图 5.3）。

2. 世界银行集团（The World Bank Group）

世界银行集团是联合国系统下的多边发展机构，其宗旨是通过向发展中国家提供中长期资金和智力支持，来帮助发展中国家实现长期、稳定的经济发展。现由五个相关机构组成：国际复兴开发银行（IBRD）、国际开发协会（IDA）、国际金融公司（IFC）、解决投资争端国际中心（ICSID）和多边投资担保机构（MIGA）。

国际复兴开发银行于 1945 年 12 月与国际货币基金组织同时成立，1946 年开始运作，1947 年 11 月 15 日起成为联合国专门机构。宗旨是通过向中等收入国家和信用好的贫困国家提供贷款和分析咨询服务，促进公平和可持续的发展，创造就业，减少贫困，应对全球和区域性问题。理事会是最高权力机构，执行董事会负责处理日常业务。资金来源于成员国交纳的股本和从国际资本市场借贷资金。

国际开发协会成立于 1960 年，宗旨是通过向世界上最贫困的国家提供无息贷款和赠款，促进其经济发展，减少不平等现象，提高人民生活水平。

国际金融公司成立于 1956 年，宗旨是专门对成员国私人企业的新建、改建和扩建等项目提供资金，帮助和促进不发达国家私营经济的增长和这些国家资本市场的发展。

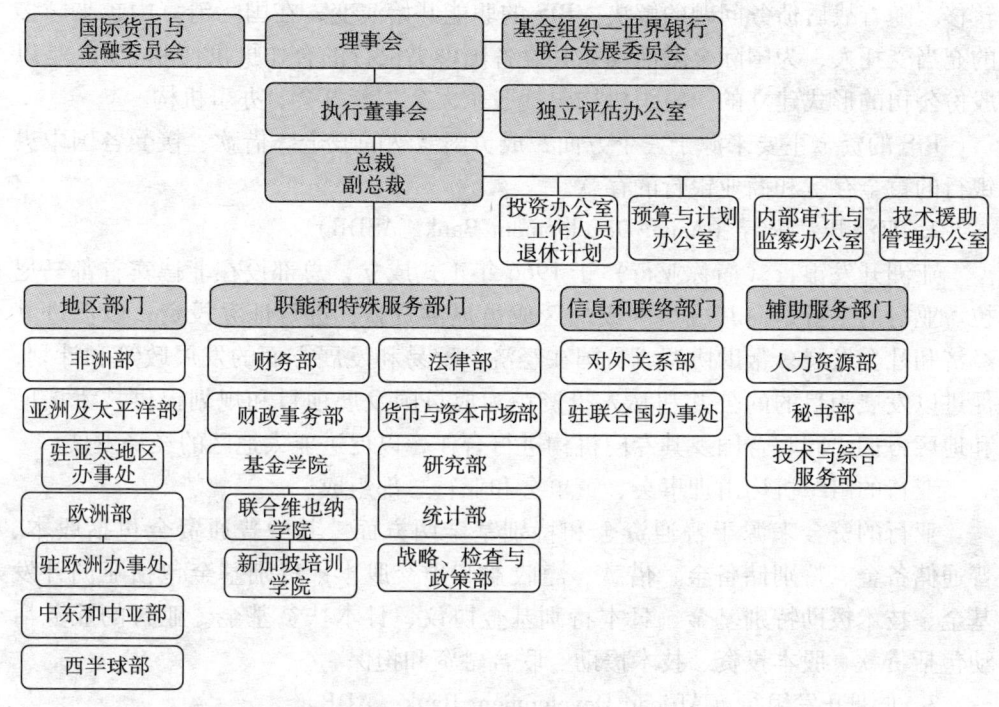

资料来源: IMF2010 年年报 www. imf. org。

图5.3 IMF 的组织结构

多边投资担保机构成立于 1988 年，宗旨是向外国私人投资者提供政治风险担保，包括风险、货币转移限制、违约、战争和内乱风险担保，并向成员国政府提供投资促进服务，加强成员国吸引外资的能力，从而推动外商直接投资流入发展中国家。

解决投资争端国际中心是根据 1966 年 10 月正式生效的《关于解决国家和其他国家国民投资争端公约》（1965 年华盛顿公约）成立的国际组织，宗旨在于专为外国投资者与东道国政府之间的投资争端提供国际解决途径，即在东道国国内司法程序之外，另设国际调解和国际仲裁程序。

（二）区域性国际金融机构

1. 国际清算银行（Bank for International Settlements，BIS）

国际清算银行是根据 1930 年 1 月 20 日签订的海牙国际协定，由英国、法国、意大利、德国、比利时、日本六国的中央银行以及代表美国银行业利益的三家商业银行组成的银行集团于同年 5 月联合成立，总部设在瑞士的巴塞尔，这是世界上第一家国际金融机构。

BIS 最初成立的目的是为了解决第一次世界大战所造成的国际债务的支付和

转移。随着战后债务问题的解决，BIS 的职能开始演变，在国际清算中越来越多的充当受托人，为国际金融活动尤其是各国中央银行的合作提供便利。BIS 是以股份公司的形式建立的，组织机构包括股东大会、董事会、办事机构。

BIS 的资金主要来源于三个方面：成员国缴纳的股金、借款、接受各国中央银行的黄金存款和商业银行的存款。

2. 亚洲开发银行（Asian Development Bank，ASDB）

亚洲开发银行（简称亚行）于 1966 年正式成立，总部设在菲律宾首都马尼拉。亚行的宗旨是向其成员国或地区成员提供贷款、进行证券投资，以促进其经济和社会发展；帮助协调成员国在经济、贸易和发展方面的发展政策和计划；促进以发展为目的的公共和私人投资；为成员国发展项目和规划提供技术援助和地区咨询；同联合国及其专门机构进行合作，以促进亚太地区的经济发展。

亚行的组织机构由理事会、董事会和亚行总部组成。

亚行的资金来源于普通资金和特别基金两方面。其中普通资金包括股本、普通储备金、特别储备金、借款、净收益和预交股本；特别基金包括亚洲开发基金、技术援助特别基金、日本特别基金协议、日本扶贫基金。亚行的业务活动包括贷款、股本投资、技术援助、联合融资和担保。

3. 非洲开发银行（African Development Bank，ADB）

非洲开发银行（简称非行）是非洲国家在联合国帮助下成立的政府间国际金融组织，于 1964 年 9 月成立，总部设在科特迪瓦首都阿比让。2002 年，因科特迪瓦政局不稳，搬迁至突尼斯。非行的宗旨是向非洲成员国提供贷款和投资，或给予技术援助，以充分利用本大陆的人力和资源，促进各国经济的协调发展和社会进步，尽快改变非洲贫穷落后的面貌。

非行的组织机构与亚洲开发银行类似，也是股份制的金融机构。

非行的资金主要来源于成员国认缴的资本、在国际资本市场上募集的资本和贷款利息收入。为广泛动员和利用资金，解决贷款资金的来源，非行先后建立了以下四个机构：非洲投资开发国际金融公司，非洲开发基金，尼日利亚信托基金，非洲再保险公司。非行经营的业务分为普通贷款业务和特别贷款业务。

4. 泛美开发银行（Inter - American Development Bank，IDB）

泛美开发银行是拉美国家和一些西方国家合办的国际金融机构，于 1959 年 12 月成立，行址设在美国首都华盛顿。宗旨是组织吸收拉丁美洲内外的资金，通过为拉美成员国经济和社会发展项目提供贷款或为它们的贷款提供担保以及提供技术援助的方式，促进拉丁美洲各成员自身的和共同的经济与社会发展。

泛美开发银行的资本金划分为普通资本、区际资本和特种业务基金，除了资本金以外，还通过发行债券在国际金融市场上筹借资金。泛美开发银行的贷款分为普通业务贷款和特种业务基金贷款。除贷款之外，银行还向成员国提供技术合作援助。

【专题5-2】　欧美债务危机与国际货币基金组织新信贷工具

一、欧美债务危机简介

雷曼兄弟破产引发的2008年10月国际金融市场崩盘，导致全球经济衰退。美国财政部2011年8月宣布，以2010年美国GDP数额14.53万亿美元为基准，美国目前国债占GDP比例已突破100%。IMF的数据显示，除了美国，全球有多个国家负债超过GDP，包括日本（229%）、希腊（152%）、牙买加（137%）、黎巴嫩（134%）、意大利（120%）、爱尔兰（114%）和冰岛（103%）。2011年8月6日，标准普尔下调美国国债信用评级，维持94年最高级别AAA级的美国主权信用首次被下调至AA+，引爆全球对美债危机的恐慌，全球金融市场几近崩盘。

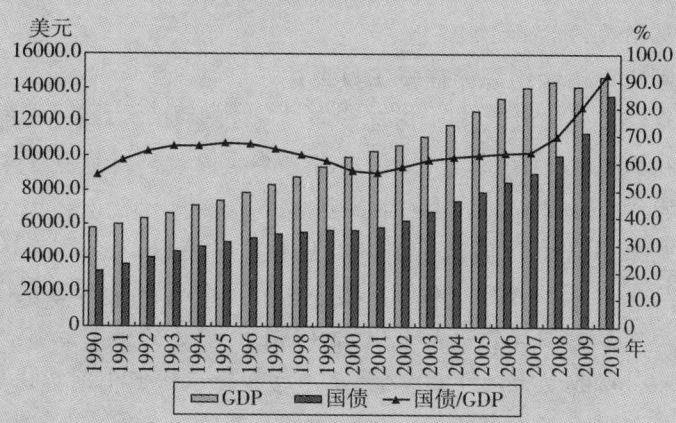

资料来源：美国财政部2011年报告。

图5.4　美国国债和GDP的总量与比率

2008年金融危机爆发后，希腊等欧盟国家发生了主权债务危机。2009年12月全球三大评级公司惠誉、标准普尔、穆迪先后下调希腊主权评级。2010年初，欧洲其他国家也开始陷入危机，包括经济实力较强的西班牙、运行较稳健的比利时，都预报未来三年预算赤字居高不下。2010年5月10日，欧盟批准7500亿欧元希腊援助计划，国际货币基金组织可能提供2500亿欧元资金救助希腊。9月7日欧元区财长批准为希腊提供第二笔贷款，总额65亿欧元。德国等欧元区的龙头国都开始感受到危机的影响，因为欧元大幅下跌，加上欧洲股市暴挫，整个欧元区正面对成立以来最严峻的考验。

二、国际货币基金组织新信贷工具的具体安排

为扩大贷款工具的灵活性和范围，2011 年国际货币基金组织批准了两项新的贷款工具——"预防性和流动性额度"和"快速融资工具"。

新改革以灵活度更大的预防性和流动性安排（PLL）取代以前的预防性信贷安排（PCL）。PLL 可作为流动性窗口提供 6 个月安排，满足短期国际收支需要，6 个月安排下的贷款限额不超过成员国份额的 250%，在特殊情况下最高可增至 500%。PLL 也可用于 12～24 个月安排，一经批准，第一年的最高贷款限额等于成员国份额的 500%，第二年最高可达份额的 1000%（若有必要，经执董会检查，第二年贷款也可提前到第一年）。

国际货币基金组织当前的紧急援助工具并入新的快速融资工具（RFI），可用于为各种紧急国际收支需要提供支持，包括外生冲击带来的国际收支需要。快速融资工具一经批准可立即向成员国提供资金，年度限额为成员国份额的 50%，累计限额为份额的 100%。

三、国际货币基金组织新信贷工具评述

在欧债危机岌岌可危之时，国际货币基金组织批准了其 60 年来历史上最为灵活的新贷款机制，旨在更好地帮助有需要的国家应对危机。不过，就目前的组织框架与资金实力分析，有些措施很难取得实质性效果，因为国际货币基金组织的资金来源是成员国认缴份额，规模非常有限。为增强 IMF 的贷款能力，2012 年 6 月二十国集团（G20）领导人第七次峰会在墨西哥召开期间，新兴市场国家公布了对国际货币基金组织（IMF）增资的计划细节，贡献总额接近 900 亿美元，以推动大约 4560 亿美元的总增资承诺。中国承诺增资额为 430 亿美元，规模仅次于日本和德国，位列第三。其他金砖国家[①]，巴西、俄罗斯、印度分别承诺增资 100 亿美元，南非承诺增资 20 亿美元。

虽然 IMF 积极采取措施协助应对欧元区主权债务危机，但是危机的最终解决必须依赖处于危机漩涡的国家采取切实有效的财政、经济和金融的整顿计划，而不是源源不断地伸手要钱。国际货币基金组织只能在局部区域、特定时间提供必要的援助，无法为全球金融体系提供高枕无忧的信托网。

---

①　金砖五国：传统"金砖四国"（BRIC）引用了巴西、俄罗斯、印度和中国的英文首字母。由于该词与英语单词的砖（Brick）类似，因此被称为"金砖四国"。南非加入后，其英文单词将变为"BRICS"，并改称为"金砖国家"。

第二节　金融中介机构的经营模式

一、分业经营与混业经营概述

（一）分业经营（separate operation）

分业经营是指对金融机构业务范围进行某种程度的分业管制。按照分业管制的程度不同，分业经营有三个层次：

第一个层次的分业经营是指金融业与非金融业的分离，金融机构不能经营非金融业务，也不能对非金融机构持股。

第二个层次的分业经营是金融业中银行、证券和保险三个子行业的分离，商业银行、证券公司和保险公司只能经营各自的银行业务、证券业务和保险业务，一个子行业中的金融机构不能经营其他两个子行业的业务。

第三个层次的分业经营是指银行、证券和保险各子行业内部有关业务的进一步分离，比如在银行业内部，经营长、短期银行存贷款业务的金融机构的分离，经营政策性业务和商业性业务的金融机构的分离；在证券业内部，经营证券承销业务、证券交易业务、证券经纪业务和证券做市商业务的金融机构的分离；在保险业内部，经营财产保险业务、人身保险业务、再保险业务的金融机构的分离等。

通常所说的分业经营是指第二个层次的银行、证券和保险业之间的分离，有时特指银行业与证券业之间的分离。实行分业经营的金融制度被称做分离银行制度（fragmented banking）或专业银行制度（specialized banking）。

（二）混业经营（mixed operation）

混业经营是指商业银行及其他金融企业以科学的组织方式在货币和资本市场进行多业务、多品种、多方式的交叉经营和服务的总称。混业经营为资金更合理使用、更快流动创造了有利条件，有助于金融各个领域之间发挥协同作用，有助于对风险的系统监管等。

混业经营制度的特征是国家对商业银行的经营范围如间接融资与直接融资业务、短期信贷与长期信贷业务、银行业务与非银行业务之间不施加或很少施加法律方面的限制。

目前世界各国的混业经营模式可以划分为三类：

1. 全能银行模式。商业银行可依法从事包括接受存款和发放贷款、交易各种金融工具和外汇、承销债券和股票经纪业务、投资管理和保险在内的一系列金融服务。

2. 银行母公司模式。商业银行在符合一定条件下成立子公司或由其控股公司成立的子公司兼营其他业务。即商业银行要进行投资银行业务，必须以原银行为母公司，另外成立一家子公司来经营。在此模式下，银行股东通过参加证券公司的董事会来影响证券公司。当证券子公司需要融资时，第一个会找银行母公司帮忙。当证券子公司因经营不当而亏损时，只影响银行的转投资利益，不会影响银行本业。

3. 金融控股模式。商业银行本身或有直接投资关系的子公司不得经营证券、保险业务，但银行控股公司另设立的子公司，则可在限定范围内经营证券、保险业务。

二、美国金融中介机构经营模式的演变

（一）20 世纪 30 年代以前：混业经营

早期的美国银行就像百货商店，不论信贷、证券还是保险，各种金融产品都可以经营。这种模式是自然而然演化而来，并得到了法律的默许。1864 年，美国根据《国民银行法》设立了对在联邦注册的国民银行进行监管的货币监理署（OCC），并且限制国民银行经营证券、保险等非银行业务。但《国民银行法》对州注册的银行没有约束力，很多国民银行可以通过在州注册的附属机构来经营被限制的业务，1900 年开始，大量的国民银行把证券业务转交其附属的州银行经营，所以实际上货币监理署对国民银行业务的限制很宽松。到了 20 世纪 20 年代末，美国的商业银行与投资银行几乎融为一体，商业银行在证券市场上扮演着重要的角色。

（二）20 世纪 30 年代至 20 世纪 80 年代初：严格的分业经营

20 世纪 30 年代美国出现"大危机"，这次经济危机，波及了整个西方世界。仅美国就有约 11000 家银行倒闭或被兼并，约占银行总数的 40%，整个金融体系陷入一片混乱，美国公众信心跌至谷底。为了挽救陷于瘫痪的金融业，美国政府相继通过 1933 年《格拉斯—斯蒂格尔法》、1934 年《证券交易法》和 1940 年《投资公司法》，奠定了分业经营的基本格局。

1956 年的《银行控股公司法》以及 1970 年的《银行控股公司法修正案》中，增加了银行与保险业务分离的条款，进一步完善了美国的金融分业经营格局。这一系列法案规定，以存贷款业务为主的商业银行，不能从事证券投资等长期投资；投资银行也不得经营存贷款业务。这样做的最大益处就是避免了银行资金流入高风险的证券市场，进而达到稳定金融的最终目标。美国实施分业经营体制后，迅速恢复了公众信心，为经济复苏创造了条件。

（三）20 世纪 80 年代初至 20 世纪 90 年代初：有限的混业经营

20 世纪 80 年代初到 90 年代初，是美国金融业的逐步融合阶段。大型金融机构在推动混业经营上积极性最高，它们推崇"金融超级市场"、"金融百货公司"，认为这种超级复合体既能分散风险，又能增强金融竞争实力，提高市场效率，同时也能给消费者带来实惠。至于金融监管当局迫于国际竞争压力，也不断改变对金融管制的态度，或明或暗鼓励金融机构的多元化经营。美国政府在 1980 年和 1982 年先后通过了《取消存款机构管制和货币控制法案》和《高恩—圣杰曼存款机构法》等有关法律，放开了存款货币银行的利率上限，从法律上允许银行业和证券业的适当融合。因此，从实际情况来看，在当时的美国金融混业经营取向已得到普遍的认同。

（四）20 世纪 90 年代至今：混业经营

20 世纪 90 年代以来，世界经济日趋一体化，金融业重现交叉混合的趋势。新的金融创新工具模糊了不同金融机构的业务界限，银行、证券和保险三者的产品日渐趋同。在这个阶段，很多国家政府也缓缓开启金融混业经营的大门。1999 年 11 月 4 日，美国国会参众两院通过了《金融服务现代化法案》，废止了《格拉斯—斯蒂格尔法》，结束了长达 66 年之久的金融分业历史。美国由分业经营体制向混业经营体制的转变，影响的不仅仅是美国金融业，而且是全球金融格局的转变。

三、中国金融中介机构经营模式的演变

中国金融业经营模式是随着中国经济金融发展不同时期的特殊背景而演变的。

（一）1995 年以前：混业经营的尝试

20 世纪 80 年代，中国逐渐建立起以四大国有专业银行为主，其他金融机构为辅的金融体系。到了 80 年代末，四大国有专业银行在市场机制的驱动下，不仅突破了专业分工的界限，而且开始突破行业分工的界限，向信托、证券、保险、投资、房地产等领域拓展，混业经营的苗头开始出现。20 世纪 90 年代初，在中国证券市场成立的初期，由于没有专营的证券公司或投资银行，四大专业银行以全资或参股形式开办了大量证券公司或信托投资公司等机构开始经营证券业务。

（二）1995—2000 年：分业经营格局的确立

混业经营虽然有利于活跃金融市场和促进非银行金融机构的成长，但由于部分商业银行利用其从事证券业务的机构，进行信贷资金、同业拆借资金的转移投机，使信贷资金大量流向房地产业和股票市场，催生了金融泡沫，造成

1993—1994 年金融业的混乱局面。为防范金融业经营风险，1993 年国务院发布了《关于金融体制改革的决定》，规定：国有商业银行不得对非金融企业投资。要明确规定各类非银行金融机构的资本金数额、管理人员素质标准及业务范围，对保险业、证券业、信托业和银行业实行分业经营。1995 年，《中华人民共和国中国人民银行法》、《中华人民共和国商业银行法》和《中华人民共和国保险法》的相继出台，基本确定了我国金融机构分业经营的格局。1998 年，随着我国《证券法》的颁布实施，进一步明确了我国金融业分业经营、分业管理的原则。应该说，我国金融业的分业经营管理，在特定时期对稳定金融秩序、消除通货膨胀和经济泡沫、防范金融风险等方面起到了十分重要的作用。

（三）2000 年至今：分业经营基础上混业经营的探索

进入 2000 年以来，中国金融业在不违反法律要求的前提下，通过金融控股成立全资子公司或机构参股等方式，在混业经营方面进行了探索。除了受世界金融业混业大潮的影响外，金融机构（包括银行和非银行金融机构）为克服本业对自身发展的制约，提高自身竞争力，本身就有突破分业经营的内在动力。消费者对风险管理与理财服务需求的多元化也是金融机构混业经营的重要驱动力。

2001 年，中国人民银行制定了《商业银行中间业务暂行规定》，这是中央银行首次对商业银行中间业务进行明文规定。值得注意的是，央行首次明确了商业银行可以进行代理证券业务、财务顾问等投资银行业务。在业务融合放宽后，业务经营模式的开闸也在悄然发生。2008 年 1 月，银监会与保监会签署《关于加强银保深层次合作和跨业监管合作谅解备忘录》，允许银行与保险公司相互持股。随后交通银行投资入股中保康联人寿保险有限公司获批，成为全国首家入股保险公司的商业银行。2009 年，中国银监会又印发了《商业银行投资保险公司股权试点管理办法》的通知。

与此同时，监管当局的监管思路也在发生着改变。目前我国金融监管是分业监管，监管部门分别为银监会、证监会和保监会。2004 年，为了适应新的监管形势，银监会、证监会和保监会达成金融监管分工合作的备忘录，并建立"监管联席会议机制"。

四、全球金融中介机构经营模式的选择

纵观全球金融业经营模式经历了混业经营→分业经营→再混业经营的过程，实际上这是随着经济的发展，金融体系打破传统行业分工模式，重新配置金融功能的结果。混业经营也是将来全球金融机构经营模式的选择，至于金融业经

营模式向混业经营演进的动因，归纳起来主要有两方面：

（一）需求方面的因素

第一，全球竞争的需要。在全球竞争中，金融业规模的大小和业务范围的宽窄等都将影响企业的生存与发展空间。第二，分散风险的需要。金融行业的高风险性决定了其具有通过多元化经营分散风险的动力。第三，追求规模经济与范围经济的需要。混业经营使金融行业的平均成本曲线比单一金融行业平缓，即具有更大规模经济潜力，同时，金融行业资产专用性在降低，因此也具有越来越明显的范围经济效应。

（二）供给方面因素

第一，新一轮技术革命推动。以计算机和互联网为特征的新技术革命极大地降低了金融数据处理与金融通信的成本，使金融管理技术开发与金融信息传播的效率得到很大的提高，从而使金融机构业务扩张能力大为增强，可以进入原先无法进入的其他业务领域。第二，金融监管当局的监管理念变化及外部监控体系的改进。监管当局的监管理念从原先的安全性优先转向效率优先，加上金融监管经验日趋丰富、国际金融监管合作不断扩大，金融监管机制日益健全，从而使管理当局有能力对全能型金融机构的业务实施有效的监管。第三，金融工程技术与金融衍生品为风险控制提供了全新手段。现代金融工程技术的革命性进展，金融衍生品的不断丰富，也使金融机构控制多元化经营风险的能力大幅度地提高。

第三节　商业银行

商业银行是各国金融体系中最重要的组成部分，是通过吸收单位和个人存款，从事贷款发放、投资等获取利润的企业。

商业银行在银行体系中占有重要地位，在信用活动中起着主导作用。这是因为商业银行在银行体系的存贷业务中占有最大比重，是企业贷款的主要供应者，它的业务活动影响着企业经营的方向和规模。商业银行业务范围非常广泛，并同其他金融机构发生密切联系；它们通过办理非现金结算实现社会绝大部分的货币周转，起着创造存款货币的作用；它们为客户提供多重服务，给企业和个人带来便利。虽然商业银行同其他金融机构的业务界限已日趋模糊，但它在许多方面是其他金融机构所不能代替的，仍是银行体系的基本环节。

商业银行的业务主要包括负债业务、资产业务和表外业务三大类。商业银行通过负债业务和资产业务筹措资金加以运用以谋求利润，履行其信用中介职能。商业银行从事表外业务以实现其支付中介、金融服务功能。

一、商业银行的业务

（一）商业银行的负债业务

商业银行的负债业务是形成其资金来源的业务，其全部资金来源包括自有资金和吸收外来资金两个部分。

1. 自有资金

同一般的工商企业一样，商业银行在设立之初必须拥有一定数额的原始资金来源，即资本金，它是银行得以成立和发展的基础和前提。不同的是，商业银行自有资金在其资金来源中所占比重很少，通常不到其负债业务总额的10%[①]，但自有资金显示了银行的实力，是吸收外来资金的基础，也是商业银行收益不够抵补资产损失时对客户存款的最后保障。

商业银行自有资金主要有三大部分：普通资本、优先资本及其他资本。

（1）普通资本。普通资本是银行自有资金的基本形式，包括普通股、资本盈余和未分配利润。

普通股（common stock），现代商业银行一般采用股份有限公司的企业组织形式，并以发行股票的方式筹集资本，其中又以普通股为主要股金资本形式。

资本盈余和未分配利润（retained earnings），资本盈余是指商业银行新发行普通股或增资扩股时，由于股票的市场价格高于票面价格而产生的溢价部分。对于溢价部分，有的国家（如美国）规定不得用于股利的分配，而须记入"盈余"项目下，作为银行的资本金。未分配利润又称留存盈余（retained earnings），是商业银行增加自有资金的主要来源，尤其是那些难以进入股市的中小银行。但对于上市的股份制商业银行而言，留存比例的增大将降低单位收益的股息支出，可能对股票价格产生不利的影响，导致将来增发股票的困难。

（2）优先资本（senior capital）。优先资本是指在股息分配和资产清偿时先于普通资本的那部分资本，包括优先股、资本性票据和债券、可转换债券等。

优先股（preferred stock），对银行收益和资产的分配先于普通股的股票称为优先股。

资本性票据和债券（二者合称为附属债券），是商业银行的一种债务性资

---

① 根据巴塞尔委员会2010年11月出台的《巴塞尔有效银行监管的新资本协议》（巴塞尔Ⅲ），系统重要性银行最低总资本充足率（资本占风险加权资产总额的比）提升到11.5%，非系统重要性银行的总资本充足率提升为10.5%。

本，有明确的固定利息和到期期限。资本性票据是指那些期限较短、有大小不同发行额度的银行借据；资本性债券则是期限较长、发行面额较大的债务凭证。银行破产时，附属债务的债权人对资产的清偿仅次于存款人。

可转换债券（convertible bond），是指银行发行的优先股和附属债券中有一部分可根据事先约定，在一定时期内转换为普通股，它既有债券的性质，又有股票的性质。

（3）其他资本。其他资本又叫储备账户，是商业银行为了应付意外事件，按照一定比例从税前利润中提取的各项准备金，主要有资本准备金、贷款损失准备金、证券损失准备金。资本准备金是为应付资本的减少（如普通股股东退股、优先股赎回或法院裁决清偿等）而保持的储备。贷款损失准备是为应付贷款呆账、坏账损失而保持的储备。证券损失准备是为应付证券价格下降而保持的储备。

商业银行一般都积极提取准备金作为银行资本的补充，一是从税前利润中提取，可以减少所得税；二是以未分配利润的方式来增加银行资本，基本上没有筹资成本，金融监管当局一般会对这一部分资本金的比例作出限制性安排。

2. 存款业务

存款是商业银行最重要的负债业务，构成其最主要的资金来源。

（1）存款的种类。存款种类很多，可以从不同的角度对其进行划分。一般而言，存款可以概括为三大类：活期存款、定期存款和储蓄存款。

活期存款（current deposit），是指无须任何事先通知，存款户可以随时支取的一种银行存款，其形式有支票存款账户、保付支票、旅行支票、本票和信用证。这种存款主要用于交易和支付用途的款项，故美国称之为交易账户。加之支用活期存款时必须使用银行规定的支票，因而又有支票存款之称。企业、个人、政府机关、金融机构都能在银行开立活期存款账户，商业银行之间也相互开立这种账户。

定期存款（fixed deposit），是相对于活期存款而言的，指由存款户与银行事先约定存款期限，到期才能支取的存款。期限通常为 3 个月、6 个月和一年不等，也有 1 年以上、3 年、5 年甚至更长的，利率随期限的长短而不同，一般存期越长，利率越高。与活期存款相比定期存款存期固定，且经营成本较低，为商业银行提供了稳定的资金来源，对其长期放款和投资具有重要意义。

储蓄存款（savings deposit），是指为居民个人积蓄货币资产和取得利息而设定的一项存款业务。基本上分为活期和定期两种，银行发给存户存折，作为存取款的凭证。一般不能据此签发支票（与活期存款不同），只用于只能提现或转入存户的活期存款账户。

（2）存款业务的创新形式。现实中名目繁多的存款业务，都是活期、定期和储蓄存款的创新形式。

可转让支付命令账户（Negotiable Order of Withdrawal Account，NOWs），由美国马萨诸塞州的储蓄贷款协会于 1972 年创办，是一种不使用支票的支票账户，存款人可开出可转让支付命令（相当于支票）向第三方进行支付，或提现、背书转让。同时，它属于储蓄存款账户，可以对平均存款余额支付利息。可转让支付命令账户兼有传统的活期支票存款的方便性和储蓄存款的获利性，对存款人有吸引力。

自动转账服务账户（Automated Transfer Service Account，ATS）创办于 1978 年，是在电话转账制度基础上建立的一种更方便的转账服务业务。1975 年美国联邦储备体系的会员银行获准开办电话转账服务账户，1978 年，联邦储备委员会和联邦存款保险公司授权商业银行提供 ATS 账户。客户在银行开立两个账户：储蓄账户和活期存款账户，后者的余额永远保持 1 美元，其余款项全存入前一个账户，以获得利息收入。当客户开立支票后，银行自动将必要的金额从储蓄账户转账到活期账户进行支付。开立该账户，客户要为此支付一定的手续费，同时商业银行也要向中央银行缴纳存款保证金。ATS 刚推出时公众反应热烈，但是相当一部分消费者习惯只使用一个交易账户，加之自动转账服务收费较高，随着 20 世纪 80 年代 MMDA 账户在全国逐步推广，ATS 账户的需求有所下降。

货币市场存款账户（Money Market Deposit Account，MMDA）是美国商业银行为应对来自货币市场基金的竞争而开发出的存款品种。20 世纪 70 年代，美国创立货币市场基金，小投资者可以通过此基金将其零散资金投资于货币市场工具，共同分享投资收益。货币市场基金风险低、流动性好，且投资者可以签发以其基金账户为基础的支票，因而具有支票存款账户的性质，又无须缴纳法定存款准备金，也不受利率上限的管制。货币市场基金的创立对商业银行构成了较大的竞争威胁，银行需要创造新型存款产品与之竞争。1982 年 10 月，美国国会通过《高恩—圣杰曼存款机构法》，取消商业银行存款利率上限，授权存款机构可提供货币市场存款账户。该账户的特点是没有利率上限，账面平均余额在 2500 美元以上的，由商业银行自行确定利率支付水平，存款人可以开出支票。虽然 MMDA 账户具有支票账户特征，但美国国会将 MMDA 账户归为储蓄存款类，因此 MMDA 账户的存款准备金要求较低。1980 年的金融法颁布后，MMDA 账户无须提取法定存款准备金，因而银行能够对 MMDA 账户支付更高的利率以吸引存款资金。

可转让定期存单（Negotiable Certificate of Deposit，CDs）是定期存款的创新形式，是一种固定面额、固定期限、可以转让的大额存款凭证。为规避利率管制，花旗银行前身 First National City Bank 于 1961 年开始发行可转让定期存单，使商业银行的资金配置策略重心转向"负债管理"。其特点是：存单面额固定（最初是 10 万～100 万美元的大额存单，后来推广到小额存单），不记名，利率有固定也有浮动，存款期限为 3 个月、6 个月、9 个月、12 个月不等。与定期存单最大的不同在于可以流通转让，有活跃的二级市场，在流动性和盈利性方面对存款人均有较大的吸引力。

股金提款单账户（Share Draft Account，SDA），是储蓄账户的创新形式，存款人可以随时开出提款单，代替支票提现或支付转账。在未支付或提现前，是储蓄账户，取得利息收入；一旦开出提款单，银行立刻支付。

此外，国际金融市场上还有欧洲美元存单（CED）、定活两便存款账户（TDA）、个人退休金账户（IRAS）等其他新型的存款形式。各类存款形式和内涵的创新，为商业银行经营资金的"开源节流"起到重要作用。

（3）商业银行存款货币创造。在银行的经济活动中，银行不仅能够创造信用流通工具，而且具有存款的多倍扩大功能，为经济活动创造信用。这是因为当一笔存款（即原始存款）存入银行后，会经过银行体系一连串的"存款→贷款→再存款→再贷款……"循环，使得整个银行体系存款总额是当初原始存款的数倍。

派生存款的创造必须具备两大基本条件：一是部分准备金制度。商业银行按法律规定，按存款的一定比率将其吸收存款的一部分交存中央银行，用于应付存款人的随时提现，这便是法定存款准备金（reserve requirement）。法定存款准备金与银行吸收存款的比例就是法定存款准备金率，一般小于 1，即采用部分准备金制。二是非现金结算制度。在现代信用制度下，银行向客户贷款是通过增加客户在银行存款账户的余额进行的，客户则是通过签发支票来完成支付行为。因此，银行在增加贷款的同时，也增加了存款额，即创造出了派生存款。

设法定存款准备金率为 r，在银行不保有超额准备金（超额准备金是商业银行保留的超过法定准备金的准备金）以及社会大众不会持有通货（全部使用非现金结算）的条件下，即假设超额准备金率 e 和现金漏损率 c 均为零时，一笔原始存款 R 进入银行后，存入中央银行账户法定存款准备金为 rR，其余以贷款形式表现为银行的资产 $(1-r)R$。在全部非现金结算制度下，此贷款实际成为商业银行的派生存款。在派生存款的基础上，银行提存法定存款准备金 $r(1-r)R$，其余资产成为贷款 $(1-r)^2R$ 放贷出去，并增加派生存款 $(1-r)^2R$……这样存贷循环一直到原始存款 R 分批全部进入法定存款准备金账户时停止，此时银行系统的存款总额 D（原始存款和所有的派生存款）为

$D = R + (1-r)R + (1-r)^2R + \cdots + (1-r)^nR$，通过计算得到：$D = R/r$，此时存款总额 D 在原始存款 R 的基础上放大了 $1/r$ 倍。称 $k = \dfrac{1}{r}$ 为货币创造乘数（倍数）。

实际上商业银行一般都因各种原因而保留一定的超额准备金 e，存款也在不断地漏出银行体系，即社会大众会持有少量的通货，现金漏损率 c 不为零。把这两种因素考虑在内，存款货币创造乘数可以表示为

$$k = \frac{1}{r_d + e + c}$$

3. 其他负债

（1）借款性负债。借款性负债是指商业银行通过金融市场或直接向中央银行融入资金的负债业务。存款性负债常常被称为被动负债，而借款性负债被称为主动负债。

向中央银行借款。中央银行是商业银行的最后贷款者，商业银行在资金暂时不足的情况下可以向中央银行借款。形式有：①再贴现，指商业银行把自己办理贴现业务时买进的未到期票据，如短期商业票据、国库券等转卖给中央银行获取现款。开展再贴现业务必须以商业票据和贴现业务广泛流行为基础，否则商业银行将主要以直接借款形式从中央银行获取现金。②再贷款即直接借款，指商业银行用自己的合理票据、银行承兑汇票、政府公债等有价证券作为抵押品向中央银行取得再贷款。

从金融市场上借款。商业银行从金融市场上筹集资金的方式有两种：一是发行金融债券，二向银行同业借款，是商业银行之间或商业银行同其他金融机构之间发生的短期资金融通活动，主要有同业拆借、转贴现和回购协议三种形式。

（2）结算性负债。结算业务是指通过商业银行结清由商品交易、劳务供应和资金调拨而引起的债权债务关系的一种货币收付行为。银行办理转账结算业务不仅可以收取一定的手续费，还可以占用客户的资金。结算性负债为其资金来源的一部分。以支票结算为例，客户用支票付款，这笔款项就从其支票存款余额中扣除，银行对该客户的负债金额减少，但该存款行要等到收款人的银行在票据交换所提取时才正式结清这笔资金。因此，票据未交换之前，存款行可将其视为短期负债加以运用。

（二）商业银行的资产业务

商业银行是特殊的金融企业，通过资产业务对资金加以运用，形成商业银行主要的收入来源。由于商业银行的主要负债——存款业务具有一定的被动性，

即存款的多少、期限的长短在很大程度上取决于存款人，故其负债业务又称为受动业务，而资产业务则称为能动业务。

商业银行的资产业务除房屋、设备等固定资产外，主要有现金资产、贷款、证券投资三大类。

1. 现金资产

现金资产是商业银行资产中最富流动性的部分，基本上不给银行带来直接的收益，它与固定资产一起构成了商业银行的非盈利性资产。固定资产是商业银行经营管理的物质基础，而现金资产则是商业银行日常经营所必需的，法律对其持有量也有严格的规定。现金资产包括库存现金、存放中央银行的法定存款准备金（超额部分可拆出或支付票据交换差额）、存放同业和托收未达款等。

（1）库存现金。库存现金是指银行金库中的现钞和硬币。尽管商业银行的绝大多数付款采用支票转账实现，但为应付客户小额提款及银行自身日常开支的需要，仍必须保有一定的库存现金。由于库存现金是无息资产，且需要一定的保管费用，银行一般尽量压缩库存现金量，只保持必需数额，以减少不必要的费用和风险。

（2）存放中央银行的法定存款准备金。各国法律规定，商业银行必须在中央银行开立存款账户（准备金账户）。同时，商业银行必须按其接受存款的一定比例，在其准备金账户上保持一个固定余额，目的是限制商业银行的贷款能力，提高偿付能力，使其有足够的现金余额应付存户的提现。法定准备金率已成为各国中央银行的一个重要政策工具。

关于商业银行的第一准备金和第二准备金。第一准备金是银行应付客户提取存款的第一道防线，即流动性最强的准备金，包括库存现金、存放中央银行和同业的存款以及托收未达款；第二准备金构成商业银行的第二道防线，包括短期贴现、同业拆放与短期投资，它们可以随时或者短期内变现，在第一准备金不足时予以及时补充。

第一准备金和第二准备金构成商业银行的总准备金（实际准备），从中减去法定准备金，得到的即为超额准备金部分。正常情况下，法定准备金不能动用，银行只能动用超额准备金进行存款的支付和贷款的发放。超额准备金的多少直接影响商业银行的信贷扩张能力。如果中央银行提高法定准备金率，就会减少银行系统的超额准备金，限制其信贷扩张能力；反之，则商业银行的存款货币创造能力增强。

（3）存放同业的存款。商业银行为了便于同业之间收付业务上的有关款项，往往都在其他银行开立活期存款账户，随时支用，等同于现金资产。这些存在同业的资金称为"存放同业"；同业存在本行的资金称为"同业存款"。

（4）托收未达款。银行术语称之为"浮存"，是指本行或通过同业向外地收取的支票款项。在支票广泛流通的基础上，商业银行收到大量的、必须向其他付款行收取款项的支票，如果是本地其他银行付款的支票，当天可在本地票据交换所进行交换，支票上的款项很快能够入账。但如果是外地银行付款的支票，则必须寄交外地的代理行代为收款，支票上的款项当天并不能立即入账，托收未达款因此而得名。这部分款项收妥前不能抵用，但收到后或增加存放同业的存款余额，或增加本行在中央银行准备金账户上的存款余额，所以视同现金。

2. 贷款性资产

西方商业银行发展之初最重要的资产业务是票据贴现业务（即贴现放款），但随着商业银行融资中介作用从商业融资服务向社会经济的各个层面延伸，其资产业务转向贷款领域，贷款成为商业银行盈利的主要来源。

（1）票据贴现业务。票据贴现业务又叫票据贷款，是指银行应客户的要求买进其未到期的票据。这是商业银行贷款业务最早的形式：当工商企业发生短期资金紧张时，可持未到期的合格商业票据到商业银行申请贴现，获取一定的贴现贷款。

银行会计部门接到背书转让的汇票和贴现凭证，按照支付结算办法的有关规定审查核对无误，按照规定的贴现率计算出贴现利息和实付贴现金额。银行将扣除从票据贴现日至到期日的贴现息后的折余价值（实付贴现金额）付给贴现企业。

$$贴现利息 = 汇票金额 \times 贴现天数 \times （月贴现率 \div 30 天）$$
$$实付贴现金额 = 汇票金额 - 贴现利息$$

票据贴现业务至今仍是商业银行的重要资产业务之一，而且贴现的票据由过去的银行票据扩展到了政府短期债券，这种流动性强、信用可靠的零风险债券的贴现业务给商业银行提供了一条安全有效的放款渠道。

（2）贷款业务。贷款是指商业银行将其所吸收的资金，按照一定的利率贷放给客户并约期归还的业务。贷款是商业银行的一项基本业务，也是商业银行比重最大的资产。

按贷款用途不同，商业银行贷款业务划分为：①工商贷款。这是指用于工业企业固定资产投资、购买流动资产以及商业企业商品流转过程的贷款。②不动产贷款。主要指用于土地开发、房屋建设或以农田和住宅为担保的放款。③消费贷款。是银行对消费者个人发放的用于满足其对耐用消费品的购买以及其他费用支付的信贷，包括消费贷款和信用卡透支等形式。④证券贷款。是商业银行对证券自营商、经纪人、投资银行和证券公司等发放的短期贷款，满足其在证券交易中出现的短期资金需求。

按贷款的保障程度不同，商业银行贷款业务划分为：①信用贷款。是指完全根据借款人的资信度，即借款人的品德、财务状况、预期收益及过去的偿债记录等而发放的、无须任何担保品的贷款。②抵押贷款。是指以特定的担保品作为保证发放的贷款。③担保贷款。是指银行以有经济实力的第三者作为借款人的担保人发放的贷款。

按贷款的期限不同，商业银行贷款业务划分为：①活期贷款。又称通知放款，这种贷款未确定偿还期限，可以随时由银行通知收回。优点是灵活性强、流动性好，银行可根据资金头寸的松紧或放或收。②定期贷款。是有固定偿还期限的贷款，又可分为三种，短期贷款：1年以内归还的贷款；中期贷款：2~7年或8年归还的贷款，通常在贷款期限内分期偿还；长期贷款：7年或8年以上归还的贷款，主要是不动产抵押贷款。中长期贷款流动性差，一般与中长期的资金来源相匹配，如长期债券、定期存款、大额存单等，以防流动性危机的发生。③透支。是指活期存款的存户依约可以提取超过其存款账户余额的款项，从性质上说这种透支款是商业银行发放的一种贷款。

除以上三种分类方法外，常见的还有按贷款的偿还方式划分，有一次还清贷款和分期偿还贷款；按贷款数量的大小可分为批发贷款和零售贷款等。

3. 证券投资

当市场机制逐步完善、业务限制逐渐放宽时，商业银行的证券投资业务得到迅速发展，证券投资成为继贷款之后的又一重要资产业务。

商业银行的投资业务是指银行在金融市场上购买各种有价证券的业务活动。商业银行从事证券投资业务主要有三个目的：（1）取得收益。作为特殊的金融企业，利润最大化的动机不允许商业银行将资金闲置，而必须找到投资渠道以增加收入。（2）补充流动性。短期有价证券构成了二级准备金的主体，商业银行将资金投资于政府债券等流动性强的有价证券，不仅可以获得利息收益，更可随时在二级市场抛售获得现金，保持较好的流动性。（3）降低风险。商业银行投资的证券中有大部分是风险小、信用可靠、流动性强的公债券、国库券等，可以降低整个投资业务的风险。同时通过资产组合多样化，商业银行可以避免将全部资金用于贷款，降低其经营风险。

（三）商业银行的表外业务

负债业务和资产业务构成了商业银行的基本业务，还有一类业务未列入商业银行资产负债表内，这就是商业银行的表外业务。

1. 表外业务概述

广义的表外业务"是指不构成商业银行表内资产、表内负债，形成银行非利息收入的业务"。它包括传统的中间业务和新兴的表外业务。

传统的中间业务是指商业银行以代理人的身份为客户办理各种业务，目的是为了获取手续费收入。主要包括：支付结算类业务、代理类中间业务、基金托管类业务和咨询顾问类业务。

新兴表外业务是指那些未列入资产负债表，但同表内资产业务和负债业务关系密切，并在一定条件下会转为表内资产业务和负债业务的经营活动。主要包括担保或类似的或有负债、承诺类业务和金融衍生业务三大类。

商业银行表外业务的特点：第一，表外业务是存贷款业务的延续，是从存贷款业务中衍生出来的，但又有独特的市场空间，越来越成为商业银行有竞争力的主要业务；第二，表外业务一般不需运用银行自有的资金，主要实现商业银行的金融服务职能和支付中介职能，并收取一定的手续费；第三，为了让表外业务服务方式更灵活，服务效率更高，更大程度上要求现代化的设备和技术支撑；第四，表外业务的范围因国家不同而存在很大差异。如在美国、日本、加拿大等国，由于商业银行限制管理的程度较高，表外业务的活动范围不大，而在法国、荷兰等国，表外业务范围相当广。随着各国金融管制的放松，这种差异正日渐缩小。

2. 传统的中间业务

（1）结算类中间业务。汇兑业务。汇兑业务是最早出现的信用服务业务，在汇兑银行、汇划银行时代已经开办。汇兑业务是指承兑行将客户持交的一定款项汇至异地指定的收款人。承兑行在接受客户持交的款项后，通过汇票或支付委托书向异地承兑行发出命令，由异地承兑行向第三者支付一定数额的货币。银行经营汇兑业务的实质是为客户提供了信用服务，保证将一定款项交付收款人，并为此收取手续费。同时，商业银行可以占用客户一部分资金，因为从承兑行收到客户的现款到汇入行将款项支付给收款人，这中间总有一段时间间隔。银行每天办理大量汇兑业务，就可以占用数量相当可观的资金。在当前银行业务广泛采取电子技术的情况下，除小额款项仍用信汇、票汇、电汇形式外，大笔资金都通过电子资金调拨系统处理，系统内银行之间的任何资金转划均可瞬间完成。

信用证业务。信用证业务也是商业银行传统的中间业务之一，是由银行保证付款的业务。在异地采购，尤其是在国际贸易中，由于销货方对购货方的信誉不甚了解，交易难以顺利进行，于是银行应客户（购货方）的要求，在收取货款的一部分或全部的条件下，向销货方开立信用证，信用证上注明购货条件，如货物的规格、单价、数量等，只要销货方按条件发货，就可持信用证和货运提单要求开证行付款。银行经办信用证业务，不仅可增加手续费收入，还要收取一定的货款作为结算保证金，银行可以占用这部分资金。

承兑业务。承兑是银行为客户开出的未到期票据或承担付款保证的业务。银行开办承兑业务实质是以银行的信用来加固客户的信用，银行不需投入自己的资金，并可以通过信用担保获取手续费。只有当票据到期，客户无力或不愿支付票据款项时，承兑银行才承担付款责任。经银行承兑的票据在付款方面有保障，因而这类票据的流动性很强。承兑业务的开展扩大了票据流通范围，加速了资金周转。

银行卡业务。银行卡业务是商业银行在消费和结算领域的信用服务。银行卡是由银行发行、供客户办理存取款和转账支付的新型服务工具的总称。随着银行卡使用范围的扩大，不仅可以减少现金和支票的流通，还将使银行业务突破时间、空间的限制。银行卡主要包括信用卡、记账卡和支票保证卡三种，是西方流行的支付、转账方式。

（2）代理类中间业务。代理类中间业务指商业银行接受客户委托、代为办理客户指定的经济事务、提供金融服务并收取一定费用的业务，包括代理政策性银行业务、代理中国人民银行业务、代理商业银行业务、代收代付业务、代理证券业务、代理保险业务、代理其他银行银行卡收单业务等。

代理政策性银行业务，指商业银行接受政策性银行委托，代为办理政策性银行因服务功能和网点设置等方面的限制而无法办理的业务，包括代理贷款项目管理等。

代理中央银行业务，指根据政策、法规应由中央银行承担，但由于机构设置、专业优势等方面的原因，由中央银行指定或委托商业银行承担的业务，主要包括财政性存款代理业务、国库代理业务、发行库代理业务、金银代理业务。

代收代付业务，是商业银行利用自身的结算便利，接受客户的委托代为办理指定款项的收付事宜的业务，例如代理各项公用事业收费、代理行政事业性收费和财政性收费、代发工资、代扣住房按揭消费贷款还款等。

代理证券业务是指银行接受委托办理的代理发行、兑付、买卖各类有价证券的业务，还包括接受委托代办债券还本付息、代发股票红利、代理证券资金清算等业务。此处有价证券主要包括国债、公司债券、金融债券、股票等。

代理保险业务是指商业银行接受保险公司委托代其办理保险业务的业务。商业银行代理保险业务，可以受托代个人或法人投保各险种的保险事宜，也可以作为保险公司的代表，与保险公司签订代理协议，代保险公司承接有关的保险业务。代理保险业务一般包括代售保单业务和代付保险金业务。

（3）基金托管类业务。基金托管业务是指有托管资格的商业银行接受基金管理公司委托，安全保管所托管的基金的全部资产，为所托管的基金办理资金清算款项划拨、会计核算、基金估值、监督管理人投资运作。

（4）咨询顾问类业务。咨询顾问类业务指商业银行依靠自身在信息、人才、信誉等方面的优势，收集和整理有关信息，并通过对这些信息以及银行和客户资金运动的记录和分析，形成系统的资料和方案，提供给客户，以满足其业务经营管理或发展的需要的服务活动①。

企业信息咨询业务，包括项目评估、企业信用等级评估、验证企业注册资金、资信证明、企业管理咨询等。

资产管理顾问业务，指为机构投资者或个人投资者提供全面的资产管理服务，包括投资组合建议、投资分析、税务服务、信息提供、风险控制等。

财务顾问业务，包括大型建设项目财务顾问业务和企业并购顾问业务。大型建设项目财务顾问业务指商业银行为大型建设项目的融资结构、融资安排提出专业性方案。企业并购顾问业务指商业银行为企业的兼并和收购双方提供的财务顾问业务，银行不仅参与企业兼并与收购的过程，而且作为企业的持续发展顾问，参与公司结构调整、资本充实和重新核定、破产和困境公司的重组等策划和操作过程。

现金管理业务，指商业银行协助企业，科学合理地管理现金账户头寸及活期存款余额，以达到提高资金流动性和使用效益的目的。

3. 新兴表外业务

（1）担保或类似或有负债业务。保函。保函是银行应作为申请人的客户要求，向债权受益人开出的一种有条件的付款担保。当申请人（被担保人）不能及时完成其应尽义务时，银行必须代其履行义务（通常为其付款）。保函种类很多，诸如投标保函、信用保函、履约保函、融资保函等。

备用信用证。备用信用证实际上是一种银行担保，保证了备用信用证持有人对第三方依据合同所做出的承诺。银行以自己信用为客户担保，从而获取手续费收入。

（2）承诺类业务。承诺类业务是指商业银行在未来某一日期按照事前约定的条件向客户提供约定的信用业务，主要指贷款承诺与票据发行便利。

贷款承诺是银行许诺客户在未来一定时期内，根据一定的条件（期限、利率、金额）随时从银行获得贷款。可以分为可撤销承诺和不可撤销承诺两种。可撤销承诺附有客户在取得贷款前必须履行的特定条款，在银行承诺期内，客户如没有履行条款，银行则可以撤销该项承诺；不可撤销承诺是指不经客户允许不得随意取消的贷款承诺，具有法律约束力。

票据发行便利（Note Issuance Facilities，NIFS）又称票据发行工具或票据发

---

① 银行在办理咨询顾问业务和企业信息咨询业务时，不允许以提供客户的隐私信息而非法获利。

行融资。票据发行便利是一种具有法律约束力的中期授信承诺，它是商业银行与借款人之间签订的、在未来一定时期内由银行以承购连续性短期票据的形式向借款人提供信贷资金的协议。具体而言，它是银行对票据发行者的一种承诺，如票据发行者未能按计划卖出应发行的票据，银行将负责买下剩余的部分，或以贷款方式予以融通。票据发行便利的票据属短期信用性质，多为3个月或6个月，但借款人可以通过循环发行短期票据来达到中期融资的效果，借款人可以通常在5～7年的时期内，用自己名义发行一系列短期票据，并以此进行周转性贷款，而做出包销承诺的银行（也可能是银行集团）须按约定承购借款人未销完的全部票据余额或提供备用贷款，如备用信用证。

（3）金融衍生业务。金融衍生业务是指商业银行为满足客户保值或自身风险管理等方面的需要，利用各种金融工具进行的资金交易活动，主要包括互换业务、金融期货、金融期权等。

二、商业银行的经营管理

商业银行是以货币资金为经营对象的特殊金融企业，具有高负债率、高风险、盈利性差和管制严格等特征。商业银行的经营管理必须以科学的理论为指导，采用有效的管理方法。

（一）商业银行经营管理的一般原则

商业银行经营管理必须遵循"三性"原则，即安全性、流动性和效益性原则。

安全性原则要求商业银行在经营活动中必须保持足够的清偿能力，尽量避免各种不确定性因素的影响，保证银行的经营与发展。一般而言，商业银行面临流动性风险、信贷风险、利率风险等基本风险，它们的存在使商业银行的收益存在着不确定性，威胁着商业银行的经营安全。

流动性原则要求商业银行能够随时应付客户提存，满足必要的贷款需求。流动性包括两个方面：资产流动性和负债流动性。商业银行资产的流动性是指资产在不受价值损失的条件下具有迅速变现的能力，这种能力是通过一级准备金和二级准备金实现的；商业银行负债的流动性则是指以较低的成本随时获取资金的能力，主要通过创造主动负债的方式进行，如同业拆入资金、向中央银行借款、发行可转让定期存单、从国际金融市场借入资金等。通常讲的流动性是指资产的流动性。

效益性原则要求商业银行在可能的情况下，尽可能地追求利润最大化，这是商业银行经营活动的主要动力和最终目标，是由其性质决定的。商业银行的利润是收入与经营成本的差额，收入主要由两部分组成：①利息收入，主要是存贷利差收入，以及证券投资股息红利收入等。②非利息收入，即商业银行从事中间业务和新兴表外业务的服务费收入。经营成本则主要包括利息支出和费用支出、固定资产折旧等。商业银行提高利润率只能通过提高收入水平和降低成本来实现。

商业银行经营管理的"三性"原则存在对立统一关系，因此银行管理必须寻求效益性、流动性和安全性的最佳组合。如何在效益性、流动性和安全性三者之间找到一个平衡点，在保障银行资产安全的条件下，将利润提高到最大限度，是商业银行经营管理的核心内容。

（二）商业银行经营管理理论与方法

商业银行经营管理目的是寻求银行安全条件下的利润最大化。其内容在不同的历史环境下不断变化，形成 20 世纪 60 年代以前盛行的资产管理理论、60 年代至 70 年代中期盛行的负债管理理论、70 年代末期盛行的资产负债综合管理理论和当前的全面风险管理理论、21 世纪以来的全面风险管理理论的演变过程。

1. 资产管理理论与方法

资产管理又称流动性管理，是商业银行传统的历史最悠久的管理方法，强调资产的流动性和经营的安全性。该理论盛行的背景是：20 世纪 60 年代以前，商业银行在金融体系中占有绝对优势，非银行金融机构尚未形成气候，加之金融市场不发达，金融投资渠道少，银行能够获得大量低成本的资金来源（客户存款）；同时，由于当时并不存在经常性、长期性的通货膨胀，利率等经济变量较稳定，银行可以获取稳定的资金来源。在这种情况下，商业银行对负债的管理是无能为力的，它更多地取决于客户的存取意愿，而且这种资金来源相对充足和稳定。商业银行能主动加以管理的只有资产业务，管理的重点是：在资产规模受到既定规模制约下，努力优化资产结构，使之在期限上与负债相匹配。

资产管理理论经历了三个不同发展阶段：

（1）商业贷款理论。在英国称其为真实票据论，起源于 1776 年英国经济学家亚当·斯密发表的《国民财富性质与原因的研究》一书。基本思想是：由于银行的存款大多数是能随时提取的活期存款，在较高的流动性要求下，银行必须将资产业务集中于短期自偿性贷款，即基于商业行为能自动清偿的贷款，这种短期流动资金贷款能随商品产销、周转过程的完成，从销售收入中得到补偿。长期贷款或消费贷款缺乏安全性，则不宜发放。该理论强调办理短期贷款一定要以真实交易为基础，要用真实的商业票据作抵押，以保证资产的安全。

（2）可转换性理论。可转换性理论又称资产转移理论，由 1918 年美国的莫尔顿在《商业银行及资本形成》一文中提出。这也是一种保持资产流动性的理论，基本思想是：为了应付所需保持的流动性，银行不必将放款限于短期自偿性贷款，而可以将资金的一部分投放到可转换性强的短期证券上，它们信誉高、期限短、易出售，比短期贷款更灵活。

可转换性理论是在金融工具、金融市场得到发展的基础上产生的。第一次世界大战后，美国因军费开支巨大，发行大量具备以上优点的公债，加上战争和经济危机的影响，客户对银行贷款的需求减弱，商业银行只好将资金转而投放到短期证券上，既保证了流动性，又增加了银行的收益。可转换性理论得到广泛推行，1945 年美国商业银行的资产构成中，政府公债券达到 73%，而放款仅占 21%。

但是，可转换性理论在实践中碰到了难题：商业银行最合适的短期证券持有量是多少？当所有的银行都因需要资金而出售短期证券时，谁来购买？如果此时中央银行不以再贴现或放款的方式解决，商业银行就将面临流动性危机。

（3）预期收入理论。该理论于 1949 年由普鲁诺克在《定期放款与银行流动性理论》一书中提出，是关于资产选择的理论。第二次世界大战后，经济的发展带来了贷款需求的突增，资金需求多样化；再加上战后西方国家大力推行凯恩斯主义，政策刺激消费需求，举债消费十分普遍，而此时货币金融领域内的竞争也大大加剧。在此背景下，鼓励商业银行发放长期贷款的预期收入理论产生了。基本思想是：贷款的安全性和流动性取决于借款人的预期收入，因而应当以根据借款收入或现金流量而制订的还款计划为基础来发放贷款。只要贷款的预期收入有保证，即使期限较长，银行仍可接受。

2. 负债管理理论与方法

负债管理理论的兴起是与 20 世纪 60 年代的经济、金融环境的变化相适应的。①伴随西方各国战后经济的稳定增长，金融市场迅速发展，非银行金融机构与银行业在资金来源的渠道和数量上展开了激烈的争夺。为了在竞争中谋求生存与发展，银行必须开辟新的资金来源渠道。②在 20 世纪 30 年代的大危机后，各国都加强了金融管制，对利率的管制使得银行难以用利率手段来吸取更多的资金来源。③20 世纪 60 年代以后，西方各国普遍出现通货膨胀，货币市场利率不断攀升，吸引了大量投资者，投资渠道的多元化使银行存款受到威胁。银行不得不调整管理策略，从各种渠道来筹措资金。④金融创新为商业银行扩大资金来源提供了可能性。例如，1961 年花旗银行率先发行了大额可转让定期存单 CDs，随后又出现了诸如回购协议等多种创新的融资工具。这些高流动性的新型融资工具丰富了银行资金来源渠道，为银行主动型负债创造了条件。⑤西方各国存款保险制度的建立和发展，激发了银行进取意识。在这种背景和经济条件下，六七十年代负债管理理论盛行一时。

商业银行负债管理理论可以区分为传统负债管理理论和现代负债管理理论。

前者包括银行券理论，是关于商业银行通过发行银行券和吸收存款形成资金来源的古老负债管理理论；后者包括购买理论和销售理论两种，也是通常意义上讲的负债管理理论。

(1) 购买理论。这是 20 世纪 60 年代开始的金融创新中发展起来的管理理论。购买理论的核心思想是：变被动的存款观念为主动的借款观念，变消极的付息负债为积极的购买负债，商业银行应该以借入资金的方法来保持流动性，从而增加资产业务和银行收益。商业银行不仅可以储备流动性，也可借入流动性，只要借款领域广大，流动性就有保证，商业银行就无须经常保持大量高流动性资产，而应投放到较高收益的资产上去。商业银行通过可转让大额定期存单、欧洲美元存单等凭证的发行，购入大量资金。同时，还通过贴现窗口、联邦基金市场、再回购协议等渠道扩大了资金来源规模，这被称为"银行业的革命"。

(2) 销售理论。这是 20 世纪 80 年代金融工程和金融创新层出不穷、金融竞争和金融危机日益深化的背景下产生的。核心思想是：商业银行是金融产品的制造企业，不应单纯地着眼于资金，而应立足于服务，应努力适应市场需求，创造、推销各种金融产品，提供各种金融服务，从中获取所需资金和应有报酬。该理论给银行负债管理注入现代企业的营销观念，即围绕客户需要设计资产类或负债类产品及金融服务，并通过不断改善金融产品的销售方式来完善服务。它反映了 20 世纪 80 年代以来金融业和非金融业相互竞争和渗透的情况，标志着金融机构正朝着多元化和综合化发展。

负债管理给银行带来了新的管理思想和方式，提高了银行的盈利水平，但在一定程度上也加大了风险。购买理论和销售理论均存在着的缺陷：①提高了银行的融资成本，借款必须支付高于存款的利息；②增加了经营风险，因为借款主要通过金融市场进行，而市场的不确定性大；③不利于银行稳健经营，在负债管理下，银行往往忽略自身资本金的补充而过于倚重外部融资。另外，对整个银行体系而言，如果大部分银行采取负债管理战略，必然引起资金市场吃紧，利率上升，从而加重筹资成本，引发系统性风险。

3. 资产负债综合管理理论与方法

资产管理、负债管理都以防范流动性风险为核心内容，前者从资产角度出发，后者从负债角度出发，强调要保证满足客户的提存和合理的贷款需求。20世纪 70 年代末，市场利率波动剧烈，存贷款利率的变化经常性地影响商业银行的净利息收入，单纯地从资产或负债角度来经营管理显然已不合时宜，银行家们开始转向负债与资产关系的协调，并保持正的利息差额，于是产生了资产负债综合管理。到了 80 年代，这种管理方法日趋成熟，成为商业银行最重要的管理手段。

资产负债综合管理理论的基本思想是：商业银行应当时刻关注市场利率的变化，通过资产结构、负债结构的共同调整，实现银行经营安全性、流动性和盈利性之间的均衡，为股东谋取最大利润。

商业银行资产负债综合管理的基本方法有：利差管理法、缺口管理法、久期分析法和资产负债比例管理法等。

利差管理法是商业银行负债管理的一个重要组成部分。它主要从理论上分析银行的利差及影响因素，从而为银行实施资产负债管理、降低风险、提高收益创造条件。利差又称净利息收入，是银行利息收入与利息支出的差额。

缺口管理法是指商业银行根据对利率变化的预测，积极调整利率敏感性资产和负债的结构，以便在利率周期全过程中达到最大的盈利能力。

久期分析也称为持续期分析或期限弹性分析，是衡量利率变动对银行经济价值影响的一种方法。具体而言，就是对各时段的缺口赋予相应的敏感性权重，得到加权缺口，然后对所有时段的加权缺口进行汇总，以此估算某一给定的小幅（通常小于1%）利率变动可能会对银行经济价值产生的影响（用经济价值变动的百分比表示）。

资产负债比例管理法是指商业银行在资产负债管理过程中，通过建立各种比例指标体系以约束资金运营的管理方式。

4. 全面风险管理理论

金融自由化与全球化的浪潮带来了银行经营环境的巨变，风险从广度和深度上日益威胁着商业银行的经营安全，在经历了资产管理、负债管理、资产负债管理这几个阶段后，对商业银行进行全面风险管理成为当前人们关注的焦点。

对"全面风险管理"的认识，总体上主要来源于两个理论：一个是《巴塞尔协议Ⅱ》，另一个是 COSO 的《企业风险管理——整合框架》。

（1）《巴塞尔协议Ⅱ》中的全面风险管理。商业银行面临的风险是多种多样的，从不同角度划分有不同的种类，但最重要的是根据商业银行在经营过程中面临风险的性质不同，分为流动性风险、信用风险、市场风险、操作风险、汇率风险和资本风险等。其中，信用风险是因借款人或交易对手未能或不愿意履行偿债义务而产生的风险。市场风险又称价格风险，是指由于被用于交易的资产或可交易的资产的价值发生变化而导致损失的风险，可以分为利率风险、汇率风险、股市风险、商品价格风险（期货风险）。流动性风险是指银行无力为负债的减少或资产的增加提供融资的风险（不确定性），即当商业银行面临存款者的提款需求和借款者的正常贷款需求时，无法以合理的价格取得可用资金，从而影响其盈利水平，在极端的情形下，流动性不足会使银行资不抵债，遭到破产清算。操作风险是指由于不完善或失灵的内部控制、人为的错误、制度失灵以及外部事件给银行带来直接或间接损失的可能性，操作风险包括诸如控制风险、信息技术风险、欺诈风险以及商誉风险等（张晨，2009）。

根据《巴塞尔协议Ⅱ》（2003），资本要求与全面风险管理紧密相连，新资本协议构建了由三大支柱组成的完整的银行业资本充足率监管框架：最低资本要求；监管当局对资本充足率的监督检查；银行业必须满足的信息披露要求（市场纪律）。

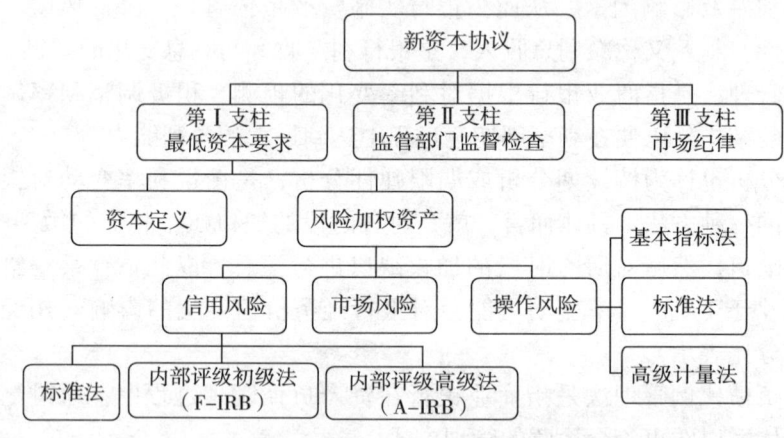

图5.5　《巴塞尔协议Ⅱ》的全面风险管理框架和方法

信用风险管理技术包括风险识别、度量、管理策略等多个方面。传统信用风险度量技术包括：专家评定制度、信用评分、信用评级和贷款风险度测算。这些方法尽管具有简便明了，易于理解，对实践操作环境要求不高的优点，但缺点也十分显著：一是主要以会计账面价值为基础，但会计数据并不能全面反映公司的实际状况和前景，因而难以发现借款人经营状况中更细微、更快速的变化；二是主要借助定性方法，主观随意性较大，在防范道德风险上有缺陷；三是效率较低，耗费人力时间过多。因此国际银行业开始开发数学模型来度量信用风险，《巴塞尔协议Ⅱ》提出了相应的内部评级法。目前国际金融界较流行的内部信用风险模型有：KMV公司的信用监控模型、JP摩根的信用度量术模型、麦肯锡公司的信贷组合观点模型等。

市场风险主要包括利率风险和汇率风险，其综合度量技术主要有风险状况图、VaR方法、压力测试法、情景分析法等。

对操作风险的度量，国际上一些银行开始对风险因素进行跟踪，但多数银行的跟踪还处于初级阶段。只有少数银行采用程度不同的统计技术来评估风险，主要方法有基本指标法、标准化方法、内部衡量法、损失分布法等。

（2）COSO 的《企业风险管理——整合框架》。COSO 的《企业风险管理——整合框架》（其前身为《内部控制——整合框架》）将全面风险管理定义为企业全面风险管理（enterprise‑wide risk management），并基于风险控制的关键功能，提出了涵盖"四项目标、八个环节"的基本分析框架。它主要解决了风险管理过程和全员参与风险管理的问题，但是 COSO 的"企业全面风险管理"普遍适用于所有类型的企业，没有说明以风险为经营对象的商业银行的风险管理与普通企业的风险管理到底存在哪些区别。美国全国反欺诈财务报告委员会下属的发起人委员会（The Committee of Sponsoring Organizations of the Treadway Commission，COSO）于 1992 年颁布的这一框架，长期以来作为建立旨在提高效率、降低风险、保证财务报表可信性、遵从法律法规的内部控制的蓝本。

COSO 的《企业风险管理——整合框架》认为，在主体既定的使命或愿景（vision）范围内，管理当局制定战略目标、选择战略，并在企业内自上而下设定相应的目标。企业风险管理框架力求实现主体的四类目标：战略目标（高层次目标，与使命相关联并支撑其使命），经营目标（有效和高效率地利用其资源），报告目标（报告的可靠性），合规目标（符合适用的法律和法规）。

COSO 的企业风险管理目标是一个包括不同目标类别的体系，对主体目标的这种分类可以使我们关注企业风险管理的不同侧面。

COSO 的《企业风险管理——整合框架》的企业风险管理包括八个相互关联的构成要素。它们来源于管理当局经营企业的方式，并与管理过程整合在一起。这些构成要素是：

内部环境——内部环境包含组织的基调，为认识和对待风险设定了基础，包括风险管理理念和风险容量、诚信和道德价值观，以及它们所处的经营环境。

目标设定——必须先有目标，管理当局才能识别影响目标实现的潜在事项。企业风险管理确保管理当局采取适当的程序去设定目标，确保所选定的目标支持和切合该主体的使命，并且与它的风险容量（appetite for risk）[①] 相符。

事项识别——必须识别影响主体目标实现的内部和外部事项，区分风险和机会并反馈到管理当局的战略或目标制定过程中。

风险评估——通过考虑风险的可能性和影响对其进行分析，并以此作为决定风险管理的依据。风险评估应立足于固有风险和剩余风险。

风险应对——管理当局选择风险应对——回避、承受、降低或者分担风

---

① 风险容量是指一个主体在追求其使命/愿景的过程中所愿意承受的广泛意义的风险的数量。

险——采取一系列行动以便把风险控制在主体的风险容限（risk tolerance）[1] 和风险容量以内。

控制活动——制定和执行政策与程序以帮助确保风险应对的措施得以有效实施。

信息与沟通——提供相关的信息以确保员工履行其职责的方式和时机予以识别、获取和沟通。有效沟通的含义比较广泛，包括信息在主体中的向下、平行和向上流动。

监控——对企业风险管理进行全面监控，必要时加以修正。监控可以通过持续的管理活动、个别评价或者两者结合来完成。

COSO 的《企业风险管理——整合框架》认为，企业风险管理并不是一个严格的顺次过程，一个构成要素并不是仅仅影响接下来的那个构成要素。它是一个多方向的、反复的过程，在这个过程中几乎每一个构成要素都能够、也的确会影响其他构成要素。

从微观上看，全面风险管理有助于商业银行树立良好形象，提高商业银行的信誉和竞争力，进而改善其盈利状况。从宏观上看，由于商业银行是存款货币的创造者，是货币供应过程中最重要的组成部分，加强风险管理有助于确保货币供应的稳定性；商业银行通过限制其风险敞口头寸，可以减小银行倒闭的概率，防止金融恐慌的传染效应，避免金融体系的震荡，促进社会经济体系平稳运行。

【案例 5 –1】　　　　　中国银行的风险管理

一、中国银行简介

1912 年 2 月经孙中山先生批准，中国银行正式成立。从 1912 年至 1949 年，中国银行先后行使中央银行、国际汇兑银行和外贸专业银行职能。新中国成立后，中国银行成为国家外汇外贸专业银行。1994 年，中国银行改为国有独资商业银行。2003 年，中国银行开始股份制改造。2004 年 8 月，中国银行股份有限公司挂牌成立。2006 年 6 月、7 月，先后在香港联交所和上海证券交易所成功挂牌上市，成为首家在内地和香港发行上市的中国商业银行。

---

[1]　风险容限是相对于目标的实现主体所能接受的偏离程度。风险容限能够被计量，而且通常采用与目标相同的单位进行计量。风险容限的确定，管理当局要考虑相关目标的重要性，并使风险容限与风险容量相协调。在风险容限之内经营，能够更大程度地确保主体在其风险容量之内运作。

二、风险管理目标与组织架构

中国银行遵循"适中型"的风险偏好，并按照"理性、稳健、审慎"的原则处理风险和收益的关系。中国银行董事会及其风险政策委员会，管理层下设的内部控制委员会、反洗钱工作委员会和资产处置委员会，风险管理部、授信执行部、司库、法律与合规部等相关部门共同构成中国银行风险管理的主要组织架构（见图5.6）。

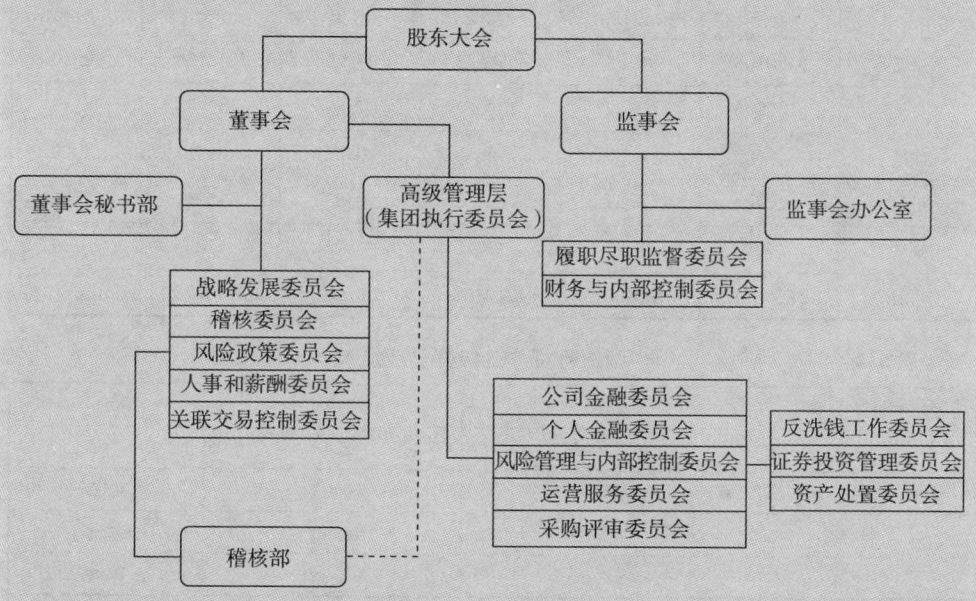

资料来源：中国银行网站 http：//www. boc. cn/。

图5.6　中国银行风险管理组织架构

三、中国银行风险管理实践

对中国银行风险管理实践的分析主要从信用风险、市场风险、流动性风险、操作风险及内部控制四个方面进行（所有数据及资料均来自中国银行2008 年、2009 年、2010 年年度报告）。

（一）信用风险管理

中国银行实施信贷审批、信用评级和风险分类的集中化管理，提升风险管理的主动性、前瞻性。

1. 建立专业审批人制度，加强授信发放审核和贷后管理工作

在新的专业审批人制度里，审批权被归入专业职务权限，由具备风险识别和控制能力的职业素养的专业人员承担。

2. 实行风险分类集中审核

由总行和一级分行按照"资产回收的可能性和损失程度"这一核心标准集中审核认定公司贷款风险分类，并对风险状况发生重大变化的信贷资产实施动态调整。表5.1、表5.2分别列出了中国银行贷款五级分类状况及迁徙率。

表5.1　　　　　　　　中国银行贷款五级分类状况　　单位：百万元人民币；%

贷款分类	2010 年 12 月 31 日		2009 年 12 月 31 日		2008 年 12 月 31 日	
	金额	占比	金额	占比	金额	占比
正常	5450106	96.28	4696573	95.65	3048668	92.50
关注	148045	2.62	139067	2.83	159988	4.85
次级	28603	0.50	35858	0.73	39411	1.20
可疑	20784	0.37	26148	0.53	35212	1.06
损失	13083	0.23	12712	0.26	12867	0.39
合计	5660621	100.00	4910358	100.00	3296146	100.00

表5.2　　　　　　　　中国银行贷款五级分类迁徙率　　　　　　单位：%

贷款分类	2010 年	2009 年	2008 年
正常	2.02	2.40	3.65
关注	5.13	10.07	8.02
次级	23.05	25.60	33.51
可疑	15.66	9.76	7.89

3. 适时调整信贷政策，加强信贷管控

结合国家宏观调控措施，及时制定行业信贷指引，提升行业信贷指引的覆盖面和精细化水平，推进行业信贷组合管理，主动引导信贷结构优化调整。

4. 加强贷款客户的集中风险控制

在贷款发放过程中，按照银监会要求，加强单一最大客户贷款比例和最大十家客户贷款比例的控制。

表5.3　　　　　　　　中国借款人集中度的基本情况　　　　　单位：%

主要监管指标	监管标准	2010 年	2009 年	2008 年
单一最大客户贷款比例	≤10%	2.9	3.8	3.4
最大十家客户贷款比例	≤50%	20.2	28.0	17.6

注：1. 单一最大客户贷款比例=单一最大客户贷款余额/资本净额
　　2. 最大十家客户贷款比例=最大十家客户贷款余额/资本净额

（二）市场风险管理

市场风险存在于交易账户与银行账户中。交易业务市场风险管理方面，增加设定集团风险价值限额，统一集团风险偏好；推进并表管理，加强对海外人民币交易业务的风险控制。银行账户市场风险主要包括利率风险和汇率风险，对于利率风险的管理，中国银行密切关注本外币利率走势，紧跟基准利率及市场利率变化，适时调整本外币存贷款利率。假设各主要货币收益率曲线向上或向下平行移动25个基点，主要货币的收益敏感性状况如表5.4所示。

表5.4　　　　　　　　中国银行主要货币的收益敏感性　　　单位：百万元人民币

货币收益率变化	2010 年 12 月 31 日			2009 年 12 月 31 日		
	人民币	美元	港币	人民币	美元	港币
上升 25 个基点	(2552)	242	(456)	(2179)	177	(251)
下降 25 个基点	2552	(242)	456	2179	(177)	251

（三）流动性风险管理

流动性风险管理方面，坚持集中管理原则，总行对全行的流动性风险负责，管理政策和风险衡量标准实行高度统一。

缺口分析是中国银行评估流动性风险的方法之一，使用巴塞尔定量测算工具加强对流动性的监控，年末流动性缺口状况如表5.5所示。

表5.5　　　　　　　　　中国银行流动性缺口　　　　　单位：百万元人民币

不同期限的缺口	2010 年 12 月 31 日	2009 年 12 月 31 日
已逾期	11136	14912
即期偿还	(3770963)	(3357812)
1 个月及以下	293431	307603
1 个月至 3 个月（含）	(107056)	(70044)
3 个月至 1 年（含）	127728	132759
1 年至 5 年（含）	1809370	1744538
5 年以上	2312504	1773438
合计	676150	545394

注：流动性缺口＝一定期限内到期的资产－相同期限内到期的负债

2008 年到 2010 年度，反映流动性状况的有关指标达到监管要求（见表5.6），流动性比率为集团口径指标；贷存比、超额备付率及拆借资金比例为中国内地口径指标：

表5.6	中国银行流动性监管指标状况			单位:%
监管指标	监管标准	2010 – 12 – 31	2009 – 12 – 31	2008 – 12 – 31
流动性比率	人民币≥25	43.2	45.3	48.8
	外币≥25	52.2	55.6	76.6
贷存比	本外币合计≤75	70.2	70.3	61.3
超额备付率	人民币——	2.1	2.7	3.5
	外币——	14.6	10.3	20.5
拆借资金比例	拆入资金比例≤4	1.00	1.04	1.91
	拆出资金比例≤8	1.08	2.82	1.67

注: 1. 流动性比率 = 流动资产/流动负债
　　 2. 贷存比 = 贷款余额/存款余额

(四) 内部控制与操作风险管理

全面推进巴塞尔新资本协议关于操作风险项目实施,落实《企业内部控制基本规范》要求,建立海内外一体化的内部控制三道防线体系与操作风险管理体系。各级机构、业务经营部门及员工是内部控制的第一道防线,在承担业务发展任务的同时也承担内部控制的责任。风险管理总部(操作风险管理)与业务管理部门是内部控制的第二道防线,统筹内控制度建设,指导、检查、监督和评估一道防线的工作。稽核部门切实履行第三道防线职责,紧密围绕全行工作重点,以条线检查为主导,针对性地开展覆盖集团、境内分行及海外机构等层面系统性和重大风险的稽核检查,重点关注管理、机制、流程和系统等方面的操作风险根源问题及治本之策,强调对风险管理及内部控制整体评价,进一步促进集团管控,落实监管要求。

参考文献

[1] 米什金:《货币金融学》,北京,中国人民大学出版社,1998。

[2] 马克思:《资本论》,北京,人民出版社,1975。

[3] 约翰·钱特:《金融媒介之新理论》,北京,腾图电子出版社,2000。

[4] 乔治·H. 汉普尔、多纳德·G. 辛曼森:《银行管理:教程与案例》,北京,中国人民大学出版社,2004。

[5] 弗雷德里克·S. 米什金:《货币金融学》,北京,中国人民大学出版社,2005。

［6］约翰·赫尔：《风险管理与金融机构》，北京，机械工业出版社，2010。

［7］袁宜：《商业银行的公司治理：特殊性与制度安排》，北京，社会科学文献出版社，2008。

［8］黄达：《货币银行学》，北京，中国人民大学出版社，2009。

［9］徐文彬：《全能银行发展路径研究》，北京，经济科学出版社，2009。

［10］陈德胜、文根第、刘伟等：《商业银行全面风险管理》，北京，清华大学出版社，2009。

［11］朱新蓉、宋清华：《商业银行经营管理》，北京，中国金融出版社，2009。

［12］梁世栋：《商业银行风险计量理论与实务：〈巴塞尔资本协议〉核心技术（修订版）》，北京，中国金融出版社，2011。

［13］宋炳方：《商业银行公司业务》，北京，经济管理出版社，2011。

［14］朱海峰、周运森：《从系统角度看金融风险管理》，载《现代管理科学》，2005（7）。

［15］李翔：《浅议衍生金融产品风险管理》，载《经济论坛》，2005（21）。

［16］金閾、李若山、徐明磊：《COSO 报告下的内部控制新发展——从中航油事件看企业风险管理》，载《会计研究》，2005（2）。

［17］陈海俊：《演进中的信用风险管理：基础框架、理论和工具》，载《金融经济》，2006（3）。

［18］戴志敏、王海燕：《商业银行操作风险：衡量与管理》，载《浙江金融》，2006（9）。

［19］李婷、左相国、张志清：《金融市场风险评估系统设计》，载《统计与决策》，2006（13）。

［20］任宇航、孙孝坤、程功、夏恩君：《信用风险压力测试方法与应用研究》，载《统计与决策》，2007（14）。

［21］陈旭鸣：《现代信用风险管理模型发展研究》，载《统计与决策》，2008（9）。

［22］李明辉：《论我国衍生工具内部控制机制的构建》，载《会计研究》，2008（1）。

［23］何光辉、杨咸月：《从花旗集团拆分反思"金融超市"模式》，载《财经科学》，2009（6）。

［24］叶芸：《金融危机下商业银行信贷风险的控制和管理》，载《经济师》，2009（12）。

［25］余珊萍、杨翊之：《新巴塞尔框架下流动性风险管理方法实践》，载

《东南大学学报（哲学社会科学版）》，2010，12（5）。

　　[26] 张晨：《基于证据推理理论的商业银行操作风险评价研究》，保存地点：合肥工业大学，2009。

　　[27] Von Xavier Freixas, Jean-Charles Rochet, Microeconomics of Banking, The MIT Press, 1997.

　　[28] Fama, F., Banking In the Theory of Finance, Journal of Monetary Economics. 1980 (6).

　　[29] John G. Gurley, Edward Stone Shaw, Money in a Theory of Banking, Brookings Institution, 1960.

　　[30] Arrow K., Debreu G., Existence of Equilibrium for a Competitive Economy. Econometric, 1954, 22.

　　[31] Leland H. E., Pyle D. H., Informational Asymmetries, Financial Structure and Financial Intermediation. Journal of finance, 1977 (5).

　　[32] Diamond D. W., Financial Intermediation and Delegated Monitoring. Review of Economic Studies, 1984 (51).

　　[33] Benston G. J., Smith C. W., A Transaction Cost Approach to the Theory of Financial Intermediation. Journal of Finance, 1976 (31).

　　[34] Allen F., Santomero A. M., The Theory of Financial Intermediation. Journal of Banking and Finance, 1998 (21).

　　[35] Scholtens Bert, Wensveen Dickvan, A Critique on the Theory of Financial Intermediation. Journal of Banking and Finance, 2000 (24).

　　[36] Robert C. Merton, Zvi Bodie, A Framework for Analyzing the Financial System, in Crane et al., Eds., The Global Financial System: A Functional Perspective, Boston. MA, Harvard Business School Press. 1995.

　　[37] Robert C. Merton, A Functional Perspective of Financial Intermediation. Financial Management, 1995, vol. 24, No. 2.

　　[38] Zvi Bodie, Robert C. Merton：《金融学》，北京，中国人民大学出版社，2000。

　　[39] Joël Bessis. Risk Management in Banking. Wiley press, 2010.

　　[40] Brooks Roberts, Don M. Chance. An Introduction to Derivatives and Risk Management. South-Western press, 2009.

第六章

金融市场

【本章导读】

金融市场是市场体系中极为重要的组成部分，是其他市场正常发展的保证，其强大经济功能使金融市场在一国的经济发展中处于举足轻重的地位。

金融市场是指资金供求双方通过信用工具的交易而实现资金融通的场所。金融市场提供了金融资产交易和金融资产定价的市场机制。

一个完备的金融市场包括以下基本要素：（1）交易主体。资金供应者和资金需求者，包括政府、金融机构、企业事业单位、居民、外商等，既能向金融市场提供资金，也能从金融市场筹措资金。（2）信用工具。这是借贷资本在金融市场上的交易对象。如各种债券、股票、票据、可转让存单、借款合同、抵押契约等，是金融市场上实现投资、融资活动必须依赖的标的，是实现资金跨期调配的载体。（3）信用中介。是指一些充当资金供求双方的中介人，起着联系、媒介作用的机构，如商业银行、投资公司、证券交易所、证券公司等各类金融机构。（4）价格。金融市场的价格指借贷资金所代表的价值，即规定的货币资金及其所代表的利率或收益率的总和。市场利率是影响各类信用工具价格的重要因素。

金融市场是由许多不同的市场组成的一个庞大体系。一般根据金融市场上交易工具的期限，把金融市场分为货币市场和资本市场。货币市场和资本市场又可以进一步分为若干不同的子市场。金融市场按照地理范围可分为国内金融市场、国际金融市场；按经营场所可分为有形市场（指有固定场所和操作设施的金融市场）、无形市场（以营运网络形式存在的市场，通过电子电讯手段达成交易）；按交易性质划分为发行市场（一级市场）、流通市场（二级市场）；按交易标的物划分为票据市场、股票市场、债券市场、外汇市场、金融衍生品市场、保险市场、黄金及其他投资品市场。

本章重点介绍传统的金融市场，对其概念、构成要素、特点、分类及相关业务等进行阐述，关于金融衍生品市场将于下一章介绍。

第一节　货币市场

货币市场是指融资期限在一年以下的金融市场，由于该市场所容纳的金融工具主要是政府、银行及工商企业发行的短期信用工具，具有期限短、流动性强和风险小的特点，在货币供应量层次划分上被置于现金货币和存款货币之后，称之为"准货币"，所以将该市场称为"货币市场"。

一个有效率的货币市场应该具有广度、深度和弹性，其市场容量大，信息流动迅速，交易成本低，交易活跃且持续，能吸引众多的投资者和投机者参与。货币市场由同业拆借市场、票据市场、大额可转让定期存单市场和短期债券回购市场四个子市场构成。

一、同业拆借市场

同业拆借市场，是指金融机构之间以货币借贷方式进行短期资金融通活动和临时性头寸调剂的市场。同业拆借的资金主要用于弥补银行短期资金的不足，票据清算的差额以及解决临时性资金短缺需要。

（一）同业拆借市场构成要素

1. 同业拆借市场主要参与者

同业拆借市场的主要参与者是商业银行。由于商业银行业务资金量大，出现头寸余缺较普遍，现代商业银行进行资产负债综合管理时要求更多地调节短期资金流量池，以优化资产负债结构、降低综合风险、提高总体流动性并增加收入，于是拆借市场成为其业务活动的一个极其重要的部分，银行间拆借系统往往也成为拆借市场的核心层次。

除商业银行外，大量的非银行金融机构也是拆借的重要参与者，包括证券机构、保险机构、信托机构、信用社、财务公司和专业银行等。这些非银行金融机构大多是拆借市场的资金供给者，但也会在必要时进行资金拆入，其构成拆借市场的二级层次。

拆借市场还有一类重要的参与者——拆借中介人。直接拆借虽然能节约交易费用，但报价询价容易落空，因此通过中介人进行间接拆借也是一种比较好的选择。拆借中介人必须具有中央银行承认的中介资格，既可以由大型商业银行兼营，也可以是专门的中介人，如美国的联邦基金交易中介人和日本的短资公司。拆借中介人接受交易者的报价和询价，然后进行撮合，这样可以提高拆借成交概率并提高资金使用效率。

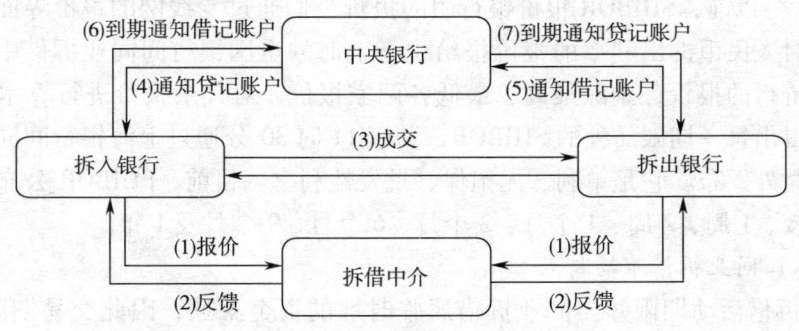

图 6.1　同业拆借市场

2. 同业拆借利率

拆借按日计息，拆借利率是日利率，简称拆息。同业拆借利率是拆借市场的资金价格，是货币市场的核心利率，也是整个金融市场上具有代表性的利率，它能够及时、灵敏、准确地反映货币市场乃至整个金融市场短期资金供求关系。

在国际金融市场上具有代表性的拆借利率有伦敦银行间同业拆借利率（LIBOR）、新加坡银行间同业拆借利率（SIBOR）、香港银行间同行业拆借利率（HIBOR）和上海银行间同业拆借利率（SHIBOR）。

伦敦银行间同业拆借利率，是伦敦欧洲货币市场商业银行之间一年以内的短期资金融通利率。国际贷款或债券发行主要以此利率为基准利率。LIBOR 由英国银行家协会（BBA）的 LIBOR 指导小组负责制定。每个营业日上午 11 时之前，各 BBA 指定的报价银行根据可接受的价格水平进行报价，要素包括币种、期限和利率水平。伦敦时间上午 11 时至 11 时 10 分之间，各报价银行将各自的报价报给 BBA。BBA 在上午 11 时 30 分之前对各银行的报价进行审查和纠错。BBA 将每种货币的报价从高到低排列后进行四等分，去掉最高与最低的 1/4 报价后，取中间两个 1/4 的报价进行算术平均，即得出当天的 LIBOR，在伦敦时间上午 11 时 30 分左右公布。LIBOR 在期限上，包括 1 天、7 天、14 天、1 个月至 12 个月共 15 个品种。LIBOR 在币种上，包括英镑、美元、日元、瑞士法郎、加拿大元、澳大利亚元、欧元、丹麦克朗和新西兰元 9 种世界主要兑换货币。

香港银行间同业拆借利率（Hongkong InterBank Offered Rate，HIBOR），是香港货币市场银行间的一年期以下的短期资金借贷利率，从伦敦银行间同业拆借利率（LIBOR）变化出来的。HIBOR 仅指港元，借款的期限从隔夜至 1 年不等。

新加坡银行间同业拆借利率（Singapore Interbank Offered Rate，SIBOR），指

新加坡货币市场银行间的一年期以下的短期资金借贷利率。

上海银行间同业拆借利率（SHIBOR），从 2007 年 1 月 4 日开始，每天上午 11 时 20 分以前，SHIBOR 报价银行团的报价员们通过专线网的报价界面，把自家银行对人民币拆出利率的报价报给位于上海的全国银行间同业拆借中心。根据各报价行的报价，剔除最高、最低各两家报价，对其余报价进行算术平均计算后，得出每一期限品种的 SHIBOR，并于 11 时 30 分通过上海银行间同业拆放利率网对外发布。它是单利、无担保、批发性利率。目前，SHIBOR 公布的品种包括隔夜、1 周、2 周、1 个月、3 个月、6 个月、9 个月及 1 年。

（二）同业拆借市场特点

1. 拆借活动期限短。同业拆借属临时性的资金融通，因此交易期限较短。同业拆借期限按日计算，期限最短的甚至只有半日，最长期限不超过 1 年，通常有 1 日、2 日、5 日、7 日、1 个月、2 个月、3 个月不等。

2. 交易金额巨大。金融机构作为主要的社会资金在分配环节，每天会发生巨额的资金流动，一旦出现资金缺口，往往数额巨大，这就使得拆借市场的交易金额大。

3. 市场无形化程度高。拆借市场运用先进而庞大的通信网络将众多的机构联结在一起，交易者均通过网络终端进行报价、询价和成交确认，完全不必进行集中交易，这样不仅大大节约了交易成本，提高了交易效率，还可以充分体现市场原则。

4. 利率相对较低。一般来说，同业拆借利率是以中央银行再贷款利率和再贴现率为基准，再根据社会资金的松紧程度和供求关系由拆借双方自由议定的。由于拆借双方都是商业银行或其他金融机构，其信誉比一般工商企业要高，拆借风险较小，加之拆借期限较短，因而利率水平较低。

（三）同业拆借市场分类

按组织形式不同，划分为有形拆借市场和无形拆借市场。有形拆借市场是指拆借业务通过专门拆借经纪机构媒介来实现。由于拆借经纪公司专门集中经营，使得拆借交易效率较高，且较为公平和安全。无形拆借市场是指不通过专营机构，而是拆借双方直接洽谈成交。

按交易方式不同，划分为抵押拆借市场和信用拆借市场。抵押拆借是指必须提供抵押品的拆借，多采用购回协议的方式，即拆出方向拆入方交付现金，当拆借期满时，按约定利率，拆入方交还现金，拆出方交回该抵押品。信用拆借是指不需要提供担保物的拆借，属信用放款，多用于一天或几天内的拆借，拆出和收回都通过在中央银行的账户直接转账完成。

按交易涉及主体不同，划分为银行间拆借市场和同业借贷市场。银行间拆借市场是金融机构间进行临时性"资金头寸"调剂的市场，主要在商业银行之间进行。同业借贷市场是金融机构间利用资金融通过程中较大的时间差、空间差、行际差以调剂资金余缺而进行的短期借贷的市场，它的期限从数天到一年不等，主要在商业银行和非银行金融机构之间进行。

【拓展阅读】 我国同业拆借市场发展

我国的同业拆借始于1984年。1984年以前，我国实行的是高度集中统一的信贷资金管理体制，银行间的资金余缺只能通过行政手段纵向调剂，而不能自由地横向融通。1984年10月，中国人民银行专门行使中央银行职能，二级银行体制已经形成的新的金融组织格局下，允许各专业银行互相拆借资金。不过，由于当时实行严厉的紧缩性货币政策，同业拆借并没有真正广泛地开展起来。1986年1月，国家体改委、中国人民银行在广州召开金融体制改革工作会议，会上正式提出开放和发展同业拆借市场。同年国务院颁布《中华人民共和国银行管理暂行条例》，也对专业银行之间的资金拆借作出了具体规定。此后，同业拆借在全国各地迅速开展起来。武汉、上海、沈阳、南昌、开封等大中城市都形成了辐射本地区或本经济区的同业拆借市场。到1987年6月底，除西藏外，全国各省、市、自治区都建立了不同形式的拆借市场，初步形成了一个以大中城市为依托的，多层次的，纵横交错的同业拆借网络。

1988年9月，面对社会总供求关系严重失调，储蓄存款严重滑坡，物价涨幅过猛的严峻的宏观经济和金融形势，国家实行了严厉的"双紧"政策，同业拆借市场的融资规模大幅度下降，某些地区的拆借市场甚至关门。到1992年，宏观经济金融形势趋于好转，全国各地掀起一轮新的投资热潮，同业拆借市场的交易活动也随之活跃起来。1993年7月，针对拆借市场违章拆借行为频生，严重扰乱金融秩序的情况，国家开始对拆借市场进行清理，于是市场交易量再度萎缩。1995年，为了巩固整顿同业拆借市场，中国人民银行进一步强化了对同业拆借市场的管理，要求跨地区、跨系统的同业拆借必须经过人民银行融资中心办理，不允许非金融机构和个人进入同业拆借市场，从而使同业拆借市场得到了进一步规范和发展。1995年11月中国人民银行要求商业银行在1996年4月1日前撤销其所办的拆借市场。这一措施为建立全国统一的同业拆借市场奠定了坚实的基础。1996年1月3日，全国统一的银行间同业拆借市场正式运行，形成中国银行间同业拆借利率（CHIBOR）。全国银行间同业拆借市场包括金融机构通过全国银行间同业拆借中心提供的交易系统进行的同业拆借（称一级网），以及通过各地融资中心进行的同业拆借（称二级网）。1998年停止了融资中心的自营拆借业务，要求融资中心全力清收逾期拆出资金，至此，同业拆借二级网络不复存在，同业拆借业务主要通过拆借中心一级网络办理。2007年1月1日中央银行对外推行一套新的同业拆借利率——上海银行间同业拆借利率（SHIBOR），开始建立报价制的货币市场基准利率。然而，中国同业银行拆借市场存在多方面问题，影响我国银行同业拆借市场作用的发挥。这些问题包括同业拆借市场的交易规模占货币市场总交易规模的比重不断下降，拆借资金在地区和机构间的流向分布不均，同业拆借利率的波动性较大，不能充分发挥市场基准利率的作用等。主要原因是国有商业银行占据着拆借市场上最大的拆出比例，证券公司与其他银行则是最大的资金拆入机构；国有商业银行的垄断地位决定了资金供给的垄断性，不利于拆借利率的稳定。另一方面，由于我国同业拆借市场的交易额不大，容易受到单笔大额交易的冲击，使得拆借利率具有过大波动性（刘姗，2010）。

二、票据市场

票据市场是指在商品交易和资金往来过程中产生的以汇票、本票和支票的发行、担保、承兑、贴现、转贴现、再贴现来实现短期资金融通的市场。

（一）票据市场构成要素

1. 票据市场主要参与者。西方一些国家的大公司向银行借款时，通常要受到国家法律的制约和银行种种规定的限制。为绕开这些限制，同时也为减少筹资成本及其他因素，而直接向金融市场筹集资金，其中方式之一就是发行商业票据。很多大公司附设金融公司专门从事商业票据的发行。

商业票据的投资者主要有商业银行、保险公司、银行信托机构、养老基金组织、非金融企业和地方政府等。由于商业票据面值较大或购买单位较大，通常个人投资者很少。

2. 票据市场交易对象。票据市场交易的票据有二类：一类是真实票据，产生于商品交易中的延期支付，有商品交易的背景；另一类是融资票据，没有商品交易的背景，只是单纯以融资为目的发出的票据。

3. 票据的收益。商业票据均为贴现发行，即以低于面额的价格发行，到期按面额兑付，其收益率的计算公式为

$$票据收益率 = \frac{面额 - 发行价格或交易价格}{发行价格或交易价格} \times \frac{360}{成交日至到期日的天数}$$

在发行过程中，发行者的信用等级是非常重要的价格决定因素。信用等级的评定由专业的信用评级机构完成。在美国，进行商业票据信用评级的机构主

要有穆迪公司、标准普尔公司、惠誉公司等。发行的商业票据会被分为投资级和投机级两个等级，前者是美国证券交易委员会认可的商业票据。投机级票据则不被证券交易委员会认可，不能与投资级票据在同一市场交易。

（二）票据市场融资的特点

与银行贷款方式相比，商业票据筹资方式有其自身的特点：

1. 发行成本较低。一定数量、规定期限的商业票据的发行成本加上利率，一般低于同样条件下银行贷款的利率。

2. 资金利用率高。企业向银行贷款，往往需要将一定的资金保留在银行的往来账户上，而发行票据则可以将全部资金投入营运。

3. 市场适应性强。银行贷款利率往往对市场利率变化反应滞后，而商业票据对市场利率反应及时，发行利率可随时调整，时滞损失很小。

4. 有利于公司形象宣传。能在货币市场上发行商业票据的企业都是具有相当知名度的大公司。因此，一家企业如果能争取到发行自己的商业票据的资格，对提高其信誉度极为有利。

5. 采用信用发行的方式。无须抵押，大企业发行也无须银行信用支持。这样的发行方式简洁方便，符合货币市场的短期性。

（三）票据市场结构

按照交易方式不同，票据市场划分为票据发行市场、票据承兑市场和票据贴现市场。

1. 票据发行市场。票据的发行可采用两种方式：一种是直接发行，另一种是通过经纪商间接发行。具体采用哪种方式取决于发行者的经济实力和票据的条件。一般信用等级高且经常性发行商业票据的公司会组建专门机构负责发行工作，这样总体的发行成本会下降；而较小的公司无力或不愿意建立专门的机构，则通过经纪商发行。通过经纪商发行一般要支付给经纪商 1.25‰～2.5‰的佣金，经纪商在对发行票据的信用情况等进行分析的基础上以一定的价格向投资者发售。

影响票据行情的主要因素包括发行者的信用等级、同期贷款利率、货币市场资金状况及投资者的踊跃程度等，因此发行量要按照经济及市场状况进行调整。

2. 票据承兑市场。承兑是指汇票到期前，汇票付款人或指定银行确认票据记明事项，在票面上作出承诺付款并签章的一种行为。由于承兑者以自己的信用作保证，负责到期付款，需收取承兑手续费。汇票承兑一般由商业银行办理，也有专门办理承兑的金融机构，如英国的票据承兑所。

3. 票据贴现市场。票据贴现是指票据持有者为取得现金，以贴付利息为条件向银行或贴现公司转让未到期票据的融资。票据贴现可以使工商企业的资本从票据债权形式转化为现金形式，有利于资金周转。

商业银行贴入票据目的在于获取利润，一般情况下会将购入票据保存到期，向承兑人收取票款还复本息。如在实际经营中急需资金，商业银行可通过转贴现和再贴现获得资金融通。转贴现是商业银行将贴现所得的承兑汇票向其他商业银行申请融资；再贴现则是商业银行持承兑汇票向中央银行申请融资。再贴现可以提高票据的流动性，保证票据的收益性，扩大直接融资市场，是中央银行调节信用的重要途径。相比再贴现，贴现和转贴现对社会信用总量和货币总量的影响不大，或者说影响不具有乘数效应；再贴现是中央银行投放基础货币的重要渠道之一，是货币政策运行的传导机制之一，具有信用量和货币量的倍数功能。中央银行往往利用再贴现标准和再贴现率，调节商业银行的资金规模，并通过商业银行资金量对社会总量的乘数影响力来调节经济总量，从而完成经济增长、物价稳定、充分就业和国际收支平衡的宏观经济指标。

由于贴现是先扣除利息，因此被贴现人实际得到的贴现额是低于票面金额的。贴现率是商业银行办理贴现时收取的利息与面额的比率。先扣除利息相当于占用了被贴现人的资金时间价值，再加上贴现票据的流动性比贷款高，因而确定贴现率时一般以同期贷款的利率为上限，然后再根据票据的期限、资金状况、票据信用度及中央银行再贴现率等多种因素来具体确定。至于转贴现率和再贴现率的不同，前者主要由交易双方参照有关利率水平自行商定，后者则取决于中央银行的货币政策意图。

$$\text{贴现额} = \text{贴现面额} \times \left(1 - \text{贴现利率} \times \frac{\text{贴现天数}}{360}\right)$$

其中，贴现天数即未到期天数（从贴现日到到期日的天数），计算时包括贴现日，但不包括到期日。计算时还要注意贴现利率与期限的匹配，一般贴现利率是年利率，因而公式中的期限换算为年期限，若给出的利率是月利率或日利率，则期限换算为月或日。

三、大额可转让定期存单市场

大额可转让定期存单（negotiable certificates of deposit）是由商业银行发行的具有固定期限和一定利率，并可以在市场上转让的存款凭证。大额可转让定期存单是商业银行负债业务金融创新的典型，能满足客户收益性和流动性两方面的要求，同时又为商业银行取得了长期大额可用资金。可转让存单不仅让银行和货币市场投资者等微观经济个体更好地进行资金运用，而且为中央银行的宏观调控提供了有效的工具，在很多时候，中央银行会通过存单市场进行公开市场业务的操作。

可转让大额定期存单最早产生于美国。美国的 Q 条例规定商业银行对活期存款不能支付利息，定期存款不能突破一定限额。20 世纪 60 年代，美国市场利率上涨，高于 Q 条例规定的上限，资金从商业银行流入金融市场。为了稳定存款、扩大资金来源，1961 年美国花旗银行发行了第一张大额可转让定期存单。

（一）大额可转让定期存单市场构成要素

1. 大额可转让定期存单市场的主要参与者。大额可转让定期存单由商业银行发行，大企业是重要投资者，由于在企业资金流中闲置资金往往是短暂的，只能投资于货币市场的低风险工具，于是商业银行发行的信誉较高的大额可转让定期存单就成了企业投资首选。金融机构也是大额可转让定期存单的积极投资者，其中货币市场基金的投资量最大，其次是商业银行和信托机构，当然商业银行不能购买自己发行的存单。另外，政府机构、中央银行和个人投资者也是大额可转让定期存单的重要投资者。

2. 大额可转让定期存单的期限。大额可转让定期存单的期限一般固定在 1 个月、3 个月、6 个月、9 个月、12 个月等几个档次，后来又出现过转期存单。当前可转让存单的期限更短，更灵活，最短期限为 7 天，一般以 3 个月和 6 个月居多。

3. 大额可转让定期存单的价格和收益率。大额可转让定期存单的流通价格和实际收益率与其他证券一样受市场利率与票面利率的影响。其中，大额可转让定期存单的票面利率由发行者根据市场利率水平、发行者信用等级、市场需求状况及货币市场其他工具的需求量等因素决定。一般大额可转让定期存单的利率会比国库券利率要高，主要是因为：可转让存单的风险会比国库券大，因而流动性比国库券差；存单收益是应税所得，而国库券收益是免税的。

（1）大额可转让定期存单的流通价格

$$存单流通价格 = \frac{面额 \times \left(1 + 存单利率 \times \dfrac{存单发行日至到期日的实际天数}{360}\right)}{1 + 市场利率 \times \dfrac{存单买入日至到期日的实际天数}{360}}$$

式中：存单利率是存单发行时的票面利率，市场利率是指买入存单时新发行的存单的同期利率。

【举例】面额 100 万美元、利率 10%、期限 60 天的可转让存单，投资者在发行 30 天后买入，当时市场利率为 9%，则

$$存单流通价格 = \frac{1000000 \times \left(1 + 10\% \times \dfrac{60}{360}\right)}{1 + 9\% \times \dfrac{30}{360}} \approx 1009100（美元）$$

（2）大额可转让定期存单的收益率

$$存单实际收益率 = \left[\frac{面额 \times \left(1 + 存单利率 \times \dfrac{存单发行日至到期日天数}{360}\right)}{存单购买价} - 1\right]$$

$$\times \frac{360}{买入日至到期日的天数}$$

【举例】面额 10 万美元、期限 60 天、利率 10% 的存单，投资者在发行 30 天后买入并持有到期，其买入价格为 1009100 美元，则

$$存单实际收益率 = \left[\frac{100000 \times \left(1 + 10\% \times \dfrac{60}{360}\right)}{1009100} - 1\right] \times \frac{360}{60 - 30} = 9\%$$

（二）大额可转让定期存单市场的特点

1. 大额可转让定期存单可以流通转让。一般大额可转让定期存单不允许提前支取，但可以流通转让，转让包括背书转让和直接交付转让，大多是直接转让。可转让的特点大大提高了存单的流动性，因而其投资价值比普通存单更突出。

2. 一般不记名。这是为了方便流通转让而具备的特点。记名存单在转让时必须经过背书程序，降低了流动性；不记名存单可以直接转让，流动性更强。

3. 期限较短。一般在 1 年以下，超过 1 年的大多是转期存单。

4. 面额固定。美国联邦法律规定大额可转让定期存单最低面额为 2.5 万美元，通常为 10 万、50 万和 100 万美元；在我国，根据《中国人民银行关于大额可转让定期存单管理办法》的规定，大额可转让定期存单面额不得低于 500 元，以 500 元的倍数，即 1000 元、1500 元、2000 元等发行。

5. 利率灵活。大额可转让定期存单的利率既有固定的，也有浮动的，即使是固定利率，在二级市场转让时，仍要根据转让时的市场利率计算价格。

（三）大额可转让定期存单市场的分类

大额可转让存单市场可分为发行市场和流通转让市场。

大额可转让存单的发行方式包括直接发行和间接发行两类。直接发行是发行人自己发行大额可转让存单，并将其直接销售出去；间接发行是通过承销商的发行。大银行分支机构众多，可以采取直接发行方式，节约成本。小银行由于规模小，可以委托承销商代为办理发行，并向其支付承销佣金。

大额可转让存单的流通转让，采取自营买卖和代理买卖两种交易方式。自营买卖的交易价格由交易机构自定，并公开挂牌；代理买卖的价格根据委托人的要求确定，并公开挂牌。

四、回购市场

回购市场是指通过证券回购进行短期资金融通交易的市场。证券回购是指证券持有人在卖出一笔证券的同时，与买方签订协议，约定一定期限和价格买回同一笔证券的交易方式。

（一）回购市场的构成要素

1. 回购市场的主要参与者。大银行和证券交易商是回购市场的主要参与主体，他们利用回购市场为头寸融资或轧平头寸。证券交易商不仅把回购协议作为头寸融资和轧平头寸的手段，还利用该市场做相同期限的回购与逆回购进行对冲交易，通过对冲交易商可获得回购与逆回购的利差。货币市场基金、银行信托、市政机构等一般通过回购协议进行投资。

中央银行也是回购市场的重要参与者，它可通过回购协议来传导货币政策。在公开市场操作时，央行主要通过回购协议买卖短期政府债券等抵押品债券，调控银行准备金余额，进而影响市场利率，最终实现货币政策目标。

2. 回购交易的标的物和期限。回购交易的标的物主要有国库券、政府债券、其他有担保债券、大额可转让定期存单、商业票据等。回购的期限一般是短期的，期限最短的只有 1 天，最长不超过 1 年。若证券回购的约定时间为一天，则称为隔夜回购；如果约定时间超过一天则称为期限回购。

3. 回购利率与回购价格。影响市场回购利率的因素主要包括抵押品的质量、回购期限的长短、交割的条件、货币市场其他子市场的利率水平。一般来说，抵押品的信用、品质、流动性越高，回购利率就越低；期限越长不确定因素就越多，回购利率也相应高一些；若采用实物交割方式，贷款者借款成本增加，回购利率就会较低。

证券回购价格主要取决于市场回购利率的高低和待偿期限的长短，其计算公式为

$$证券回购价格 = 回购本金 \times \left(1 + 回购利率 \times \frac{回购天数}{360}\right)$$

（二）回购市场的特点

1. 流动性强。证券回购交易主要以短期为主，最长的回购期限一般不超过一年。

2. 安全性高。回购市场的重要组成部分之一是经国家批准的规范性场内交

易场所，只有合法的机构才可以在场内进行交易，交易双方以出让或取得证券质押权为担保进行资金拆借，交易所作为证券质押权的监管人承担相应的责任。回购交易的对象是经货币当局批准的最高资信等级的有价证券。

3. 收益稳定且超过银行存款收益。回购利率是市场公开竞价的结果，在一定程度上代表了一定时期的市场利率水平，市场参与者如果将沉淀资金用于证券回购交易，一般可获得平均高于银行同期存款利率的收益。

4. 商业银行融入资金免交存款准备金。对于商业银行来说，利用回购协议融入的资金不属于存款负债，不用交纳存款准备金，因此商业银行往往将回购市场作为筹集资金的重要场所。

（三）回购市场的结构

回购市场按交易场所的不同可以分为场内回购市场和场外回购市场两类。

场内回购是指在证券交易所、期货交易所、证券交易中心、证券交易报价系统内，由其设计并经主管部门批准的标准化回购交易。如上海证券交易所开展的证券回购业务，它就对回购业务的券种、期限结构、回购合约标的金额、交易竞价方式、清算与结算的相关制度等内容作了较为详细的规定。

场外回购是指在交易所之外，证券公司、信托投资公司、商业银行等进行的证券回购交易。在西方国家，回购交易一般在场外进行，回购市场通常是一个无形市场。

【拓展阅读】   我国证券回购市场的发展

我国的证券回购业务始于 1991 年，为了提高债券流动性，全国证券交易自动报价系统（STAQ 系统）于 1991 年 7 月宣布试办债券回购交易，随后，以武汉证券交易中心为代表的各证券交易中心纷纷推出了债券回购业务。1993 年 12 月 19 日上海证券交易所开办了债券回购交易。由此，债券回购作为一种新型金融交易方式，正式融入我国的正规金融体系之中。

1994 年是我国债券市场迅猛发展的一年，回购市场的交易量急剧增大，市场参与者也不断扩张。在证券回购市场的最初发展中，由城市兴办的证券交易中心，主要发挥的是在本省区范围内调剂资金供求关系的作用，资金流动的基本方向是将分散在中心城市邻近区域的资金集中到中心城市来使用。从资金在全国范围的流动来看，基本的格局仍然是从经济发展较为迟缓的地区流向经济较为发达的地区。

然而，作为一种新的金融交易方式，债券回购市场在我国出现后不久就暴露出交易形式不规范和资金用途不规范等诸多问题。1995 年 8 月，我国开始对回购市场进行规范清理，通过一系列整顿措施，回购市场的混乱状况有了明显改善。对债券回购市场进行清理之后，债券回购就主要在上海证券交易所进行，原来各地证券交易中心的债券回购交易被取消。我国的债券回购实现了集中交易和集中托管，全国统一的回购市场形成，产生了全国统一的债券回购交易价格和债券回购利率，从而对推动我国的利率市场化改革创造了必要的基础性条件。

　　由于形成了全国统一的债券回购市场，商业银行也广泛参与到交易所的债券回购交易中，一些证券公司和机构投资者便通过债券回购大量从商业银行获得资金后，转而投资于股票市场。这是助长我国 1995 年至 1998 年间股票市场大幅上涨的资金供给方面的原因。这种状况的任意发展给银行体系带来了极高的风险。于是，我国在 1998 年又对债券市场进行了一项重大的改革，将商业银行的债券交易业务从交易所分离出来，组建专门供商业银行之间进行债券回购交易的银行间市场，从此形成了交易所和银行间两个相互平行的债券回购市场。这样一种制度安排在我国的货币市场与资本市场之间人为地设置了一道资金流动的屏障，以免股票市场风险通过债券回购传递到银行体系。然而人为屏障也阻碍了金融资源的有效配置。自 2000 年起，证券公司、基金管理公司等只要满足一定的条件，也可以进入这一市场参与回购交易。这样，证券公司、基金管理公司等非银行金融机构进入银行间债券市场，我国的货币市场与资本市场之间建立起了资金流通的正规渠道和机制。

第二节　资本市场

　　资本市场是资金融通期限在一年以上的金融市场，其基本功能是实现并优化投资和消费的跨时期选择。资本市场通常由股票市场、债券市场和投资基金市场构成。股票市场又称权益市场，可分为一级市场和二级市场。债券市场是资本市场的另一个基本形态，其发行与交易的债务工具与权益工具有着本质的区别。投资基金是资本市场的一个新的形态，其本质是股票、债券及其他证券投资的结构化，它有利于克服个人分散投资的不足，成为个人投资者分散投资风险的最佳选择。

一、股票市场

（一）股票的概念和种类

1. 股票的概念

股票是投资者向公司提供资金的权益合同，是对公司的所有权凭证。股东的权益在利润和资产分配上表现为索取公司对债务还本付息后的剩余收益，即剩余索取权。在公司破产的情况下股东只负有限责任，即公司资产不足以清偿全部债务时，股东个人财产也不受追究。同时股东有权投票决定公司的重大经营决策，如经理的选择、重大投资项目的确定、兼并与反兼并等。概括地说，在公司正常经营状态下，股东拥有剩余索取权和剩余控制权，这两者构成了公司的所有权。

2. 股票的种类

将剩余索取权和剩余控制权进一步划分成不同层次并进行组合，可以设计出不同种类的股票。

（1）普通股。普通股是在优先股要求权得到满足后才参与公司利润和资产分配的股票合同，它代表着最终的剩余索取权。普通股的股息收益上不封顶、下不保底，每一阶段的红利数额也是不确定的，取决于公司的经营状况。普通股股东一般有出席股东大会的会议权、表决权、选举权、被选举权等，一般通过投票来行使剩余控制权。

普通股股东还具有优先认股权，即当公司增发新的普通股时，现有股东有权按其原有的持股比例认购新股，以保持对公司所有权的现有比例。现有股东也可以在市场上出售优先认股权。如果股东认为新发行的普通股无利可图时，也可以放弃这种权利。

（2）优先股。优先股是指在剩余索取权方面较普通股优先的股票，这种优先性表现在分得固定股息并且在普通股之前收取股息。但是，优先股在剩余控制权方面劣于普通股，优先股股东通常是没有投票权的，只是在某些特殊情况下才具有临时投票权，例如，当公司发生财务困难而无法在规定时间内支付优先股股息时，优先股就具有投票权而且一直延续到支付股息为止。又如，当公司发生变更支付股息次数、公司发行新的优先股等影响优先股股东的投资收益时，优先股股东就有权投票表决。

由于优先股股息是固定的，因此优先股的价格与公司的经营情况关系不如普通股密切，而主要取决于市场利息率。其风险小于普通股，预期收益率也低于普通股。

（二）股票市场结构

股票市场由股票发行市场和股票流通市场组成。

1. 股票发行市场

股票发行市场，是指公司直接或通过中介机构向投资者出售新发行的股票的场所。新发行的股票包括初次发行（Initial Public Offerings，IPO）和再次发行。

（1）股票的发行方式。股票发行的方式一般可分成公募和私募两类。公募是指面向市场上大量的非特定的投资者公开发行股票。其优点是：可以扩大股票的发行量，集资潜力大；无须提供特殊优厚的条件，发行者具有较大的经营管理独立性；股票可在二级市场上流通，从而提高发行者的知名度和股票的流动性。其缺点为：工作量大，难度也大，通常需要承销商的协助；发行者必须向证券管理机关办理注册手续；必须在招股说明书上如实公布有关情况以供投资者做出正确的决策。私募是指只对少数特定的投资者发行股票，其对象主要有个人投资者和机构投资者两类。前者如使用发行公司产品的用户或本公司的职工；后者如大的金融机构或与发行者有密切业务往来关系的公司。私募具有节省发行费、通常不必向证券管理机关办理注册手续、有确定的投资者从而不必担心发行失败等优点；但也有须向投资者提供高于市场平均条件的特殊优厚条件、发行者的经营管理易受干预、股票难以转让等缺点。

股票发行的方式还可以分为直接发行和间接发行两类。直接发行是指发行人直接面向投资者发行股票；间接发行是指发行人委托承销机构发行股票。间接发行方式通常有包销、代销两种。包销是指承销商以低于发行定价的价格把公司发行的股票全部买进，再转卖给投资者，这样承销商就承担了在销售过程中股票价格下跌的全部风险。代销是指承销商许诺尽可能多地销售股票，但不保证能完成预定销售额，任何没有出售的股票均可退给发行公司。

（2）股票发行定价。发行定价是股票发行的关键环节。如果定价过高，会使股票的发行数量减少，进而使发行公司不能筹到所需的资金，股票承销商也会遭受损失。如果定价过低，则有利于股票承销商的销售，但发行公司却会遭受损失。对于再发行的股票，价格过低还会使老股东受损。

发行价格主要有平价、溢价和折价三种。平价发行就是以股票票面金额所标明的价格发行；溢价发行就是按超过票面金额的价格发行；折价发行就是按低于票面金额的价格发行。

首次公开发行的股票通常要进行三次定价。第一次定价是在发行公司选择投资银行时，发行公司会要求几家竞争承销业务的投资银行给出它各自的发行价格估计数，在其他条件不变的情况下，发行公司会选择股价较高的投资银行作为它的承销商。第二次定价是在编制预备的招股说明书时，投资银行完成了大部分的尽职调查工作后对发行公司业务和经营状况有了全面的了解，再与发行公司谈判协商一个合适的价格区域。第三次定价是在证券管理机构批准注册之后，投资银行就开始与发行公司商讨确定发行定价，对招股说明书做最后的修改。与前两次定价相比，最后一次的定价尤为重要，它一旦确定就具备法律约束力，承销商需按此价格发售新股。因此，投资银行必须慎重行事，与发行公司进行激烈谈判并通常在公开发行前的最后一天才确定发行价。

2. 股票流通市场

二级市场也称交易市场，是投资者之间买卖已发行股票的场所。股票在流动交易的过程中，投资者将自己获得的有关信息反映在交易价格中，而一旦形成公认的价格，投资者凭此价格就能了解公司的经营概况，公司则知道投资者对其股票价值及经营业绩的判断，这样一个"价格发现过程"降低了交易成本。同时，流动也意味着控制权的重新配置。当公司经营状况不佳时，股东通过卖出股票放弃其控制权，这实质上是一个"用脚投票"的机制。它使股票价格下跌以"发现"公司的有关信息并改变控制权分布状况，进而导致股东大会的直接干预或外部接管，而这两者都是"用手投票"行使控制权。可见，二级市场另一个重要作用是优化控制权从而保证权益合同的有效性。

二级市场通常可分为有组织的证券交易所市场和场外交易市场。

（1）证券交易所市场。证券交易所是由证券管理部门批准的，为证券的集中交易提供固定场所和有关设施，并制定各种规则以形成公正合理的价格和有条不紊的秩序的正式组织。它的职能包括：提供买卖证券的交易席位和有关交易设施；制定有关场内买卖证券的上市、交易、清算、交割、过户等各种规则；管理交易所的成员，执行场内交易的各种规则，对违纪现象作出相应的处理等；编制和公布有关证券交易的资料等。

（2）场外交易市场。证券市场除了证券交易所外还有一些其他交易市场，这些市场因为没有集中的统一交易制度和场所，因而把它们统称为场外交易市场，又称柜台交易或店头交易市场（Over - The - Counter，OTC），指在证券交易所外由证券买卖双方议价成交的市场。场外交易市场主要具有以下特点：

第一，场外交易市场是一个分散的无形市场。它没有固定的、集中的交易场所，而是由许多各自独立经营的证券经营机构分别进行交易的，并且主要是依靠电话、电报、传真和计算机网络联系成交的。

第二，场外交易市场的组织方式采取做市商制。场外交易市场与证券交易所的区别在于不采取经纪制，投资者直接与证券商进行交易。

第三，场外交易市场是一个拥有众多证券种类和证券经营机构的市场，以未能在证券交易所批准上市的股票和债券为主。由于证券种类繁多，每家证券经营机构只固定地经营若干种证券。

第四，场外交易市场是一个以议价方式进行证券交易的市场。在场外交易市场上，证券买卖采取一对一交易方式，对同一种证券的买卖不可能同时出现众多的买方和卖方，也就不存在公开的竞价机制。场外交易市场的价格决定机制不是公开竞价，而是买卖双方协商议价。

第五，场外交易市场的管理比证券交易所宽松。由于场外交易市场分散，缺乏统一的组织和章程，不易管理和监督。

二、债券市场

（一）债券的概念和种类

1. 债券的概念

债券是投资者向政府、公司或金融机构提供资金的债权债务合同，该合同载明发行者在指定日期支付利息并在到期日偿还本金的承诺，其要素包括期限、面值与利息、税前支付利息、求偿等级、限制性条款、抵押与担保、选择权。这些要素使得债券具有与股票不同的特征：

（1）期限问题。股票一般是永久性的，因而是无须偿还的。债券是有期限的，到期日必须偿还本金，且每半年或一年支付一次利息。因而，对于公司来说，若发行太多的债券就可能资不抵债而破产，而公司发行越多的股票，其破产的可能性就越小。

（2）利息问题。股东从公司税后利润中分享股利，而且股票本身增值或贬值的可能性较大。债券持有者则从公司税前利润中得到固定利息收入，而且债券面值本身增值或贬值的可能性不大。

（3）在求偿等级上，股东的排列次序在债权人之后。当公司由于经营不善等原因破产时，债权人有优先取得公司财产的权利，其次是优先股股东，最后才是普通股股东。

（4）限制性条款涉及控制权问题。股东可以通过投票来行使剩余控制权，而债权人一般没有投票权，但可能对大的投资决策有一定的发言权。这主要表现在：债务合同常常包括限制经理人及股东职责的条款，如在公司进行重大的资产调整时要征求大债权人的意见；在公司破产的情况下，剩余控制权将由股东转移到债权人手中，债权人有权决定是清算公司还是重组公司。

（5）抵押担保问题。权益资本是一种风险资本，不涉及抵押担保问题，而债务资本可要求以某一或某些特定资产作为保证偿还的抵押，以提供超出发行人通常信用地位之外的担保，这实际上降低了债务人无法按期还本付息的风险，即违约风险。

（6）在选择权方面，股票主要表现为可转换优先股和可赎回优先股，而债券则更为普遍。一方面，多数公司在公开发行债券时都附有赎回条款，在一些预定条件下，由公司决定是否按预定价格提前从债券持有者手中购回债券。另一方面，许多债券附有可转换条款，这些可转换债券在到期日之前的某一期限内可以按预先确定的比例或预先确定的价格转换成股票。

2. 债券的种类

（1）按发行主体不同，可分为政府债券、公司债券和金融债券

政府债券是指中央政府、地方政府发行的债券，它是以政府的信誉作保证，因而通常无须抵押品，其风险在各种投资工具中是最小的。政府债券根据发行者的不同又可分为中央政府债券和地方政府债券。

公司债券是公司为筹集营运资本而发行的债券。其风险小于股票，但比政府债券高。

金融债券是金融机构为筹集资金而发行的债券。金融机构可以根据经营管理的需要，主动选择适当时机发行必要数量的债券来吸收低利率资金，所以金融债券的发行通常看做资产负债管理的重要手段。由于金融机构的资信度比一般公司要高，金融债券的信用风险也较公司债券低。

（2）按抵押担保状况不同，可分为信用债券、抵押债券、担保债券和设备信托证

信用债券是完全凭公司信誉，不提供任何抵押品而发行的债券。其持有者的求偿权排在有抵押债权人对抵押物的求偿权之后，对未抵押的公司资产有一般求偿权，即和其他债权人排名相同。发行这种债券的公司必须有较好的声誉，一般只有大公司才能发行。其期限较短，利率较高。

抵押债券是以土地、房屋等不动产为抵押品而发行的一种公司债券。如果公司不能按期还本付息，债权人有权处理抵押品以资抵偿。

担保债权是以公司特有的各种动产或有价证券为抵押品而发行的公司债券，也称流动抵押公司债。用于抵押的证券必须交由受托人保管，但公司仍保留股票表决及接受股息的权利。

设备信托证是指公司为了筹资购买设备并以该设备为抵押品而发行的公司债券。发行公司购买设备后，即将设备所有权转交给受托人，再由受托人以出租人的身份将设备租赁给发行公司，发行公司则以承租人的身份分期支付租金，由受托人代为保管及还本付息。到债券本息全部还清后，该设备的所有权才转交给发行公司。这种债券通常用于铁路、航空或其他运输企业。

（3）按计息方式不同，可分为固定利率债券、浮动利率债券、指数债券和

零息债券

固定利率债券是指事先确定利率，每半年或一年付息一次，或一次还本付息的公司债券。这种公司债券最为常用。

浮动利率债券是在某一基础利率之上增加一个固定的溢价，以防止未来市场利率变动可能造成的价值损失。对一些中小型公司或状况不太稳定的大公司来说，发行固定利率债券发生困难或成本过高时，可考虑选择浮动利率债券。

指数债券是通过将利率与通货膨胀率挂钩来保证债权人不会因物价上涨而遭受损失的公司债券。挂钩办法通常为：债券利率＝固定利率＋通货膨胀率＋固定利率×通货膨胀率。有时，用来计算利息的指数并不与通货膨胀率相联系，而与某一特定的商品价格（油价、金价等）挂钩，这种债券又称为商品相关债券。

零息债券即以低于面值的贴现方式发行，到期按面值兑现，不再另付利息的债券。它与短期国库券相似，可以省去利息再投资的麻烦，但该债券价格对利率变动极为敏感。

（4）按内含选择权不同，可分为可赎回债券、偿还基金债券、可转换债券和带认股证的债券

可赎回债券是指公司债券附加早赎回和以新债旧条款，允许发行公司选择于到期日之前购回全部或部分债权。当市场利率降至债券利率之下时，赎回债券或代之以新发行的低利率债券对债权持有人不利，因而通常规定在债券发行后至少5年内不允许赎回。

偿还基金债券是要求发行公司每年从盈利中提存一定比例存入信托基金，定期偿还本金，即从债权人手中购回一定量的债券。这种债券和可赎回债券相反，其选择权在债券持有人手中。

可转换债券是指公司债券附加可转换条款，赋予债券持有人按预先确定的比例转换为该公司普通股的选择权。大部分可转换债券都是没有抵押的低等级债券，并且是由风险较大的小型公司所发行的。这类公司筹措债务资本的能力较低，使用可转换债券的方式可增强对投资者的吸引力；另外，可转换债券可被发行公司提前赎回。

带认股证的债券是指公司债券可把认股证作为合同的一部分附带发行。与可转换债券一样，认股证允许债券持有人购买发行人的普通股，但对于公司来说，认股证是不能赎回的。

（二）债券市场结构

1. 债券一级市场

债券一级市场也称为债券的发行市场，是债券发行人向社会公众出售新债券以筹集资金的市场。

（1）债券发行方式。按照债券的发行对象，可分为私募发行和公募发行两种方式。

私募发行是指面向少数特定的投资者发行债券，一般以少数关系密切的单位和个人为发行对象，不对所有的投资者公开出售。具体发行对象有两类：①机构投资者，如大的金融机构或是与发行者有密切业务往来的企业等；②个人投资者，如发行单位自己的职工，或是使用发行单位产品的用户等。私募发行一般多采取直接销售的方式，不经过证券发行中介机构，不必向证券管理机关办理发行注册手续，可以节省承销费用和注册费用，手续比较简便。但是私募债券不能公开上市，流动性差，利率比公募债券高，发行数额一般不大。

公募发行是指公开向广泛不特定的投资者发行债券。公募债券发行者必须向证券管理机关办理发行注册手续。由于发行数额一般较大，通常要委托证券公司等中介机构承销。公募债券信用度高，可以上市转让，因而发行利率一般比私募债券利率为低。公募债券采取间接销售的方式有三种：①代销。发行者和承销者签订协议，由承销者代为向社会销售债券。承销者按规定的发行条件尽力推销，如果在约定期限内未能按照原定发行数额全部销售出去，债券剩余部分可退还给发行者，承销者不承担发行风险。采用代销方式发行债券，手续费一般较低。②余额包销。承销者按照规定的发行数额和发行条件，代为向社会推销债券，在约定期限内推销债券如果有剩余，须由承销者负责认购。采用这种方式销售债券，承销者承担部分发行风险，能够保证发行者筹资计划的实现，但承销费用高于代销费用。③全额包销。首先由承销者按照约定条件将债券全部承购下来，并且立即向发行者支付全部债券价款，然后再由承销者向投资者分次推销。采用全额包销方式销售债券，承销者承担了全部发行风险，可以保证发行者及时筹集到所需要的资金，因而包销费用也较余额包销费用为高。

（2）债券发行程序。债券的发行与股票类似，不同之处主要有发行合同书和债券评级两个方面。同时，由于债券是有期限的，因而其一级市场多了一个偿还环节。

发行合同书也称为信托契约，是说明公司债券持有人和债券发行双方权益的法律文件。受托管理人（通常是银行）代表债券持有人利益监督合同书中各条款的履行。对于有限责任公司来说，一旦资不抵债而发生违约时，债权人的利益会受损害，这些限制性条款就是用来设法保护债权人利益的，一般可分为否定性条款和肯定性条款。否定性条款是指不允许或限制股东做某些事情的规定。最一般的限制性条款是有关债权清偿的条款，例如利息和偿还基金的支付，只要公司不能按期支付利息和偿还基金，债券持有人有权要求公司立即偿还全部债务。肯定性条款是指公司应该履行某些责任的规定，如要求营运资金、权益资金达到一定水平以上。这些肯定性条款可以理解为对公司设置某些最低限。

债券违约风险的大小与投资者的利益密切相关，也直接影响着发行者的筹资能力和成本。为了较客观地估计不同债券的违约风险，通常需要由中介机构对债券进行评估。评级是否具有权威性取决于评级机构，目前最著名的评估机构包括标准普尔公司、穆迪投资者公司等。

债券的偿还一般分为定期偿还和任意偿还两种方式，定期偿还是经过一定宽限期后，偿还一定金额的本金，到期时还清余额，一般适用于发行数量巨大、偿还期限长的债券，但国债和金融债券一般不使用这种方法；任意偿还是债券发行一段时间（称为保护期）以后，发行人可以任意偿还债券的一部分或全部，具体操作可根据早赎回或以新偿旧条款，也可以在二级市场上买回予以注销。

（3）债券发行价格。债券的发行价格是指债券原始投资者购入债券时应支付的市场价格。从资金时间价值来考虑，债券发行价格由两部分构成：债券到期还本面额的现值和债券各期利息的年金现值。

$$债券发行价格 = \frac{债券面值}{(1+市场利率)^n} + \sum_{i=1}^{n} \frac{债券面值 \times 票面利率}{(1+市场利率)^i}$$

可见，票面利率和市场利率的关系影响到债券的发行价格。当债券票面利率等于市场利率时，债券发行价格等于面值；当债券票面利率低于市场利率时，企业仍以面值发行就不能吸引投资者，故一般要折价发行；反之，当债券票面利率高于市场利率时，企业仍以面值发行就会增加发行成本，故一般要溢价发行。在实务中，除了考虑票面利率和市场利率的关系外，还要结合发行公司自身的信誉情况确定债券发行价格。

2. 债券二级市场

债券二级市场与股票的二级市场类似，也可分为证券交易所市场、场外交易市场等。证券交易所是债券二级市场的重要组成部分。在证券交易所申请上市的债券主要是公司债券，国债一般不用申请即可上市，享有豁免权。然而，上市债券在债券总量中所占比例很小，大多数债券的交易是在场外市场进行的，场外交易市场是债券二级市场的主要形态。

债券二级市场的交易机制与股票并无差别，只是由于债券的风险小于股票，其交易价格的波动幅度也较小。

三、投资基金市场

（一）投资基金的概念及种类

1. 投资基金的概念

投资基金是一种集合投资制度，由基金发起人以发行收益证券形式汇集一定数量的具有共同投资目的的投资者的资金，委托由投资专家组成的专门投资机构进行各种分散的投资，投资者按出资的比例分享投资收益，并共同承担投资风险。投资基金作为一种集合投资制度，它的创立和运行主要涉及四个方面：投资人、发起人、管理人和托管人。发起人根据政府主管部门批准的基金章程或基金证券发行办法筹集资金而设立投资基金，将基金委托管理人管理和运营、委托托管人保管和进行财务核算。发起人与管理人、托管人之间的权利与义务通过信托契约来规定。投资基金作为一种有价证券，它与股票、债券的区别主要表现在：

（1）发行主体不同，表现的权利关系不同。投资基金证券是由基金发起人发行的，投资基金证券投资人与发起人之间是一种契约关系。投资人与发起人都不参与基金的运营管理，而是委托基金管理人进行运营。受托的管理人根据"受人之托，代人理财，忠实服务，科学运营"的原则，按基金章程规定的投资限制，对基金自主运用，以保证投资人有较丰厚的收益。发起人与管理人、托管人之间完全是一种信托契约关系。这种关系与股票、债券所体现的关系具有明显的区别。

（2）风险与收益不同。投资基金是委托有投资专家组成的专门投资机构进行分散的组合投资，它可以分散风险，因此投资基金的风险小于股票投资，但大于债券投资。投资基金证券的收益是不固定的，一般小于股票投资而大于债券投资。

（3）存续时间不同。投资基金都规定有一定的存续时间，期满即终止，但是经投资基金持有人大会或基金公司董事会决定，可提前终止或期满再延续。这与债券、股票都有明显的区别。

2. 投资基金的种类

（1）按照投资基金的组成形式不同，可以分为契约型投资基金和公司型投资基金。契约型投资基金也称信托型投资基金，是指基金发起人通过发行受益证券的形式筹集投资基金，受益证券由证券机构或金融机构认购包销并向社会公开发行，投资人购买受益证券即成为该基金的受益人，在约定的存续时间内凭所持证券分享红利。

公司型投资基金是指基金发起人通过组织基金公司的形式，发行投资基金股份，投资人购买基金股份即成为基金公司的股东，享有决议权、利益分配权和剩余财产分配权。

（2）按照投资基金能否赎回，可以分为封闭型投资基金和开放型投资基金。封闭型投资基金的特点是在基金的存续时间内，不允许证券持有人赎回基金证券，不得随意增减基金证券，证券持有人只能通过证券交易所买卖证券。这种基金证券的资产比较稳定，便于经营，但价格受市场供求关系的影响较大。公司型的封闭型投资基金，其经营业绩对基金股东来说至关重要。在经营业绩好时，股东可以通过超过基金净资产的证券价格而获得较高的收益，但在经营业绩不好时，投资人则会承担较大的亏损，因此，其风险也较大。

开放型投资基金的特点是在基金的存续期间内，允许证券持有人申购或赎回所持有的基金单位或股份，在基金发行新证券时，一般按基金的净资产价值加经销手续费出售基金证券，持有人赎回基金证券时，则按净资产价值减除一定比例的手续费作为赎回价格。开放型投资基金由于允许赎回，因此其资产经常处于变动之中，一般要求投资于变现能力较强的证券。

（3）按照投资基金的投资对象不同，可以分为股权式投资基金和证券投资基金。股权式投资基金是指以合资或参股的形式投资于实业，以获取投资收益为主要目的的投资基金。它可以参与被投资企业的经营，但一般不起控制支配作用。股权式投资基金的流动性和变现能力较差，一般是封闭型投资基金。

证券投资基金是指以投资于已经公开发行上市的股票和债券为主的投资基金。这种投资基金的流动性较好，容易变现，可以采用开放型投资基金的形式。我国 1997 年 11 月 14 日发布的《证券投资基金管理暂行办法》中的投资基金就属于证券投资基金。按规定，一只基金投资于股票、债券的比例不得低于该基金资产总值的 80%。

3. 投资基金的优点

将资金投向于投资基金的最大优点是能够在不承担太大风险的情况下获得较高收益。这是因为：

（1）投资基金具有专家理财优势。投资基金的管理人都是投资方面的专家，他们在投资前均进行过多种研究，能够降低风险、提高收益。

（2）投资基金具有资金规模优势。我国的投资基金一般拥有资金 20 亿元以上，西方大型投资基金一般拥有百亿美元以上资金，这种资金优势可以进行充分的投资组合，能够降低风险、提高收益。

（二）投资基金市场的主要参与主体

投资基金市场的参与主体主要包括基金份额持有人、基金发起人、基金管理人、基金托管人、基金代销机构，以及基金交易所、基金行业自律机构、基金监管机构。

1. 基金份额持有人

基金份额持有人即基金投资者，是基金的出资人、基金资产的所有者和基金投资收益的受益人。其基本权利包括：分享基金财产收益，参与分配清算后的剩余基金财产，依法转让或者申请赎回其持有的基金份额，按照规定要求召开基金份额持有人大会，对基金份额持有人大会审议事项行使表决权，查阅或者复制公开披露的基金信息资料，对基金管理人、基金托管人、基金份额发售机构损害其合法权益的行为依法提出诉讼。

2. 基金发起人

基金发起人是指发起设立基金的机构。国外基金的发起人大多数为一个或多个有实力的金融机构。根据我国《证券投资基金管理暂行办法》的规定，基金的主要发起人为按照国家有关规定设立的证券公司，信托投资公司及基金管理公司，基金发起人的数目为两个以上。基金发起人拥有申请设立基金、出席或委派代表出席基金持有人大会、取得基金收益、依据有关规定转让基金单位、监督基金经营情况，获取基金业务及财务状况的资料、参与基金清算，取得基金清算后的剩余资产以及法律法规认可的其他权利。

3. 基金管理人

基金产品的募集者和基金的管理者，其最主要职责就是按照基金合同的约定，负责基金资产的投资运作，在风险控制的基础上为基金投资者争取最大的投资收益。

4. 基金托管人

为保证基金资产的安全，《证券投资基金法》规定，基金资产必须由独立于基金管理人的基金托管人保管，在我国只能由取得基金托管资格的商业银行担任。基金托管人的职责是基金资产保管、基金资金清算、会计复核及对基金投资运作的监督等。

5. 基金代销机构

受基金管理公司委托从事基金代理销售的机构。通常只有大的投资者才能直接通过基金管理公司进行基金份额的直接买卖，普通投资者只能通过基金代销机构进行基金的买卖。商业银行、证券公司、专业基金销售机构等在取得证券机构批准后可以从事基金销售业务。

（三）投资基金市场的运作

1. 投资基金的设立

我国投资基金的设立经过基金申请、证监会审核及专家评议、申请核准三个步骤。

（1）基金申请。申请设立基金应提交的主要文件包括基金申请报告、基金契约、基金托管协议、招募说明书、基金管理人董事会决议、基金管理人财务状况、基金发行方案、代销协议、代销机构说明等。

（2）证监会审核及专家评议。中国证监会正式受理申报材料，并由相关业务部门进行审核。同时对基金管理公司的高级管理人员和拟任基金经理最近一年内执业操守情况进行检查。中国证监会在基金发行设立审核过程中，实行专家咨询委员会评议制度。咨询委员会的委员由中国证监会从熟悉证券投资基金运作的境内外专家中临时聘请。咨询委员会重点就基金治理结构、相关当事人内部合规控制制度、基金品种设计方案、有关基金发行工作的组织方案等内容提出咨询意见，有关咨询意见供基金管理公司及其相关当事人和中国证监会参考。

（3）申请核准。中国证监会自正式受理基金发行设立申报材料之日起60个工作日内作出批准、暂停审核或者不予批准的决定。决定批准的，出具批复文件。暂停审核或不予批准的，书面通知基金管理公司，并说明理由。对暂停审核的，在暂停审核的情形消除后，中国证监会作出恢复审核的决定，并书面通知基金管理公司。基金管理公司有义务将相关通知内容告知相关当事人。

2. 投资基金的发行

基金的设立申请一旦获得主管部门的批准，发起人即可发表基金招募说明书，着手发行基金份额。

按发行对象及发行范围不同，可分为公募发行和私募发行。我国《证券投资基金管理暂行办法》规定，封闭式基金只能采取公募发行的方式。

按发行渠道不同，可分为网上发行和网下发行两种方式。前者指通过证券营业网点发售；后者指通过证券营业网点以外的渠道如商业银行进行发售。在实际操作中，还采用网上发行和网下发行相结合的方式。

3. 投资基金的交易

按照国际惯例，在基金发行结束后的一段时间内（一般为3~4个月），就应安排基金证券的交易事宜。对于开放型基金，其交易表现为投资者向基金管理公司认购股票或受益凭证，或基金管理公司赎回股票或受益凭证。赎回或认购价格一般按当天每股股票或每份受益凭证基金的净资产价值来计算。对于封闭型基金股份或受益凭证，在其存续期内不能向基金公司赎回，为了满足投资者变现要求，大多数国家和地区，都允许封闭式基金上市。基金上市后，其交易与股票、债券类似，可以通过自营商或经纪人在基金二级市场上随行就市，自由转让。其价格主要取决于以下因素：

（1）基金单位资产净值。基金单位资产净值是基金单位的内在价值，是决定基金价格的最重要因素。基金单位资产净值高，基金价格就会相应较高，反之基金价格就会较低。基金单位资产净值主要受三个因素影响：基金管理人的管理水平、证券市场的走势及活跃程度、基金的所得税政策。

（2）基金市场的活跃程度。一般来说，基金的价格和基金市场有着密切的关系，活跃程度的大小直接影响着基金交易的活跃程度及基金价格。影响基金市场交易活跃的因素主要有下列几点：基金交易成本、投资者的投机心理、基金市场的供求关系、银行存款利率。

除上述几项因素外，还包括其他各种政治、经济和人文因素，例如外汇市场汇率的变化、资金市场利率的变化、投资者的心理因素、各种突发事件以及基金本身的封闭期限长短等。

【拓展阅读】　　　　　中国资本市场的发展

与成熟市场自下而上的"自然演进"的发展模式不同，中国资本市场是在政府和市场的上下共同推动下，逐步探索和发展起来的。

资本市场出现的直接原因是股份制试点。20 世纪 80 年代早期，由于通胀压力大，财政出现赤字，银行贷款紧张，为了解决资金周转困难，不少企业开始自发地向社会或企业内部发行股票或债券集资。1990 年 12 月深圳证券交易所和上海证券交易所正式挂牌，标志着新中国证券市场的建立。

1992 年 1 月，邓小平在南方谈话中指出："证券、股市，这些东西究竟好不好，有没有危险，是不是资本主义独有的东西，社会主义能不能用？允许看，但要坚决地试。"随后，股份制试点进一步扩大，中国资本市场开始了快速发展。1992 年成立了国务院证券委员会和中国证券监督管理委员会，执行证券市场监管职能，1998 年合并为中国证监会。1993 年《股票发行与交易管理暂行条例》出台，这部法规为《证券法》的出台奠定了基础。1993 年出台了新中国第一部《公司法》。从 1992 年 7 月全国人大常委会开始组织《证券法》的立法工作，历时六年半，十余次易稿，于 1998 年 12 月 29 日《中华人民共和国证券法》正式颁布，标志着中国证券市场进入了新的规范发展阶段。《证券法》以法律形式确定了资本市场的地位，规范了证券发行和交易行为，将资本市场纳入更高层次的发展轨道。

2001 年 11 月中国正式加入世界贸易组织（WTO），资本市场也加快了对外开放和国际化发展的步伐。2004 年 1 月，国务院出台《关于推进资本市场改革开放和稳定发展的若干意见》（俗称"国九条"），将大力发展资本市场提升到了完善社会主义市场经济体制、促进国民经济发展的战略高度。作为指导资本市场发展的纲领性文件，"国九条"明确提出发展多层次资本市场。作为主板市场的有力补充，2004 年 5 月深圳证券交易所正式开辟了中小企业板，即"二板市场"，标志着股票市场内部层次开始搭建。2006 年初，作为首个试点，中关村科技园区正式进入非上市股份公司代办股份转让系统，场外市场雏形初现。2008 年 3 月，国务院批复《天津滨海新区综合配套改革试验总体方案》，全国性非上市公众公司股权交易市场"落户"天津滨海新区。2009年10月，创业板在深圳证券交易所正式启动，它是拓展中国多层次市场体系的重要环节。目前，我国初步建立起主板、中小板、创业板、代办股份转让系统构成的多层次资本市场体系，以适应多元化的投资与融资需求。

中国资本市场重要的制度性改革——股权分置改革。中国上市公司相当部分为非流通股，是历史遗留的制度性问题。在股份制试点初期，股份制和证券市场的姓"资"姓"社"争论很激烈，为了保持国家控股权，规定国家股必须控股和暂不流通。由于初期股份制改革的企业主要是国有企业，对外首次发行的股票不高于总股本的30%，相当多的上市公司的非流通股占到70%。直到2005年股权分置改革时，非流通股仍占到65%左右。上市公司分为流通股和非流通股，造成股权分裂，同股不同权，同股不同价，同股不同利，国有股一股独大造成公司很难有完善的法人治理结构。由于发起人股一般是用原资产评估计算的，价格很低，而对外发行股份都是溢价发行。发行溢价收益部分进入资本公积，按股权比例形成各股东权益。这样通过初次发行、配股和增发等形式，使非流通股无形中增值，非流通股的增值是流通股的贡献。股权分置在诸多方面制约中国资本市场的规范发展和国有资产管理体制的根本性变革，随着新股发行上市不断积累，对资本市场改革开放和稳定发展的不利影响也日益突出。在这种背景下，进行股权分置改革是完全必要的。

股权分置改革就是非流通股给流通股补偿的方式，换取非流通股的流通权，实现全流通。要实现上市公司中所有股份的持股成本相同的目标，解决股权分置问题，是中国证券市场自成立以来影响最为深远的改革举措。随着试点公司的股权分置改革试点方案的陆续推出，随着市场的逐渐认可和接受，表明目前改革的原则、措施和程序是比较稳妥的，改革已经有了一个良好的开端。

【专题6-1】　　　　美国资本市场介绍

一、美国资本市场发展简史

1792年《梧桐树协议》是华尔街或者美国资本市场起步的标志，至今已有200多年的历史。美国资本市场发展大致可以分成三个阶段：第一个阶段就是从1792年到19世纪末期的100年时间，华尔街自身的发展还是处在一个非常原始的阶段，美国的联邦政府没有意识到政府在这个市场的监管中应该有所作为，当时的市场是高度投机、高度混乱的。第二个阶段是19世纪末期到20世纪30年代，美国股票市场得到了迅速的发展，但市场操纵和内幕交易的情况非常严重。市场中的经纪人就开始觉醒，开始强迫上市公司披露信息，通过这次经纪人的革命，美国资本市场步入一个相对规范的阶段。第三个阶段就是20世纪30年代至今，从罗斯福新政开始，美国政府颁布了一系列法律对金融体系进行了改革和重建，机构投资者的发展以及价值投资理念也慢慢占据了主流地位，于是资本市场相对来说步入一个新的规范发展阶段。

二、美国资本市场结构

美国资本市场形成了一个多层次、全方位的市场体系，主要包括场内交易市场和场外交易市场两部分。

（一）场内交易市场——以纽约证券交易所为例

1792年5月17日，24个证券经纪人在纽约华尔街68号外一棵梧桐树下签署了《梧桐树协议》（*Buttonwood Agreement*），协议规定了经纪人的"联盟与合作"规则，这也是纽约交易所的诞生日。1817年3月这个组织更名为"纽约证券交易委员会"，即纽交所的前身。1863年正式更名为纽约证券交易所。1934年交易所向美国证券交易委员会注册为一家全国性证券交易所，1971年非营利法人团体正式成立，2005年，纽约证券交易所和全电子证券交易所（Archipelago）合并成为一个营利性机构。2006年6月1日，纽交所与泛欧股票交易所（Euronext）合并，更名为纽约泛欧交易所集团（NYSE Euronext），成为第一家真正的全球性的证券交易所。纽约泛欧交易所集团本身在纽交所上市，股票代码：NYX。集团还包括纽约泛欧交易所集团创业板（Alternext）和纽约证券交易所增长市场（NYSE Arca）。2008年1月，纽约泛欧交易所集团又与美国证券交易所（AMEX）就收购事宜达成了最终协议，其同意以股票支付方式收购美国证券交易所（American Stock Exchange, Amex），以增加其在选择权、上市交易基金（ETF）和现货产品方面的业务。2011年5月德国监管机构批准，德意志交易所与纽约泛欧交易所合并，2012年1月美国证券交易委员会（SEC）批准了纽约泛欧交易所集团和德意志交易所的合并计划，合并之后双方将会在荷兰注册成立一个新实体，最终新公司的股票将在法兰克福、巴黎和纽约上市交易。纽约证券交易所的交易方式不同于中国股票的电脑自动撮合，采取议价方式。股票经纪人会依客户开出的买卖条件在交易大厅内，公开寻找买主卖主，讨价还价后作成交易。

（二）场外交易市场

有人误认为场外交易市场就是非正式的市场。实际上，包括纳斯达克在内的所有采用电子系统进行报价、交易活动的无形市场（NASDAQ、OTCBB、粉红单市场、第三市场）都属场外交易市场（OTC 市场）。

1. 纳斯达克市场（National Association of Securities Dealers Automated Quotations system，NASDAQ）

纳斯达克市场的全称是全国证券交易商协会自动报价系统，成立于 1971 年，是全球第一家也是最大的电子证券交易系统，也是一个为新兴产业提供竞争舞台、自我监管、面向全球的股票市场。纳斯达克的上市公司涵盖所有新技术行业，包括软件和计算机、电信、生物技术、零售和批发贸易等。世人瞩目的微软公司便是通过纳斯达克上市并获得成功的。

2006 年 2 月，纳斯达克宣布将股票市场分为三个层次："纳斯达克全球精选市场"、"纳斯达克全球市场"（即原来的"纳斯达克全国市场"）以及"纳斯达克资本市场（即原来的纳斯达克小型股市场)，进一步优化了市场结构，吸引不同层次的企业上市。

纳斯达克的拥有者和管理者是纳斯达克 OMX 集团（NASDAQ OMX Group, Inc.），该集团是由纳斯达克和北欧证券交易商瑞典 OMX 合并组成的。NASDAQ OMX Group 也在纳斯达克上市，交易代码：NDAQ。

2. 场外证券交易行情公告榜（Over the Counter Bulletin Board，OTCBB）

OTCBB 是由全美证券商协会（NASD）所管理的一个柜台证券交易实时报价服务系统，自 1990 年 6 月开始运作，最早是将一部分粉红单市场的优质股票转到 OTCBB 交易，受美国证券交易委员会（SEC）监管，上市的企业均在 SEC 注册。

OTCBB 为不在 NYSE、AMEX 和 NASDAQ 挂牌交易的权益证券、认股权证、基金单位、美国存托凭证（ADRs）以及直接参与项目（DPPs）提供及时报价、成交价和成交量等信息。

OTCBB 对申请上市的企业没有财务上的要求，也不收取年费。1999 年 1 月起，SEC 要求 OTCBB 市场挂牌的公司定期提供财务报告，对于经常不能按时提交财务报表的企业予以摘牌处理（并非退市，而是退到粉红单市场）。然而，那些达到主板上市要求的企业也可以从 OTCBB 升板。由于上市门槛低，OTCBB 成为很多中小企业上市的最佳起点，其中不乏中国中小企业，上市途径大多为买壳上市（又称"反向兼并"，Reverse Merger or Reverse Takeover）。

3. 粉红单市场（Pink Sheets）

OTC 市场最底层的一级报价系统是粉红单交易市场，在这个系统中，市场每周对交易公司进行纸上报价。粉红单交易系统不隶属于 NASDAQ，它由私营公司美国全国报价局（NQB）管理，NQB 成立于 1913 年，于 2000 年 6 月更名为粉红单有限公司。1990 年前的粉红单市场流动性比 OTCBB 更差，原因是粉红单交易系统不是一个自动报价系统，而是经纪人通过电话询问至少三个做市商的报价之后，然后再与最佳报价的做市商成交。1990 年后，NQB 推出粉红单电子版，每日更新并通过市场数据零售终端发布。2000 年 6 月后，报价信息可在其站点上实时查询。

粉红单市场是美国唯一一家不需要进行财务信息披露的证券交易机构，也没有上市条件，因而在该市场交易的证券算是"未上市证券"（Unlisted Securities），包括：由于不满足上市标准或财务披露要求而从纳斯达克或 OTCBB 退市的证券；为了避免财务披露而主动从 OTCBB 退到粉红单市场的证券；至少有一家做市商愿意为其提供报价的证券。粉红单市场的做市商目前有 230 余家，主要是金融服务机构，也包括美国一些著名的投资银行。

第三节　外汇市场

一、外汇市场概述

（一）外汇与外汇市场的概念

1. 外汇概念

外汇具有动态和静态的双重含义。

外汇的静态概念又有狭义和广义之分。狭义的外汇是以外国货币表示的、为各国所普遍接受的、可用于国际间债权债务结算的各种支付手段。它具有可支付性（必须以外国货币表示的资产）、可兑换性（必须是可以自由兑换为其他支付手段的外币资产）和普遍接受性的特点。广义的外汇是指一国拥有的一切以外币表示的资产。根据国际货币基金组织（IMF）的解释，"外汇是货币行政当局（中央银行、货币管理机构、外汇平准基金及财政部）以银行存款、财政部库券、长短期政府证券等形式保有的在国际收支逆差时可以使用的债权。"

外汇的动态概念是国际汇兑（foreign exchange）的简称，是指通过国与国之间的货币兑换从而实现货币在各国间的流动，借以清偿国际间债权、债务关系的一种专业金融活动。

2. 外汇市场概念

外汇市场（foreign exchange market）是指由银行等金融机构、自营交易商、大型跨国企业参与的，通过中介机构或电讯系统联结的，以各种货币为买卖对象的交易市场。

外汇的交易兑换可以在固定的场所完成，是有形的市场——如外汇交易所；也可以通过连接银行及其他经营外汇业务机构的电话、网络等通信工具来进行，是无形的市场——如通过全球银行财务电讯系统（SWIFT）交易的银行间外汇交易。据国际清算银行的统计，目前国际外汇市场每日平均交易额约为1.5万亿美元。

目前，大约有30多个主要的外汇市场遍布于世界各大洲的不同国家和地区。根据传统的地域划分，可分为亚洲、欧洲、北美洲等三大部分，其中最重要的有欧洲的伦敦、法兰克福、苏黎世和巴黎，美洲的纽约和洛杉矶，澳大利亚的悉尼，亚洲的东京、新加坡和香港等。

每个市场虽各有特点，但所有市场都有共性。虽然各市场所处的时区不同，得益于全球银行财务电讯系统（SWIFT）各市场不被距离和时间所隔，一个中心每天营业结束后，就把订单传递到别的中心，或是为下一市场的开盘定下基调。各外汇市场在营业时间上先后连接，市场的参与者可以在世界各地进行交易，外汇资金流动顺畅，市场间的汇率差异极小，形成了全球一体化运作、全天候运行的统一的国际外汇市场。

表 6.1　　　　　　　全球主要外汇市场营业时间

地区	城市	开盘时间（GMT）	收盘时间（GMT）
亚洲	悉尼	11：00	19：00
	东京	12：00	20：00
	香港	13：00	21：00
欧洲	法兰克福	08：00	16：00
	巴黎	08：00	16：00
	伦敦	09：00	17：00
北美洲	纽约	12：00	20：00

注：GMT为格林尼治标准时间，北京时间 = GMT + 8。

（二）外汇市场交易主体

1. 外汇银行。外汇银行是指有权经营外汇业务的商业银行、设在本国的外国银行分支机构以及兼营外汇业务的其他金融机构。外汇银行是外汇市场的中心，一方面充当外汇买卖、资金调拨及资金融通的媒介，以赚取买卖汇率的差价为主；另一方面主动买卖外汇，以轧平外汇头寸，防范汇率波动的风险。

2. 外汇经纪人。外汇经纪人是指在外汇银行之间或者在外汇银行与客户之间进行牵线搭桥、为买卖双方接洽外汇交易从中获取经纪佣金的汇兑商人。

3. 中央银行。中央银行成为外汇市场的参与者，主要目的是对外汇市场进行干预。当市场出现大量外汇短缺时，中央银行就大量抛售外汇；相反，在外汇过多时，则大量吸进外汇。中央银行干预外汇市场是为了保证本国汇率的稳定，或者通过干预将本币汇率调整到符合本国宏观经济政策或国际协议所需要的水平上。此外，为了调节本国外汇储备结构、减少和避免储备货币汇率下跌所造成的损失，中央银行也要参与外汇市场的交易活动。

4. 一般客户。一般客户是指那些出于交易、保值或投机需要而参与外汇买卖的公司或个人，主要包括进出口商、国际投资者、筹资者、旅游者等，他们是外汇的最初供给者和需求者，但是他们之间并不直接进行外汇买卖，而是通过外汇银行等中介机构进行外汇交易。

（三）外汇汇率

汇率或汇价指一国货币兑换另一国货币的比率，是以一种货币表示另一种货币的价格。

1. 外汇汇率的标价方法

确定两种不同货币之间的比价，先要确定用哪个国家的货币作为标准。由于确定的标准不同，于是便产生了不同的外汇汇率标价方法。

（1）直接标价法。直接标价法，又叫应付标价法，是以一定单位的外国货币为标准来计算应付多少单位本国货币。在直接标价法下，若一定单位的外币折合的本币数额多于前期，则说明外币币值上升或本币币值下跌，叫做外汇汇率上升；反之，如果要用比原来少的本币即能兑换到同一数额的外币，说明外币币值下跌或本币币值上升，叫做外汇汇率下跌，即外币的价值与汇率的涨跌成正比。在国际外汇市场上，绝大多数国家都采用直接标价法。

（2）间接标价法。间接标价法又称应收标价法。它是以一定单位的本国货币为标准，来计算应收多少单位的外汇货币。在间接标价法中，如果一定数额的本币能兑换的外币数额比前期少，这表明外币币值上升，本币币值下降，即外汇汇率下跌；反之，如果一定数额的本币能兑换的外币数额比前期多，则说明外币币值下降、本币币值上升，即外汇汇率上升，即外汇的价值和汇率的升跌成反比。因此，间接标价法与直接标价法相反。目前只有少数发达国家用间接标价法，如英国、美国。

除了直接标价法和间接标价法之外，美国在 1978 年 9 月 1 日制定并执行美元标价法，美元标价法是指在纽约国际金融市场上，除对英镑用直接标价法外，对其他外国货币用间接标价法的标价方法。

2. 外汇汇率的种类

（1）按制定汇率的方法划分，有基本汇率和套算汇率。各国在制定汇率时必须选择某一国货币作为主要对比对象，这种货币称之为关键货币。根据本国货币与关键货币实际价值的对比，制定出汇率就是基本汇率。

套算汇率是指各国按照其他货币对关键货币的基本汇率套算出的直接反映其他货币之间价值比率的汇率。通常各国选择国际金融市场主要货币，或是与本国经济交往密切的国家的货币作为关键货币。

（2）按外汇管制的程度划分，有官方汇率和市场汇率。官方汇率是指国家机构（中央银行、外汇管理当局或财政部）公布的汇率。官方汇率又可分为单一汇率和多重汇率。多重汇率是一国政府对本国货币规定的一种以上的对外汇率，是外汇管制的一种特殊形式。其目的在于奖励出口限制进口，限制资本的流入或流出，以改善国际收支状况。

市场汇率是指在自由外汇市场上买卖外汇的实际汇率。在外汇管理较松的国家，官方宣布的汇率往往只起中心汇率作用，实际外汇交易则按市场汇率进行。

（3）按银行买卖外汇角度划分，有买入汇率、卖出汇率、中间汇率和现钞汇率。买入汇率也称买入价，即银行向同业或客户买入外汇时所使用的汇率。卖出汇率也称卖出价，即银行向同业或客户卖出外汇时所使用的汇率。外汇银行买卖外汇遵循"贱买贵卖"的原则，外汇买卖价差是银行外汇交易的利润来源。采用直接标价法时，外币折合本币数较少的那个汇率是买入价，外币折合本币数较多的那个汇率是卖出价；采用间接标价法时则相反。

中间汇率是买入价与卖出价的平均数。西方媒体报导汇率消息时常用中间汇率，套算汇率也用有关货币的中间汇率套算得出。

现钞汇率按理应与外汇汇率相同，但因需要把外币现钞运到各发行国去，由于运送外币现钞要花费一定的运费和保险费，因此，银行在收兑外币现钞时的汇率通常要低于外汇买入汇率，而银行卖出外币现钞时使用的汇率一般等于外汇卖出汇率。

（4）按外汇交易交割期限划分，有即期汇率和远期汇率。即期汇率也叫现汇汇率，是指买卖外汇双方成交当日或两个营业日之内进行交割的汇率。

远期汇率是在未来一定时期进行交割，而事先由买卖双方签订合同、达成协议的汇率。同种外汇的远期汇率与即期汇率相比时，有升水、贴水、平价三种情况，升水是表示远期汇率比即期汇率贵，贴水则表示远期汇率比即期汇率便宜，平价表示两者相等。

（5）按银行外汇付汇方式划分有电汇汇率、信汇汇率和票汇汇率。电汇汇率是经营外汇业务的本国银行在卖出外汇后，即以电报委托其国外分支机构或代理行付款给收款人所使用的一种汇率。由于电汇付款快，银行无法占用客户资金头寸，同时，国际间的电报费用较高，所以电汇汇率较一般汇率高。

信汇汇率是银行开具付款委托书，用信函方式寄给付款地银行转付收款人所使用的一种汇率。由于付款委托书的邮递需要一定的时间，银行在这段时间内可以占用客户的资金，因此，信汇汇率比电汇汇率低。

票汇汇率是指银行在卖出外汇时，开立一张由其国外分支机构或代理行付款的汇票交给汇款人，由其自带或寄往国外取款所使用的汇率。由于票汇从卖出外汇到支付外汇有一段间隔时间，银行可以在这段时间内占用客户的头寸，所以票汇汇率一般比电汇汇率低。票汇有短期票汇和长期票汇之分。由于银行能更长时间运用客户资金，所以长期票汇汇率较短期票汇汇率低。

（四）外汇风险

外汇风险是指经济主体持有或运用外汇的经济活动中，因汇率变动而蒙受损失的可能性。外汇风险包括交易风险、折算风险、经济风险三大类。

1. 交易风险。运用外币进行计价收付的交易中，经济主体因外汇汇率的变动而蒙受损失的可能性。交易风险主要发生在以下几种场合：商品劳务进口和出口交易中的风险；资本输入和输出的风险；外汇银行所持有的外汇头寸的风险。

2. 折算风险。折算风险又称会计风险，指经济主体对资产负债表的会计处理中，将功能货币转换成记账货币时，因汇率变动而导致账面损失的可能性。功能货币指经济主体在经营活动中流转使用的各种货币。记账货币指在编制综合财务报表时使用的报告货币，通常是本国货币。

3. 经济风险。经济风险又称经营风险，指意料之外的汇率变动通过影响企业的生产销售数量、价格、成本，引起企业未来一定期间收益或现金流量减少的一种潜在损失。

二、世界主要外汇市场

世界外汇市场是由各国际金融中心的外汇市场构成的一个庞大的体系。它们各具特色并相互联系，形成了全球统一的外汇市场。

（一）全球主要外汇市场简介

伦敦外汇市场是目前规模最大、历史最悠久、最负盛名的外汇市场，由经营外汇业务的本国银行及外国银行在伦敦的分行、外汇经纪人、其他经营外汇业务的非银行金融机构和英格兰银行构成。它经营一切可自由兑换货币的现货交易和相应货币的期货交易，规模最大的是英镑兑美元的交易，其次是英镑兑欧元和日元的交易。此外，像美元兑欧元、欧元兑日元、日元兑美元等多边交易，在伦敦外汇市场上也普遍存在。伦敦外汇市场汇率报价采用间接标价法，市场运作速度快、效率高。作为国际金融中心，伦敦的优势不仅在于其理想的地理位置、发达的市场环境以及众多的专业人才，更主要的是英国一直推行宽松的金融政策，使伦敦外汇市场在全球外汇市场中占有重要的地位。

纽约外汇市场是在第二次世界大战后发展起来的，是重要的国际外汇市场之一，其日交易量仅次于伦敦，也是全球美元交易的清算中心。纽约外汇市场货币结算都可通过纽约地区银行同业清算系统和联邦储备银行支付系统进行。由于美国没有外汇管制，对经营外汇业务没有限制，政府也不指定专门的外汇银行，所以几乎所有的美国银行和金融机构都可以经营外汇业务。纽约外汇市场由三部分组成：第一是银行与客户之间的外汇交易市场，第二是纽约银行间的外汇交易市场，第三是纽约各银行与国外银行间的外汇交易市场。其中纽约银行间的外汇交易市场是交易量最大的市场，占整个外汇市场交易量的90%。

东京外汇市场是随着日本对外经济和贸易发展而发展起来的，是与日本金融自由化、国际化的进程相联系的。20世纪60年代之前，日本实行严格的外汇管制和金融管制。1964年日本加入国际货币基金组织，日元才被允许自由兑换，东京外汇市场才开始逐步形成。1980年日本《新外汇法》公布实施，从根本上取消了外汇管制，此后东京外汇市场迅猛发展。目前，东京外汇市场已成为仅次于伦敦外汇市场和纽约外汇市场的世界第三大外汇市场。从交易币种看，因为日本的进出口贸易多以美元结算，所以东京外汇市场90%以上是美元对日元的买卖，日元对其他货币的交易较少。从交易方式看，银行同业间的外汇交易可以通过外汇经纪人进行，也可以直接进行。日本国内的企业、个人进行外汇交易必须通过外汇银行进行。

新加坡外汇市场是随着亚洲美元市场的发展而发展起来的。它是全球第四大外汇市场，日平均交易量仅次于东京。新加坡外汇市场的主要参与者是外汇银行、外汇经纪人、商业客户和新加坡金融管理局。大部分交易由外汇经纪人办理，并通过他们把新加坡和世界各金融中心联系起来。交易以美元为主，约占交易总额的85%左右。

瑞士苏黎世外汇市场是一个有历史传统、在国际上比较有影响的市场，一方面是由于瑞士法郎是自由兑换货币；另一方面是由于二次大战期间瑞士是中立国，外汇市场未受战争影响，一直坚持对外开放。其交易量原先居世界第四位，但近年来被新加坡外汇市场超过。苏黎世外汇市场没有外汇经纪人，所有外汇交易都在银行同业之间直接进行。参与的外汇银行主要有瑞士银行、瑞士信贷银行、瑞士联合银行以及外国银行分支机构、国际清算银行、瑞士国家银行。外汇交易中主要是瑞士法郎对美元的交易，对其他货币通过美元进行交叉买卖，因此瑞士法郎对美元的汇率是苏黎世外汇市场的主要汇率，瑞士法郎对其他货币的汇率采用以美元进行套算。

巴黎外汇市场是巴黎国际金融市场的重要组成部分。巴黎成为世界较大的国际金融中心之一，是法国的对外贸易、资本输出和旅游业比较发达的结果。巴黎外汇市场上，大部分银行都可以以中间人的身份为其本身或客户进行外汇买卖。外汇交易可以在银行之间通过电话直接进行，也可以通过经纪人进行。进行交易的主要货币有美元、英镑、欧元、瑞士法郎等10多种货币，其中以美元、英镑、欧元及瑞士法郎的交易量最大。

香港处于自由港地位，它是亚太地区的一个重要外汇市场，加之它的地理位置填补了欧洲和北美之间的时差距离，与世界各地有着良好的业务往来，它又是一个国际性外汇市场。香港外汇市场由两个部分构成：一是港元兑外币的市场，其中包括美元、日元、欧元、英镑、加拿大元、澳大利亚元等主要货币和东南亚国家的货币，当然也包括人民币。二是美元兑其他外汇的市场，这一市场的交易目的在于完成跨国公司、跨国银行资金的国际调拨。

（二）全球外汇市场的特点

1. 交易机制灵活

相对于股票市场、期货市场，外汇市场的交易机制相对更为灵活，主要表现在两个方面，一是交易空间的统一性，二是交易时间的连续性。所谓空间统一性是指由于各国外汇市场都用现代化的通信技术（电话、电报、电传等）进行外汇交易，因而使它们之间的联系非常紧密，形成一个统一的世界外汇市场。所谓时间连续性是指世界上的各个外汇市场在营业时间上相互交替，形成一种前后继起的循环作业格局。早上8时半（以纽约时间为准）纽约市场开市，9时半芝加哥市场开市，10时半旧金山开市，18时半悉尼开市，19时半东京开市，20时半香港、新加坡开市，凌晨2时半法兰克福开市，3时半伦敦市场开市。只有星期六、星期日以及各国的重大节日，外汇市场才会关闭。这种连续作业为投资者提供了没有时间和空间障碍的理想投资场所，投资者可以寻找最佳时机进行交易。

全球外汇市场实现在时间和空间上的统一，环球银行同业金融电讯协会（Society for Worldwide Interbank Financial Telecommunications，SWIFT）作出了主要贡献。

1973年5月，来自美国、加拿大和欧洲的15个国家的239家银行宣布正式成立SWIFT，总部设在比利时的布鲁塞尔，它是为了解决各国金融通信不能适应国际间支付清算的快速增长而设立的非营利性组织，负责设计、建立和管理

SWIFT 国际网络，以便在该组织成员间进行国际金融信息的传输和确定路由。SWIFT 自投入运行以来，以其高效、可靠、低廉和完善的服务，在促进世界贸易的发展，加速全球范围内的货币流通和国际金融结算，促进国际金融业务的现代化和规范化方面发挥了积极的作用。

2. 交易公开透明

在外汇市场，几乎所有的消息都是即时发布和公开的，普通投资者与各国央行、大型基金、研究机构所得到的各类经济数据都是完全同步的。这样的一个对称的消息面决定了外汇市场最基本的公平和透明。此外，外汇市场每天有约几万亿美元的成交量，在这样大的交易量的情况下，即便是各国央行想要干预外汇市场也是非常难的，而且干预效果也往往不佳。即便是几大央行联合起来干预市场，推动一些汇率走势按照经济发展需要的方向来运行，这也是公开的信息。最后，24 小时连续交易的机制决定了任何国际政治、经济、军事变动都能第一时间反映到外汇市场的走势中，这形成了公平公正的市场基础。

3. 货币走势规范

技术分析原理都是历史规律的重复呈现，所有的技术分析原理都是在成交量越大的情况下，越符合原理本身的规则。外汇市场、股票市场、期货市场等类似的投资市场都是如此。外汇市场每日巨额成交量和市场消息的即时反应，使得外汇市场的各货币走势均非常规范，非常符合技术分析原理。

4. 零和游戏

在外汇市场上，汇价的波动所表示的价值量的变化和股票价值量的变化完全不同，这是由于汇率是指两国货币的交换比率，汇率的变化也就是一种货币价值的减少与另一种货币价值的增加。从总的价值量来说，不会增加价值，也不会减少价值。因此，有人形容外汇交易是"零和游戏"，更确切地说是财富的转移。

三、外汇交易

（一）即期外汇交易

1. 即期外汇交易的概念

即期交易（spot exchange transaction）又称现汇交易，是指外汇买卖双方在达成交易之后的两个营业日内完成交割的外汇买卖业务。即期外汇业务是外汇交易中最基本的交易，市场规模也最大。

2. 即期交易的成交日与交割日

成交日是指外汇买卖双方达成外汇交易协议的日期。在达成交易后，双方进行资金划拨，实现收付义务的行为叫交割。所谓交割日就是双方交付资金的日期，它必须是交易双方所在地共同的营业日。如遇上非营业日，则推迟到下一个营业日。

3. 即期外汇市场上的套汇交易

套汇交易（arbitrage）指套汇者利用两个或两个以上外汇市场某些货币汇率的差异进行即期外汇买卖，在汇率低的市场买进某种货币，同时在汇率高的市场将其卖出，从中套取差价以获得利润的行为。套汇交易可以分为直接套汇和间接套汇两种。

（1）直接套汇。直接套汇又称两地套汇，指套汇者利用两个外汇市场之间的汇率差异，低价买进某种货币同时在另一市场高价卖出的外汇交易方式。

【举例】伦敦外汇市场上，某一时间 1GBP = USD1.5850/1.5860，而纽约外汇市场上英镑对美元的汇率为 1GBP = USD1.5880/1.5900，显然，在纽约外汇市场上英镑的汇率高于伦敦外汇市场上英镑的汇率，套汇者就可以在伦敦市场上卖出美元、买入英镑，同时在纽约市场上卖出英镑、买入美元获利。

具体操作为：在伦敦市场上以 1GBP = USD1.5860 的汇率买入英镑、卖出美元，同时在纽约市场上以 1GBP = USD1.5880 的汇率卖出英镑、买入美元。这样，每买卖 1 英镑，套汇者就可以获利 0.002 美元。

（2）间接套汇。间接套汇又称多角套汇，指套汇者在两个以上不同外汇市场上利用某种货币汇率的差异进行贱买贵卖赚取汇率差价的即期外汇交易。最简单的多角套汇是三角套汇。

【举例】假定纽约外汇市场：1USD = EUR0.8355/0.8376，法兰克福外汇市场：1 GBP = EUR 1.5285/1.5380，伦敦外汇市场：1 GBP = USD1.7763/1.7803。

第一步，投机者先判断是否存在套汇机会。将不同市场的外汇价格转换成同一种标价方法，因为三个外汇市场中纽约外汇市场和伦敦外汇市场采用间接标价法，较简便地把法兰克福外汇市场的直接标价法改为间接标价法，则法兰克福外汇市场：1EUR = GBP0.6502/0.6542。

然后把三个卖出价或三个买入价相乘，乘积不等于 1，说明存在汇率差异，此时套汇有利可图。

第二步，选择正确的套汇途径。根据套汇者所持资金的币种，把该货币选择为初始投放货币，寻找套汇途径。

假定套汇者手持的是美元资金，即以美元作为套汇的初始投放货币。先在伦敦外汇市场以 1USD 兑换 1/1.7803GBP 的汇率买入英镑，再在法兰克福市场以 1GBP 兑换 1.5285EUR 的汇率将英镑换成欧元，最后在纽约外汇市场 1EUR

兑换 0.8376USD 的汇率将欧元换成美元。则每投入 1 美元，套汇后可得 1.0250美元。

（二）远期外汇交易

1. 远期外汇交易的基本概念

远期外汇交易（forward transaction）又称期汇交易，是指在签订外汇买卖合同后，交易双方无须立即交割，而是约定在将来一定的日期，按预先约定的汇率、货币币种、金额办理交割的外汇交易。远期外汇买卖的交割期，通常为 1 个月、2 个月、3 个月、6 个月、9 个月、12 个月，其中最常见的是 3 个月，期限超过 1 年的远期交易很少见。

2. 远期外汇交易的交割日

远期交易交割日的推算，通常是在即期交割日后加上整个月的倍数，而不管每个月实际天数差异；若远期合约是以天数计算的，则加上日历天数，而不是营业日天数。如果整月后的交割日不是营业日期，则顺延到下一个营业日；但是若在顺延到月底还不是营业日，这时必须提前到当月的最后一个营业日办理交割，即本月到期的交割不能跨到下个月。

3. 远期汇率的计算

一般情况下，远期汇率的标价方法是仅标出远期汇率的升水数或贴水数。在直接标价法下，远期汇率如果是升水，就在即期汇率的基础上加上升水数；如果是远期贴水，就在即期汇率的基础上减去贴水数。在间接标价法下，正好相反，远期汇率如果是升水，就要在即期汇率的基础上减去升水数；如果是远期贴水，就要在即期汇率的基础上加上贴水数。

远期汇率也有买入价和卖出价，所以远期汇率的升水或贴水，也就有大小两个值。在直接标价法的情况下，远期汇率的升贴水值前小后大，则表示远期汇率升水；远期汇率的升贴水值前大后小，则表示远期汇率贴水。在间接标价法下，判断方法正好相反。因此，有"远期汇率升贴水值前小后大——用加法；前大后小——用减法"的计算法则。

远期外汇交易的实例放在第七章金融创新内容中具体介绍。

（三）套利交易

套利（interest arbitrage）是指在两国短期利率出现差异时，投资者将资金从利率低的国家调往利率高的国家，以赚取利差的外汇交易。按照投资者在做套利的同时是否做远期外汇交易进行保值，套利交易可分为无抛补套利和抛补套利。

1. 无抛补套利（uncovered interest arbitrage）

无抛补套利是指在有关货币汇率比较稳定的情况下，资金持有者利用两个不同市场上的短期利率差异，把资金从利率低的国家调往利率高的国家，以赚取利率差额的一种外汇交易。

【举例】英国短期市场的存款利率为年息9%，美国的短期存款利率为年息11%，英国一套利者有100000英镑，存入伦敦的银行6个月，到期利息为4500英镑，本息和为104500英镑。如果外汇市场的汇率是1GBP = USD 1.6651/81，把100000英镑兑换成166510美元存在美国6个月，到期利息为9158.05美元，本息和为175668.05美元。假定6个月到期时，汇率仍没有变化，那么175668.05美元再换回英镑就可得105310.26英镑，比存在英国产生的利息多810.26英镑。

2. 抛补套利（covered interest arbitrage）

在浮动汇率制度下，进行无抛补套利交易要冒汇率波动的风险，因此套利者在套利时，为避免汇率变动抵消套利收益，同时做一笔远期外汇交易进行保值，这种套利交易称为抛补套利。

【举例】某年5月12日，美国6个月存款年利率为4%，英国6个月存款年利率为6%；假定当日即期汇率 GBP/USD = 1.6134/1.6144，6个月英镑的升贴水为95/72，美国套利者拥有套利资本2000000美元，他预测6个月后英镑兑美元的汇率可能大幅下跌，因此在进行套利交易的同时，与银行签订远期外汇买卖合同，做抛补套利。

6个月远期外汇汇率为：1GBP = USD 1.6039/1.6072

6个月美元存款的本息和为：$2000000 \times \left(1 + 4\% \times \frac{6}{12}\right) = 2040000$（美元）

6个月英镑存款的本息和：$\frac{2000000}{1.6144} \times \left(1 + 6\% \times \frac{6}{12}\right) = 1276015.86$（英镑）

故，抛补套利的收益为：$1\,276\,015.86 \times 1.6039 - 2\,040\,000 = 6601.84$（美元）

（四）掉期交易

掉期交易（swap transaction）是指在买入某种外汇时，同时卖出金额相等但交割日期不同的同种货币的交易行为。进行掉期交易的目的一是为了轧平各种货币因到期日不同所造成的资金缺口；二是利用不同交割期限汇率的差异，通过贱买贵卖谋取利润。

掉期交易按交割日的不同主要分为即期对远期的掉期交易和远期对远期的掉期交易。

1. 即期对远期的掉期交易（spot – forward swaps）

即期对远期的掉期交易是指买进（卖出）一笔现汇的同时，卖出（买进）

一笔期汇的掉期交易，这是在国际市场上最常见的掉期交易。

【举例】一家美国投资公司需要 100 万英镑现汇进行投资，已知即期汇率为 1GBP = USD1.6770/1.6780，2 个月的远期升贴水为 20/10，预计 2 个月后收回投资，问公司应该如何利用掉期交易防范汇率风险？

计算得 2 个月的远期汇率为：1GBP = USD 1.6750/1.6770

该公司可以这样操作：在即期市场上买进 100 万英镑，买进 100 万英镑需付出 1678000 美元；同时在期汇市场上卖出 100 万英镑 2 个月的期汇，可收回 1675000 美元。在这笔掉期交易中投资者承担了 3000 美元保值成本，但这样做可以固定成本，可以用最小的代价保证预计的投资收益不再因汇率的变化而遭到更大的不可预知的损失。

2. 远期对远期的掉期交易（forward – forward swaps）

远期对远期的掉期交易是指两笔货币金额相同、方向相反、交割期限不同的远期外汇交易。

【举例】一家美国公司 1 个月后有一笔 100 万欧元的应收款，6 个月后又有一笔 100 万欧元的应付款；若该公司想通过掉期交易来固定成本，其掉期成本是多少？

假设当时的即期汇率为：EUR/USD = 1.3325/1.3400，1 个月欧元远期升贴水为 30/40，6 个月欧元的远期升贴水为 110/160。

该公司应该做卖出 1 个月期 100 万欧元、买进 6 个月期 100 万欧元的掉期交易。

1 个月的远期汇率是：1EUR = USD 1.3355/1.3440

6 个月的远期汇率是：1EUR = USD 1.3435/1.3560

所以，掉期成本为：$1000000 \times (1.3560 - 1.3355) = 20500$（美元）

（五）外汇衍生品交易

除了前面所介绍的外汇交易外，还有外汇期货交易、外汇期权交易等金融衍生品交易。

外汇期货交易（foreign currency future transaction）是指交易双方在有组织的交易市场上买卖在未来某一日期以既定汇率交割一定数量外汇标准化合约的交易。

外汇期权交易（foreign currency option transaction）就是指外汇期权合约的购买者向出售者付出一定比例的期权费后，在有效期内或规定的合约到期日享有按约定汇率和金额履行或放弃买卖某种外汇权利的交易行为，实质上就是外汇交易权利的买卖。与外汇期货合约相似，外汇期权合约也是标准化合约，表现为交易货币金额与到期日的标准化。

外汇期货交易与外汇期权交易等衍生品的详细论证放在第七章金融工具创新内容中具体介绍。

【拓展阅读】 人民币汇率的形成

1994 年外汇管理体制改革后，在全国范围内建立了统一的银行间外汇市场，实现了人民币官方汇率与外汇调剂市场汇率并轨。2005 年 7 月 21 日人民币汇率形成机制改革后，人民币汇率初具弹性。

一、人民币汇率中间价的形成

自 1994 年以来，人民币汇率中间价形成方式演变经历了以下三个阶段：

1994 年至 2005 年 7 月 21 日：中国人民银行按照上一工作日银行间外汇市场交易形成的加权平均汇率，公布当日美元等交易货币对人民币汇率的中间价。

2005 年 7 月 22 日至 2005 年末：中国人民银行于每个工作日闭市后公布当日银行间外汇市场美元等交易货币对人民币汇率的收盘价，作为下一个工作日该货币对人民币交易的中间价。

2006 年 1 月 4 日起至今：中国人民银行授权中国外汇交易中心于每个工作日开市前公布当日人民币对美元、欧元、日元、港币和英镑汇率中间价，作为当日银行间即期外汇市场以及银行柜台交易汇价的中间价。

二、人民币汇率浮动区间管理

这是人民币汇率有管理浮动的主要体现，区分为银行间市场和银行结售汇市场的汇率浮动区间管理。

银行间市场浮动区间管理。银行间即期外汇市场人民币对美元交易价在中国外汇交易中心对外公布的当日美元对人民币中间价上下 0.5% 的幅度内浮动，人民币对欧元、日元、港元和英镑四种非美元货币交易价在中国外汇交易中心对外公布的当日该货币对人民币中间价上下 3% 的幅度内浮动。

银行挂牌汇率浮动区间管理。银行对客户挂牌人民币对美元汇价实行最大买卖价差幅度管理。当日现汇（钞）最高卖出价与现汇（钞）最低买入价区间应包含当日中国外汇交易中心公布的中间价，并且现汇买卖价差和现钞买卖价差分别不得超过中间价的 1% 和 4%。在上述价差幅度内，银行可自行调整美元现汇和现钞的买卖价。银行可自行决定对客户人民币对非美元货币挂牌现汇和现钞买卖价。

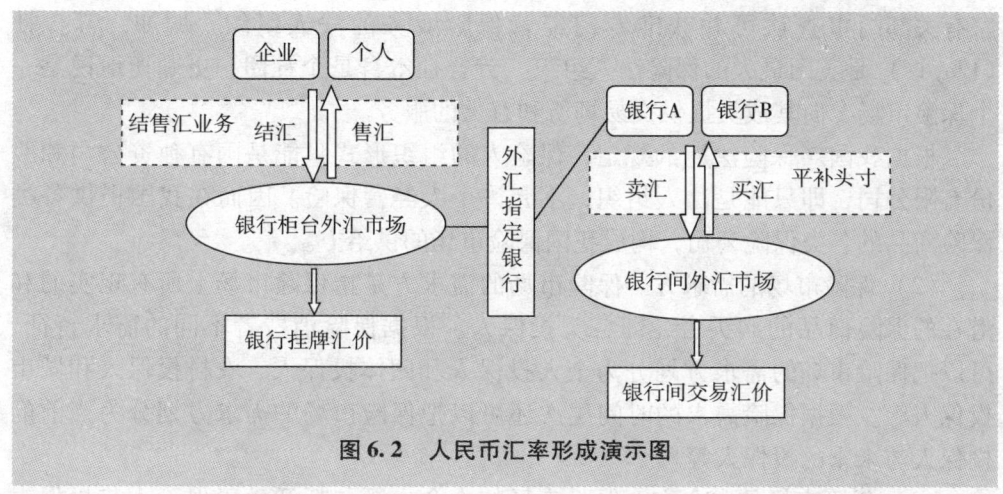

图6.2　人民币汇率形成演示图

第四节　保险市场

一、保险市场概述

（一）保险市场的含义

保险是指投保人根据合同约定，向保险人支付保险费，保险人对于合同约定可能发生的事故因其发生所造成的财产损失承担赔偿保险金责任，或者当被保险人死亡、伤残、疾病或者达到合同约定的年龄、期限时承担给付保险金责任的行为。

保险市场是保险商品交换关系的总和或是保险商品供给与需求关系的总和。它既可以指固定的交易场所如保险交易所，也可以是所有实现保险商品让渡的交换关系的总和。在保险市场上，交易的对象是保险人为消费者所面临的风险提供的各种保险保障。

（二）保险市场构成要素

1. 保险市场的主体

保险市场的主体是指保险市场交易活动的参与者，包括保险市场的供给方和需求方以及充当供需双方媒介的中介方。保险市场就是由这些参与者缔结的各种交换关系的总和。

（1）保险市场的供给方。保险市场的供给方是指在保险市场上，提供各类保险商品，承担、分散和转移他人风险的各类保险人。通常他们必须是经过国家有关部门审查认可并获准专门经营保险业务的法人组织。例如，劳合社（Lloyd's）是英国最大的保险法人组织。劳合社本身是个社团，更确切地说是一个保险市场，向其成员提供交易场所和有关的服务。

根据我国《保险法》的规定，保险人的组织形式只能是国有独资公司和股份有限公司，即只能是法人组织，不允许个人经营保险。因而在我国提供各类保险商品的各类保险公司，构成我国保险市场的供给方。

（2）保险市场的需求方。保险市场的需求方是指保险市场上所有现实的和潜在的保险商品的购买者，即各类投保人。根据保险消费者不同的需求特征，可以把保险市场的需求方划分为个人投保人和团体投保人、农村投保人和城市投保人等。根据保险需求的时间层次还可以把保险市场的需求方划分为当前的投保人与未来的投保人等。

（3）保险市场的中介方。保险市场的中介方既包括活动于保险人与投保人之间，充当保险供需双方的媒介，把保险人和投保人联系起来并建立保险合同关系的人，也包括独立于保险人与投保人之外，以第三者身份处理保险合同当事人委托办理的有关保险业务的公证、鉴定、理算、精算等事项的人。具体有保险代理人（或公司）、保险经纪人（或公司）、保险公估人（行）、保险律师、保险理算师、保险精算师等。

2. 保险市场的客体

保险市场的客体是指保险市场上供求双方具体交易的对象，这个交易对象就是各类保险商品，这是一种特殊形态的商品。

（1）保险商品是一种无形商品。保险企业经营的是看不见摸不着的风险，"生产"出来的商品仅仅是对保险消费者的一项承诺，而且这种承诺的履行只能在约定的事件发生或约定的期限届满时，不像一般商品可以实质性地感受其价值和使用价值。需要通过推销去唤起人们的需求欲望，引起人们的投保兴趣，并促成人们实质性地购买。

（2）保险商品是一种"非渴求商品"。非渴求商品是指购买者一般不会想到要去主动购买的商品。保险商品属于典型的非渴求商品，人们总是在风险事故发生前存有侥幸心理，而总是在风险事故发生之后才知保险的必要性。

（3）保险商品的消费是一种隐形消费。消费保险商品不像消费其他有形物质商品那样有直观的感受。

（三）保险市场分类

1. 按照承保方式不同，保险市场分为原保险市场、再保险市场和自保市场

原保险市场是指保险公司或其他形式的承保人，通过保险经纪人、代理人或本身的从业人员经营直接业务的市场。在原保险市场的构成上，包括各国经

营直接业务的保险公司，以及这些公司在国外开办的从事直接业务的海外分支公司。

再保险市场又称分保市场。它是指由原保险公司直接承保保险业务之后，又在保险公司之间进行分保的市场。目的是分散各保险企业承担的风险。再保险市场是保险公司之间的市场，对于直接保险业务而言，它具有间接保险性质。再保险市场从构成上看，包括专业再保险公司、兼营再保险公司以及再保险集团。

自保市场是指由提供经济保障的自保公司所形成的保险市场。自保公司是指由工商企业设立的，主要承保或再保该工商企业本身业务的保险公司。自保公司在第一次和第二次世界大战期间首先在英国兴起。建立自保公司的目的在于保险费的节省和不外流。因为承保自己的利益，也不会出现道德风险，此外，保险经营具有灵活性，保险成本较低，并能享受税收上的优惠等。

2. 按照业务性质不同，保险市场分为财产保险市场和人身保险市场

财产保险市场是指提供各种财产保险商品的市场。财产保险市场可细分为：财产损失保险市场、责任保险市场、信用和保证保险市场等。

人身保险市场是指提供各种人身保险商品的市场，可以细分为人寿保险（生存保险、死亡保险和生死合险）市场、意外伤害保险市场和健康保险市场。

3. 按照保险市场的模式不同，保险市场可以分为完全竞争型、完全垄断型、垄断竞争型、寡头垄断型

完全竞争型保险市场是指一个保险市场上有数量众多的保险公司，任何公司都可以自由进出市场。在自由竞争模式下，保险市场处于不受任何阻碍和干扰的状态中，同时由于大量保险人的存在，且每个保险人在保险市场上所占份额的比例都很小，因而任何一个保险人都不能够单独左右市场价格，而由保险市场自发地调节保险商品价格。在这种市场模式中，保险资本可以自由流动，价值规律和供求规律充分发挥作用。国家保险管理机构对保险企业管理相对宽松，保险行业公会在市场管理中发挥重要作用。

完全垄断型保险市场是指保险市场完全由一家保险公司所操纵，这家公司的性质可是国营的，也可是私营的。在完全垄断的保险市场上，价值规律、供求规律和竞争规律受到极大的限制，市场上没有竞争，没有可替代产品，没有可供选择的保险人。因而，这家保险公司可凭借其垄断地位获得超额利润。

垄断竞争模式的保险市场中，大小保险公司并存，少数大保险公司在市场上取得垄断地位。竞争的特点表现为同业竞争在大垄断公司之间、垄断公司与非垄断公司之间、非垄断公司彼此之间激烈展开。

寡头垄断型保险市场是指在一个保险市场上，只存在少数相互竞争的保险

公司。在这种模式的市场中，保险业经营依然以市场为基础，但保险市场具有较高的垄断程度，保险市场上的竞争是国内保险垄断企业之间的竞争，形成相对封闭的国内保险市场。存在寡头垄断模式市场的国家既有发展中国家，也有发达国家。

（四）保险市场的功能

1. 经济补偿功能

经济补偿功能最能体现保险业的特色和核心竞争力，具体体现在两个方面：一是财产保险的补偿，这种补偿既包括对被保险人因自然灾害或意外事故造成的经济损失的补偿，也包括对被保险人依法应对第三者承担的经济赔偿责任的经济补偿，还包括对商业信用中违约行为造成经济损失的补偿。二是人身保险的给付。

2. 资金融通功能

资金融通的功能是指将形成的保险资金中的闲置部分重新投入到社会再生产过程中。保险人为了使保险经营稳定，必须保证保险资金的保值与增值，这就要求保险人对保险资金进行投资运用。保险资金的运用不仅必要而且可能：一方面，由于保险保费收入与赔付支出之间存在时间差；另一方面，保险事故的发生不都是同时的，保险人收取的保险费不可能一次全部赔付出去，也就是保险人收取的保险费与赔付支出之间存在数量差。

3. 社会管理功能

社会管理是指对整个社会及其各个环节进行调节和控制的过程。

社会保障管理。一方面，保险通过为没有参与社会保险的人群提供保险保障，扩大社会保障的覆盖面；另一方面，保险通过灵活多样的产品，为社会提供多层次的保障服务。

社会风险管理。保险公司具有风险管理的专业知识、大量的风险损失资料，为社会风险管理提供了有力的数据支持。同时，保险公司大力宣传培养投保人的风险防范意识，帮助投保人识别和控制风险，指导其加强风险管理。

社会关系管理。通过保险应对灾害损失，可以提高事故处理效率，减少当事人可能出现的事故纠纷。由于保险介入灾害处理的全过程，参与到社会关系的管理中，改变了社会主体的行为模式，为维护良好的社会关系创造了有利条件。

社会信用管理。保险以最大诚信原则为其经营的基本原则之一，保险合同履行的过程实际上就为社会信用体系的建立和管理提供大量重要的信息来源，实现社会信息资源的共享。

二、保险市场机制

(一) 保险市场的价值规律

价值规律在流通领域中要求等价交换，即要求价格与价值相一致。价值规律在流通领域中的运动表现为价格的运动。价格以价值为中心，围绕价值上下波动。

保险商品是一种特殊商品，这种商品的价值一方面体现为保险人提供的保险经济保障（包括有形的补偿给付和无形的心理保障）所对应的等价劳动的价值，另一方面体现为保险从业人员社会必要劳动时间的凝结。保险费率即为保险商品的价格，投保人据此所缴纳的保险费是为换取保险人的保险保障而付出的代价，无论从个体还是总体的角度都表现为等价交换。但是，由于保险费率的主要构成部分是纯费率，是依据过去的、历史的经验测算出来的未来损失发生概率，因此价值规律对于保险费率的自发调节只能限于凝结在费率中的附加费率部分的社会必要劳动时间，对于保险商品的价值形成方面具有一定的局限性，只能通过要求保险人改进经营技术，提高服务效率来降低附加费率成本。

(二) 保险市场的供求规律

保险市场是保险供应和保险需求博弈的场所，供求双方的力量对比和相互关系决定着市场整体的运行状况。

1. 保险市场供给

（1）保险市场供给的含义。保险市场供给是指在一定的费率水平上，保险市场上的各家保险企业愿意并且能够提供的保险商品的数量。保险市场供给可以用保险市场上的承保能力来表示，它是各个保险企业的承保能力的总和。

保险市场供给包括质和量两个方面的内容，保险市场供给的质既包括保险企业所提供的各种不同的保险商品品种，也包括每一具体的保险商品品种质量的高低；保险市场供给的量既包括保险企业为某一保险商品品种提供的经济保障额度，也包括保险企业为全社会所提供的所有保险商品的经济保障总额。

（2）影响保险市场供给的因素。供给是以保险市场需求为前提的。因此，保险市场需求是制约保险市场供给的基本因素。在存在保险市场需求的前提下，保险市场供给受到以下因素的制约：

保险费率。在市场经济的条件下，决定保险市场供给的因素主要是保险费率，保险市场供给与保险费率呈正相关关系，保险费率上升，会刺激保险市场供给增加，反之，保险市场供给则会减少。

偿付能力。由于保险经营的特殊性所在，各国法律对于保险企业都有最低偿付能力标准的规定，因而保险市场供给会受到保险企业偿付能力的制约。

互补品、替代品的价格。互补品价格与保险市场供给呈正相关关系，替代品价格与保险市场供给呈负相关关系。

保险技术。保险的专业性、技术性很强，有些险种很难设计，因而即使有市场需求，也难以供给。从而，保险技术的难易制约了保险市场供给。

市场的规范程度。竞争无序的市场会抑制保险市场需求，从而减少保险市场供给，而竞争有序，行为规范，则使保险市场信誉提高，从而刺激保险市场需求，扩大保险市场供给。因而，规范的保险市场会促进保险市场供给扩大，而不成熟不规范的市场则使保险市场供给受到抑制。

政府的监管。保险是极为特殊的行业，各国都对其实施相对于其他行业更为严格的监管，因此即使保险费率上升，由于政府的严格监管，保险市场供给也难以扩大。

2. 保险市场需求

（1）保险市场需求的含义。保险的需求是指消费者在一定时期内各种可能的价格下愿意购买且有能力购买的保险商品的数量。保险市场需求是一个总括性、集合性的概念，即在特定时间内，在不同费率水平上，保险消费者需求的集合形成保险市场需求。一般的需求通常表现在物质方面，如人们对食品或衣物的需求。保险需求不仅表现在物质方面，即当遭受损失后，被保险方将会得到经济补偿；而且还表现在精神方面，即当消费者买了保险之后，认为危险已被转嫁出去，心理上产生一种安全感。

（2）影响保险市场需求的因素。

风险因素。风险因素存在的程度越高、范围越广，保险需求的总量也就越大；反之，保险需求量就越小。

社会经济与收入水平。保险是社会生产力发展到一定阶段的产物，并且随着社会生产力的发展而发展。保险需求的收入弹性一般大于1，即收入的增长引起对保险需求更大比例增长。

保险商品价格。保险商品的价格是保险费率。保险需求主要取决于可支付保险费的数量。保险费率与保险需求一般成反比例关系，保险费率愈高，则保险需求量愈小；反之，则愈大。

人口因素。人口因素包括人口总量和人口结构。保险业的发展与人口状况有着密切联系。人口总量与人身保险的需求成正比，在其他因素一定的条件下，人口总量越大，对保险需求的总量也就越多，反之就越少。人口结构主要包括年龄结构、职业结构、文化结构、民族结构。由于年龄风险、职业风险、文化程度和民族习惯不同，对保险商品需求也就不同。

商品经济的发展程度。商品经济的发展程度与保险需求成正比，商品经济越发达，则保险需求越大；反之，则越小。

强制保险的实施。强制保险是政府以法律或行政的手段强制实施的保险保障方式。凡在规定范围内的被保险人都必须投保,因此,强制保险的实施,人为地扩大了保险需求。

此外,利率水平的变化对储蓄型的保险商品有一定影响。

三、世界著名保险组织

（一）劳合社

劳合社（Lloyd's）是英国最大的保险组织,于 1774 年由泰晤士河畔的劳埃德咖啡馆的 79 名商人每人出资 100 英镑,租赁皇家交易所的房屋,在劳埃德咖啡馆原业务的基础上成立。劳合社就其组织的性质而言,它不是一个保险公司,而是一个社团组织,所有的保险业务都通过劳合社的会员单独进行交易。1994 年以前,劳合社的承保人都是自然人,1994 年以后,出现了公司会员。

图 6.3 位于伦敦的劳合社总部大楼

劳合社成员的承保业务大体分为四大类,即水险、非水险、航空和汽车保险。只要市场对某种风险产生了保障需求,劳合社承保人就会设计出相应险种,其设计的条款和保单格式在世界保险业中有广泛的影响,制定的费率也是世界保险业的风向标。

（二）安盛集团

安盛集团的第一个公司是 1816 年成立于法国诺曼底的互助性火险公司。工业革命后,保险公司间的竞争加剧,1832 年上任的经理 Adolphe Lanne 决定建立两家公司以扩展业务范围。1881 年,这两家公司合并为 Ancienne Mutuelle。1946

年，历经战争洗礼的 Ancienne Mutuelle 开始以集团组织方式运作，即安盛集团（Ancienne Mutuelle Group），其在法国境内不断壮大。1958 年，安盛集团开始向海外扩张。1984 年，安盛集团易名为 AXA。

通过多项收购及合并活动，安盛的业务网络覆盖全球五大洲逾 60 多个国家及地区，主要业务包括 5 个部分：人寿保险与储蓄、财产与意外保险、国际保险、资产管理、银行业，目前安盛已成为全球领先的保险集团。

（三）美国国际集团

1919 年，美国国际集团的创始人施德先生（C. V. Starr）在上海创立了集团的前身美亚保险公司（AAU）。1921 年，施德先生创立了友邦人寿保险公司（Asia Life Insurance Company）（1951 年更名为美国人寿保险公司）。1931 年，施德先生在上海创立了四海保险公司，并于 1948 年更名为美国友邦保险有限公司。中华人民共和国成立后，AIG 撤出在中国的保险业务。1960 再迁至当时的避税天堂百慕大，1969 年 AIG 重新回到美国上市。

经多年发展，AIG 业务已经分布于 130 多个国家及地区，也由保险业务扩展至其他金融服务类，包括退休金服务、非人寿保险类的产物保险、资产管理及相关投资等。

（四）安联集团

1890 年 Wilhelm Finck 和 Carl Thieme 两位德国人在柏林市共同创立了 Allianz Versicherungs – AG 保险公司，当时的业务主要以货运保险为主。1895 年，安联在柏林证券交易所上市。2006 年 10 月 13 日，其法律形式由德国的"股份公司"（Aktiengesellschaft，AG）转变成"欧洲公司"（Societas Europaea，SE）。

安联集团的业务范围包括寿险和健康险、财产险和责任险，再保险领域中所有险种以及风险管理咨询，并在全球范围内为机构和个人投资者提供资产管理服务。

第五节　信托与租赁市场

一、信托概述

1. 信托的概念

信托即信任委托，是财产所有者为达到特定目的，将其财产委托他人代为管理和处理的行为，信托亦是一种以信任为基础，以财产为中心，以委托为方式的财产管理制度。在现代社会，由于受托人管理的财产通常是资金或与资金相联系的财产形式，故信托有了融资的职能；且受托人——信托机构或国外兼营信托业务的银行都是金融机构，因而又称为金融信托。金融信托是一种具有融通资金、融资与融物以及融资与财产管理相结合的金融性质的信托业务，是金融业的一个重要组成部分。

2. 信托的构成

信托成立必须具备信托行为、信托关系人、信托目的、信托财产和信托报酬等内容。

信托行为是指信托当事人在相互信任的基础上，以设定信托为目的而发生的一种法律行为，也就是信托当事人在约定信托时，为使信托具有法律效力而履行的一种手续。通过信托行为，确立了当事人之间的信托关系，从而明确了当事人各自的权利和义务，有利于保护当事人的正当权益。

信托关系人是指委托人、受托人和受益人三方当事人。委托人是设定信托时的财产所有者利用信托方式达到特定目的的人。委托人可以是个人或法人，或一个人或数人。受托人是接受信托并按约定的信托条件对信托财产进行管理和处理的人，受托人在信托事务中应忠贞无私，为受益人的利益尽其职能。受托人可以是个人或法人，可以是一人或数人。受益人即享受信托利益的人。信托利益包括信托财产本身的利益和信托财产所产生的利益。受益人可以是一人或数人；受益人可以是委托人，或委托人以外的其他人；受托人不能是唯一的受益人，只有当受益人为二人以上时，受托人可作为受益人之一。

信托目的是委托人通过信托行为所要达到的目的。信托目的由委托人根据需要提出，但要受国家法律、社会道德、民族习惯的约束。

信托财产是信托行为标的物，也称财产权。由委托人通过信托行为转给受托人并由受托人按照一定的信托目的进行管理和处理的财产及通过财产的管理和运用而取得的财产。必须具有财产价值并可以转让。信托财产具有独立性、有限性及物上代位性。

信托报酬是受托人承办信托业务取得的报酬，一般以手续费的方式收取。手续费通常是根据信托财产和收益的大小、业务的繁简程度、受托人承担的风险以及所发挥的作用大小，由委托人和受托人协商确定。

3. 信托的特点

（1）财产权是信托行为成立的前提。委托人必须拥有信托财产的所有权，并将这些权力授予和转移给受托人。两个条件需同时存在，缺少一个信托就不能成立。代理业务则不同，代理时财产所有权仍属于委托人。

（2）信托是一种充分信任。信托的基础是委托人对受托人的充分信任，否则信托行为就不可能产生。

（3）他人利益是信托的目的。受托人需按委托人的意愿为受益人的利益而管理和处理信托财产。受托人不能占有信托财产的收益，只能得到信托报酬。

（4）按实际原则计算信托损益。受托人按委托人的意愿和要求，对信托财产进行管理和处理，如有亏损由受益人或委托人负担，受托人在无过失情况下不承担损失风险。

4. 信托的分类

（1）按委托人不同，分为个人信托、法人信托和个人与法人兼有性信托

个人信托是以个人身份委托受托人办理信托业务，又可分为生前信托和身后信托。生前信托主要包括财产信托、代办事务信托等；身后信托主要与执行遗嘱、遗产管理、代人寿保险等在身后领取赔款、未成年人的监护等方面的事务有关。

法人信托是以公司、团体等法人身份委托受托人办理信托业务，如委托代发股票、债券，代付红利、股息，代收回债务事项等。

如委托人中既有个人，也有法人，称个人与法人兼有性信托，如信托投资、不动产信托、公益信托和年金信托等。

（2）按信托目的不同，分为私益信托和公益信托

私益信托是指完全为委托人自己或其指定受益人的利益而设立的信托。

公益信托则是为了支持社会公益事业，即为学术、技艺、慈善、宗教事业及其他社会公共利益的兴盛为目的而设立的信托。

（3）按办理信托所依据的重要法律不同，分为民事信托和商事信托

以民法为依据建立的信托称为民事信托。民事信托多是由个人承受的不以盈利为目的的非营业信托，受托人通常不收取信托报酬。

以商法为依据建立的信托称为商事信托。商事信托的受托人是以盈利为目的的法人，承受信托业务时要收取信托报酬。商事信托大多用于经济组织的各种经营业务，如公司债券信托、投资信托、代收付款项信托、担保信托及商务管理信托等。

（4）按信托标的物性质不同，分为资金信托、实物信托、债权信托和经济事务信托

资金信托也叫金钱信托，是一种以货币资金为标的物的信托业务，如信托存款、信托投资、委托放款、委托投资等。

实物信托是一种以动产或不动产为标的物的信托业务，动产指原材料、设备、物资、交通工具和机器等；不动产指厂房、仓库和土地等。

债权信托是一种以债权凭证为标的物的信托业务，如代为清理和代为收付债款，代收人寿保险赔款（人寿保险单也是一种债权凭证）。

经济事务信托是一种以委托代办各种经济事务为内容，委托凭证为标的物的信托业务，如委托设计、专利转让，委托审查、检查，委托代理会计事务等。

二、信托市场的功能

信托市场服务对象的广泛性和服务内容的综合性，使其具有多种功能。

1. 财务管理。财务管理是信托市场的基本功能，即受托人接受委托人委托，为之管理信托财产的功能，该功能具有广泛性、多样性和适应性三个特点。

2. 融通资金。即信托市场具有筹措资金，融通资金的功能，这项功能以财务管理功能为基础，具有长期金融的特点，并将融资和融物相结合。

3. 社会投资。信托通过各种业务参与社会投资，扩大了社会投资规模。如通过有价证券进行投资及以各种方式直接向企业投资。

4. 社会福利。受托人通过信托业务，参与各种社会福利事务，完善了社会保障体系，对社会安全、人民幸福具有重要意义。

5. 中介服务。是一种处理和协调经济关系，提供信任、信息与咨询的功能。信托业务体现多边经济关系，受托人作为委托人与受益人的中介，是天然的横向经济联系的桥梁和纽带。通过信托业务的办理为经济交易各方提供信息、咨询和信任，发挥沟通和协调各方经济联系的作用。

三、信托市场的主要参与者

信托市场的主体即为信托当事人。信托当事人包括信托委托人、受托人和受益人。三者关系既是一种经济关系，又是一种法律关系，共同构成了信托市场的主体。

1. 委托人

委托人是信托的创设者，是信托服务的需求方。委托人提供信托财产、确定谁是受益人以及受益人享有的收益权、指定受托人并有权监督受托人实施信托。

根据《中华人民共和国信托法》（2001），委托人按照规定通常应具备五个方面的权利：有权了解信托财产的管理运用、处分及收支情况，并有要求受托人作出说明；查阅、抄录或者复制与其信托财产有关的信托账目，以及处理信托事务的其他文件；当信托财产的管理方法不利于实现信托目的或者不符合受益人的利益时，有权要求受托人调整该信托财产的管理方法；受托人违反信托目的处分信托财产，或者因违背管理职责、处理信托事务不当，致使信托财产受到损失时，有权申请人民法院撤销该处分行为，并要求恢复信托财产的原状或者予以赔偿；受托人违反信托目的处分信托财产或者管理运用、处分信托财产有重大过失时，有权依照信托文件的规定解任受托人，或者申请人民法院解任受托人。

委托人的义务，法律法规没有明确规定，但委托人地位的确立和委托人权利的获得，其先决条件就是将其合法所有的财产委托给受托人经营、管理、使用和处理，并签订相应的契约或合同。

2. 受托人

受托人是信托服务的提供方，是对信托财产按照信托行为的规定进行经营、管理、使用和处理的人，通常指信托投资公司。

受托人的权利主要有：具有对信托财产进行独立的经营、管理、使用和处理的权利；具有按信托文件约定取得报酬的权利；具有因处理信托事务所支出的费用、对第三人所负债务，要求以信托财产承担的权利，但因受托人自身过错造成的除外；经委托人和受益人同意，有请求辞任的权利；在不得已的情况下，具有委托他人代为处理信托事务的权利；信托终止后，受托人有留置信托财产或者对信托财产的权利归属人提出请求给付报酬、从信托财产中获得补偿的权利。

受托人的义务主要有：为受益人的最大利益处理信托事务的义务；诚实、信用、谨慎、有效管理信托财产的义务；将自身固有财产与信托财产进行分别管理、分别记账的义务；有保存处理信托事务完整记录并每年定期将信托财产的管理运用、处分及收支情况报告委托人和受益人的义务；对委托人、受益人以及处理信托事务的情况和资料负有保密的义务；以信托财产为限向受益人承担支付信托利益的义务。

3. 受益人

受益人是在信托关系中享有信托受益权的人。受益人的权利主要有：承享委托人所享有的各种权利；有依法转让和继承信托受益权的权利；有将信托受益权用于清偿到期不能偿还的债务的权利；信托终止时，信托文件未规定信托财产归属的，受益人有最先取得信托财产的权利；信托终止时，有承认最终决算的权利，只有当受益人承认信托业务的最后决算后，受托人的责任才算完成。

就受益人的义务而言，一般认为，当受托人在处理信托业务的过程中，由于不是因为自己的过失而蒙受损失时，受益人就有义务接受受托人提出的费用要求或补偿损失的要求，在信托收益中予以扣除。但是，如果受益人放弃收益权利，就可以不履行这个义务。

参考文献

[1] 杰夫·马杜拉：《金融市场与机构》，北京，高等教育出版社，2005。

［2］弗兰克·J. 法博齐：《债券市场：分析和策略》，北京，北京大学出版社，2006。

［3］弗雷德里克·S. 米什金、斯坦利 G. 埃金斯：《金融市场与金融机构》，北京，机械工业出版社，2008。

［4］安东尼·桑德斯、马西亚·克尼特：《金融市场与金融机构》，北京，人民邮电出版社，2008。

［5］莫拉德·乔德里、弗兰克·J. 法伯兹、斯蒂文·V. 曼恩：《全球货币市场》，大连，东北财经大学出版社，2011。

［6］弗兰克·J. 法博齐、弗朗哥·莫迪利亚尼：《资本市场：机构与工具》，北京，中国人民大学出版社，2008。

［7］巴曙松：《在金融业的现场》，北京，北京大学出版社，2007。

［8］陈元：《国际货币市场变化趋势及对策研究》，北京，中国财政经济出版社，2007。

［9］张维：《金融机构与金融市场》，北京，科学出版社，2008。

［10］李格平：《金融市场化改革中的货币市场》，北京，社会科学文献出版社，2008。

［11］巴曙松：《中国金融市场发展路径研究》，上海，上海财经大学出版社，2008。

［12］王曦：《中国货币市场研究》，北京，经济管理出版社，2009。

［13］孙祁祥、郑伟：《保险制度与市场经济：历史、理论与实证考察》，北京，经济科学出版社，2009。

［14］祁群：《金融市场学》，北京，北京大学出版社，2010。

［15］张亦春、郑振龙等：《金融市场学》，北京，高等教育出版社，2010。

［16］吴世亮、黄冬萍：《中国信托业与信托市场》，北京，首都经济贸易大学出版社，2010。

［17］中国证券业协会：《证券市场基础知识》，北京，中国财政经济出版社，2011。

［18］孙迎春、伏琳娜：《金融信托与租赁》，大连，东北财经大学出版社，2011。

［19］刘岩、丁宁：《美日多层次资本市场的发展、现状及启示》，载《财贸研究》，2007（10）。

［20］冯科、王德全：《同业拆借利率的 ARMA – GARCH 模型及 Var 度量研究》，载《中央财经大学学报》，2009（11）。

［21］张欣：《促进我国金融租赁业发展探析》，载《南方金融》，2009

（11）。

　　[22] 李峰：《融资型票据市场的现状及对策》，载《浙江金融》，2010（8）。

　　[23] 李金凤、王轶楠、雷禹：《基于多层次资本市场框架构建中国 OTC 市场》，载《中央财经大学学报》，2010（2）。

　　[24] 李勇：《构建信托公司积极业务模式之探索》，载《现代财经》，2010（3）。

　　[25] 邢成：《后危机时代中国信托业的政策环境与发展趋势》，载《中国金融》，2010（6）。

　　[26] 尚福林：《促进资本市场稳定健康发展》，载《中国金融》，2011（13）。

　　[27] 聂尚君、陈磊：《保险集团的综合经营及发展趋势问题探讨》，载《保险研究》，2011（2）。

　　[28] 谢清河：《金融租赁与中小企业融资问题研究》，载《经济研究参考》，2011（20）。

　　[29] 刘涛：《全球信托业的演进趋势与创新业务》，载《中国金融》，2011（16）。

第七章

金 融 创 新

【本章导读】

　　金融创新是金融市场发展的显著特点，科学技术革命和世界范围的金融管制是金融创新的直接导因。金融创新促进了经济社会发展，同时也加大了金融机构和金融市场的风险，对金融体系的各个领域以及金融监管形成了极大的挑战。本章首先对金融创新的背景、含义以及金融创新理论进行介绍，进而从金融工具创新、金融市场创新和金融制度创新三个方面具体介绍金融创新的内容。

第一节　　金融创新概述

一、金融创新背景

　　从金融发展史上看，最早的金融创新可以追溯到古罗马时期货币的发明，继而有 12 世纪意大利商业银行的出现、18 世纪英国中央银行制度的建立、19 世纪支票的广泛使用等。当代金融创新始于 20 世纪 50 年代末，最具有代表意义的创新就是欧洲货币市场的建立。金融工具的创新主要是欧洲货币、欧洲债券和平行贷款，但是这些新工具并没有对西方国家金融市场产生重大冲击，也没有引发西方国家的金融体制相应的变革。从本质上看，这一阶段的新工具的出现只是金融创新的前奏。

　　20 世纪 70 年代是金融创新层出不穷的年代，这一阶段的创新主要是由两方面的原因造成：一方面，宏观经济的发展促成了结构的变化和创新；另一方面，通货膨胀的急剧上升，利率和汇率的波动幅度增大，使得金融中介所承担的敞口风险增大，无法与其资产和负债在期限结构上保持精确的匹配。在这种情况下，金融机构迫切需要发展有效的保值技术和策略，以应付利率和汇率波动所引发的越来越多的风险，于是就产生了发展新金融工具的动因。70 年代最重要的金融创新大致可分为三类：

第一类是特别提款权的创设，这种全新的人为创造的国际记账单位的产生，对整个国际支付和国际储备产生了深远的影响，它是引起国际货币管理体制重构的重要创新；

第二类是以可用支票的储蓄存款、货币市场互助基金、存款证等为代表的具有流动性和市场收益率相结合的变相活期存款的创新，这种变相的货币工具的出现，改变了传统的货币定义，引起了货币市场资产结构的重新组合；

第三类是金融期货和期权交易，这类金融工具的出现，改变了金融工具狭义的融资和金融中介性质，将投资、投机和风险转移功能结合在一起，使得高通货膨胀下各种资产价格变化无常的风险转移问题得到解决，为非常规性投资和投机者的需求提供了条件，因而成为一种最有生命力的创新。

20 世纪 80 年代，一些新的金融工具又相继出现，如票据发行便利、货币互换与利率互换、外汇期权与利率期权、远期利率协议等。进入 90 年代，金融创新得到了进一步发展，如掉换期权、多重选择便利、双重货币债券等。可以预见，随着金融深化的进一步发展，国际金融的市场结构将发生较大的变化，金融创新将再度掀起高潮。

二、金融创新基本含义

有关金融创新的定义，大多是根据著名经济学家熊彼特（Joseph Alois Schumpeter，1883—1950）的观点衍生而来。

1912 年，熊彼特发表的《经济发展理论》一书中阐述：社会经济生活可以分为经济循环和经济发展两种类型，前者是指简单再生产的静态均衡模式，后者是指现代经济增长的动态均衡模式。在经济生活中，存在着一种均衡被打破、从一种均衡过渡到另一种均衡的力量，熊彼特认为打破静态均衡状态，促进经济发展的这种力量就是"创新"。所谓创新，就是建立一种新的函数，即企业家对生产要素和生产条件实行一种新的组合，是经济发展的灵魂。熊彼特把这种组合归结为五种情况：（1）引进新产品或提供一种产品的新质量；（2）引进一种新技术或新的生产方法；（3）开辟一个新的市场；（4）获得原料或半成品的新的供应来源；（5）实行新的企业组织形式。这就是普遍接受的经济学意义上的创新，它是各种创新流派的理论渊源。

金融创新（Financial innovation）是熊彼特创新学说在金融领域里的沿用。熊彼特很重视银行在经济中的作用，认为银行是推动创新所必需的购买力的生产者。银行信用分为常规信用和非常规信用，常规信用是以现存产品为对象的信贷，服务于经济循环；非常规信用是银行对未来劳务和商品提供的信贷，有助于经济增长。这里"非常规信用"就是指金融创新。

早期关于金融创新的研究主要关注金融创新产生的原因以及影响金融创新的需求供给因素的研究。经济增长和收入水平的提高促发了金融创新以满足人们日益增长的对金融服务的需求（Greenbau 和 Haywood，1986）。金融市场上的信息不对称产生了对金融创新的需求，金融创新有助于降低金融市场上广泛存在的委托代理关系所产生的道德风险和逆向选择风险（Ross，1989）；金融创新能够抵御利率风险和通货膨胀风险（Allen 和 Gale，1991）。1985 年 5 月在日本银行于东京召开的"金融创新与货币政策"国际货币会议上，美国经济学家弗里德曼（M. Friedman）认为：金融创新实际上"是一种国际货币制度的变革。前所未有的国际货币体系的特征及其最初的影响，是促使金融创新不断出现并形成要求放松金融市场管理压力的主因。"J. 托宾（1985）认为：金融创新是一种"支付制度的改革"，它通过电子支付系统的应用实现了货币制度的变革。在美国《银行辞典》（*Dictionary of Banking Terms*）中，金融创新被定义为"支付制度促进银行及一般金融机构作为资金供求中介作用的减弱或改变"。

后来文献的主要观点是将金融创新看做是金融工具组合和分解的过程，新的金融产品是金融工具在某些一般特性组合上的变化。在 1986 年西方十国集团中央银行编写的"近年来国际银行业的创新"（*Recent innovation in International Banking*）的研究报告中指出，金融创新包括两方面情况，一种是金融工具的创新（主要指票据发行便利、货币和利率互换、外汇期权和利率期权、远期利率协议等），另一种是金融业务的三大创新趋势，即金融领域的证券化趋势、资产表外业务与日俱增的趋势、金融市场越来越全球一体化的趋势。一些学者在一般均衡理论的框架内，通过将金融创新的过程模型化，并分析新的金融工具的风险分担机制以及金融创新的扩散过程和创新采纳的战略性、动态性特征（Allen 和 Gale，1990，1991；Pesendorfer，1995）。

综上所述，金融创新是经济增长过程中各种金融要素的重新组合，它有狭义和广义之分，狭义的金融创新仅仅指金融工具的创新；广义的金融创新则是指包括金融工具、金融市场、金融制度在内的整个金融体系的创新。

三、金融创新理论

（一）威廉·L. 斯尔帕的金融创新理论——经济诱导

由美国经济和金融学家威廉·L. 斯尔帕（William L. Silber）于 1984 年提出，斯尔帕认为：创新活动是经济推动力的产物，在金融部门中大多数金融成果都源于经济刺激。金融创新是微观经济的框架，它是约束诱导、技术进步和立法的结果。

首先，人们创造新的金融工具或做法是为了减轻强加在企业之上的金融限制，企业不断克服多种约束才能最大限度地取得效益。最突出的外部限制主要是政府的经济规制和市场对企业最优化的约束。一个企业需要克服现实中存在的限制以最大限度实现其目标功能，于是就产生了对创新的需求。

在创新中最重要的创新因素是技术和立法，这两个因素有时通过约束来起作用。技术主要指信息处理和数据传送。支付体系与计算机技术紧密联系，交换银行自动收付系统、环球银行同业金融电信协会（SWIFT）以及电子贸易的背后，都离不开技术的支持。许多金融手段是用来对付法规的，因为遵守法规的成本很高。技术革新扩大了物理产量，从而提高了生活水平；金融创新则提高了风险承受能力（如期货市场），降低了交易成本（如自动柜员机），避免了过时制度所带来的风险。

（二）凯恩的金融创新理论——规避管制

由美国经济学家凯恩（E. J. kane）于1984年提出。他认为，金融机构对政府管制所造成的利润下降和经营不利等局面作出的反应就是不断创新，以此来规避管制，从而把约束以及由此造成的潜在损失减少到最低限度。然而，当微观金融机构的创新可能危及宏观的金融、货币政策和金融稳定时，金融监管当局对市场创新的反应就是再次修改管制的手段和规则，又会加强监管，以便重新在宏观上取得对金融活动的控制权。但是，这又会使金融创新朝着逃避管制的方向运行，从而使新的管制诱发新的创新，即是说，金融的管制和因此而产生的规避行为，是以"创新—管制—再创新—再管制"的方式，二者不断交替、循环往复地不断出现并上升发展的。所以凯恩认为，对金融的控制和因此而产

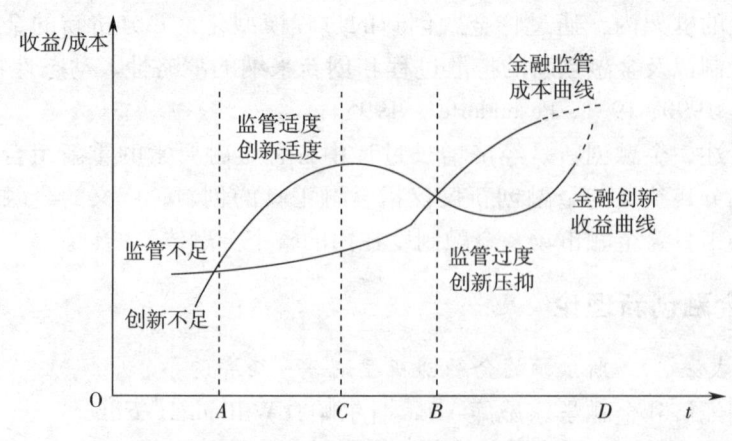

图 7.1　金融创新与金融监管的关系

生的规避行为，是以政府和微观金融主体之间的博弈方式来进行的。

（三）弗雷德里克·S. 米什金的金融创新理论——适应环境变化

美国经济学家弗雷德里克·S. 米什金（1986）年对金融创新分析认为，刺激金融创新的四种因素是：经济环境的变化、技术的变化、规避风险和回避既有的管理法规。

米什金认为：经济环境的变化将刺激人们去寻求可能有利可图的创新，为了在新的经济环境中求得生存，金融机构必须进行金融创新，研究和开发新的金融产品。

当新技术革命，尤其是电信工业的技术和设备在金融业广泛应用之后，金融机构会设想出许多金融服务品种，这些服务能依靠新技术有效地获取利润，增加金融业的收入。

规避风险也是金融创新的主要动因之一。米什金分析道："利率风险的增加刺激了新的证券的产生和新的金融市场的开发。"英国经济学家德赛（Desai）和考（Kow）在研究流动和收益特征线上各点的距离后得出的特征需求理论认为：环境的改变，尤其是风险增加和多样化，使得流动性和收益距离拉大，为了弥补其间的差异就产生了对创新金融产品的需求，以缩短特征线上各点之间的距离。

（四）希克斯和尼汉斯的金融创新理论——降低成本的驱动

希克斯（J. R. Hicks）和尼汉斯（J. Niehans）提出的金融创新理论的基本命题为"金融创新的支配因素是降低交易成本"。这个命题有两层含义："降低交易成本是金融创新的首要动机，交易成本的高低决定金融业务和金融工具是否具有实际意义；金融创新实质上是对科技进步导致交易成本降低的反应。"希克斯把交易成本和货币需求与金融创新联系起来考虑，认为：交易成本是作用于货币需求的一个重要因素，不同的需求产生对不同类型金融工具的要求，交易成本高低使经济个体对需求预期发生变化；交易成本降低的发展趋势使货币向更为高级的形式演变和发展，产生新的交换媒介、新的金融工具；不断降低交易成本就会刺激金融创新，改善金融服务。当然，金融交易成本的下降并非完全由科技进步引起，还有其他诸如竞争、外部经济环境的变化等因素。

（五）鲍莫尔的金融创新理论——市场竞争的压力

按照鲍莫尔（Baumol）的观点，市场竞争将导致金融机构及非金融机构引入新的金融手段，使金融创新变得卓有成效。完全竞争市场符合两个条件：对进入市场者不设障碍，对离开市场者不收取费用，但真正的完全竞争市场是不存在的，先进入市场者较后进入市场者具有更有利的市场竞争条件。而离开市场的费用主要是已进入市场的资产的成本变现问题，成本变现能力强，则竞争力强。金融机构间的竞争的加剧，是金融创新的最大源动力。

（六）制度学派的金融创新理论——制度变革的影响

制度学派对金融创新的研究较多，以戴维斯（S. Davies）、诺斯（North）、沃利斯（Wallis）等为代表。这种金融创新理论认为，作为制度创新的一部分，金融创新是一种与经济制度互为影响、互为因果的制度变革。金融体系的任何因制度改革的变动都可视为金融创新。因此，政府行为的变化会引起金融制度的变迁，如政府要求金融稳定和防止收入分配不均等而采取的金融改革，虽然是以建立新的规章制度为明显特征，但这种制度变化本身并非"金融压制"，而是含有创新的成分。比如1919年美国联邦储蓄体系和1934年存款保险制度的建立，都是作为政府当局稳定金融体系而采取的有力措施，虽然是金融管制的一部分，但也可以认为是金融制度创新行为——金融监管制度创新。

第二节　金融工具创新

金融工具（financial instruments）是指在金融市场中可交易的金融资产，是用来证明贷者与借者之间融通货币余缺的书面证明，其最基本的要素为支付的金额与支付条件。不同形式的金融工具具有不同的金融风险。金融创新中的工具创新主要是指金融衍生工具的出现。衍生金融工具的价值依赖于基础性资产价值的变动，其种类主要包括远期、期货、期权、互换交易等。

一、金融远期交易

金融远期交易起源于早期的商品市场，是生产者和经营者在商品经济实践中创造出来的一种能够规避现货价格风险的商品交换形式。远期合约的标的资产可以是普通商品，也可以是金融资产。

（一）金融远期交易的概念与经济功能

金融远期交易是指双方约定在未来某一确定时间按照约定的价格买卖一定数量某种资产的交易方式。在远期合约中，未来的确定时间称为合约的交割日；约定的价格称为合约的交割价格；双方约定买卖的资产称为标的资产。

远期合约是适应规避现货交易风险的需要而产生的，因此它的基本经济功能就是给未来的现金流提供了某种程度的确定性，从而避免了价格变动的风险。

（二）金融远期交易分类

按基础资产的性质划分，金融远期交易主要有远期利率交易、远期外汇交易和远期股票交易。

远期利率交易是双方希望对未来利率走势进行保值或投机所进行的一种交易形式。买卖双方商定将来一定时间的协议利率，并规定以何种利率为参照利率，在清算日时，双方并不实际交换本金，而是根据期限和名义本金额，由交易一方支付给另一方协议利率和参照利率之间的差额的贴现金额。

远期外汇交易是指双方约定在将来某一时间按约定的汇率买卖一定金额的某种外汇的交易形式。

远期股票交易是指在将来某一特定日期按特定价格交付一定数量单只股票或股票组合的交易形式。

（三）金融远期交易实例

这里以远期外汇交易为例，说明金融远期交易的操作。

【举例】某日香港某贸易商与美国进口商签订一批货物买卖协议，货款以美元计价，一个月后支付，金额为 100 万美元，为防止美元贬值的风险，该贸易商决定通过远期外汇交易进行套期保值。假设当日香港外汇市场美元对港元的即期汇率为 1USD = HKD7. 7600/7. 7900，一个月远期美元升贴水 52/50 点（1 点表示万分之一），试问通过远期外汇交易，该香港贸易商能收入多少港元货款？

根据远期汇率的计算方法，这里一个月远期美元贴水，则远期实际汇率为：1 USD = HKD7. 7548/7. 7850，一个月后香港贸易商收到美元货款，将其按照远期汇价进行交割，最后收入为：$100 \times 7.7548 = 775.48$ 港元。

通过预约未来的金融资产买卖，确定未来交割的执行价格，远期交易的买卖双方在市场价格不确定条件下进行的是零和博弈。

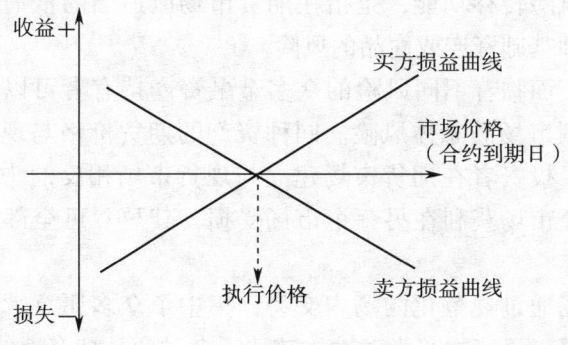

图 7.2　远期合约买卖双方损益曲线

二、金融期货交易

期货交易和期货交易所出现于 19 世纪中叶，当时是在芝加哥期货交易所开始交易有关农产品合约。直到 100 多年之后的 20 世纪 70 年代初期才开始出现

"金融期货"合约。第一个金融期货合约是芝加哥商品交易所（CME）的国际期货市场（IMM）于 1972 年引入的外汇期货合约。1975 年 10 月，芝加哥交易委员会（CBT）率先交易基于固定收入证券的期货合约。目前，金融期货交易非常活跃，以至于在许多重要市场上，其交易量超出了这些合约所代表的基础资产的市场交易量。例如，每天交易的标准普尔股票指数期货所代表的股票价值通常会超过在纽约股票交易所交易的实际股票交易量。

（一）期货交易的概念

期货交易（future contract）是标准化期货合约的交易。在期货合约中，买方同意在指定期间的期末以确定的价格接受某物，卖方同意在指定期间的期末以确定的价格交付某物。合约双方约定的未来交易价格叫做期货价格（future price）。合约双方进行交易的指定日期叫做清算日或交割日（settlement or delivery date）。当事人同意交换的客体称为基础资产或原生资产（underlying asset）。

在 1972 年之前，只有传统农产品（如谷物和牲畜）、进口食品（如咖啡、可可和糖）或者工业品的期货合同的交易，这些期货合约统称为商品期货（commodity future）。建立在金融工具或金融指数之上的期货合约被称为金融期货（financial future）。金融期货可以划分为股票指数期货、利率期货、外汇期货。

（二）金融期货交易的功能

期货市场最主要的功能就是风险转移功能和价格发现功能。

1. 风险转移功能

期货市场的风险转移功能，是指在期货市场以适当的抵消性衍生交易活动来减少或消除某种基础资产或商品的风险。

金融市场中，面临着不同风险的众多金融资产持有者可以通过达成对各自有利的交易来控制市场的总体风险。同种资产的期货价格与现货价格一般呈同方向的变动关系，投资者在期货市场建立与现货市场相反的头寸之后，价格变动时，必然在一个市场获利在另一个市场受损，其盈亏可全部或部分抵消（即套期保值）。

金融期货市场通过规范化的场内交易，集中了众多愿意承担风险而获利的投机者。通过频繁、迅速的买卖对冲，转移了金融商品持有者的价格风险。

期货市场为投资者提供了在获得最新信息时可用于改变其资产风险暴露的另一个场所。在选择是利用现货市场还是期货市场改变头寸时，需要考虑的因素有流动性、交易成本、税收以及期货市场的杠杆性优势等。

2. 价格发现功能

期货市场的价格发现功能，是指期货市场能够提供基础资产的未来有效价格信息。期货价格是在公开竞价基础上产生的，是所有期货交易的参与者对未来某一特定时间的现货价格的预期，充分反映了与基础资产价格相关的各种信息。期货市场交易成为现货市场价格的决定机制。

（三）金融期货交易制度

1. 集中交易制度

金融期货是在期货交易所或证券交易所进行集中交易。期货交易所一般实行会员制度，期货经纪商通常是期货经纪公司。

2. 标准化的期货合约和对冲机制

期货合约对基础金融工具的品种、交易单位、最小变动价位、每日限价、合约月份、交易时间、最后交易日、交割日、交割地点、交割方式等都作了统一规定，除某些合约品种赋予卖方一定的交割选择权外，唯一的变量是基础金融工具的交易价格。

表7.1　　芝加哥商业交易所集团的美国10年期国债期货合约主要条款

合约规格	美国中期国债，到期面值为 100000 美元或其整数倍
交割等级	美国中期国债，交割价格等于期货结算价乘以转换因子加上应计利息。
报价单位	点数报价（1 点为交易单位的 1%）以及 1/32 点的一半
最小价格变动	1/32 点的一半
保证金要求	芝加哥期货交易所保证金系统决定
合约月份	3月、6月、9月、12月
最后交割日	交割月份最后一个营业日
最后交易日	交割月份最后一个营业日前倒数第 7 个营业日。
交易所交易时间	口头交易：周一至周五 7：20～14：00 电子交易：周日至周五 5：00～16：00

资料来源：www.cmegroup.com，截至 2012 年 2 月。

在期货交易中大多数交易者并不是通过合约到期时进行实物交割来履行合约，而是通过卖出相同合约的方式解除履约责任，卖出建仓后可以通过买入相同合约的方式解除履约责任。这种期货交易的对冲机制，吸引了大量期货投机者参与交易，因为在期货市场上，投机者有双重的获利机会，期货价格上升时，可以通过低买高卖来获利；价格下降时，可以通过高卖低买来获利，并且投机者可以通过对冲机制免除实物交割的麻烦。

3. 保证金制度

在期货市场上，交易者只需按期货合约价格的一定比率交纳少量资金作为履行期货合约的财力担保，便可参与期货合约的买卖，这种资金就是期货保证金。保证金制度又叫非全额交易制度。保证金制度赋予投机者"以少博多"的杠杆效应，具有投机吸引力。同时设立保证金管理制度的目的是当交易者出现亏损时能及时止损。双方成交时交纳的保证金叫初始保证金。保证金的水平由交易所或结算所制定，一般金融期货的初始保证金的比率为期货合约价值的5%~10%，但也有低至1%，或高达18%的情况。保证金账户必须保持在一个最低水平线以上，此为维持保证金，一般为初始保证金的75%。

4. 逐日盯市制度

结算所是期货交易的专门清算机构，通常附属于交易所，但又以独立的公司形式组建。所有的期货交易都必须通过结算会员由结算机构进行，而不是由交易双方直接交收清算。

结算所实行无负债的每日结算制度，又称逐日盯市制度，就是以每种期货合约在交易日收盘前最后1分钟或几分钟的平均成交价作为当日结算价，与每笔交易成交时的价格（开仓价）作对照，计算每个结算所会员账户的浮动盈亏，以此调整会员的保证金账户，将盈利记入账户的贷方，将亏损记入账户的借方。若调整的保证金账户上贷方金额低于保证金要求，交易所通知该会员在限期内缴纳追加保证金以维持初始保证金水平，否则不能参加下一交易日的交易，交易所将有权强行平仓。

由于逐日盯市制度以1个交易日为最长的结算周期，对所有账户的交易头寸按不同到期日分别计算，并要求所有的交易盈亏都能及时结算，从而能及时调整保证金账户，控制市场风险。

5. 限仓制度

限仓制度是交易所为了防止市场风险过度集中和防范操纵市场的行为，而对交易者持仓数量加以限制的制度。

6. 价格限制制度

价格限制制度包括两个方面：一是每日价格波动限制，在我国又称为涨跌停板制度；二是断路器规则，在期货交易中，当价格波幅触及所规定的点数时，交易随之停止一段时间的交易制度。

7. 大户报告制度

当会员或客户某品种持仓合约的投机头寸达到交易所对其规定的投机头寸持仓限量80%以上（含本数）时，必须向交易所申报。申报的内容包括客户的开户情况、交易情况、资金来源、交易动机等，便于交易所审查大户是否有过度投机和操纵市场行为以及大户的交易风险情况。

（四）金融期货交易实例

这里以外汇期货交易为例，说明如何利用金融期货交易的操作进行套期保值。

套期保值是外汇期货交易最重要的功能，外汇期货套期保值是指通过在期货市场和现货市场上从事不同交易方向的交易，用一个市场的盈利来对冲另一个市场的亏损，从而实现保值的目的。外汇期货套期保值有空头套期保值和多头套期保值两种类型。所谓空头套期保值，是指交易者先在期货市场卖出期货，当现货价格下跌时以期货市场的盈利来弥补现货市场的损失，从而达到保值的一种期货交易方式。所谓多头套期保值是指交易者先在期货市场买入期货，当现货价格上涨时以期货市场的盈利来弥补现货市场的损失，从而达到保值的一种期货交易方式。

【举例】外汇空头套期保值

日本丰田汽车公司向美国出口销售 1000 辆小汽车，3 月份签订了半年交货付款的合同，金额是 1000 万美元。3 月份美元兑日元汇价是 1USD = 108.00JPY，为避免美元贬值的风险，丰田公司三月份合同签订之日起即在外汇市场上以 1USD = 110.00JPY 的汇价卖出 6 月期 100 手美元外汇合约。9 月份汽车交货付款日，美元兑日元市场汇价是 1USD = 107.00JPY，期货市场 6 月期美元外汇合约买入价为 1USD = 108.00JPY，丰田公司以该价格买进 100 手美元外汇合约平仓。

结果：现货贸易中由于汇率波动使企业损失 1000 万日元，外汇期货套期保值获利 1000 万日元（忽略利息及手续费），盈亏相抵成功规避了贸易上的市场风险。

三、金融期权交易

通过上文分析，远期合约和期货合约在规避风险的同时，也失去了潜在的获利机会，而期权合约可以扬长避短，它使买方在规避不愿意承担的风险的同时保留潜在的获利机会。

（一）金融期权交易概述

1. 金融期权交易概念及种类

金融期权是指以金融商品或金融期货合约为标的物的期权交易。具体地说，其购买者在向出售者支付一定费用后，就获得了能在规定期限内以某一特定价格向出售者买进或卖出一定数量的某种金融商品或金融期货合约的权利。

在支付期权费之后有权力执行期权的合同方成为期权买方；在收取期权费之后有义务履行责任的合同方称为期权卖方。

按期权合约的标的资产划分，期权可分为现货期权和期货期权。现货期权包括利率期权、货币期权、股票期权、股票指数期权。期货期权包括利率期货期权、外汇期货期权、股票指数期货期权。

2. 金融期权交易的功能

（1）保值防险功能。期权为需要规避风险的投资者提供了一个类似于保险的单向套期保值工具，将对称性风险转化为非对称性风险。投资者可以交易与他们的投资组合相关的期权来调整其投资的风险和收益特征。

（2）盈利功能。对于那些希望借助金融资产价格的波动来进行投机的交易者来说，期权是一个很好的替代品。一般情况下，期权价格都低于基础金融工具价格，这使得期权投机所需的资金较少，有助于降低交易成本，具有杠杆作用。此外，外汇投机者还可使用骑墙套利策略获利。所谓骑墙套利是指同时买入协定价、金额和到期日都相同的看涨期权和看跌期权。对于期权买方而言，即使基础金融工具价格产生不利变动，其最大损失也只限于期权费；如果期权价格发生有利变动，也只需支付期权费就可获得较高收益。期权卖方通过收取的期权费进行再投资，可以提高资金运用效率。

（3）激励功能。激励功能是由期权的盈利功能延伸出来的一项功能。一些公司的所有者往往用期权作为激励经营管理人员的工具，他们给予经营管理人员较长期限内的该公司股票的买入期权，只要企业经济效益不断提高，股票价格随之上扬，经营管理人员便可从中获利。因为，规定的期限较长，这种激励方式通常有较好的持久性，对防止经营管理人员的短期行为十分有利。

（二）常用的金融期权交易策略

在金融市场中，金融工具的价格涨跌无常，因此有人看涨，也有人看跌。在同一时间内，这两种看法相反的人，就可以互相搭配组成一买一卖的一张期权合约（见图 7.3）。

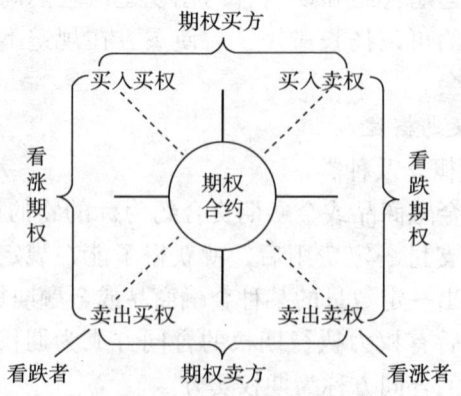

图 7.3 金融期权合约的构成

1. 看涨期权。看涨期权又分买入看涨期权和卖出看涨期权。买入看涨期权，是指购买者获得了在到期日以前按协定价购买合同规定的某种金融产品的权利，采用这种期权交易策略是因为购买期权合同者通常预测市价将上涨。卖出看涨期权指期权合同的卖方在收取一定的期权费后给买方以协定价购买某金融产品的权利，采用这种期权交易策略是因为出售期权合同者通常预测市价下跌。

2. 看跌期权。看跌期权又分为买入看跌期权和卖出看跌期权。买入看跌期权指合同的买入者获得了在到期日以前按协定价格出售合同规定的某种金融产品的权利，采用这种期权交易策略是因为买入看跌期权者预测市价将下跌。卖出看跌期权，指期权合同的卖方在收取一定的期权费后给买方以协定价出售某种金融产品的权利，采用这种期权交易策略是因为出售期权合同者通常预测市价将上涨。

（三）金融期权交易的特点

1. 期权交易的对象是一种权利。商品交易的对象是商品，金融期货交易的对象是期货合约。期权交易由于是一种权利买卖，即买进或卖出某种金融产品的权利，但并不承担一定要买进或卖出的义务，这个权利是单方面的，而且是可以选择的，即可以选择执行、转让或放弃。

2. 期权交易具有很强的时间性。期权的持有者只有在规定的时间内才有效，或执行期权，或放弃转让期权，超过规定的有效期，期权合约自动失效，期权购买者所拥有的权利随之消失。

3. 期权投资具有杠杆效应。期权投资可以以小博大，即支付一定的权利金为代价购买到无限盈利的机会。因此，购买期权具有杠杆效应。

4. 期权的供求双方具有权利和义务、风险与收益的不对称性。权利和义务的不对称是期权交易的基本特征之一，表现在期权购买者拥有履约的权利而不承担义务，期权的出售者只有义务而无权利。同时在风险与收益上也具有不对称性，期权的购买者承担的风险是有限的，其收益可能是无限的，期权的出售者收益是有限的，其风险可能是无限的。图7.4和图7.5分别是看涨期权、看跌

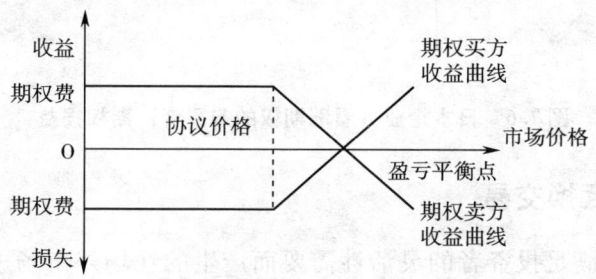

图7.4 看涨期权交易双方的盈亏分布

期权交易双方的盈亏分布。

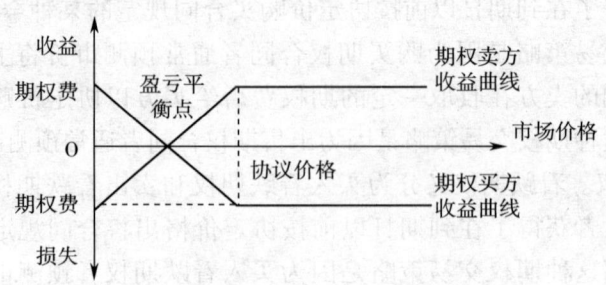

图7.5　看跌期权交易双方的盈亏分布

（四）金融期权交易实例

这里以外汇期权交易为例，说明金融期权交易的具体操作。

【举例】某日一日本企业从美国进口货物，货款以美元计价，三个月后有100万美元支出，为防止美元升值风险，该公司决定购买外汇期权进行保值，协议价格为1USD＝100.00JPY，保险费为每美元3日元，问三个月后市场汇率分别为1USD＝102.00JPY，1USD＝100.00JPY，1USD＝98.00JPY时，该公司应如何选择？

三个月后，市场汇率为1USD＝102.00JPY时，执行期权协议；市场汇率为1USD＝100.00JPY时，可以执行也可以不执行期权协议；市场汇率为1USD＝98.00JPY时，不执行期权协议。

在此案例中，该日本企业作为看涨期权的购买者，其损益情况如图7.6所示。

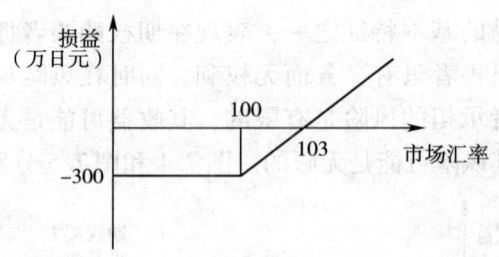

图7.6　日本企业（看涨期权的购买者）期权损益

四、金融互换交易

互换是为了满足投资者的灵活性需要而产生的在场外市场进行交易的衍生工具。互换与期货和期权一样，借款者和投资者可以利用它控制风险；由于是场外交易的，该交易可被应用于为投资者量身定做所需的金融风险管理方案。

（一）金融互换交易概述

1. 金融互换交易的概念

金融互换是两个或两个以上的当事人为了充分利用各自的相对优势，按照约定条件、在约定的时间内，交换各自未来一系列现金流的合约。金融互换交易涉及相同货币的债务和不同货币的债务的互换行为。它是继 20 世纪 70 年代初出现金融期货后，又一典型的金融市场创新业务。目前，金融互换交易已经从量向质的方面发展，甚至还形成了互换市场的同业交易市场。

最传统的金融互换交易是指货币互换和利率互换。货币互换是指协议双方同意在一系列未来日期根据不同币种的本金向对方支付利息，两种利息的币种不同，计息方式也可以不同，期末双方交换两种不同货币的本金。利率互换是指交易双方以一定的名义本金为基础，将该本金产生的以一种利率计算的利息收入（支出）与对方的以另一种利率计算的利息收入（支出）交换，利率互换通常是固定利率与浮动利率的互换。

2. 金融互换交易的功能

（1）基本功能。降低融资成本。筹资者可以充分利用各自的比较优势，通过互换合约的套利交易大幅度降低筹资成本。

资产负债管理功能。互换交易为机构投资者和公司借款人提供了一个在资本市场不完善的情况下灵活地调整资产负债的市场结构和期限结构的快捷方式，以实现资产和负债的最佳搭配，从而减少利率和汇率变化的风险。

规避管制功能。金融衍生产品的交易不构成有关交易方的资产与负债，属于表外业务。而金融互换本身就属于金融衍生产品的一个重要部分，其业务当然具有表外化的特点，它可以逃避外汇、利率以及税收管制。

（2）扩展功能。完善了价格发现机制。金融互换所形成的价格反映了所有可获得的信息和不同交易者的预期，使未来的资产价格得以发现。

拓宽了融资渠道。利用金融互换，筹资者可以在各自熟悉的市场上筹措资金，通过互换来达到各自的目的，而不需要到自己不熟悉的市场去寻求筹资机会。

创造证券。由于大多数互换是在场外交易，可以逃避外汇、利率及税收等方面的管制，所以具有较强的灵活性，使得投资银行家能创造一系列的证券。

投机获利。随着互换的不断发展，一些专业交易商开始利用其专业优势，对利率与汇率进行正确预测并运用互换进行投机。一旦遇到市场波幅大且其判断正确时就有丰厚的收益。

（二）金融互换交易的特点

1. 品种多样化。金融互换虽然历史较短，但其发展却日新月异。传统的金融互换交易不断进行创新，在固定利率对浮动利率的互换基础上，出现零息对浮动利率互换、浮动利率对浮动利率互换等。此外，新的金融互换品种如信用互换、商品互换、股权互换也不断涌现，而且金融互换同其他金融工具相结合，出现了许多复杂的互换衍生产品如互换期权、互换期货。从而使互换形成完整的种类，呈现出多样化的特点。

2. 定价复杂化。互换的价格主要表现为互换时所愿意支付的利率、汇率水平。国际金融市场上，影响互换价格的因素主要有：互换进行时市场总体利率水平、汇率水平及其波动幅度与变化趋势；互换本金数量、期限等；互换双方自身的资金状况与资产负债结构；互换伙伴的信用状况；互换合约对冲的可能性。由于互换价格的影响因素多，加之在其定价过程中不同的市场对收益的计算方法往往不同，因此其定价过程较为复杂，特别是互换交易衍生品的定价更为复杂。

3. 参与机构多元化。1985 年 2 月，以活跃在互换市场上的银行、证券公司为中心，众多的互换参与者组建了旨在促进互换业务标准化和业务推广活动的国际互换交易协会（International Swap Dealer's Association，ISDA），现在叫国际互换与衍生产品协会。目前，世界上大多数银行、投资银行等均已成为该协会的成员，极大地推动了互换交易标准化的进程。

互换市场参与机构包括最终需求者和中介机构。最终需求者是指各国政府尤其是发展中国家的政府及其代理机构、世界范围内的银行和跨国公司、储蓄机构和保险公司、国际性代理机构与证券公司等。中介机构主要包括各国的投资银行、商业银行等。

随着金融互换市场的发展，中介机构的角色也在不断的演变（见图 7.7）。在最初的互换交易中，中介机构只是充当顾问的角色，收取顾问费。随着互换市场发展为做市商市场，最终需求者都与做市商进行交易。做市商需要找寻完全匹配的两笔交易进行对冲，交易技术的进步为做市商提供了多元对冲手段，提高了市场效率。

（三）金融互换交易实例

这里以利率互换交易为例，对金融互换交易的操作进行分析。

【举例】金融市场中有两家企业 A 公司和 B 公司，这两家公司都想从 M 银行借款 5000 万美元，期限为 1 年，其资信等级和借款条件分别如表 7.2 所示。

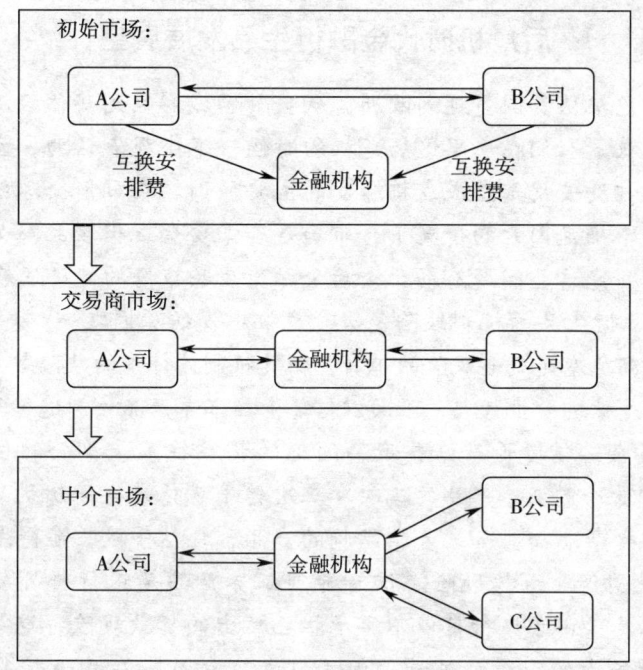

资料来源：国际互换与衍生产品协会网站：http://www2.isda.org/。

图7.7　金融互换市场结构演变

表7.2　　　　　　　　　　　　　**A、B公司借款利率水平**

	资信等级	固定贷款利率	浮动贷款利率
A 公司	AAA 级	7%	6%
B 公司	CCC 级	9%	6% + 0.5%

　　由表7.2可见，A公司在两种形式的贷款上都有绝对优势，但是在固定利率贷款上优势更大，所以A公司在固定利率贷款上有比较优势，而B公司在浮动利率贷款上有比较优势。但是A公司想借取浮动利率贷款，B公司想借取固定利率贷款。于是两家企业决定利用利率互换交易来降低融资成本。即A公司以固定利率借款，B公司以浮动利率借款，然后双方互相为对方支付利息。

　　在中介机构M银行的协调下，双方约定：每次付息向中介机构M银行支付，B公司支付固定贷款利息率为8.25%，A公司支付浮动贷款利息率为5.25%，同时中介机构一次性向双方各收取0.1%的服务费。

　　假设市场利率不变，A公司节约的成本为：6% − 5.25% − 0.1% = 0.65%；B公司节约的成本为：9% − 8.25% − 0.1% = 0.65%；中介机构多获得的收益为（同不做互换业务相比）0.2%。

【专题7-1】 后危机时代金融衍生品发展展望

美国次贷危机从美国蔓延到欧洲，从金融领域影响到实体经济，最终演变成全球经济危机。人们在反思这场危机的时候，不少观点认为，金融衍生品的机制缺陷以及过度使用是造成危机爆发的主要原因。在目前全球经济缓慢复苏但又存在诸多不确定因素的情况下，市场是否需要金融衍生品？如何发展金融衍生品？认真研究这些问题有助于今后金融衍生品市场的健康发展。

（一）金融衍生品的机制缺陷是次贷危机爆发的原因之一

金融衍生品原本是规避风险的工具，但其机制设计中的缺陷导致风险不仅没有被规避，而是被进一步放大，下面以信贷资产证券产品为例进行具体分析。

1. 构造复杂。信贷资产证券产品的标的物往往不是单一的住房贷款而是贷款组合。信贷资产证券产品的二次、三次转手意味着再一次的贷款组合，导致其构造异常复杂。面对如此复杂结构的产品，评估手段又显得尤为滞后。

2. 过度使用产生道德风险。信贷资产证券产品是银行将贷款或贷款风险剥离出售的工具，由于银行可以不再承担已售出的贷款风险，这导致银行忽视对借贷人还贷能力的审核。另外，由于信息不对称，在构造信贷资产池的时候，卖方有可能只将风险高的贷款用于构造信贷资产证券产品并在市场上出售，使得该证券产品的风险明显高于其他证券产品。

3. 风险传递。信贷资产证券产品是规避风险的工具，但实际上风险并没有消失，而是在进行着转移和传递。这种风险的传递性虽然避免了仅由少数银行承担整个美国房地产泡沫破灭的损失，但从其对全球经济的影响看，风险传递造成的冲击无疑更具有杀伤力，特别是人们对经济发展前景的心理预期受到了很大影响。

（二）后危机时代经济发展仍需要金融衍生工具

虽然信贷资产证券产品是导致美国次贷危机的主要原因之一，但次贷危机实际上是在多种因素共同作用下形成的。在后危机时代，全球经济发展面临许多挑战和问题，仍需要大力进行金融创新，而金融创新仍将主要体现在金融衍生工具的创新上。

1. 宏观经济发展需要金融衍生工具。世界经济目前已进入后危机时代，影响经济发展的各种不确定因素在不断增加，经济复苏的基础还不稳固。后危机时代的这一特点决定了金融衍生工具是不可或缺的，特别是传统的衍生品，如期货、互换等产品将在经济发展中发挥更大的作用。这类衍生品已有比较成熟的市场体系和交易规范，其风险规避的作用明显。

2. 低碳经济发展需要金融衍生工具。后危机时代全球经济面临着诸多挑战，特别是应对气候变化，加强环境保护以及新能源的开发和利用都成为经济可持续发展的重要保证，在低碳经济领域，金融衍生工具将进一步发挥作用。

3. 中小企业融资需要金融衍生工具。金融危机爆发后，欧美许多银行受到巨大损失，导致企业的资金需求无法满足。特别是本来融资就十分困难的中小企业，对银行信贷的依赖性强，需要借助衍生工具降低贷款风险。

（三）后危机时代金融衍生品的发展方向

随着全球经济的复苏，金融衍生品的交易量在历经下滑的阶段后正逐步回升，虽然衍生工具的独特作用并没有因为次贷危机而改变，但次贷危机毕竟揭示了衍生品监管缺失、过度使用的危害。面对后危机时代新的挑战，金融衍生品市场必须作出调整。

1. 金融衍生品的设计更加简明合理。总结次贷危机的经验教训，金融衍生品的结构需要从复杂回归到简单明晰。过于复杂的构造使得评估体系也变得异常复杂，造成交易双方最终都难以看清风险所在，这不仅对双方不利，也不利于整个金融体系的稳定。

2. 金融衍生品的避险作用更加突出。一般来说，金融衍生品都有规避风险、投机和套利的作用。规避风险是最基本的作用，不过以往衍生品市场的交易动机常常是出于投机的需要，这种投机性的交易需求今后仍会存在，但规避风险的交易需求将占据主导地位。

后危机时代，由于经济发展的需要和市场旺盛的需求，衍生品市场在历经次贷危机的波折后将会迎来新一轮的发展机遇。结构明晰、权责明确、规范实用的避险型衍生工具将成为市场的主流，以投机和套利为目的、通过高风险获取高收益的衍生产品会在规则和体制上受到严格监管和制约。

第三节　金融市场创新

金融市场创新主要是指20世纪50年代中叶欧洲货币市场的建立，它是一种真正意义上的国际金融市场。在这个市场上，资金的需求者和供给者都是本国的非居民。传统的国际金融市场从本质上讲是一种境内市场，它受市场所在国法令的管制，经营市场所在国货币，执行市场所在国利率体系。而欧洲货币市场则是一种完全的境外市场，它既不受货币发行国的法律、法令的管制，又不受市场所在国金融法规和利率的约束，它所经营的是可以在其发行国以外进行交易的自由货币，并且主要是为非居民提供借贷资金。欧洲货币市场使得世界各国金融市场连为一个整体，推动了世界经济向前发展。它的出现是国际金融市场发展的一个新的阶段，此后，国际金融市场的概念就涵盖了国内金融市场、传统国际金融市场以及欧洲货币市场，并且欧洲货币市场是当今国际金融市场的核心。

一、欧洲货币市场概述

（一）欧洲货币市场的形成

欧洲货币市场简称为"欧洲市场"（Euro—market），它泛指在货币发行国境外进行该货币借贷业务的市场。此处的"欧洲"，意指"非国内的"、"境外的"、"离岸的"。由于该市场起源于欧洲，故沿用至今。

欧洲货币市场产生于 20 世纪 50 年代。导致欧洲货币市场建立的主要原因有：（1）50 年代初，苏联和其他东欧国家鉴于美国冻结了中国存放在美国的全部资产的情况，纷纷将手中的美元转到欧洲国家的银行账户，开创了欧洲美元市场；（2）1957 年英国出现了英镑危机，英国金融当局不得不采取行政措施，限制英国银行向外国人提供英镑贷款，这项禁令使英国银行纷纷转向经营美元业务，利用欧洲美元存款进行贷款业务。于是就出现了在美国境外经营美元存贷款业务的资金市场；（3）1958 年底，欧洲主要国家对金融放松管制，各国货币可以自由兑换，美元可以在欧洲地区自由买卖，对欧洲美元市场在利率、税收、存款准备金等方面不予管制，从而为欧洲美元市场的顺利发展铺平了道路。与此同时，美国则采取与之相反的金融政策，对国内银行业严加管制，间接地推动欧洲美元市场的发展。

（二）欧洲货币市场的特点

与传统的国际金融市场比较，欧洲货币市场是一个完全自由化的国际金融市场。

1. 经营非常自由。欧洲货币市场上的经营不受任何国家的金融法规和税收限制，其借款方式极其灵活，借款条件也十分宽松。这一市场上的信贷基本上属于信用信贷，一切具有良好信誉的经济实体都可以凭信誉自由借贷，而不需要任何有价证券或财产作抵押。市场所在国金融当局为了吸引更多的欧洲货币资金，扩大借贷业务，常常采用许多优惠政策来促进资金的流入，如免交存款准备金、借款用处不受限制等。

2. 交易规模庞大。该市场的资金来自世界各地，各种货币应有尽有，完全能满足各种类型的跨国公司和金融企业对各种不同用途、不同期限资金的需求。在该市场上的资金借贷，每笔交易数额都很大，少则数百万美元，多则数亿乃至数十亿美元，故该市场又有"批发市场"之称。

3. 具有独特的利率体系。该市场上的利率虽然与各货币发行国的利率有着极为密切的联系，但又具有相对的独立性。它通常以伦敦银行间同业拆借利率为准，其存款利率略高于货币发行国国内的存款利率，贷款利率略低于货币发行国国内的贷款利率。这主要是因为该市场上的借贷不受法定准备金和存款利率最高额的限制，且存贷款数量很大，因此，即使利差小，欧洲银行的利润仍然相当丰厚。

4. 创造信用适当。在欧洲货币市场上没有存款准备金的要求，从理论上讲，在该市场上信用膨胀会远远大于国内市场，因为一笔原始存款反复借贷，会派生出大量派生存款造成信用膨胀。但实际上欧洲货币市场信用膨胀倍数远远低于国内银行，其中主要的原因是，欧洲货币回流到母国后不再是欧洲货币，从而停止了欧洲货币的增值链。同时，欧洲货币市场又是一个相当均衡的市场，每一笔负债（存款）通常都有一笔同种货币、期限相近的资产与之对应。而在国内市场上，银行资产负债不相匹配的现象却相当突出。

（三）欧洲货币市场的资金来源

欧洲货币市场的资金主要来源于四个方面：银行间存款、非银行机构存款、一些国家和其他官方机构的存款以及国际清算银行的存款。

银行间存款，通常被认定并非是资金的最初来源而被认为不应该作为欧洲货币市场的资金来源，但事实上这种存款却恰恰成为该市场的主要资金来源。

非银行机构存款，主要是指跨国公司、大型工商企业、私人及银行以外的金融机构的存款。这些资金有的来源于货币发行国的现有存款，有的来源于商品、劳务、单方面转移的货币性收入。这些资金都是以数千亿计的流动资金，数量极其可观。

一些国家的中央银行常常将少量外汇储备资金投放在欧洲货币市场，其主要目的是为了当本国国际收支失衡时，可调入资金调节国内货币市场。目前，发达国家在欧洲货币市场的存款已大大减少，但发展中国家在该市场的存款仍然占有相当的比重。国际清算银行在欧洲货币市场的存款也是该市场的一个重要的资金来源。

国际清算银行被称为西方主要发达国家"央行的央行"。它除了办理西方国家的多边清算之外，还接受各国中央银行的存款业务，这使得它持有大量的各国中央银行存款。这些资金投放到欧洲货币市场，形成了巨大的资金来源。

二、欧洲货币市场结构

欧洲货币市场根据借贷期限的长短和业务性质的不同，包括欧洲货币短期信贷市场、欧洲货币中长期信贷市场和欧洲债券市场。

（一）欧洲货币短期信贷市场

欧洲货币短期信贷市场是指借贷期限在一年以内的欧洲货币借贷市场。短期资金借贷又称短期资金拆放，它是欧洲货币市场最早的业务活动方式。

欧洲短期信贷市场的业务有四个特点：第一期限短，借贷期限最短只有 1 天，多为 3 个月以内，也有半年或一年的情况，但最长不会超过一年；第二批发性质，一般借贷金额都比较大；第三灵活方便，即在借款期限、借款货币种类和借款地点等方面都有较大的选择余地；第四利率由双方具体商定，一般低于各国专业银行对国内大客户的优惠放款利率，但比伦敦银行同业拆放利率为高。

（二）欧洲货币中长期信贷市场

欧洲货币中长期信贷市场是指借贷期限在一年以上（一般为 2 年、3 年、5 年、7 年、10 年不等，最长期限可为 20 年）的欧洲货币借贷市场，欧洲货币中长期信贷市场的业务具有以下特点：

1. 联合贷放。目前欧洲中长期信贷主要是指国际银团贷款（international syndicated loan），即"辛迪加贷款"，它通常由数家国际银行组成一个集团向某经济实体或某项工程项目提供贷款。

国际银团贷款有两种形式，一种是直接银团贷款，即参加银行团的各成员行直接向借款人提供贷款，贷款的具体工作由各贷款银行在贷款协议中指定的代理银行统一管理。更多的贷款是间接银团贷款，银行团由牵头银行、代理银行和参加银行三部分构成，牵头银行负责与借款人谈判，项目确定之后，由牵头银行将参加贷款份额分别转售给其他参加银行；这些参加银行负责提供一定比例的贷款；代理银行负责具体事务工作，包括负责监督管理贷款项目的实施。

2. 必须签订贷款协定。贷款协定主要包括币种、期限、数量、利率、费用、货币选择权条款、违约和保证条款等。其中，贷款的利息率是以伦敦银行间同业拆借利率（LIBOR）为基础，再加上一个附加利率构成。一般而言，附加利率比较稳定，而 LIBOR 经常波动。贷款的费用大体分为三个部分，分别为管理费、代理费和承担费。管理费，是借款人支付给辛迪加贷款牵头银行的佣金，一般按贷款总额的一定百分比一次或分次支付，费率一般为总额的 0.5% ~ 2.5%。代理费是支付给代理行的费用，一般代理费按照事先商定的金额支付。承担费是借款人未能按期使用银团或贷款银行已经按贷款合约准备好的资金，给贷款银行造成影响而支付的赔偿性费用，一般费率为贷款总额的 0.25% ~ 0.75%。

3. 政府担保。中长期贷款如果没有物质担保，一般均由政府有关部门对贷款协议的履行与贷款的偿还进行担保。

4. 浮动利率。由于贷款期限较长，如采取固定利率方式，发生利率的变化时，利率上升，对债权人不利，利率下降，对债务人不利。所以采用浮动利率，根据市场利率浮动进行调整，是中长期贷款的利率特征。

（三）欧洲债券市场

欧洲债券市场是欧洲债券的发行和交易市场，是欧洲货币市场的一个重要组成部分。欧洲债券是一种境外货币债券，它是筹资者在境外发行的以第三国货币为面值的国际债券。如法国某公司在英国发行的以美元为面值的债券。

欧洲债券的产生可追溯至 1949 年和 1951 年菲利浦公司在荷兰发行的两笔美元债券，1961 年 2 月葡萄牙萨克尔（Sacor）石油公司在卢森堡发行的一笔 17 年期、以欧洲记账单位（EUA）标值、总额为 500 万美元的债券。具有典型的现代欧洲债券市场形式的发行是 1963 年 7 月意大利的一家国营控股公司 IRI 发行的欧洲债券。这笔债券总值 1500 万美元，年息 5.5%，到期日在 1972—1978 年之间，每份债券面值 250 美元，以不记名方式同时在伦敦和卢森堡证券交易所上市。它由当时伦敦的一家主要商业银行 S. G. Warburg & Co. 为牵头行组织三家银行形成国际辛迪加承销。这是首例完全具有欧洲债券含义的债券发行。

欧洲债券市场具有以下特点：第一，高度自由，欧洲债券的发行人、发行地点和货币单位分别属于不同国家，而且欧洲债券可以同时在几个国家发行，多数国家对发行期限和数量没有限制，也不需要发行前的注册和信息披露手续；第二，欧洲债券一般由一家大型专业银行或商人银行或投资银行牵头，联合十几家或数十家不同国家的大银行代为发行，大部分债券是由这些银行买进，然后转到二级市场销售；第三，欧洲债券市场有容量大、发行成本低、货币选择性强、流动性高、利息不纳税等优点。

【专题 7 - 2】　　　　离岸金融中心的运行模式

欧洲货币市场与离岸金融中心同为经营境外货币市场，前者是境外货币市场的总称或概括，后者则是具体经营境外货币业务的一定地理区域。根据业务对象、营运特点、境外货币的来源和贷放重点的不同，离岸金融中心运营模式分以下几种类型：

一、混合型离岸金融中心

内外混合型的离岸金融中心是指离岸金融业务和在岸金融业务并不分离的市场。典型的混合型离岸金融中心是伦敦金融中心。

伦敦金融中心（又称"伦敦金融城"）位于伦敦泰晤士河北岸，是世界上历史最悠久、规模最大的离岸金融中心之一，具有下列特点：（1）市场经营的是英镑以外的欧洲货币（离岸货币），从立法的角度看，在伦敦不能直接经营欧洲英镑业务；（2）在该市场内，非居民也可以经营在岸业务和国内业务（本币的国际和国内业务），但必须缴纳存款准备金和有关税费，故在岸业务规模远远小于离岸业务规模；（3）在岸金融市场与离岸金融市场界限被打破，参加伦敦外汇市场的外国机构所占市场份额远大于英国机构，银行业的英镑业务与外国通货业务融为一体，这些国际化特征使得英国的国内金融市场与国际金融市场更加趋于一体化。

二、分离型离岸金融中心

内外分离型的离岸金融市场是专为非居民交易而人为设置的市场。在该市场上，管理当局对非居民交易给予金融和税收优惠，对境外资金的流入可豁免利息预扣税、存款准备金和利率限制。但非居民账户与国内账户严格分离，严禁非居民经营在岸业务和国内业务。典型的内外分离型离岸金融中心是纽约金融中心。

20世纪60年代末，美国政府为了改善其国际收支连年赤字的状况，加紧对资本外流的控制，禁止美国本土银行直接向外国提供贷款，非居民在美国市场上借款要纳税等，从而导致了美国金融机构海外分行的增加以及美国银行业的大量外流，因而促进了欧洲美元市场的发展，使得在欧洲境外出现了一些新的离岸国际金融中心。为吸引已经外流的美国银行回国从事欧洲货币业务，1981年美国联邦储备银行正式批准设立纽约离岸国际金融市场——国际银行便利（International Banking Facility，IBF）。按IBF的规定：凡获准吸收存款的美国银行、外国银行均可申请加入IBF成为其会员；国际银行便利的交易可豁免存款准备金、利率上限、存款保险、交易者还可豁免利息预扣税和地方税；IBF交易严格限于会员机构与非居民之间；存放在纽约"国际银行便利"账户上的美元视同境外美元，与国内美元账户严格分开。由此可见，纽约国际金融市场的特点是业务范围包括市场所在国货币（美元）在内的境外业务，而在管理上将境外美元和境内美元严格分开。

三、虚拟型离岸金融中心

虚拟型离岸金融中心又称避税港型离岸金融中心，是凭借地理优势和税收优惠来吸引投资者的离岸金融市场。典型的避税港型离岸金融中心是加勒比海的巴哈马、开曼，以及百慕大群岛、巴拿马和西欧的马恩岛、海峡群岛等。

加勒比海地区由众多的中小发展中岛国所组成，这些岛国政局十分稳定，税费较低，特别是该地区的银行享有保密权，这就为外来资金提供了极大的保密性。从 20 世纪 70 年代开始，一些没有能力在欧洲货币市场建立分支机构的美国银行将大量的资产转移到加勒比海的巴哈马、开曼等岛国，以参与欧洲美元的交易。由于这些银行通常只需在加勒比海地区开立一个账户，实际业务在国内总行进行，因此加勒比海离岸金融市场实际上只是一个记账中心，并无实际交易业务。

【案例 7 - 1】 新加坡离岸金融中心的发展

一、新加坡离岸金融中心的产生与发展

20 世纪 60 年代，西方跨国公司投资重点向东南亚转移，美国银行为了消除美国政府限制资金外流紧缩措施的影响，策划在亚太地区设立离岸金融中心。新加坡政府审时度势，积极发展国际银行业。1968 年 10 月 1 日，新加坡政府允许美洲银行新加坡分行在银行内部设立一个亚洲货币经营单位（Asian Currency Unit，ACU），以欧洲货币市场同样的方式接受非居民的外国货币存款，为非居民提供外汇交易以及资金借贷等各项业务，这标志着新加坡离岸金融市场的诞生。新加坡离岸金融市场的发展大致经历以下三个阶段：

初始阶段：1968—1975 年。新加坡离岸金融中心是新加坡政府当局精心策划、以人为方式推动的离岸金融中心，其发展提升了新加坡的国际地位，对新加坡的国际收支改善与经济增长具有重要的贡献。到 1975 年，新加坡境内从事 ACU 的金融机构增加到 66 家，存款总额高达 125.97 亿美元，相当于 1975 年新加坡国民生产总值的 2.5 倍。在这一阶段，新加坡逐步形成了一个以经营美元为主，兼营马克、英镑、加拿大元、法国法郎、日元等 10 多种硬通货的高效的国际货币市场和国际资本市场（林毓琍，1995）。

发展阶段：1976—1997 年。新加坡政府在这一时期加快了金融改革步伐，1976 年 6 月放宽外汇管制，与东盟各国自由通汇，允许东盟各国在其境内发行证券，并给予更多的税务优惠；1977 年 ACU 的利得税从 40% 下调到 10%；1978 年 6 月 1 日全面开放外汇市场，取消外汇管制；1981 年，允许 ACU 通过货币互换安排获得新加坡元；1984 年，新加坡国际金融交易所（SIMEX）成立，并推出了亚洲第一个欧洲美元存款利率期货和欧洲日元期权交易；1990 年，外国人持有新加坡本地银行股权限制由 20% 提高到 40%；1992 年，放宽离岸银行的新元贷款额度限制，这些措施刺激了新加坡离岸金融业务的发展。

转型阶段：1998年至今。为应对东南亚金融危机后泰国、马来西亚等国纷纷选择开放、自由的金融改革政策的挑战，新加坡金融管理局制定了详尽的政策规划，1999年，公布银行业改革计划，银行股双轨制被废除，放宽符合资格离岸银行的新元贷款额上限；2000年1月起，外资机构为新加坡投资者处理的最低交易额从原先的500万新加坡元下调至50万新加坡元，逐步放松对交易佣金的管制，鼓励外国证券进入新加坡，同时积极开发和发展新的金融衍生产品等。这些改革措施使新加坡金融体系从一个强调管制、注重风险防范的市场，演变成以信息披露为本、鼓励金融创新的金融中心，新加坡的离岸金融市场也从分离型市场向一体型市场过渡转型。

二、新加坡离岸金融中心成功的因素

（一）分离型模式有利于风险防范

新加坡离岸金融市场属于典型的内外分离型，有效防止了资本频繁出入本国金融市场以及离岸金融交易活动影响或冲击到本国货币政策的实施，充分保证了本国金融市场的稳定和金融政策的正常发挥。

（二）政府的扶持有利于市场发展

新加坡离岸金融中心地位的确立是和政府的积极政策导向分不开的，积极的政策主要包括：放松外汇和金融管制、放宽对外国银行开立分行的限制、取消外汇存款或债券利息预扣税等。

（三）有效监管有利于市场的稳定

1971年1月，新加坡金融管理局正式成立，该金融管理局效率高、执法严，有效地维持了新加坡廉洁高效的金融环境，确保了该国金融机构的健康发展。在其精心策划和积极推动下，新加坡离岸金融市场得以快速成长（李豫，2008）。

【拓展阅读】   人民币离岸金融市场的发展

离岸中心对于人民币国际化来说意义重大。目前，中国资本项目还没有完全开放，这就对境外人民币投资境内造成了一定困难。但另一方面，对于发展中国家而言，贸然开放资本项下管制风险极大，亚洲金融危机就是实例。既然现在还不宜全面放开对资本项下的管制，人民币国际化又需要可以全面兑换，面对这一两难，发展人民币离岸金融市场就具有特殊的意义。

香港的金融市场具备"一国"、"两制"和"高度国际化"这三个条件，因此是人民币离岸中心的最佳选择。中国于 2003 年启动将香港发展为人民币离岸市场的试点，回顾近 10 年，香港人民币离岸市场大致走过了两个阶段：第一阶段（2003 年 10 月至 2007 年 6 月），主要发展的是香港个人人民币业务。2003 年 10 月中国人民银行发布公告，香港本港银行开始试办存款、兑换、汇款及信用卡等个人人民币业务；2005 年 10 月人民银行发布公告，扩大香港个人人民币业务范围，准许香港居民开立人民币支票账户，将个人人民币现钞兑换限额由每人每次最多 6000 元上调至 2 万元，并将个人人民币汇款限额由每人每日最多 5 万元放宽至 8 万元。在香港地区购物、餐饮、住宿、交通、通信、医疗、教育等 7 个行业确定指定商户可以进行人民币结算。第二阶段（2007 年 7 月至今），发展主要集中在两大领域：内地机构在港发行人民币债券业务以及香港跨境贸易和投资的人民币结算业务。截至 2012 年 4 月底，香港共有 135 间银行开办人民币业务，人民币存款总额达 5662 亿元，离岸人民币兑换日成交量高达 20 亿至 30 亿美元。随着香港人民币存款以几何级数激增，香港的人民币债券市场蓬勃发展，截至 2012 年 5 月底，共有 23 只人民币债券在香港上市，2012 年在香港上市的离岸人民币债券在数目和金额上均冠盖全球，集资额达人民币 118 亿元①。

　　香港是最重要的人民币离岸中心，自 2011 年以来，新加坡、伦敦等金融中心也在积极谋求成为人民币的离岸中心。2012 年 4 月 18 日，英国首相卡梅伦出席了在伦敦金融城举行的伦敦人民币业务中心建设计划启动仪式，同日，汇丰银行在伦敦发行了总规模约为 10 亿元的第一只人民币债券。然而，由于人民币尚不具备完全可兑换性，将外国城市发展为人民币离岸金融中心还需要一个相对漫长的过程。

图 7.8　香港的汇丰银行和渣打银行大楼

---

　　① 资料来源：中金在线．www.cnfol.com，2012 年 6 月 29 日。

第四节　金融制度创新

一、金融制度概述

金融制度是关于资金融通的一个体系或系统，它主要包括构筑金融体系的金融组织制度（包括作为高层结构的中央银行制度和作为基础结构的微观组织安排，如商业性金融机构、政策性金融机构、金融市场等），以及规范金融秩序的金融监管制度。

金融制度的形成主要源于金融交易，金融交易活动至少可以追溯到货币的产生和信用的形成。从金融交易的开始就产生了相应的金融制度结构，在漫长的历史进程中，经济发展会带来商品和金融交易规模的扩大，而金融交易规模的扩大、金融交易方式和规则的变革都相应地引起了金融制度的创新。这些创新带来了交易成本的节约，从而又进一步推动了金融交易的空间范围和数量规模的发展，使二者呈现出一种动态的螺旋式的循环上升。

在货币经济条件下，金融交易已经广泛存在并且具备了一定的规模和范围，金融交易从直接交易向间接交易过渡，专门从事货币借贷业务的中介机构组织——金融机构产生了；金融交易种类和数量增长，形成了比较完整的金融交易市场。为了规范市场运作，各种交易规则和监管制度开始产生。这一阶段才开始产生了金融制度。

在信用经济条件下，金融交易已经获得了空前的发展，金融活动不仅在商品的生产和流通领域发挥着主导作用，而且影响了整个国民经济的运行和社会资源的配置。与之相适应的金融制度也发生了重大的、历史性变化。金融机构从单纯的货币借贷的中介者发展为对经济实行调节，对资源进行配置的重要机构；为防止信用危机，稳定经济结构，各国相继建立了中央银行制度。中央银行制度的建立，使得货币资本越来越多地集中于银行，金融交易成本大大降低；金融资产不断创新，金融市场不断扩大，使得规模经济得以实现。现代市场经济中的金融交易导致了现代金融制度的产生。

现代市场经济是一种高度社会化和高度发达的经济形态，在这种经济形态中，市场机制起着基础的、决定性的作用，市场体系十分完善。以此相适应的现代金融制度，也发生了深刻变化。从金融制度的结构上看，它是一种宏观与微观相分离的二级金融制度，中央银行与商业银行和其他金融机构之间在其职能上是完全分离的，中央银行主要职能是执行国家货币政策、负责货币发行、实施金融监管和调控；商业银行及其他金融机构则主要从事金融交易活动。这种二级金融制度既使得金融领域充满活力，又能保持经济金融的平稳运行。从金融监管的角度看，规范化的金融监管制度从本质上构成了现代金融制度的有机组成部分，金融监管的效率和质量直接影响着金融体系运行的稳定性。金融监管的职能主要是为了纠正金融市场和金融体系中的失效行为，金融调节注重均衡问题，而金融监管则注重秩序问题。两者相辅相成，共同维护金融体系的正常运行。

二、金融组织制度创新

（一）商业银行的组织结构创新

对商业银行制度创新的完整研究同样也包括对其内部组织结构（产权结构）和外部组织结构的分析。前者与金融机构的决策和行为方式息息相关；后者与金融机构的合理配置、金融体系的运行成本和效率息息相关。

1. 商业银行的内部组织结构创新

商业银行的内部组织结构主要是指其产权结构或内部财产关系。按照现代制度经济学的基本思想，金融企业同其他生产企业一样是一种产权交易的方式或契约安排。从历史上看，金融机构自身的组织创新，正是现代企业制度的先导。在股份公司的发展史上，最早产生于两个行业：一个是与金融直接相关的贸易业，另一个就是银行业。1694年成立的英格兰银行是最早的股份制银行，它的组织创新开创了股份制银行的先例。商业银行作为一种金融企业，其组织结构的核心仍然是产权关系及其安排。产权关系从根本上规定着商业银行的决策、管理、激励和约束机制，规定着其行为目标和行为方式，并进一步影响着金融资源的配置和金融机构的运行效率。

典型的两种银行业产权结构是高度计划经济体制下的国有银行与现代市场经济体制下的股份制银行。二者的根本差异在于产权结构及资源配置方式，计划经济体制下的国有银行产权模糊，按政府意愿配置金融资源，市场经济体制下的股份制银行产权明晰，按市场机制分配金融资源。

在高度集中的计划经济产权制度下，商业银行各项权能集中于政府，银行的行为方式表现为极大的依附性，银行作为政府的金融机构，不具备独立的决策自主权。在微观决策方面，银行主要依政府的宏观决策而定，银行按国家政策分配和发放信贷资金，并不需要考虑其亏损或盈余。计划经济体制下的国有银行不需要按银行业务的"三性"原则和市场经济的规律对资产负债结构作出精确安排，也不必自负盈亏、自担风险。因而经济行为扭曲，处于一种缺乏竞争意识和创新精神的无效率状态。而在市场经济的产权制度下，商业银行多为股份公司的组织形式，银行有独立的产权形式和法人地位，拥有绝对的经营自主权，可以自行决定信贷业务，决定投资的流量和流向，在经营目标上，股份制银行以追求利润最大化为目的，自负盈亏，自求平衡，并按"三性"原则安排各类金融资产，形成有效制衡的行为特征。从成本和效率的角度看，股份制银行明显优于国有银行。首先在决策方面，股份制银行的决策具有分权和民主化的特征，决策本身必须代表大多数股东的利益、充分考虑低成本，高效益，因而科学化程度较高；而国有银行制度采取的是集权决策原则，政府决策常常处于高成本、低效益状况，它符合公共选择理论的基本命题；其次，股份制商业银行的竞争意识和创新精神都明显地优于国有银行，这种竞争导致了成本下降和效率提高，而国有银行由于缺乏竞争压力，其行为常常不计成本和效率。

2. 商业银行的外部组织结构创新

商业银行的外部组织结构是指其同外部市场的其他行为主体交易过程中的存在方式（机构）及其外部经济状况。商业银行的外部组织结构大致可分为四种形态：单元银行制、分支银行制、集团银行制和连锁银行制。

单元银行制是指银行业务由一家银行集中经营，不设任何分支机构。这种银行一般采用地理上集中的存在方式，以适应区域或地区经济发展。典型的单元银行制是美国的金融制度。

分支银行制是指在大都市设立总行，然后在国内外设立分支机构，经营银行业务。这种组织状态是世界各国普遍采用的一种做法。其优越性在于，这种银行一般规模较大，容易形成系统化网络体系，产生规模经济效应，比较适应社会化大生产的发展。在现代金融制度中占主导地位的是分支银行制。从分支行制的运行情况来看，这种金融制度被认为是稳健而富有效率的，但是过度的扩张却是分支制发展过程中应该引起重视的问题，因为过度扩张所引起的垄断、金融投机等会给经济金融效率带来负面的影响。这就涉及一个外部组织的经济合理性问题，超过了这一合理临界点必然会导致金融运行效率的下降。

集团银行制是指由几家银行采取股份制的方式联合，并由一家大银行控股，组成控股公司从事银行业务。这种创新的组织形式可以避开政府对开设分支机构及银行分业制度的限制，以控股公司的名义变相开设分支机构，如设立与银行业务有密切关联的财务公司、证券经纪人贴现公司等。

连锁银行制是指同一集团之下的两家或两家以上形式上独立的银行各自经营银行业务的组织形式。连锁银行之间相互持有股份，但并没有形成显著的控股关系。多见诸于美国中西部地区。

（二）非银行金融机构的发展创新

随着金融的发展，金融体系所承载的功能日益丰富，并由其基本的融资功能衍生出流动性便利或流动性保险、资源汇聚所有权分割、风险管理、信息生产、为投资者提供监控和激励手段等功能。这些功能的实现程度与作用大小，与金融市场中非银行金融机构的丰富程度及运作效率密切相关。

1681 年，在英国成立了世界上第一家保险公司。1818 年，美国产生了信托投资机构。1849 年，德国创办了世界上第一家农村信用社。进入 20 世纪，随着金融资产多元化、金融业务专业化，产生了一大批非银行性的金融机构。第二次世界大战后，非银行金融机构逐步形成独立的体系，主要包括保险公司、投资基金、证券公司、财务公司等。

非银行金融机构与银行的区别在于信用业务形式不同，其业务活动范围的划分取决于国家金融法规的规定。非银行金融机构在社会资金流动过程中所发挥的作用是：从最终借款人那里买进初级证券，并为最终贷款人持有资产而发行间接债券。通过非银行金融机构的这种中介活动，可以降低投资的单位成本；通过多样化降低投资风险，调整期限结构以最大限度地缩小流动性危机的可能性。

三、金融监管制度创新

金融创新始终影响着金融机构的监管，严厉的金融监管导致了金融创新；金融创新又使得金融监管进一步加剧，由此推动了金融监管制度的健全和完善。金融监管制度创新与金融工具和金融市场创新是一个互动的过程，即："金融监管制度→金融工具和市场创新→金融监管制度创新→金融工具和市场的再创新"循环过程。可以从典型国家金融监管制度的创新实践总结出这样的规律。

（一）典型国家金融监管制度的创新实践

1. 美国金融监管制度创新

1907 年美国的金融危机最终促成了 1913 年美国国会通过《联邦储备法》确立了联邦储备体系，美联储的目标定位在执行货币政策、担任最后贷款人及监管银行业。美国金融业结束了完全自由化的局面进入初步监管时代。1929 年的大危机之后，美国国会和监管当局于 1933 年通过了《格拉斯—斯蒂格尔法》加强了金融监管，严格区分商业银行和投资银行业务，金融分业经营的制度框架形成。20 世纪 60 年代起，美国金融业开始了金融自由化改革，金融创新增加，监管部门为追求效率放松了管制，《格拉斯—斯蒂格尔法》逐渐失去其应有的效力，直至 1999 年该法被废除。为恢复 2008 年次贷危机以来美国民众及全球对美国金融体系的信心，2009 年美国政府在金融监管方面不断有新举措，提出了涉及场外金融衍生品交易、消费类金融产品交易、信用卡发放以及金融机构高管薪酬等方面的一系列改革建议，2009 年 6 月美国政府公布了全面金融监管改革方案白皮书，主要内容包括：扩大美联储监管权限，授权其对大型金融公司实行强有力和持续性的监管；构建"双峰监管模式"以兼顾系统性风险和消费者保护，成立两个新部门——金融服务监督理事会（FSOC）和消费者金融保护局（CFPA），前者的职能是识别系统性风险与促进监管机构跨部门合作，后者的职能是加强消费者的保护，防止各种损害消费者权益的行为；强调提高国际监管标准和加强国际合作；对金融机构的杠杆率进行监管；将联邦监管范围扩大到金融市场监管的灰色地带，加强了对场外交易（OTC）特别是对信用违约掉期（CDS）的监管；加强对私募资本（PE）、风险资本（VC）和对冲基金的监管；提出监管机构要对金融机构薪酬制定提供指导等。

2. 英国金融监管制度创新

1694年英格兰银行在英国伦敦诞生，这是世界上第一家股份制商业银行。1844年《银行特许条例》（即《皮尔条例》）规定英格兰银行垄断货币发行权，成为世界上最早的中央银行。《1979年银行法》出台后，英格兰银行正式行使监管职能，英国金融监管进入由政府主导的时代。《1987年银行法》进一步奠定了金融监管工作的法律基础，监管体系框架基本形成。1995年巴林银行倒闭案件，促使英国进行了一次被称做"金融大爆炸"的金融改革，将监管职责从中央银行即英格兰银行剥离出来，同时将原来各个监管部门合并于1997年成立了金融服务监管局（FSA），实现了集中的监督管理。2000年颁布的《金融服务和市场法》成为英国金融业的"基本法"。2006年FSA在全球范围内首先倡导原则监管，原则监管通过制定恰当原则，根据对执行结果的检查来决定是否采取强制措施，强调效率与创新，能发挥金融机构的自主性。受美国次贷危机的影响，2009年7月英国金融监管改革白皮书《改革金融市场》发布，主要改革方案有：保持英国央行、英国金融服务监管局和财政部组成的英式金融监管"三驾马车"模式不变，加大英国金融服务监管局制定金融监管规则的权力，同时成立金融稳定委员会，出现重大风险时协调三方采取干预行动；规定英国政府有权在存款机构出现严重危害金融稳定的风险时对其进行国有化；提出防控大型金融机构的全新风险的四项措施，即加强市场纪律、加强监管、金融机构提前制定应对倒闭风险预案和改善证券化产品和金融衍生品市场架构；保护消费者利益，确保竞争开放的市场；强调金融监管的国际合作等。

3. 日本金融监管制度创新

在第二次世界大战后的50多年，日本保持一种重行政、轻监管的金融行政管理体制，金融监管主体是大藏省和日本银行，而日本银行在行政上接受大藏省监管，作为金融行政主管机关的大藏省把金融行政权和金融监督权集于一身，形成高度集中的金融监管权。但是历史证明日本政府对这种高度集中的金融监管权没能很好运用，致使日本金融机构在20世纪80年代形成巨大的金融泡沫。

1992 年至 1998 年日本的金融监管机构开始改革，首先对银行的监管职能由原来隶属于大藏省银行局的检查部改为直属大藏省官房的金融检查部来执行，这样的隶属关系使监管机构能够摆脱银行局的行政干预，具有一定的独立性，此时日本独立行使监管职能的金融监管机构尚未成立。1997 年 3 月日本政府提出"金融监督厅设置法案"，1998 年 6 月金融监督厅开始在总理府直接管辖下运作，证券委也从大藏省划归金融监督厅管辖。1998 年 12 月金融再生委员会成立，这是与大藏省平级的行政机构，在金融危机时有代理首相处理危机的权力，金融监督厅直属于金融再生委。2000 年 7 月，金融监督厅改名为金融厅，接收了原大藏省检查、监督和审批备案的全部职能。至 2001 年 1 月日本行政机构改革正式开始，大藏省改名为财务省，这样财务省与金融厅真正成为两权分立，分别执掌金融行政和金融监管的政府机构。

4. 中国金融监管制度创新

中国金融监管体制的建设大体分为两个阶段：第一阶段是 1998 年以前由中国人民银行统一实施金融监管；第二阶段是从 1998 年开始，对证券业和保险业的监管从中国人民银行统一监管中分离出来，分别由中国证券监督管理委员会和中国保险监督管理委员会负责，形成了由中国人民银行、证监会和保监会三家分业监管的格局。2003 年中国银行业监督管理委员会成立，接管中国人民银行对银行业的监管职能，由此正式形成我国分业经营、分业监管、三会分工的监管体制。随着我国金融业混业经营的不断推进，分业监管体制下监管不足的问题逐渐显露。而且在分业监管体制下，还存在金融监管缺乏独立性和有效性、金融协同监管的不足等问题。

（二）国际金融监管制度创新趋势

1. 监管组织统一化。20 世纪以来，世界金融中介机构经营模式发生了巨大变化，许多发达国家开始实行混业经营模式，中国等一些发展中国家也开始向混业经营模式转变。与金融中介机构体系的变化相适应，世界各国也应当调整监管框架，适应新的金融市场发展需求。美国的新方案改变了原来的多头监管格局，赋予美联储更大权力，美联储在今后美国金融监管市场中可能成为超级监管者。英国则加大了英国金融服务监管局的权力，维持集中监管的大框架不变，同时将防范系统性风险的重任交给英格兰银行。

2. 加强监管的国际合作。资本的高度流动和套利趋向决定了国际协调是大势所趋。美国白皮书明确把提升国际监管标准和加强国际合作定为改革的核心目标之一，制定了很多新规则与别国新政策协调。英国也强调了国际合作在监管中的重要性。

3. 保护消费者利益。美国白皮书中明确提出要成立新的消费者金融保护局，保护抵押贷款、信用卡和其他金融产品消费者的利益。英国则要求银行将投资产品简单透明化以保护储户利益，简化争端解决程序以更好地解决投资者投诉问题，成立代表消费者利益的群体进行维权等。

【案例7-2】　　　美国银行业外部组织结构创新

　　20 世纪 90 年代以前，美国商业银行业的结构和其他工业化国家有明显的不同，美国是唯一没有建立真正全国性银行体系的国家，在美国没有分支机构遍布全国的银行，而是数量众多的单一银行，这主要源于美国 1927 年出台的《麦克法登法案》和 1970 年出台的《道格拉斯修正案》禁止银行跨州设立分支机构。1980 年末，美国商业银行总数超过 1.3 万多家，平均每家银行的分支机构只有 3.55 个，经营仅局限于一地。

　　限制性规定可以压制垄断竞争，但是会刺激金融机构的创新，促进了美国银行业的外部组织结构发展变革。由于《1956 年银行控股公司法》仅适用于多家银行控股公司，没有对单一银行控股公司（One - Bank Holding Companies）的限制性条款，所以美国许多大银行都利用这一法律漏洞大力发展单一银行控股公司，从事跨州银行及非银行的业务活动。为了弥补法律漏洞，美国国会通过了《1970 年银行控股公司修正法案》，把适用于多家银行控股公司的监管规则扩大到了单一银行控股公司，但该法案对跨地区设立分支机构未加限制。于是，银行控股公司便通过在各州设立子公司的形式，从事一定范围的非银行业务。到了 20 世纪 90 年代，美国共有银行控股公司近 7000 多家，其资产规模约占全美商业银行总资产的近 90%。

　　1994 年美国出台《里格—尼尔跨州银行和分支机构效率法》，不仅允许银行控股公司收购其他州的商业银行，还可以将其所拥有的几家银行合并为一家在不同州有分支机构的大银行。通过设立分支机构允许银行运作跨州业务尤其重要，这是因为许多银行家发现，通过银行控股公司结构不能将规模经济的优势发挥出来，但是设立银行分支机构网则能达到规模经济的目的。随着该法的实施，美国商业银行开始大规模跨州兼并重组、布设网点，整个银行业呈现出总数减少、分支机构增加的趋势。2004 年底，美国商业银行总量减少到 7630 家，平均每个银行拥有分支机构 10.17 个。一些银行拥有了较多的分支机构，如美国银行、花旗银行 2007 年底的分支机构分别达到 6149 家、1055 家。

参考文献

［1］熊彼特：《经济发展理论——对于利润、资本、信贷、利息和经济周期的考察》，北京，商务印书馆，1990。

［2］约翰·G. 格利、爱得华·肖：《金融理论中的货币》，上海，上海三联书店，1988。

［3］莫顿·米勒：《金融创新与市场的波动性》，北京，首都经济贸易大学出版社，2002。

［4］Alan McDouall：《互换市场》，上海，上海财经大学出版社，2002。

［5］金德尔伯格：《金融危机史》，北京，中国金融出版社，2007。

［6］戴维·德罗萨：《20 世纪 90 年代金融危机真相》，北京，中信出版社，2008。

［7］霍华德·戴维斯、大卫·格林：《全球金融监管》，北京，中国金融出版社，2009。

［8］罗伯特·L. 麦克唐纳：《衍生品市场》，北京，中国人民大学出版社，2011。

［9］杨星：《金融创新》，广州，广东经济出版社，2000。

［10］范恒森：《金融制度学探索》，北京，中国金融出版社，2000。

［11］陈柳钦：《制度、金融、投资与发展》，北京，知识产权出版社，2005。

［12］张维：《金融机构与金融市场》，北京，科学出版社，2008。

［13］孟辉、杨如彦：《中国金融工具创新报告（2008）》，北京，中国金融出版社，2008。

［14］巴曙松等：《2010 年全球金融衍生品市场发展报告》，北京，北京大学出版社，2010。

［15］李扬、胡滨：《金融危机背景下的全球金融监管改革》，北京，社会科学文献出版社，2010。

［16］阮震：《金融创新概论》，北京，中国财政经济出版社，2010。

［17］宿倩、金镝：《金融组织的结构创新》，载《经济论坛》，2002（23）。

［18］寇川：《金融创新对金融业的冲击及对策研究》，载《金融理论与实践》，2003（5）。

［19］巴曙松：《金融监管框架的演变趋势与金融机构的发展空间》，载《财经理论与实践》，2004（1）。

［20］谭燕芝、蔡伟贤：《发达国家金融衍生品市场监管模式比较与启示》，载《求索》，2005（4）。

［21］尹龙：《金融创新理论的发展与金融监管体制演进》，载《金融研究》，2005（3）。

［22］何德旭、王卉彤：《全球视野中的金融创新》，载《世界经济导刊》，2006（10）。

［23］许明朝、高中良：《论中国离岸金融模式的选择》，载《国际金融研究》，2007（12）。

［24］盛硕：《美国金融危机问题研究：演进、成因及启示》，载《金融经济（理论版）》，2010（8）。

［25］张萍等：《金融创新与金融监管：基于社会福利性的博弈分析》，载《管理世界》，2010（8）。

［26］马德功、杨伟：《金融衍生品与金融危机的实证研究》，载《系统科学学报》，2010，18（2）。

［27］段军文：《离岸金融业务的国际经验借鉴》，载《经济导刊》，2010（11）。

［28］王瑭玮：《金融创新在后危机时代的发展方向》，载《中国金融》，2011（3）。

［29］宋婵蓉、徐向阳：《关注金融创新对金融稳定的影响》，载《宏观经济管理》，2011（9）。

［30］余海斌、王慧琴：《金融创新产品风险监管理论演进脉络与创新》，载《经济纵横》，2011（5）。

［31］林毓珣、汤月琴、张军、乔飞：《新加坡离岸金融市场的发展及其对我国的启示［J］》，载《上海金融》，1995（11）。

［32］李豫：《新加坡：成功的离岸金融中心》，载《国际金融报》，2008 - 12 - 23。

［33］Greenbaum. S. C. Haywood，Secular Change in the Financial Service Industry［J］. Journal of Money Credit&Banking 1986，（5）：571 - 603.

［34］Ross，S. A.，Institutional Markets，Financial Marketing，and Financial Innovation［J］. Journal of Finance，1989，44（3）：541 - 556.

［35］Allen，F.，Gale，D. Arbitrage，Short Salesand Financial Innovation［J］. Econometriea，1991，59：1041 - 1068.

第三篇
货币金融政策篇

货币金融学 理论·实务·政策

Money and Banking
Theory Practice Policy

第八章

中 央 银 行

【本章导读】

中央银行（Central Bank）是国家赋予其制定和执行货币政策，对国民经济进行宏观调控，对金融机构乃至金融业进行监督管理的特殊金融机构。这一由政府组建的、负责控制国家货币供给、信贷调控、监管金融体系、为政府筹集资金、代表政府参加国际金融组织和各种国际金融活动的专业机构，作为一国金融体系的核心，在稳定整个金融体系和调控宏观经济活动等方面都发挥着举足轻重的作用。与其他金融机构不同的是，中央银行所从事的业务不是为了盈利，而是为实现国家宏观经济目标服务，这是由中央银行所处的地位和性质决定的。

本章介绍了中央银行的产生和中央银行制度的演变历史；分析了中央银行的类型、性质、职能和业务；从理论和实践的角度分析了中央银行独立性与经济稳健发展的关系。

金融监管是中央银行主要的管理职责。本章讨论中央银行金融监管的目标、原则、内容和手段等。重点分析巴塞尔协议的有效银行监管的核心原则的主要内容及其发展历程，比较 1988 年的巴塞尔协议、2004 年巴塞尔协议Ⅱ以及 2011 年的巴塞尔协议Ⅲ的重点监管内容和工具的变化过程。

本章最后采用专题的形式阐述了次贷危机对欧美国家中央银行金融监管的影响。

第一节 中央银行的产生

一、中央银行产生的经济背景与客观要求

中央银行的历史起源可以追溯到 17 世纪后半期的欧洲，并逐步形成完善于

19 世纪初期。推动中央银行产生的社会经济因素主要有：

（1）商品经济的迅速发展。17 世纪后期，以资本主义大生产方式组织的工商企业和新型农业已经占据社会生产的主导地位。18 世纪初，西方国家开始了广泛而深入的工业革命，社会生产力的快速发展和商品经济的迅速扩大，促使货币经营业越来越普遍，货币、信用和经济逐步融合，货币关系与信用关系广泛存在于经济和社会体系中。

（2）银行信用的普遍化和集中化。资本主义产业革命促使生产力空前提高，进而促使资本主义银行信用蓬勃发展，银行经营机构不断增加，银行业逐步走向联合、集中和垄断。

（3）经济危机的频繁出现。资本主义经济自身的固有矛盾必然导致不断的经济危机，政府开始从货币制度上寻找原因，力图通过发行银行券来控制、避免和挽救危机频繁的经济。

在资本主义商品经济快速发展、经济危机频繁发生、银行信用普遍化和集中化的社会背景下，客观上产生了建立中央银行的要求，即：

（1）统一货币发行的要求。在中央银行形成之前没有专门的发行银行，几乎所有的商业银行都可以发行银行券（钞票）。但随着经济的发展、市场的扩大和银行机构的增多，银行券分散发行的弊病就越来越明显，特别是当出现经济危机时，破产的银行无法保证所发行银行券的兑现，引起经济、金融更大的混乱。为追逐利润，商业银行通过发行钞票增加资金来源，经常导致货币发行失控。客观上要求有一个资信雄厚并在全国范围内享有权威的银行来统一发行银行券。

（2）集中票据交换和清算的要求。随着银行业务的扩大，商业银行收授票据的数量激增，银行之间债权债务关系日益复杂，同城结算和异地清算困难凸显，由各家银行自行轧差进行当日清算已发生困难。客观上需要产生中央银行，作为全国统一的、有权威的、公正的清算中心。

（3）担当最后贷款者的要求。在市场经济的发展过程中，信用关系越来越发达，银行贷款数量不断扩大，贷款期限相应延长。商业银行在经营过程中难免出现营运资金不足、头寸调度不灵和清偿能力不足等问题，发生支付困难，甚至导致挤兑和破产等现象，危及社会经济的正常运转。这从客观上要求建立一个大银行能集中众多银行的存款准备，为其他商业银行提供必要的周转资金，作为银行的最后贷款者，充当银行的安全后盾。

（4）政府统一金融管理的要求。资本主义商品经济的迅速发展，客观上要求建立相应的货币制度和信用制度。随着银行业和金融市场的发展，客观上要求产生隶属政府的中央银行这一专门机构来实施政府对银行业和金融市场的管理。只有实现商业银行与中央银行的分离，建立独立的中央银行，商业银行才能成为名副其实的金融企业。在西方各国中央银行还未建立以前，金融业的管理者与经营者的概念不清，职能混乱，政府经常把一些行政管理职能和宏观经济目标强加于商业银行，使其难以适应社会化商品经济发展的需要。这种情况在社会主义国家实行高度集中的计划经济时期表现得更加突出。

二、中央银行制度的发展

从各国实践来看，中央银行的产生主要有两个渠道：①由资信实力好的大型商业银行被政府改组并赋予特权以行使中央银行的职能，例如英国的英格兰银行；②由政府直接组建成立中央银行，如美国联邦储备委员会。中央银行的发展是一个渐进的过程，大体可分为四个阶段。

（一）第一阶段：中央银行制度的初创时期（17世纪中叶至1843年）

1656年建立的瑞典里克斯银行（Sveriges Riksbank），起初是一家私营商业银行，是最早发行银行券和办理证券抵押贷款业务的银行之一，由于在银行业务上的显著业绩，1668年政府将瑞典银行收归国有并赋予其中央银行的特性。而世界公认英格兰银行（Bank of England）为近代中央银行的先驱。1694年作为世界最早的股份制商业银行——英格兰银行成立，比瑞典银行成立晚38年，但是按照中央银行的基本性质及其在世界中央银行制度发展过程中的作用来看，英格兰银行是最早全面发挥中央银行职能的银行。英格兰银行成立伊始就与政府保持着密切的联系，它是根据国王特准法案唯一一家由英国议会批准成立的私人银行。为政府筹资、接受政府存款并向政府贷款是它在成立之初最主要的业务，英格兰银行的资金融通为解决当时捉襟见肘的英国财政困难做出了重要贡献。因此，政府给予英格兰银行一些特权，1826年英国议会通过法案允许其他股份制银行设立，但其银行券发行和流通被限制在距离伦敦65英里以外的区域，只允许英格兰银行的银行券在该区域内发行流通。1833年英国议会通过法案规定只有英格兰银行发行的银行券具有无限法偿的资格，这是英格兰银行成为中央银行的决定性一步。同时期的法国、荷兰等西

图8.1　位于伦敦金融城的英格兰银行

方国家纷纷设立中央银行。这一时期中央银行的特点是尚未完全垄断货币发行权，并非专一行使中央银行职能，多是商业银行与中央银行相结合的金融机构。

（二）第二阶段：中央银行制度逐步完善时期（1844 年至 20 世纪初期）

1844 年英国国会通过《皮尔条例》赋予英格兰银行独家垄断货币发行权的地位，使其成为第一家真正意义上的中央银行。随着英格兰银行地位的提高，许多商业银行把自己的部分现金准备存入英格兰银行，商业银行之间的债权债务就可以通过英格兰银行划拨清算。1854 年英格兰银行成为英国银行的票据交换中心，1872 年它开始向资金周转困难的其他商业银行提供资金支持，充当"最后贷款人"的角色，并同时具有了全国性金融管理机构的性质，至此建立起了英国完备的中央银行制度。1897 年瑞典政府通过法案确认瑞典银行发行的银行券为唯一法偿货币，取消其他 28 家银行的发钞权，完成了瑞典银行的中央银行转制过程。

由于英格兰银行中央银行制度的成功，其他国家也纷纷仿效英国建立了自己的中央银行制度。从 1800 年至 1900 年间，在当时资本主义经济和金融比较发达的欧洲，出现了中央银行成立与发展的高潮，先后成立中央银行的国家有法国、荷兰、奥地利、挪威、丹麦、比利时、西班牙、俄国、德国等。并且中央银行发展的浪潮从欧洲向外延伸，世界上约有 29 家中央银行相继成立。这一时期的中央银行大都走的是由普通商业银行逐步发展演变而来的路径，且中央银行的主要职能在于统一货币发行、建立对银行的监管制度、组织票据的交换和清算、推行准备金制度等，这个时期中央银行还不具备运用货币政策调节宏观经济的职能。

（三）第三阶段：中央银行制度的普及与发展时期（1913 年至 20 世纪 30 年代）

美国作为一个新兴的移民国家，其中央银行的建立比欧洲其他资本主义国家较晚，1913 年威尔逊政府通过《欧文·格拉斯法案》（Owen – Glass Act，又称《联邦储备法案》），成立了以"分权、制衡和独立"为基础的美国联邦储备银行体系（Federal Reserve, Fed）。然而作为美国的中央银行，美联储的建立经历了漫长而艰难的历程。1781 年美国国会批准成立私营的北美银行（Bank of North America），采用英格兰银行模式，以铸币为基础发行银行券。尽管北美银行发行的纸币与铸币之间有着固定的名义兑付率，但是市场对这种货币仍信心不足，纸币不断贬值，北美银行运营一年后便转变为一家商业性质的州立银行。美国中央银行的第一次尝试以失败告终。1791 年，财长亚历山大·汉密尔顿（Alexander Hamilton）促使国会批准成立了第一合众国银行（First Bank of the United States）——一家联邦政府拥有 1/5 股份的私营中央银行。1811 年第一合众国银行 20 年的经营特许状到期后没有获得续签。1811—1815 年美国的银行数量从117 家激增到 246 家。1816 年成立的第二合众国银行与第一合众国银行相同，是一个由联邦政府控股 20% 的私营企业，作用是发行全国通用纸币、购买公共债券，并且接受国库存款业务。第二合众国银行的扩张促使了州立银行大规模的信用扩张，引起了全国范围内的通货膨胀。1819 年第二合众国银行采取一系列大规模的紧缩政策，但信用紧缩导致了美国历史上首次经济大萧条。1836 年联邦特许经营状到期之后，第二合众国银行转变为一家州立银行。美国历史上的中央银行制度实践再次以失败告终。1837 年至 1862 年间的"自由银行时代"美国没有中央银行。1863 年国会通过了《国民银行制度法案》，国民银行根据所在地区不同分为三类：中央储备城市银行（central reserve city bank）只在纽约设立；储备城市银行（reserve city bank）设在人口超过 50 万的其他大城市；地方银行（country bank）是除以上两者之外的所有其他国民银行。至此，南北战争前州立银行体系的分散结构被一个"倒金字塔形"的国民银行体系所取代，其中地方银行以储备城市银行为基础扩张，储备城市银行又以纽约的城市银行为基础扩张。州立银行成为国家货币信用金字塔体系的第四层。1873 年、1884 年、1893 年和 1907 年的金融恐慌，在一定程度上是储备城市银行和中央储备城市银行准备金的金字塔式派生和活期存款余额过度扩张的后果（John Klein, 1970）。1907 年的金融危机促使政府改革国民银行体系，克服准中央银行体系的内部矛盾，直接建立中央银行体系（Murray, 2011）。于是在 1913 年政府通过《联邦储备法案》，成立由全美 12 个地区的联邦储备银行组成的美国联邦储备银行体系。

图 8.2　美联储设在华盛顿的总部

第一次世界大战后，面对世界性的金融恐慌和严重的通货膨胀，为了稳定战后金融，1920 年和 1922 年分别在布鲁塞尔和日内瓦召开的国际金融会议决定，所有尚未成立中央银行的国家都应尽快建立中央银行，以共同维持国际货币体制和经济稳定。几乎所有独立的国家都先后成立了中央银行，由此推动了又一次中央银行成立的高潮。这一时期新建或改组的中央银行，多数是由政府根据前一时期中央银行发展经验直接设计而成的。

20世纪30年代，世界范围的经济危机给中央银行制度建设提出了新的课题：如何避免大范围的金融机构破产和维持金融秩序的稳定以适应政府调节经济和产业协调发展的需要。这个时期的中央银行制度实践表明，货币政策与金融监管是各国中央银行的两大主体职能，金融监管是贯彻实施货币政策的基础，货币政策的有效实施在很大的程度上依赖于金融监管，同时准确地运用货币政策工具又反过来带动金融监管水平的提高和注入新的监管内容（汤小青，2001）。

（四）第四阶段：中央银行制度的变革与增强时期（第二次世界大战以来）

二战结束后，一批经济较落后的国家摆脱了殖民统治获得独立，纷纷建立了本国的中央银行。另外为了稳定经济金融秩序，国家干预经济不断加强，各国政府利用中央银行推行金融政策，管理金融机构和金融市场，参与一国宏观经济的管理，各国纷纷加强了对中央银行的控制，许多国家的中央银行都先后实行了国有化，中央银行的权力和职责不断增强。因此，在实行布雷顿森林体系国际货币制度的1944—1973年，欧美国家的中央银行以国有化为改组内容，亚非等新独立国家普遍设立中央银行，中央银行进入了一个新的发展阶段。二战后，中央银行的变革主要表现在：①发行的银行、政府的银行和银行的银行这三大职能的明确；②由货币政策的一般运用向综合配套运用转化；③各国中央银行的金融合作加强。随着国际贸易的发展，为保证各国国际收支平衡和经济稳定，共同抵御风险，加强金融监管，各国中央银行之间的合作越来越紧密。

从20世纪80年代以来，出现部分发达国家中央银行的货币政策和金融监管职能相分离的制度变迁，变化的主要背景是80年代后期，世界经济一体化、贸易自由化的推动，金融自由化的发展潮流，金融创新产品的衍生开发和运用活动增强，金融业混业经营成为许多国家主要的制度选择，金融制度改革的滞后危及了金融体系的安全。在发达国家，对中央银行传统的货币政策从中介目标到政策工具都产生明显的变化，货币供应量与主要经济变量的数量关系变得越来越不明确，原来有效的货币政策工具如存款准备金制度、贴现率等的重要性不断下降。金融风险问题十分突出，由于金融不稳定导致经济起伏，甚至危机成为近年来国际经济的重要特征[1]，金融风险管理成为金融监管的核心内容和货币政策制定的重要基点。正是在这种背景下，一些国家把金融监管的职能从中央银行分离出去，出现了单独对银行监管的机构。金融危机促使欧美中央银行

---

① 例如，20世纪80年代中期美国国内的金融危机、90年代技术股泡沫的破灭，1997年的亚洲金融危机以及2008年美国次贷风险引发的全球经济危机等。

金融监管权的扩大（参见专题 7–1）。

【拓展阅读】　　　中国中央银行的产生与发展

中央银行在中国的萌芽是 20 世纪初清政府建立的户部银行。当时主要是为了解决因战争赔款所带来的财政困难，统一币制，推行纸币。

最早以立法形式成立的中央银行是 1928 年成立的国民政府中央银行。成立之初，尚未完全独占货币发行权。1942 年 7 月根据"钞票统一发行办法"，将中国银行、交通银行和中国农业银行三家发行的钞票及准备金全部移交给中央银行，由中央银行独占货币发行权，同时由中央银行统一管理国家外汇。1945 年 3 月，当时的财政部授权中央银行检查和管理全国的金融机构，其管理职能得到了强化。1949 年国民政府的中央银行体系在大陆崩溃。

中国人民银行作为新中国的中央银行，于 1948 年 12 月 1 日在原华北银行、北海银行和西北农业银行的基础上经过合并改组在石家庄挂牌建立，开始发行全国统一的人民币。1949 年 2 月将总行设在北京。1983 年 9 月，国务院通过《关于中国人民银行专门行使中央银行职能的决定》，赋予中国人民银行专门行使中央银行的职能，不再办理存贷业务，中国人民银行成为负责"管理全国金融事业的国家机关"，其三项根本任务是："集中力量研究和做好全国金融的宏观决策，加强信贷资金管理，保持货币稳定。"中国人民银行行使中央银行的职能，标志着我国现代中央银行制度的确立。

1992 年 10 月 26 日中国证券监督管理委员会（证监会）正式成立，对证券市场的监管职能从人民银行中剥离。1995 年《中华人民共和国中国人民银行法》颁布实施，以法律的形式明确了中国人民银行的性质和地位，赋予人民银行制定和执行货币政策、实施金融监管和提供金融服务三个方面的职责。1998 年 11 月 18 日中国保险监督管理委员会（保监会）正式成立，对保险市场的监管职能也从人民银行

图8.3　设在北京的中国人民银行总行

剥离出来。2003 年 3 月 10 日，关于组建中国银行业监督管理委员会（银监会）的方案被十届全国人大一次会议审议通过。至此，中国人民银行实现货币政策与金融监管职能的分离，形成了我国"一行三会"的金融监管主体体系。

三、中央银行的类型

（一）按照所有制形式分类

1. 国家所有制的中央银行。中央银行的资本属于国家所有是目前世界上大多数国家的中央银行所采用的所有制形式。西方主要国家中，国有的中央银行有英、法、德、荷等国的中央银行。中央银行国有化已成为一种发展趋势。

2. 半国家所有制中央银行。中央银行的资本部分股份由国家持有，部分股份由私人持有。如日本银行，55%的股份由政府认购，其余45%由民间认购，其私人股东唯一的权利是按规定每年领取最高为5%的股息。比利时的中央银行，国家资本占资本总额的50%，董事由国家任命。

3. 私人股份资本的中央银行。中央银行的资本全部是由私人股东投入的，如意大利的中央银行——意大利银行，就是由股份公司组织转变为按公法管理的中央银行，资本由储蓄银行和全国性银行等金融机构认购。美国联邦储备银行的资本是由参加联邦储备体系的各个会员银行所认购的股份形成的，实质上也是一种属于私人股份资本的中央银行。作为美联储早期的实际控制者，美联储纽约银行的股权结构为：洛克菲勒财团拥有15%，JP摩根财团拥有14%，汉诺威银行持有9%，摩根大通持有7%，汉华银行持有8%的股份。

（二）按照组织结构分类

1. 单一中央银行制（single central bank system）

单一中央银行制就是一国仅设立一家中央银行，作为中央金融管理机构，国家授权它全面行使中央银行职能的中央银行制度。世界大多数国家都采用这一制度，如英国、法国、日本、意大利、瑞士和中国等国的中央银行。其特点是：权力集中、职能齐全，根据需要在全国各地建立分支机构。

单一中央银行制度又分为一元制、二元制和多元制等形式：①一元式中央银行制度，是指一国只设立一家统一的中央银行行使中央银行的权力和履行中央银行的全部职责，中央银行机构自身上下是同一的，机构设置一般采用总分行制，逐级垂直隶属。②二元式中央银行制度，是指在一国国内建立中央和地方两级中央银行机构，中央银行机构是最高权力或管理机构，但地方级机构也有一定的独立权力。属于这种类型的国家有德国等。③多元式中央银行制度，是指在一国建立多个中央银行机构共同执行中央银行的体制。中央银行作为一个体系存在，它由若干相对独立的地区中央银行组成，中央银行的职能由这个体系中的全体成员共同完成。特点是权力相对分散，各自的独立性较强。在货币政策的实施、金融监管和中央银行相关业务操作等方面，地方中央银行在其辖区内有较强的独立性。美国的美联储就是执行多元式的典型，又称为联邦中央银行制。

2. 复合式中央银行制（compound central bank system）

复合式中央银行制度是指国家不单独设立中央银行的专门机构，而是由一家集中央银行与商业银行职能于一身的大型银行行使中央银行职责。这一制度往往与中央银行的初期发展阶段和国家实行计划经济体制相适应，前苏联、1984 年前的中国和 1990 年前的多数东欧国家即实行这种体制。其特点是：中央银行的职能不完全独立于政府，中央银行在制定和执行货币政策时没有超然地位。

3. 准中央银行制度（quasi central bank system）

准中央银行制度是指有些国家或地区只设置类似中央银行的机构，或由政府授权某个或几个商业银行行使部分中央银行职能的体制。新加坡、阿联酋、斐济和中国香港是准中央银行制度的典型代表。新加坡不设中央银行，而由货币局发行货币，金融管理局负责银行管理、收缴存款准备金等业务。香港地区曾经长期处于无统一的金融管理机构状态，中央银行的职能由地区政府、同业公会和商业银行分别承担。1993 年 4 月 1 日，香港成立了金融管理局（HK Monetary Authority），集中了货币政策、金融监管及支付体系管理等中央银行的基本职能。而发钞职能仍是由汇丰银行、渣打银行和中国银行代为履行的，票据结算所一直由汇丰银行负责管理。这样的中央银行制度通常适用于国土狭小而经济开放度较高的国家或地区。

4. 跨国中央银行制度（multinational central bank system）

跨国中央银行制度是指由若干国家联合组建一家中央银行，在其成员国范围内行使全部或部分中央银行职能的中央银行制度。跨国中央银行制度的主要职能是：发行货币、为成员国政府服务、执行共同的货币政策及其有关成员国政府一致决定授权的事项。其显著特点是跨国界行使中央银行的职能，一般与一定的货币联盟相联系。

在 1998 年欧洲中央银行成立之前，实行跨国中央银行制度的国家主要在非洲和东加勒比海等原英国、法国、西班牙和葡萄牙的殖民地地区，如西非货币联盟、中非货币联盟、东加勒比海货币区等。欧洲中央银行（European Central Bank，ECB）是根据 1992 年《马斯特里赫特条约》的规定于 1998 年 7 月 1 日正式成立的，是为了适应欧元发行流通而设立的金融机构，同时也是欧洲经济一体化的产物。欧洲中央银行的前身是欧洲货币局。欧洲央行的职能是"维护货币的稳定"，管理主导利率、货币的储

图 8.4　位于法兰克福的
欧洲中央银行

备和发行以及制定欧洲货币政策；其职责和结构以德国联邦银行为模式，独立于欧盟机构和各国政府之外。总部位于德国金融中心法兰克福。

（三）按照监督管理体制分类

1. 双线多头银行管理体制

实行这种体制的国家不多，主要有美国和加拿大。美国联邦体制、三权分立原则和保护公民基本权利等因素的共同作用，形成了双轨的银行制度和与此对应的多层多头的银行监管体制。美国联邦政府和各州政府都有权对银行发照注册并进行监督管理，接受联邦政府颁发经营执照的银行为国民银行，遵守美联储的监管；在州政府申领执照的银行为州立银行，州立银行可以自愿申请成为美联储的会员银行，作为美联储会员州立银行接受美联储的监管，而非会员的州立银行可以不受美联储的监管，实际上绝大多数州立银行都是美联储的会员，从而形成了商业银行的双轨注册制和双线银行管理体制。在联邦金融管理机构主要有货币监理署（OCC）、美国联邦储备系统（FED）、联邦存款保险公司（FDIC）、联邦金融机构监察委员、证券交易委员会（SEC）、全国性保险同业协会等。各州都有各自的金融法规和银行监督管理机构。美国的监管被称为"功能性监管"（functional supervision），各监管主体有明确的分工也有合作，FED作为综合一级的监管机构，全面负责监管金融控股公司，必要时可对银行、证券和保险公司进行有限制的监管，行使裁决权；OCC等其他银行监管机构、SEC和保险监管机构分别对银行、证券公司和保险公司进行分业监管，一旦各监管机构认为美联储的限制监管不适当，可优先行使自己的裁决权。此外，要求各监管机构之间互通信息，加强联系与合作，以保证监管的健全性。

2. 一线多头银行管理体制

一线是指相对美国的双线管理体制而言，管理权集中于中央。但在中央一级又分别由两个或两个以上的机构负责银行体系的监督管理。通常，这种多头管理体制是以财政部和中央银行为主体开展工作的。使用此管理体制的国家有法国、德国、意大利和日本。中国目前的"一行三会"监管体系也应该属于一种"一线多头"的银行管理体制。

3. 高度集中的单一银行管理体制

世界上大多数国家的银行管理体制是高度集中的单一型管理体系。如英国、荷兰、爱尔兰、澳大利亚等。

（四）按照中央银行的独立性分类

1. 独立性强的中央银行模式

中央银行本身的最高权力机构是理事会，理事会的主要成员一般由政府任命，由王室任命的仅有英国和瑞典。在独立性强的中央银行模式中，政府不另派代表参加中央银行总行的理事会，如英国、美国、德国和瑞典等，在这里中央银行作为政府的代理人，直接对国会负责，获得国会立法授权后可以独立地制定货币政策及采取相应的措施，政府不得直接对它发布命令，不得干涉中央银行的货币政策的制定与执行。如果中央银行与政府发生矛盾，通过协商解决。

美国美联储直接对国会负责，独立性较强。美国 1913 年《联邦储备法》建立的联邦储备系统行使制定货币政策和实施金融监管的双重职能。美联储（FED）实际拥有不受国会约束的自由裁量权，成为立法、司法、行政之外的"第四部门"。1997 年英格兰银行的独立地位向美国模式转化。

2. 独立性一般的中央银行模式

此模式指中央银行名义上隶属于政府，而实际上保持着一定的独立性。有些国家法律规定，财政部拥有对中央银行发布指令的权力，事实上并不使用这种权力。政府一般不干预货币政策的制定，中央银行可以独立地制定、执行货币政策。英国的英格兰银行、日本的日本银行属于这一模式。

3. 独立性较差的中央银行模式

这一模式中，政府派代表参加中央银行理事会，如法国、意大利和加拿大等国。这些国家的中央银行多半是服从于财政部，尤其是意大利，近似于隶属财政部。中央银行接受政府的指令，在货币政策制定方面，中央银行处于政策参谋咨询地位，帮助政府制定货币政策，提供情报与建议，参与讨论并予以贯彻执行。货币政策的制定及采取的措施要经政府批准，政府有权停止、推迟中央银行决议的执行。

日本的中央银行——日本央行隶属财政部，独立性较小。大藏大臣对日本银行享有业务指令权、监督命令权、官员任命权以及具体业务操作监督权，但是 1998 年 4 月日本国会修正了《日本银行法》以法律形式确认中央银行的独立地位，实现向美国模式的转化。

中国的中国人民银行隶属于政府，与财政部并列。1995 年《中华人民共和国中国人民银行法》规定："中国人民银行是中华人民共和国的中央银行，中国人民银行在国务院领导下，制定和实施货币政策，对金融业实施监督管理"。这些规定确立了中国人民银行具有相对的独立性①：①目标独立性不强。《银行法》第十一条指出："中国人民银行设立货币政策委员会。货币政策委员会的职责、组成和工作程序，由国务院规定，报全国人民代表大会常务委员会备案"。②决策手段独立性不强。中国人民银行实施货币政策的效果与财政部、建设部等部委的经济产业政策密切相关。中国人民银行只享有一般货币政策事项的决定权，

---

① 费雪（Fischer）把中央银行独立性划分为目标的独立性与手段工具的独立性两个方面。

对于年度货币供应量，利率及汇率等重大政策事项只有制定权和执行权，最终决策权属于国务院。

第二节　中央银行的性质、职能和结构

一、中央银行的性质

中央银行是一国最高的货币金融管理机构，在各国金融体系中居于主导地位。是国家赋予其制定和执行货币政策，对国民经济进行宏观调控、保障金融安全与稳定、提供金融服务的特殊金融机构。中央银行是特殊的金融管理机关，不具有企业性质，不以盈利为目的，不与一般金融机构争利，对全国金融负有调节、控制、监督、管理、保护和扶持的责任。中央银行处于超然地位，其业务活动的主要目的是为实现国家宏观政策服务。

中央银行性质的"特殊性"具体包括其结构的特殊性、职能的特殊性和管理的特殊性。中央银行的结构即中央银行制度结构，主要包括中央银行的资本结构、资产负债结构和权力结构等方面内容。

二、中央银行的职能

中央银行的职能是其性质的具体体现。学者根据不同的视角将中央银行的职能归纳为政策职能、银行职能、监督职能、开发职能和研究职能；或服务职能、调节职能和管理职能等。一般从中央银行服务的对象和工作内容的不同，将其职能表述为"发行的银行、银行的银行和政府的银行"三方面职能。中央银行的职能是一个历史范畴，是随着社会经济和中央银行制度的演变而逐步发展变化的。各国中央银行在不同的发展阶段，其职能的具体内容也是有所不同的，随着金融在经济生活的重要性日益提高，中央银行的地位不断提高的同时服务内容会不断拓展。

1. 发行的银行

中央银行是发行的银行，是指中央银行垄断货币发行权，成为一国或某一货币联盟唯一授权的货币发行机构。这是国家赋予中央银行集中与垄断货币发行的特权[①]。中央银行垄断货币发行权是其成为中央银行最基本的标志，也是中

---

① 美国、澳大利亚、奥地利、日本、西班牙等许多国家的造币局均是隶属于其国家财政部，负责硬币铸造与发行，也有一些国家的造币局是独立于中央银行的政府机构，如英国皇家造币厂是完全归属于英国政府的独立的政府机构，加拿大皇家造币厂隶属于加拿大联邦政府。

央银行发挥其他职能的基础。

统一货币发行与流通是货币正常有序流通和币值稳定的保证。在金本位制下，货币的发行权主要是指银行券的发行权。要保证银行券的信誉和货币金融的稳定，银行券必须能够随时兑换为金币，存款货币能够顺利地转化为银行券。为此，中央银行必须以黄金储备作为支撑银行券发行与流通的信用基础。20 世纪金本位制解体之后，不兑现的纸币成为国家信用货币。在信用货币流通情况下，中央银行凭借国家授权以国家信用为基础而成为垄断货币发行的机构，中央银行按照经济发展的客观需要和货币流通及其管理的要求发行货币，以保证货币正常有序流通和币值稳定。

图 8.5　我国的货币发行程序

现代信用体制下，货币的外延已经超越中央银行发行的货币量（基础货币），包括通货和银行活期存款的狭义货币 M_1 是中央银行调控货币量的最小口径，广义货币（通货和全部存款）M_2 是中央银行货币控制的较大口径。M_2 与货币币值的稳定有着密切的联系，M_1/M_2 的比率反映了货币供应的流动性强弱。货币如同现代经济中的"血液"，中央银行控制着货币供应量，也就掌握着经济"血液"的输入和输出，成为经济体系运行的心脏。

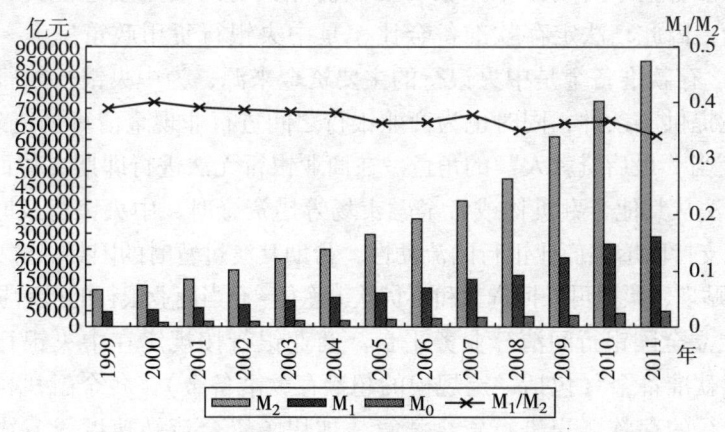

资料来源：中国人民银行网站的年度统计报告，http：//www.pbc.gov.cn/publish/diaochatongjisi/133/index.html。

图 8.6　中国人民银行的货币发行状况

发钞业务是中央银行特有的负债业务，货币发行给中央银行调节金融活动和社会货币量、调控信用规模、促进经济增长提供了重要的资金来源。因此，拥有"发行的银行"的职能是中央银行的最基本职能。中央银行凭货币发行的特权及运用其他工具，控制货币供应量和信贷量，从而达到稳定货币、保障就业、保持收支平衡和促进经济增长的目标。统一货币发行是中央银行实施货币政策的基础，是中央银行实施金融宏观调控的必要条件。

2. 银行的银行

"银行的银行"职能是指：①中央银行的业务对象是商业银行和其他金融机构，中央银行不直接面向一般企业和个人提供金融服务；②中央银行与其业务对象之间的业务往来具有银行固有的办理存、贷、汇业务的特征；③中央银行为商业银行和其他金融机构提供支持、服务，同时也是商业银行和其他金融机构的监管者。"银行的银行"职能体现了中央银行的特殊金融机构性质，是中央银行作为金融体系核心的基本条件，也是中央银行能够成为中央银行的重要标志。中央银行正是通过这一职能的发挥对商业银行和其他金融机构的活动施以有效调控和影响。

"银行的银行"职能的具体业务表现为：

（1）集中商业银行的存款准备金。为保障存款人的资金安全，中央银行以法律的形式规定商业银行和其他存款机构必须按存款的一定比例向中央银行存入存款准备金，以保证商业银行和其他金融机构具备最低限度的支付能力。掌控法定存款准备金率有助于中央银行控制商业银行的信用创造能力，从而控制货币供应量，因此，法定存款准备金比率是中央银行货币政策三大一般性政策工具之一[1]。存款准备金是中央银行的主要资金来源，为中央银行执行"最后贷款人"职能提供了条件，同时也为商业银行之间进行非现金清算创造条件。

（2）充当"最后贷款人"的角色。在商业银行无法进行即期支付而面临流动性困难又无法从其他金融机构或者金融市场筹措资金时，中央银行及时向商业银行提供贷款支持以增强商业银行的流动性，帮助其渡过暂时的困难。中央银行主要通过票据再贴现、票据再抵押贷款和再贷款等途径[2]充当商业银行的最后贷款人。

（3）建立全国银行间清算业务平台。商业银行按规定在中央银行开立存款账户存入存款准备金（包括一定规模的超额存款准备金），各金融机构之间可利用在中央银行的存款账户进行资金清算，加快了资金流转速度，节约了货币流

---

[1]　中央银行三大一般性货币政策工具为：再贴现率政策、法定存款准备金率政策、公开市场操作。

[2]　这就是中央银行货币政策工具之一的再贴现政策。通过再贴现为商业银行提供流动性支持，也可以通过调整再贴现率的水平，间接调控商业银行的市场贷款利率，起到宏观经济调控的目的。

通成本。中央银行成为全国银行业的清算中心。中央银行组织、参与和管理商业银行等金融机构之间的结算和票据交换，担当全国的清算窗口。

（4）调节外汇头寸。中央银行根据外汇市场供求状况进行外汇买卖，调节商业银行的外汇头寸，维持本币对外汇率的稳定①，为商业银行提供外汇资金融通便利，并由此监控国际收支状况。

作为"银行的银行"，中央银行特定的金融业务为其履行金融调控和监管、宏观经济调控等基本职责提供了有效途径。

3. 政府的银行

"政府的银行"职能是指中央银行为政府提供服务，是政府管理国家金融的专门机构。

（1）中央银行根据法律授权制定和实施货币政策，对金融业实施监督管理，负有保持货币币值稳定和保障金融业稳健运行的责任。

（2）中央银行为政府代理国库，办理政府所需要的银行业务，提供各种金融服务。①代理国库。国家财政收支一般不另设机构经办，而是交由中央银行代理，主要包括按国家预算要求代收国库库款、拨付财政支出、向财政部门反映预算收支执行情况等。②代理政府债券发行。中央银行代理发行政府债券，办理债券到期还本付息。③为政府融通资金。为弥补财政收支暂时不平衡或财政长期赤字，中央银行对政府融资的方式主要有两种：直接向政府提供贷款②；直接在一级市场上购买政府债券③。

（3）为国家持有和经营管理国际储备。国际储备包括外汇、黄金、在国际货币基金组织中的储备头寸、国际货币基金组织分配的特别提款权等。中央银行对储备资金总量进行调控，使之与国内货币发行和国际贸易等所需的支付需要相适应；对储备资产结构特别是外汇资产结构进行调节；对储备资产进行经营和管理，负责储备资产的保值增值；保持国际收支平衡和汇率基本稳定。

（4）代表政府参加国际金融活动，进行金融事务的协调与磋商，积极促进国际金融领域的合作与发展。参与国际金融重大决策，代表本国政府与外国中央银行进行两国金融、贸易事项的谈判、协调与磋商，代表政府签订国际金融

---

① 中央银行通过进入外汇市场买卖外汇，实现维持本币汇率稳定的目的，是其实施货币政策工具——公开市场操作的具体体现之一。

② 为防止财政赤字过度扩大造成恶性通货膨胀，许多国家明确规定，应尽量避免发行货币来弥补财政赤字。

③ 中央银行在市场上购买政府债券，为政府提供融资，同时也是向市场提供更多的流动性，相当于投放货币的作用。这就是中央银行的货币政策工具之一的公开市场操作，中央银行在市场中买卖有价证券"吞吐货币"，起到调节货币量、调控宏观经济的作用。

协定，管理与本国有关的国际资本流动，办理政府间的金融事务往来及清算，办理外汇收支清算和拨付等国际金融事务。

（5）为政府提供经济金融情报和决策建议，向社会公众发布经济金融信息。中央银行处于社会资金运动的核心，能够掌握全国经济金融活动的基本信息，为政府的经济决策提供支持。

此外，许多国家中央银行的主要负责人由政府任命，绝大多数国家中央银行的资本金为国家政府所有或由政府控制股份，还有些国家的中央银行直接是政府的组成部门。

第三节　中央银行的业务

中央银行职能的发挥是通过各种具体业务活动来履行的。与一般银行相比，中央银行业务有其特定的法律权力和范围，遵循特殊的业务原则。

一、中央银行业务的法律规范和一般原则

与一般商业银行和其他金融机构相比，中央银行的业务都是通过特定的中央银行法律来规范的，包括法定业务权力、法定业务范围和法定业务限制三个方面。从而使得中央银行的业务开展具有法律保障和约束，有利于规范金融秩序，维护金融体系合法、稳健和顺利运行。

中央银行的法定业务权力一般包括：发布并履行与其职责相关的业务命令和规章制度；决定货币供应量和基准利率；调整存款准备金率和再贴现率；决定对金融机构贷款数额和方式；灵活运用相关货币政策工具；依法对金融机构和金融市场进行监督管理；以及法律规定的其他权力。

中央银行的法定业务范围主要包括：货币发行和货币流通管理业务；存款准备金业务；为在央行开立账户的金融机构办理再贴现及贷款业务；在公开市场从事有价证券的买卖业务；经营黄金外汇及管理业务；经理国库业务；代理政府向金融机构发行、兑付国债和其他政府债券；组织或协助组织金融机构间的清算业务，协调各种清算事项，提供清算服务；对全国的金融活动进行统计调查与分析预测，统一编制全国金融统计数据、报表，按照国家规定定期予以公布；对金融机构和金融市场的相关监督管理；央行财务收支的会计核算和内部监督管理；法律允许的其他业务。

中央银行的法定业务限制主要包括：不得经营一般性银行业务或非银行金融业务；不得向任何个人、企业或单位提供担保，不得直接向它们发放贷款；不得

直接从事商业票据承兑、贴现业务；不得从事不动产买卖业务；不得从事商业性证券投资业务；一般不得向财政透支、直接认购包销国债和其他政府债券。

中央银行业务活动所遵循的一般原则：

（1）最基本的业务活动原则是必须服从于履行职责的需要。中央银行的各项业务必须围绕各项法定职责展开，杜绝脱离其职责而开展业务。

（2）非营利性。作为宏观金融管理的非营利性机构，在中央银行的日常业务中，盈利与否并不是其追求的目的。然而非营利性原则并不是说中央银行在业务开展过程中不讲经济效果，中央银行应科学制定业务内容和流程，降低宏观金融管理的成本，提高管理绩效。

（3）流动性。中央银行的资产业务需要保持一定的流动性，在充当最后贷款人、进行货币政策操作或者宏观经济调控时，中央银行必须拥有相当规模的可支配资金。为了保证资金能够灵活调度，中央银行必须使资产保持最大的流动性。许多国家的中央银行法明确规定对金融机构的融资期限，目的就是保障中央银行资产的流动性。如，《中国人民银行法》规定对商业银行的贷款期限不得超过1年。在公开市场买卖有价证券时也要尽量避免持有流动性小的证券。

（4）主动性。中央银行的资产负债业务直接与货币供应相联系，与中央银行的货币政策相联系，因此，中央银行必须使其资产负债业务保持主动性或是一定的独立性，才能确保根据其履行职责的需要，通过资产负债业务实施货币政策和金融监管。

（5）公开性。是指中央银行业务状况公开，定期向社会公布业务与财务状况，向社会提供相关金融统计资料。关于货币政策透明度的理论可以追溯到Kydland 和 Prescott（1977）提出的“动态不一致性”。“动态不一致性”的提出促使政策制定者必须遵从有约束力的规则来消除政策改变的可能性，提高政策的可信度，消除“动态不一致性”导致的政策无效性。保持中央银行业务的公开性，可以将中央银行的业务置于社会公众监督之下，有利于保持中央银行的信誉和权威。货币政策的制定计划与目标向公众公开，增强其透明度可以迅速有效地提高中央银行可信度，进而获得公众对央行独立性及其货币政策的支持。增强中央银行业务的透明度有利于增强实施货币政策的告示效应，提高政策效果，有利于社会各类经济主体及时准确了解必要的金融信息，便于其作出科学合理的经济决策和行为。

二、中央银行的业务

（一）中央银行的负债业务

中央银行的负债是指金融机构、政府和其他部门持有的对中央银行的债权。

中央银行的负债业务主要是指由存款业务、货币发行业务、其他负债业务和资本业务构成。中央银行的负债业务是形成资产业务的基础。

1. 货币发行业务

货币发行是中央银行最重要的负债业务特权。货币发行业务是指中央银行向流通领域投放货币的活动。中央银行所发行的货币主要是中央银行券，即信用货币。通过货币发行业务，一方面满足社会商品流通扩大和商品经济发展的需要；另一方面筹集资金，满足中央银行履行各项职能的需要。货币发行应适应国民经济发展的客观需要，在金属货币制度下，货币发行以法律规定的金银等贵金属为准备；在现代信用货币制度下，中央银行的货币发行一般以流动性极强的现金或证券为准备①，并辅之以超额发行税制度，制衡中央银行的货币发行。

中央银行向商业银行或其他金融机构提供再贷款、商业票据再贴现以及中央银行收购金银和外汇资产是货币发行的主要渠道。中国人民银行于 1985 年行使中央银行职能，从 1985 年至 1995 年，中国人民银行信用再贷款一直是我国投放基础货币的主要渠道；1994 年我国进行了外贸和外汇体制改革，从 1995 年开始，我国官方储备的外汇资产逐年递增，外汇占款作为我国投放基础货币渠道的重要性逐步显现。中国人民银行再贷款占其总资产的比重从 1999 年的 54.3% 下降到 2006 年的 22%。2007 年金融危机之后，该比率逐步趋于稳定，保持在 10% 以内。

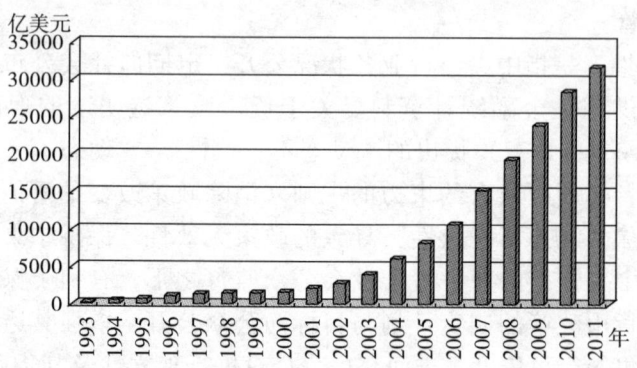

资料来源：国家外汇管理局网站的统计数，http：www. safe. gov. cn/model – safe/tjsj/。

图 8.7   1993 年外汇体制改革以来中国官方储备的外汇资产增长情况

---

① 现代信用货币制度下，中央银行的货币发行应适应国民经济发展的客观需要，可以认为货币发行准备为社会商品准备。中央银行所管理的储备资产中的黄金储备也具有支撑货币发行的作用，因此存在货币发行的部分黄金准备，而不是像金本位时期的 100% 黄金准备。有一些国家和地区还用外汇资产作为货币发行准备，如香港地区的港元发行有美元准备。

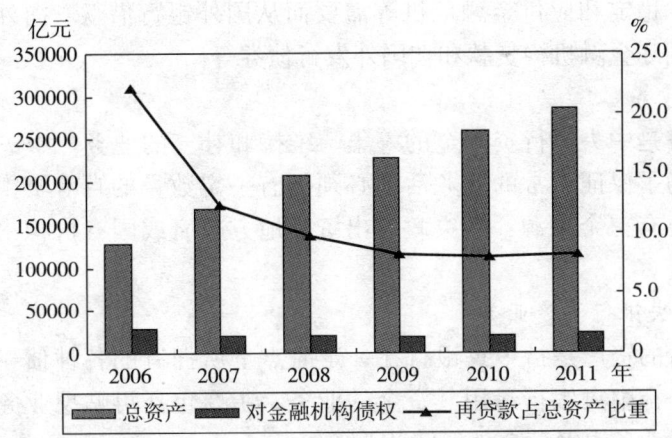

图8.8　中国人民银行再贷款占总资产比重

2. 存款业务

完全不同于商业银行和其他金融机构的存款业务，中央银行的存款业务主要来自金融机构的准备金存款和政府公共部门存款。

在现代存款准备金制度下，中央银行集中商业银行和其他金融机构的存款准备金，是为了应付商业银行和其他金融机构的存款人大量挤兑存款的需要，以保证银行业的清偿能力和金融业的稳定。中央银行利用调整存款准备金率来调节商业银行的放款能力，从而法定存款准备金率成为中央银行的货币政策工具。商业银行和其他金融机构通过中央银行办理它们之间债务清算的需要，将一定数量的超额存款准备金存在中央银行。

政府和公共部门在中央银行的存款包括财政金库存款；政府和公共部门经费存款。由于中央银行代理国家金库和财政收支，所以国库的资金以及财政资金在收支过程中形成的存款也属于中央银行的存款。

与商业银行的存款业务相比，中央银行的存款业务具有以下特点：①一般以法律形式进行，有一定的强制性；②吸收存款的动机主要是为了便利调控社会信贷资源，监管社会金融活动，稳定币值；③吸收存款的对象是商业银行、非银行金融机构、政府部门和特定部门；④与存款人之间存在管理和被管理的关系，并非完全平等的经济利益关系。

3. 其他负债业务

其他负债业务主要包括发行中央银行债券、对外负债。发行中央银行债券是中央银行的一种主动负债业务，对象是国内金融机构，目的在于调节商业银行超额准备，有效控制货币供应量；对外负债是中央银行出于平衡国际收支、维持本币汇率稳定和应付金融危机等需要而从国外银行借款、向外国中央银行借款、申请国际金融机构贷款和在国外发行债券等。

4. 资本业务

资本业务是中央银行资本金的筹集、维持和补充的业务。中央银行和其他银行一样，为了保证正常的业务活动必须拥有一定数量的自有资本。中央银行自有资本主要有三个来源：中央政府出资、地方政府或国有机构出资、私人银行或部门出资。

（二）中央银行资产业务

中央银行的资产是指中央银行在一定时点上所拥有的各种债权。中央银行的资产业务是指中央银行运用其资金的业务，主要包括再贴现业务和再贷款业务、证券买卖业务以及黄金外汇储备业务等。

1. 再贴现和再贷款业务

再贴现和再贷款业务是中央银行行使"银行的银行"职能，向商业银行等金融机构提供融资的两种主要方式，是中央银行投放基础货币的重要途径。再贴现和再贷款分别占中央银行全部资产的比重大小和两者之间的比重大小可以在一定程度上反映出一国金融市场特别是票据市场的发展程度。

能够取得中央银行贷款的只有商业银行和经过特殊批准的其他金融机构以及政府。中央银行对商业银行的贷款，主要是解决其短期资金周转困难。为了加强宏观金融调控的需要，各国中央银行对商业银行的贷款都作了具体的规定。我国的《中国人民银行法》规定，中国人民银行根据执行货币政策的需要，可以决定对商业银行贷款的数额、期限、利率和方式，贷款的期限不得超过一年。在特殊情况下，中央银行也对财政进行贷款或透支，以解决财政收支困难。

再贴现也是中央银行向商业银行的一种贷款方式，中央银行办理再贴现业务时，以真实商业票据作为保证。作为一种贷款形式，对再贴现的数量也要加以限制，再贴现率也是中央银行货币政策的重要工具之一。

根据《中国人民银行关于完善信贷资金管理办法的规定》，将中央银行的信用再贷款、抵押再贷款和再贴现都作为中央银行再贷款的范围，在中央银行资产负债表中未加以区分，统一作为中央银行对金融机构的贷款。

2. 证券买卖业务

中央银行拥有证券资产并不是中央银行证券投资的结果。中央银行的证券买卖业务是中央银行在公开市场上通过买卖政府公债、国库券和其他流动性高的有价证券，借以调节货币供应量，进而影响整个宏观经济的行为。各国中央银行买卖有价证券的具体品种都有法律规定，主要是政府债券，尤其以国库券为主。因为国库券流动性强、发行数量大，便于市场操作。一个高效的，发展完善的资本市场是中央银行证券买卖业务得以有效进行的基本保证。因此，中央银行在市场上买卖证券即"公开市场操作"已经成为西方国家三大货币政策工具之中最频繁使用的工具。然而，金融市场发展的不完善、证券品种不齐全以及规模有限等因素制约了发展中国家中央银行对公开市场操作这一政策工具的实施。

3. 黄金外汇储备业务

尽管目前世界各国实行的是不兑现信用货币制度，然而在国际收支发生逆差时，黄金资产仍然是国际间最后的支付手段，需要用外汇或出售黄金换取外汇来支付逆差或到期的外债。各国的金银外汇集中到中央银行储存，储存金银外汇占用了中央银行部分资金，成为中央银行的一项资产业务。

黄金外汇储备是一国国际储备的主要构成部分，占各国国际储备的5%左右，而外汇资产占到国际储备的90%以上。国际储备是一国平衡国际收支、稳定本币汇率的重要手段，一般由中央银行代表国家进行保管和经营。中央银行在黄金外汇储备经营管理过程中，一是要注意确定储备的合理水平，储备不足则难以实现维持储备资产的目的；超需要的过度储备会产生巨大的持有储备资产的机会成本，造成国家资源的浪费。二是要注意外汇资产的币种和期限结构的多元化，以实现分散外汇风险、保证外汇资产保值增值的目的。

（三）中央银行的支付清算业务

商业银行在为其客户提供票据清算和收付结算服务时，大量企业之间的债权债务关系演变为商业银行间的债权债务关系。中央银行为商业银行等金融机构办理支付清算服务，结清商业银行间的债权债务关系是中央银行的一项重要职能。

1. 中央银行的支付清算业务程序

中央银行组织全国银行间清算，包括同城或同地区和异地两大类。同城或同地区银行间的资金清算，主要通过票据交换所来进行。异地银行间远距离的资金划拨都得由中央银行统一办理。由于各国使用的票据和银行组织的方式不同，异地资金划拨的具体清算一般有两种类型：第一种，先由各商业银行等金融机构通过内部联行系统划转，最后由它们的总行通过中央银行转账清算；第二种，直接把异地票据统一集中送到中央银行总行办理转账清算。

最初，票据交换所只是把参与票据清算的各家银行集中起来，由它们自行分别办理票据交换和结清应收应付款，每家银行都必须与其他银行逐一办理票据交换。后来人们发现，一定区域内，各银行应收款项的总和一定等于各银行应付款项的总和。因此，各家银行无须相互间结清差额，而是进行多边净额结算，所有参加交换的银行分别支付或收入自己银行的应付款或应收款净额，简化了票据交换结算的程序。多边净额结算的票据交换步骤为：①入场前，各银行先将应收票据按付款行分别归类整理，并计算出向各付款行分别应收的款项金额及汇总金额，填票据交换结算表。②入场后，各银行一方面将应收票据分别送交各有关付款行，一方面接收他行交来的本行应付款票据，核对、计算应付各行款项金额及应付总金额，填交换票据计算表。③各银行根据交换票据计算表，比较本行应收、应付款总额，计算出应收应付净额后，填具交换差额报告单，并凭报告单与交换所的总结算员办理最后款项支付。收付差额通过在中央银行的存款账户间的转账即可完成。

中央银行通过组织全国银行系统的清算，一方面为各家商业银行提供了服务，减少了在途资金，提高了清算效率，加速了资金周转；另一方面，有利于中央银行对全国金融情况及各商业银行等金融机构的资金情况加强了解，从而有助于中央银行监督、管理职责的履行。

2. 中国人民银行的支付清算系统建设

根据支付结算体系的统一规划和发展方向，中国人民银行不断改进支付清算系统，组织规范了各地同城票据交换系统、各商业银行的行内资金汇划系统，建立了全国电子联行系统。

2002 年开始建设的中国现代化支付系统（CNAPS）是中国人民银行按照我国支付清算需要，利用现代计算机技术和通信网络自主开发建设的，能够高效、安全处理银行办理的异地、同城各种支付业务及其资金清算和货币市场交易的资金清算应用系统。它是各银行和货币市场的公共支付清算平台，通过建设现代化支付系统，将逐步形成一个以中国现代化支付系统为核心，商业银行行内系统为基础，各地同城票据交换所并存，支撑多种支付工具的应用和满足社会各种经济活动支付需要的中国支付清算体系。CNAPS 建有两级处理中心，即国家处理中心（NPC）和全国省会及深圳城市处理中心（CCPC）。国家处理中心分别与各城市处理中心连接，其通信网络采用专用网络，以地面通信为主，卫星通信备份。

政策性银行和商业银行是支付系统的重要参与者。各银行可利用行内系统通过省会城市的分支行与所在地的支付系统 CCPC 连接，也可由其总行与所在地的支付系统 CCPC 连接。同时，为解决中小金融机构结算和通汇难问题，允许农村信用合作社自建通汇系统，比照商业银行与支付系统的连接方式处理；城市商业银行银行汇票业务的处理，由其按照支付系统的要求自行开发城市商业银行汇票处理中心，依托支付系统办理其银行汇票资金的移存和兑付的资金清算。

中央银行会计核算系统（ABS）是现代化支付系统运行的重要基础。为有效支持支付系统的建设和运行，提高会计核算质量和效率，中央银行会计核算将逐步集中，并由地市中心支行的会计集中核算系统与支付系统 CCPC 远程连接。地市级（含）以上国库部门的国库核算系统（TBS）可以直接接入 CCPC，通过支付系统办理国库业务资金的汇划。

为适应各类支付业务处理的需要，现代化支付系统由大额支付系统（HVPS）和小额批量支付系统（HEPS）两个应用系统组成。大额支付系统实行逐笔实时处理，全额清算资金。建设大额支付系统的目的，是为了给各银行和广大企业单位以及金融市场提供快速、高效、安全、可靠的支付清算服务。同时，该系统对中央银行更加灵活、有效地实施货币政策具有重要作用。小额批量支付系统在一定时间内对多笔支付业务进行轧差处理，净额清算资金。建设小额批量支付系统的目的，是为社会提供低成本、大业务量的支付清算服务，支撑各种支付业务的使用，满足社会各种经济活动的需要。

（四）中央银行的国际货币政策协调

20世纪70年代以来，生产领域的全球化发展推动了资本领域的全球化，跨国银行追随跨国公司在世界各地开办国际金融业务。世界性和区域性的国际金融机构快速发展，形成众多国内和国际金融中心、离岸金融中心。在体制、制度、机构、市场和产品等领域的金融创新层出不穷。依托信息通信技术和网络发展，金融业务的电子化催生了全球范围的不受时空限制的国际金融市场。

为适应金融全球化的趋势，多数国家实行金融开放政策。国际贸易和国际资本流动中的国际结算、资金融通的控制、国际储备的平衡调节和保值增值等，都与国际银行业紧密相连，直接影响了中央银行业务和职责履行的效果。

1. 中央银行在对外金融关系中的地位与任务

（1）中央银行不仅是国家对内金融活动的调节者和监管者，而且是对外经济活动的总顾问和全权代表。中央银行在一国经济和社会中的特殊职能赋予其业务技术的高度专业性和国内外金融领域的丰富知识，不仅使其成为国家金融活动的调节者和监管者，而且更是担当了各国政府对外金融的总顾问，负责发展与各国中央银行和国际金融机构的关系。

中央银行发展与国际金融机构的关系，具体任务包括：代表政府参与国际货币基金组织的活动；与世界银行合作；参与国际清算银行的活动；参与区域性国际金融机构的活动；参与各国中央银行间的交流合作活动；建立中央银行驻外代表处。

（2）负责外汇交易和管理，对国际资本流动的调节管理和对外负债的监测，是国际储备的管理者。作为重要的干预和管理手段，为了解决外汇失衡、平抑汇率波动和规避外汇风险，中央银行的外汇交易并无获利动机。各国中央银行干预外汇市场而产生的收益或损失，由参与货币互换协议各国的中央银行分享或共担。中央银行对国际资本流动的管理主要是通过汇率政策、利率政策、外汇管制措施、国际借贷条件和额度控制、银行对外借款的特别准备金、对外投资规模和投资主体资格审定等手段，调控资本的流入流出。各国之间的国际收支差额由中央银行负责，采用改变官方负债加以调整，或者以黄金资产、外汇资产或特别提款权等储备资产与别国中央银行进行官方结算。

（3）负责制定国家对外金融总体发展战略。对外金融发展战略是一国经济与社会发展战略的重要组成部分，需要最大限度地服务于本国经济与社会发展战略。中央银行要在持续、全面的国际金融调研的基础上，结合本国国情制定和推行对外金融总体发展战略和政策。

2. 中央银行的国际货币政策协调工作

国际货币体系是由国际间资本流动及货币往来而引起的货币兑换关系，以及相应的国际规则或惯例组成的有机整体。它主要包括安排国际间的汇率、确立国际储备货币、解决国际收支不平衡问题和协调各国的经济政策等内容。

在经济全球化中，由于对外经济交往的频繁，货币政策不仅需要考虑经济的内部平衡，也要注重经济的外部平衡（国际收支平衡）。一般情况下，货币政策的传导途径有三个：利率途径（及其他资产价格途径）、信贷配给途径和国际经济途径。对外经济开放程度的提高，相应提高了国际经济途径在货币政策传导中的作用，从而使得货币当局在制定货币政策时不仅要从本国范围内考虑，也要从国际范围内进行综合考虑。

国际货币政策协调的方式有规则协调（通过特定的国际金融组织及共同认可的原则进行常规性协调）及临时性协调（各当事国之间在面临某些特殊问题时进行临时性政策磋商）。国际货币政策协调的核心内容，主要包括汇率政策的协调和利率政策的协调两个方面，汇率稳定是各国货币政策的目标之一，也是国际贸易和世界经济发展的前提；利率影响一国货币对内稳定，同时，根据利率平价理论，两国间利率的相对变化必然会影响到两国货币汇率。因此，协调国际间汇率政策和利率政策，有利于保持国际货币体系的稳定健康发展。各国货币政策国际协调的基本途径是：加强国际间货币政策有关信息的交换；减少对货币总量指标的依赖；强调汇率在货币政策传导中的作用；加强国际间金融货币合作。

3. 国际货币政策协调的现实问题和改革方向

分析 2008 年次贷危机所引发的全球金融危机后的主要国家金融政策，可以发现危机处理中的国际货币政策协调还存在许多问题需要进一步改进。

（1）金融危机后美国主要货币政策取向。金融危机后，美国分别于 2008 年和 2010 年采取了两轮量化宽松政策（quantitative easing monetary policy），简称 QE1 和 QE2。所谓量化宽松政策主要是指中央银行在实行零利率或近似零利率政策后，通过回购国债等中长期债券、增加再贷款、购买银行资产等手段，增加基础货币供给，向市场注入大量流动性资金的干预方式，以鼓励消费和借贷。与利率杠杆等传统工具不同，量化宽松被视为一种非常规的工具，只有在利率等常规工具不再有效的情况下，货币当局才会采用。由于量化宽松有可能增加货币贬值的风险，政府通常在通货紧缩时推出量化宽松的措施。而持续的量化宽松则会增加通胀的风险。虽然一定程度上有利于抑制通货紧缩预期，但对降低市场利率及促进信贷市场恢复的作用并不明显。

美联储主席伯南克于 2011 年 7 月 13 日在国会就上半年货币政策情况作证时表示，鉴于经济和通胀的不确定性，美联储可能继续增加收购美国政府债券，向经济注入更多流动性，也可能降低银行向美联储支付准备金的利率，以帮助降低商业贷款利率。表示 QE3 是美联储必须保留的选项之一。而美联储前主席格林斯潘表示，没有确凿证据表明，美联储向美国金融体系注入的巨额流动性从根本上发挥了作用，他反对 QE3 的出台。

中国人民银行行长周小川（2010）认为，美国量化宽松政策从全球角度来看不一定是优化选择，可能会产生其他副作用。虽然在宏观经济上保持平衡，但不可能完全杜绝利差汇率带来的套利投机。新一轮量化宽松政策对创造美国就业和保持美国本土低通胀有好处。但是由于美元是一种国际性储备货币，其不仅有储备目的，全球相当多的大宗商品交易、投资和金融市场交易是使用美元的。因此，一项政策的出台不能仅仅立足于美国本土，还要从全球角度来讨论政策的最优化。周小川认为中国目前外汇体制对资本项目有管理，非正常的资本项目流入有管理措施控制。另一个措施就是在总量上进行对冲，将流入的短期投机性资金控制在政策限定的范围而不进入整个实体经济，可以减少资本异常流动对中国经济的冲击。

（2）金融危机时期中国货币政策效果与问题分析。应对 2008 年以来的输入性金融危机，中国货币政策的主要内容包括：①金融监管存贷款利率调控。2008 年内 5 次下调金融机构存贷款法定利率，存款利率由 4.14% 下降到 2.25%，贷款利率有 7.47% 下降到 4.85%；②法定存款准备金比率调控。2007 年到 2008 年上半年共 15 次上调法定存款准备金率，由 9% 上调到 17.5%。随着金融危机影响作用的显现，2008 年第四季度又 4 次下调法定存款准备金率至 13.5%。在国内通胀加剧情况下，2010—2011 年上半年中国人民银行连续 10 多次上调法定存款准备金率，由 13.5% 上调到 21%；③央行对冲操作（公开市场交易）。2008 年下半年中国人民银行明显加大央票的持有量。但随着金融机构货币创造能力的急剧加强、存贷款超速增长和流动性过度充裕，央行的票据持有量明显回落，央行收缩流动性的意图明显。然而与发达国家相比，我国金融机构的信贷机制还不成熟，金融机构风险意识差、风险管理能力不强；由于存在"利率软约束"，利率在资源配置中的作用受到很大限制，对投资和消费影响明显偏弱；政府、特别是地方政府的行政干预很强，对金融机构的信贷创造有重要影响。

综观近一个经济周期的货币政策表现，中国人民银行货币政策取向是合理的，调整是积极的。然而，在这些货币政策实施过程中还是暴露出政策调整力度过大，缺乏足够的政策前瞻性和政策实施的柔度，引起经济波动较大的问题：①2009 年以后出现了货币供应过度宽松和信用过度膨胀问题。2009 年货币供应量明显过度增长，前三季度分别为 25.51％、28.46％和 29.31％，与当初适度宽松的货币政策初衷背离。过度的货币供应还表现在存贷款差的快速扩大上。到 2009 年 9 月存贷差攀升至 184012.09 亿元，比上年增加了 68228.47 亿元。大量过剩的货币会进一步加剧金融机构的贷款冲动，加剧货币供应过度增长。②信贷结构存在的问题主要是中长期贷款占比过高，对产业结构调整作用不大。由于市场机制不成熟，大量信贷流向重复建设的领域，进一步恶化产能过剩。③面对国内的信用过度膨胀以及国际经济危机的负面影响，中国人民银行采取的紧缩性货币政策力度较大，一度出现中小企业资金短缺的问题。

（3）国际货币体系改革和国际货币政策协调的方向。当前国际金融体系正处于自我修复和变革状态。美国的次贷危机迅速扩展至全球，造成了巨大的经济灾难，显示了现有的国际货币和金融体系无法有效的管理、促进、引导国际金融的健康发展。为了加强各主要经济体之间的协调，2009 年匹兹堡峰会后 G20 正式取代 G8 成为永久性国际经济协作组织，标志着全球应对金融危机进入了机制化阶段，同时为加强国际经济合作和改革国际货币和金融体系建立了平台。另一方面，金融危机加速了国际体系的变化，凸显了当前国际金融体系需要进一步变革以适应国际金融格局的变动和世界经济的发展。

改革国际货币体系势在必行。①国际货币体系改革的核心问题之一在于选择好作为国际储备基础的本位币。虽然一个以不受约束的美元为主导的国际货币体系成为这次金融危机的体制根源，但要想找到一个可以取代美元作为国际储备基础的本位币的确很困难。周小川在 G20 金融峰会前夕提出建立一种与主权国家脱钩并能保持币值长期稳定的国际储备货币，只有建立一个与主权国家脱钩的"国际储备货币"，国际货币体系的改革才是全面的、彻底的。但这一改革必然是渐进的，在此之前，应推进国际货币多元化的发展。②加强金融监管，推进金融监管国际合作。各国应扩大对本国金融监管范围，对所有金融机构（银行、证券、保险）、金融产品与衍生产品及金融市场实行全面监管，确保各金融市场之间监管信息通畅和信息共享，防范跨行业风险。推行金融监管的国际合作，就金融监管合作的理念、原则和方式达成共识，形成有力的并具有一致性的跨国监管合作机制，建立有效及时的信息共享机制、风险预警机制。③探索崭新的国际货币新体系。在联合国已有的 IMF、世界银行等金融合作机构之外，充分发挥 G20 创立的联合国框架之外的新合作组织金融稳定论坛（FSF）及金融稳定委员会（FSB）等新机制的作用，探索、创建一个崭新的国际货币新体系。G20 金融峰会及财长与央行行长会议的重大历史意义，不仅在于历史上第一次实行全球性宏观经济政策国际合作（或国际化政府干预）应对 20 世纪 30 年代以来最严重的金融危机，而且标志一个国际金融新秩序的孕育，并由此培育出或逐步构建出一个世界新秩序。

【拓展阅读】　　　　世界主要的中央银行网站

表 8.1　　　　　　　　世界主要的中央银行信息链接

洲际	国家或地区	中央银行	LOGO	网址
亚洲	中华人民共和国	中国人民银行）The People's Bank of China, PBC）		http：//www. pbc. gov. cn
	中国香港特别行政区	香港金融管理局（HONG KONG MONETARY AUTHORITY）		http：//www. info. gov. hk
	日本	日本银行（Bank of Japan, BOJ；日文：にっぽんぎんこう）		http：//www. jplboj. or. jpl
欧洲	欧盟	欧洲中央银行（European Central Bank, ECB）		http：//www. ecb. int
	英国	英格兰银行（Bank of England, BOE）		http：//www. bankofengland. co. uk
	瑞士	瑞士中央银行（Swiss National Bank, SNB）		http：//www. snb. ch
北美洲	美国	美国联邦储备委员会（The Board of Governors of The Federal Reserve System, FRB）		http：//www. federalreserve. gov
	加拿大	加拿大中央银行（BOC）		http：//www. bankofcanada. ca/en/

【专题 8 – 1】　中央银行独立性与经济稳健发展的关系研究

20 世纪 70 年代中期以后，理论界对中央银行独立性的研究主要集中在两个方面：分析中央银行独立性的内涵，并通过各种指标体系对中央银行独立性程度进行衡量和判断；分析中央银行独立性与经济变量（尤其是通货膨胀率）之间的关系（刘锡良，肖龄，2003）。

1. 中央银行独立性内涵的研究

"中央银行独立性"是指中央银行履行自身职责时法律赋予或实际拥有的权力、决策与行动的自主程度。中央银行的独立性比较集中地反映在中央银行与政府的关系上，即中央银行应对政府保持一定程度的相对独立性。过分强调独立性，容易产生中央银行与政府关系不协调，影响货币政策与财政政策的配合效果。但丧失独立性，又会使政府过度依赖银行，造成过度的财政发行。因此，保持中央银行的相对独立性是十分重要的课题。

中央银行独立性的具体内容包括：①货币发行的独立性，指中央银行发行和控制基础货币的独立性。②制定和执行货币政策的独立性，即中央银行自主决定货币政策目标、自主运用货币政策工具。③人事上的独立性，即中央银行决策者的任免程序、任职期限等不受政府干预。④经济上的独立性，即中央银行不必依赖财政拨款（刘锡良等，2003）。或者，中央银行独立性涉及三个方面：人事独立性、赤字融资独立性和政策独立性（Eijffinger，1997）。可以用目标独立性和工具独立性来描述中央银行的独立程度（Debelle 和 Fischer，1994），目标独立性是指中央银行能够不受干预地确定货币政策目标；手段工具独立性是指中央银行可以自主选择政策工具以实现其政策目标。还可以从法定独立性（Legal Independence）与实际独立性（Actual Independence）来体现中央银行的独立性程度，前者指法律条文规定的独立性，后者指事实上的独立性。通常认为在发达国家，法律上的独立性非常重要，而在转型经济中，法律规定的独立性往往并不意味着事实上拥有独立性。

2. 中央银行独立性衡量的研究

依据中央银行独立性内涵，学者通过设计指标体系来衡量和判断中央银行独立性的程度。Bade 和 Parkin（1982）提出的政治独立性指数（BP 指数）是指中央银行不受政府影响，独立实施货币政策的能力。Gfilli、Masciandaro 和 Tabellini（1991）的 GMT 指数由分别衡量中央银行政治上和经济上独立性的两类指数构成，政治独立性指数包括中央银行行长的任命程序、中央银行与政府部门的关系、中央银行的责任和义务等 9 个基础指标；经济独立性是指中央银行不受任何限制地使用货币政策工具的能力，包括中央银行在预算赤字融资中的角色、对贴现率和公开市场操作的限制等 7 个指标。Cukiennan（1992）提出的 LVAW 指数涉及四个方面 16 个指标：中央银行行长的任免程序和任期；中央银行与政府之间目标冲突的解决程序，关于货币政策权利的制度安排；中央银行的法定政策目标；对于向政府提供融资的限制。尽管采用各种指数衡量中央银行独立性存在着指标设立的主观性偏差问题（Mangano，1998），但是中央银行独立性度量方法研究为分析中央银行独立性地位与经济调控效果之间的关系提供了可行的研究工具。

3. 中央银行独立性与宏观经济的关系研究

观点一，中央银行独立性越强，越有利于降低通货膨胀率，从而越有利于维持货币稳定。这种观点主要源自对货币政策动态不一致性问题的研究（Kydland 和 Prescott，1977；Barro 和 Gordon，1983；Rogoff，1985）。通过声誉模型等角度提出解决动态不一致性的思路：政府不直接操纵货币政策，而是选择"保守的中央银行家"作为其代理人，并赋予后者以独立实施货币政策的权利。"保守的中央银行家"的特质是极其厌恶通货膨胀，因而比政府官员更加关注通货膨胀导致的成本。只要公众确信货币政策决策者是保守的，公众预期的通胀率就会降低，从而降低货币政策内在的通货膨胀偏差。不少文献认为中央银行独立性增加了实现低通胀目标的可能性，因而对货币稳定具有正面效应。中央银行高度的独立性必然带来较低的通胀水平。1990 年哈佛大学根据政府官员出现于中央银行的程度、中央银行被要求为财政赤字融资的程度、政府行政部门的官员同中央银行非正式接触的普遍性以及中央银行同政府的正式关系等因素设计评级标准，将中央银行的独立性程度划分为 4 个级别，独立性最大为 4 级，最小为 1 级。选择平均通胀率作为经济良性发展的指标，并对 17 个工业化国家进行实证研究，发现中央银行的独立程度与经济安定（低通胀）之间成正相关（见图 8.9）。这一观点也得到了大量认为中央银行独立性与通货膨胀率之间存在负相关性的实证研究的支持（Grilli，1991；Cukierman，1992；Alesina 和 Summers，1993；Jonsson 和 Lougani Sheets，1995；Eijffinger 等，1998；Miller 和 Neyapti，2001）。

观点二对上述看法及其论证过程提出了质疑。认为即使由独立的中央银行实施货币政策，政府仍然可以利用扩张性财政政策来制造意外的通货膨胀（surprise inflation）（Agell、Calmfors 和 Jonsson，1996；Blake 和 Weale，1998），而上述的货币政策动态不一致性问题的研究模型忽略了财政政策的影响。有观

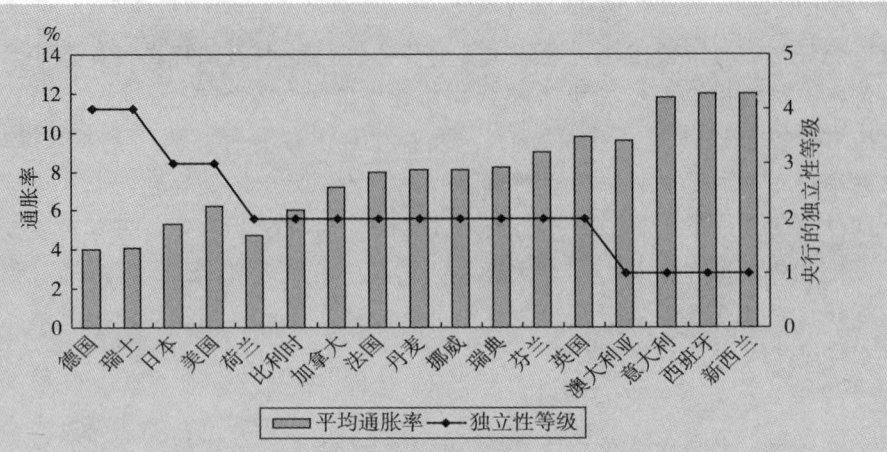

图 8.9　中央银行独立性与经济良性发展存在正相关（哈佛，1990）

点认为中央银行的独立性取决于社会态度，因而是一个内生变量（Posen，1993；Forder，1996；Hayo，1998）。中央银行良好的声誉和高度的可靠性是货币政策取得成功的最重要的条件之一，仅仅赋予其独立性并不一定能迅速提高中央银行的声誉和可靠性（Blinder，1998）。对转型经济的一项研究发现，中央银行独立性程度越高，通货膨胀率越高（Hillman，1999）。因此，中央银行独立性不是货币稳定的必要条件和充分条件（Hayo 和 Hefeker，2002）。

　　对于中央银行独立性与经济增长、预算赤字等其他变量的关系，许多学者通过实证分析发现，中央银行独立性程度的高低与实际经济增长无关（Alesina 和 Summers，1993；DeHaan 和 Kooi，1998）。因此，有人认为中央银行拥有独立性有助于实现低通胀目标，且不必以牺牲经济增长为代价。对发展中国家的研究表明，中央银行高度的独立性与预算赤字规模无关（Sikken 和 DeHaan，1998）。大量研究证明，中央银行独立性程度与实质经济变量没有必然联系。

　　4. 中央银行保持完全独立性的挑战

　　学者从中央银行相对于本国政府的独立性、相对于国内金融市场及其参与者（主要指金融机构和拥有部分货币发行权的非金融机构）的独立性以及相对于国际金融市场的独立性等三方面，讨论新的社会经济背景下中央银行保持完全独立性所面临的挑战（刘锡良等，2003）。

　　第一，中央银行相对于本国政府的独立性方面，由于存在内在动机和外部环境等原因，中央银行完全独立于政府在实践中是不可能的。

　　①存在政府干预中央银行运作的内在动机。这种动机源自政府的责任感和自然扩张货币的倾向。中央银行是一个非常重要的公共机构，在其人事任免上

完全摆脱政府影响是不可能的（Eijffinger, 1997）。由于追求刺激经济产生的短期收益，或者以通货膨胀税的方法增加政府收入等方面的原因，政府具有一种自然扩张货币的趋向，这种趋向会产生赤字货币化的强大压力。虽然许多旨在加强中央银行独立性的法律均规定中央银行不得对财政透支、直接认购、包销国债和其他政府债券等，但是赤字货币化有更为隐蔽的形式，如中央银行为那些本该由政府负担的项目提供融资。这种情形在发展中国家较为常见，例如，中国人民银行每年有相当部分的贷款投向本应由财政支出负担的项目，诸如贫困地区的公共设施、亏损国有企业的补贴、非营利性的公共基础设施等（谢平，1995）。

②经济金融环境的变化为政府干预中央银行营造外部条件。20世纪60年代末至70年代初的金融创新和金融全球化的浪潮，模糊了各个层次货币之间的界限，便利了不同层次货币之间、甚至是货币与非货币资产之间的相互转换，使货币供给的定义、货币层次的划分和计量、统计和控制日益困难，中央银行独立控制货币、维持通货稳定的能力不断弱化，客观上使政府干预具有了合理性和必然性。许多国家开始推行以维持目标通胀率为核心的货币政策，目标通货膨胀率由政府决定，或者由政府和中央银行共同商定，这种货币政策安排意味着中央银行全部或部分失去了制定政策目标的独立性（Hayo 和 Hefeker, 2002）。政府对中央银行的影响力是现实存在的，政府赋予了中央银行一定程度的独立性，中央银行不可能彻底摆脱政府的影响。

第二，中央银行相对于国内金融市场及其参与者（主要指金融机构和拥有部分货币发行权的非金融机构）的独立性方面，受到金融创新和体制变革的挑战。

①中央银行专有的通货发行权受到挑战。20世纪90年代以来，互联网技术的迅速发展推动了网络金融的发展，导致在通货形态方面存在纸币正被电子货币所取代的趋势，谢平和尹龙（2001）称之为继铸币被银行券取代之后的货币形态的第二次革命。电子货币的发行主体不限于中央银行，还包括一般金融机构和非金融机构。电子货币的出现打破了中央银行对通货发行的垄断，使中央银行独立性面临严峻挑战。

②中央银行控制货币的能力正在减弱。金融市场的变化使货币乘数的预测和估计更加困难。金融创新和金融体制环境的变化，对货币乘数产生强大的影响，而且存在很大的不确定性（谢平，2000；张晨，2003）。准确把握金融市场发展对货币乘数的影响并对货币乘数进行精确预测对中央银行的货币控制能力提出新的挑战。金融创新会导致货币政策实际效果偏离稳定价格的目标。金

融创新削弱了以 M_1、M_2 为代表的总量性中介指标的可测性、可控性和相关性；金融创新影响着公众和金融机构的资产选择行为，增加了货币需求的易变性，加重了货币政策时滞的不确定性。

第三，开放经济条件下中央银行相对于国际金融市场的对外独立性受到了挑战。所谓对外独立性是指中央银行不受外部冲击的干扰，独立制定和执行货币政策，实现既定的政策目标。

①追求货币政策的对外独立性必然放弃另外一些目标，保持货币的对外独立性是存在机会成本的，如果被迫放弃的目标更为重要，维持货币政策的对外独立性在实践中就会付出很大的代价。Krugman（1999）用"三元悖论"来解释政策目标之间存在的替代关系，即汇率稳定、货币政策独立、资本自由流动是三个不可能同时实现的目标，最多只能同时达成其中的两个。要维持货币政策的独立性，必须放弃资本的自由流动，或者放弃汇率的稳定。严格管制资本流动，需要付出相当高的制度安排成本（谢平，2002），允许汇率自由浮动也会给经济带来相当大的负面影响。从广义的独立性来看，中央银行无法同时实现上述三个目标，本身也反映了开放经济条件下中央银行在政策目标的选择和确定上要受到外部限制，不可能拥有完全的独立性。

②在货币替代的情况下，中央银行无法维持货币政策的绝对独立性。货币替代是指外币全部或部分替代本币发挥交易媒介、计价标准和价值储藏等货币职能，当一国居民对本币的币值稳定失去信心，或者本币资产收益率低于外币资产收益率时会发生货币替代。"格雷欣法则"描述的其实就是金本位制下劣币替代良币的规律。纸币的流通以发行者的信用为前提，信用好的纸币更易被普遍接受，而信用差的纸币必然被淘汰。在开放经济中，货币替代会使货币的可控性和货币政策的独立性遭到削弱。在浮动汇率制的条件下，允许资本自由流动的同时，可以保持货币政策的独立性。但是，如果考虑货币替代，即使完全的浮动汇率制也无助于中央银行维持其货币主权（Miles，1978）。货币替代大大提高了各国货币政策的相关性。在货币替代的情况下，各国的货币政策或多或少都要受到外部环境的制约。

总之，保持中央银行的相对独立性是在货币政策对宏观经济调控的效果和成本之间的利弊权衡（Trade-off）。不同国家根据其所处的不同经济发展阶段以及所面对的不同实际问题，适时改变其中央银行独立性表现，这本身就是一项极具难度和挑战性的课题。而明确规定货币政策的基本目标、增强中央银行货币政策决策权、增强中央银行的政治地位、提高货币政策的透明度等（金建平，2010），有利于保持中央银行的独立性，并处理好央行与财政的协调关系。

第四节　中央银行的金融监管

一、金融监管及其主体机构

现代市场经济生活中，金融活动及其发展变化很大，金融状况的好坏对于经济的各个领域能否正常运行起着关键性的作用。

（一）金融监管的内涵和性质

金融监管是金融监督和金融管理的总称。金融监督是指金融主管当局对金融机构实施的全面性、经常性的检查和督促，并以此促进金融机构依法稳健地经营和发展。金融管理是指金融主管当局依法对金融机构及其经营活动实施的领导、组织、协调和控制等一系列的活动。金融监管本质上是一种具有特定内涵和特征的政府规制行为。狭义的金融监管是指中央银行或其他金融监管当局依据国家法律规定对整个金融业（包括金融机构和金融业务）实施的监督管理，包括金融机构的市场准入、市场运营和市场退出的全过程。广义的金融监管在狭义的内涵之外，还包括了金融机构的内部控制和稽核、同业自律性组织的监管、社会中介组织的监管等内容。本章讨论的是狭义的金融监管。

（二）金融监管的必要性

1. 金融业具有内在的不稳定性。在第五章金融中介机构和商业银行中曾经说明金融中介机构的最重要功能是降低交易成本和解决信息不对称问题。在信息不对称的条件下，容易产生逆向选择和道德风险。逆向选择是指在高收益的刺激下，资金需求者有利用其掌握的信息优势进行高风险投资的动机，金融机构为防止这种情况的发生，会提高利率等融资条件，结果赶跑了市场上风险较低的投资项目，使金融市场的资产质量普遍下降。道德风险是指借款人获得资金以后，以自己掌握的信息从事高风险的投资项目，而不顾可能因此给贷款人造成的风险损失。所以金融业自身蕴涵了风险因素，这种潜在的风险因素是金融业内在不稳定性的根源，如果不对其加以有效的监控，潜在的风险累积到一定程度后就会暴露出来，导致某个金融机构的破产，并波及其他金融机构和实体经济。

2. 金融机构的风险具有传染性。以部分准备为基础从事信贷业务的金融机构在运营过程中存在各种风险，这些风险对某一个金融机构的影响很容易传导、扩散到整个金融体系。银行业的风险包括信用风险、利率风险、外汇风险、经营风险、违约风险等。与工业或商业公司不同的是金融机构具有很高的负债比率，它们主要依靠外部资金来源，要随时准备支付债权人的款项。假如存款人认为存在着不能全额或及时提回他们存款的可能性时，他们就会尽快地撤走存在银行的全部资金，并由此产生银行挤兑的可能性，挤兑可能导致银行恐慌发生，并增加对现金的需求，表现为整个银行体系的储备干涸。由于银行体系以部分准备金制度为基础，储备的减少必然伴随着银行存款和货币供应的多倍紧缩，从而导致银行业的全面破产，并破坏支付清算制度。

3. 金融风险的危害性巨大。由于金融行业与国民经济各个部门有着极为密切的联系，金融风险不仅制约着金融行业本身的生存与兴衰，也极大地影响着国民经济的稳定和发展。如果金融业不能正常运营，损害了支付链条和融资过程，经济中的交易成本和信息成本将极大地阻碍经济的正常运行。1997 年 7 月始发于东南亚的金融危机，清楚地显现了金融领域多种风险交错并迅速扩散到整个经济（不仅是本国经济，还包括周边国家）的特点。其后果甚至表现为一国的政局动荡。因此，为了避免金融业潜在的风险产生不良后果，世界各国无不对金融业实施严格的监管。

4. 金融市场失灵和缺陷。金融市场失灵主要是指金融市场对资源配置的无效率，主要针对金融市场配置资源所导致的垄断或者寡头垄断，规模不经济及外部性等问题，金融监管试图以一种有效方式来纠正金融市场失灵。

可见，金融监管是为了降低金融市场的成本，维持正常合理的金融秩序，提升公众对金融的信心。因此，监管是一种公共物品，由政府公共部门提供的旨在提高公众金融信心的监管，是对金融市场缺陷的有效和必要补充。由于金融业本身的机构体系就很复杂，所以金融监管的领域非常广泛，涉及金融业的各个领域，如对存款货币银行的监管；对非存款货币金融机构的监管；对短期货币市场的监管；对资本市场和证券业以及各类投资基金的监管；对外汇市场的监管；对衍生金融工具市场的监管；对保险业的监管等。

（三）金融监管的主体机构

就监管机构的设置来看，在大多数国家，金融监管是分别由两个以上的部门分工进行，有的国家是专设监管机构，有的国家是由财政部门主持监管，有的则是由中央银行负责，而且存在多家监管机构同时监管的现象。比如，美国银行业的主要监管机构就包括州立银行委员会、货币监理署、美联储、联邦存款保险公司以及私人或州立保险机构等，证券业主要由证券交易委员会监管，保险业则既受各州相应机构的监管，同时又受全国性同业协会的监管。然而，金融监管的主要任务是由中央银行承担的。

在发达的市场经济国家中，金融行业自律性组织多种多样、分门别类，它们对所辖范围的金融业进行监管。比如英国的银行业公会（British Bankers' Association，BBA)、保险业公会（Association of British Insurers，ABI）等。我国于 2000 年也成立了中国银行业公会（China Banking Association，CBA)。

目前我国形成了"一行三会"的金融监管主体架构。不论金融监管的机构设置如何复杂，中央银行都对一国的金融业特别是商业银行担负着重要的监管职能。中国人民银行金融监管的覆盖面扩及整个金融领域，只要属于金融领域而又无明文规定由其他专门机构管理的，均属中国人民银行关注的范围。

二、金融监管的目标和基本原则

由于政治、经济、法律、历史、传统乃至特定时期体制的不同，各国在金融监管的诸多方面存在着差异。但金融监管的目标和一般性原则却贯穿在各国金融监管的各个环节与整个过程之中。

（一）金融监管的目标

金融监管目标可分为一般目标和具体目标。一般目标就是监管者通过对金融业的监管所要达到的一个总体目标，这个目标就是维持一个稳定、健全、高效的金融制度。具体目标一般见诸于各国的法律，且不尽相同，但其基本内容都要包括经营的安全性、竞争的公平性和政策的一致性。经营安全性包括保护存款人利益和保护银行信用体系的安全等内容。竞争的公平性是通过对金融活动的监督管理，创造一个平等的竞争环境，从而鼓励金融业在竞争的基础上提高效率。政策的一致性，即通过监督管理，使金融机构的经营活动与中央银行的货币政策目标保持一致，以促进金融业健康发展。

不同国家和地区的金融监管目标各有其侧重点，大致可分为三类：一是以美国为代表，其金融监管目标是保护及促成银行体系适应经济的变化；二是加拿大、德国、日本、韩国、新加坡等国家，其监管目标在于维护金融体系的正常运转，并促进国民经济的发展；三是英国、新西兰、中国香港等国家和地区，其监管目标偏重于对存款人的保护和银行的有效经营。

我国金融业监管目标的确定是随着经济的发展和经济模式的变化而演进的。1986 年 1 月颁行的《中华人民共和国银行管理暂行条例》和 1994 年 8 月颁行的《金融机构管理规定》均明确金融监管的目的是"维护金融秩序稳定、规范金融机构管理、保障社会公共的合法权益"。1995 年颁布的《中华人民共和国商业银行法》把维护金融业的稳健运行作为监管的重点。

（二）金融监管的一般原则

从金融监管的目的可以得出金融监管的一般原则。

1. 依法监管的原则。依法监管原则又称合法性原则，是指金融监管必须依据法律、法规进行。监管的主体、监管的职责权限、监管措施等均由金融监管法规和相关行政法律、法规规定，监管活动均应依法进行。

2. 效率原则。效率原则是指金融监管应当提高金融体系的整体效率，不得压制金融创新与金融竞争。同时，金融监管当局合理配置和利用监管资源以降低成本，减少社会支出，从而节约社会公共资源。金融管理当局的管理重心应放在创造适度竞争环境上，既要避免造成金融高度垄断而丧失效率与活力，又要防止出现过度竞争、破坏性竞争从而波及金融业的安全和稳定。

3. 公开、公正原则。监管活动应最大限度地提高透明度。监管当局应公正执法、平等对待所有金融市场参与者，做到实体公正和程序公正。

4. 自我约束与外部强制相结合原则。外部强制管理再缜密严格也是相对有限的，如果管理对象不配合、不愿自我约束，而是设法逃避、应付和对抗，外部强制监管也难以收到预期效果；相反，如果将希望全部放在金融机构本身自觉自愿的自我约束上，则实难有效避免种种不负责任的冒险经营行为与道德风险的发生。因此，要把创造自我约束环境和加强外部强制管理结合起来。

5. 监管主体独立性与协调性原则。金融监督管理机构及其从事监督管理工作的人员依法履行监督管理职责，受法律保护，具有监管的独立性，地方政府、各级政府部门、社会团体和个人不得干涉。同时，监管主体之间应职责分明、分工合理、相互配合，遵循协调性原则。这样可以节约监管成本，提高监管的效率。

此外，金融监管还应注意如何顺应变化了的市场环境，对过时的监管内容、方式、手段等及时进行调整。进入20世纪90年代以来，金融自由化浪潮、金融衍生工具风险、金融业收购兼并风险的国际扩散等，已成为金融管理当局高度关注的问题，监管力度的松紧搭配和管理的更加审慎已逐渐上升为基本原则的一个重要延伸部分。

三、金融监管的内容和方式手段

（一）金融监管的内容

金融监管包括对金融机构的市场准入、市场营运和市场退出的监管。市场准入监管包含对金融机构的设立、变更及负责人员的任职资格进行审查；市场营运监管则是通过非现场检查和现场检查，了解金融机构的业务活动情况和经营管理情况，掌握市场动向，防范、控制和化解风险，纠正违规行为，督促审慎经营；市场退出监管是对金融机构因解散、被撤销、关闭、破产而退出进行的监管。

现场检查和非现场检查是中央银行对金融机构实行金融监管的两种主要手段。现场检查是中央银行指派人员（或检查组）到金融机构进行的实地检查。

这种实地检查，有的是针对业务报表、资料暴露的问题进行重点检查，有的则是对金融机构进行的定期检查。非现场检查是通过对金融机构的资产负债表的分析和其他有关资料的检查来执行监督的一种重要方式，这种方式在金融机构集中、金融体系复杂的国家被广泛采用。它主要从资本充足率、资产质量、收益、资产流动性等方面对金融机构的风险性进行监管，发现问题，提出建议。

合规性稽核与风险性稽核是监管的内容。合现性稽核是对金融机构遵守相关法律法规的稽核；风险性稽核是对金融机构所承担风险大小的稽核，它们的结合能够更好地实现金融监管的有效性。

在金融监管体系中，存款保险制度和最后贷款责任对金融监管具有主要的补充作用。

存款保险制度是为存款提供保险。当吸收存款的银行或金融机构倒闭时，存款保险机构代之在一定限度内直接对存款人偿付存款。存款保险制度是保护存款人利益、稳定金融体系和信用的一道重要防线，对于安定人心，减少挤兑，从而减少银行倒闭，稳定金融体系具有积极作用。

最后援助贷款是在一家银行出现清偿能力危机时，中央银行或金融管理当局对该机构提供援助贷款和抢救行动。一般地，最后援助贷款由中央银行提供特别的低利率贷款，它比较适合于改善银行的流动性困难而不适合发生清偿能力危机的银行。此外，也可以由中央银行全面接管清理面临破产的银行，承接所有的债权债务；或者由中央银行牵头组织一个或几个健全银行，实行兼并，消化破产银行的全部债权债务。

表8.2　　　　　　　　　各国实行存款保险制的基本状况

国家	建立时间	最大保险额（美元）*	成员关系	管理方式
美国	1934	100000	强制	政府
挪威	1961	没有限制	强制	政府与私人联合
德国	1966	每客户存款的30%	自愿	私人保险
加拿大	1967	44000	强制	政府
日本	1971	95300	强制	私人保险
西班牙	1977	12400	自愿	政府
法国	1980	81000	自愿	私人保险
英国	1982	30900（共同保险）	强制	政府
意大利	1987	6340009（共同保险）	自愿	私人保险

*用1996年1月15日的汇率计算得出。

资料来源：Reforming Federal Deposit Insurance。

（二）金融监管的方式

1. 公告监管。公告监管是指政府对金融业的经营不作直接监督，只规定各金融企业必须依照政府规定的格式及内容定期将营业结果呈报政府的主管机关并予以公告，至于金融业的组织形式、金融企业的规范、金融资金的运用，都由金融企业自我管理。公告监管的内容包括：公告财务报表、最低资本金与保证金规定、偿付能力标准规定。在公告监管下，金融企业经营的好坏由其自身及一般大众自行判断，这种将政府和大众结合起来的监管方式，有利于金融机构在较为宽松的市场环境中自由发展。但是由于信息不对称，作为金融监管机构和公众很难评判金融企业经营的优劣，对金融企业的不正当经营也无能为力。公告监管是金融监管中最宽松的监管方式。

2. 规范监管。规范监管又称准则监管，是指国家对金融业的经营制定一定的准则要求其遵守。在规范监管下，政府对金融企业经营的重大事项，如金融企业最低资本金、资产负债表的审核、资本金的运用，违反法律的处罚等，都有明确的规范，但对金融企业的业务经营、财务管理、人事等方面不加干预。这种监管方式强调金融企业经营形式上的合法性，比公告监管方式具有较大的可操作性，但由于未触及金融企业经营的实体，一些基本准则难以起到严格有效的监管作用。

3. 实体监管。实体监管是指国家订立完善的金融监督管理规则，金融监管机构根据法律赋予的权力，对金融市场和金融企业进行全方位、全过程有效的监督和管理。实体监管过程分为三个阶段：（1）金融业设立时的监管，即金融许可证监管；（2）金融业经营期间的监管，这是实体监管的核心；（3）金融企业破产和清算的监管。实体监管是国家在立法的基础上通过行政手段对金融企业进行强有力的管理，比公告监管和规范监管更为严格、具体。

四、中国的商业银行监管

由于商业银行在金融业中居于主体地位以及商业银行经营业务的高风险性，各国都特别重视对商业银行的监管。在 1995 年颁布实施的《中华人民共和国中国人民银行法》中明确规定：中国人民银行依法对金融机构及其业务实施监督管理。这里所指的金融机构，其主要部分是存款货币银行。根据第十届全国人大批准的国务院机构改革方案和《国务院关于机构设置的通知》（国发〔2003〕8 号），设立中国银行业监督管理委员会，授权其统一监督管理银行、金融资产管理公司、信托投资公司及其他存款类金融机构，维护银行业的合法、稳健运行。至此，中国人民银行对银行业金融机构的监管职责划入银监会。监管的主要方面是：

（1）存款货币银行的设立、变更、终止，其审批权在银监会。未经银监会批准，任何单位和个人不得从事吸收公众存款等商业银行业务，任何单位不得在名称中使用"银行"字样。

（2）银监会根据商业银行法所列准许经营的各项业务分别批准各银行的经营范围。存款货币银行不得违背分业经营、分业管理的原则从事信托投资和股票业务，不得投资于非自用不动产，不得向非银行机构和企业投资以及其他不准许的经营活动。

（3）监督存款货币银行在开展业务活动时遵守所应遵守的基本原则及行为准则。如保障存款人合法权益不受任何单位和个人侵犯；遵守资产负债比例管理规定；不得向关系人发放信用贷款；禁止利用短期同业拆入资金发放固定资产贷款用于投资；不得违反规定提高或降低利率以及采用其他不正当手段吸收存款、发放贷款等。同时，维护存款货币银行依法拒绝任何单位和个人强制发放贷款或提供担保的权利。

（4）要求存款货币银行建立、健全对存款、贷款、结算、呆账等各项情况的稽核、检查制度，银监会有权对制度执行情况随时进行检查监督。存款货币银行已经或者可能发生信用危机，严重影响存款人的利益时，银监会可以对该银行实行接管。

五、中央银行金融监管体制的比较

（一）"多元化"金融监管体制

美国的金融监管体制是一种"多元化"双轨制体制。"多元化"表现为联邦一级的监管机构是多元化的；"双轨"表现为联邦和各州实行两级监管，美国五十个州都有金融管理机构。凡是实行这种监管体制的国家，多是实行联邦制的发达资本主义国家。美国的国情决定了它采用的"多元化"金融监管体制，主要因素是：①国情状况。美国地域辽阔，人口众多，各个州的经济、金融状况、生产力的发展和部门的经济结构，城镇分布疏密状况差异大。②移民国家特点。美国是个移民国家，崇尚公平竞争和自由，对于金融监管也不例外。认为在管理当局指导下，应该给被监管者一定自主选择权。因此，单一金融监管机构很难管理辽阔地域内分布的众多银行。③国家体制。由于美国是联邦制国家体制，联邦一级和州一级权利、利益严格划分（分权制），为数众多的税收体制和独立的预算体制以及各州金融法规的制定和实施，使金融集中监管难以实行。

加拿大实行的也是"多元化"金融监管。加拿大是由10个省两个地区组成的联邦制国家，联邦和省的立法机构对不同的金融机构有不同的金融法规，实行双线立法管理。同时，以《加拿大银行法》作为监管的基本法律依据，由受联邦政府控制的加拿大银行、银行总监察局和加拿大存款保险公司三个主要机构对银行的业务经营活动进行实际监督和控制，并在各自的职责范围内互相配合，共同完成监管任务。

新加坡的金融管理体制也是高度分散的，成为"多元化"管理体制的典型。在1970年以前，担任金融管理的部门多达10个，主要是货币局、公司注册处、支票过账所和财政部等。1971年建立了金融管理局，行使以往9个部门的职权，从而使新加坡金融管理体系形成货币局和金融管理局并立的局面。1981年又建立了投资局，形成货币局、金融管理局与投资局三足鼎立的局面。此外，还有一些国家如芬兰、西班牙、土耳其、挪威等也实行"多元化"金融管理体制。

（二）"二元化"金融监管体制

日本和德国是实行"二元化"金融监管体制的代表，两者又存在差异。日本的"二元化"金融监管体制，即大藏省和中央银行双重监管金融体制，更加偏重于政府统一的监管机构职能的发挥。

1. 日本的金融监管体制。1998年以前，大藏省作为主要监管机构，通过与中央银行（日本银行）的紧密合作，共同执行对银行的监管，大藏省直接管辖政府系统的金融机构。大藏省下设银行局、证券局和国际金融局。银行局负责具体执行对金融机构的调查与规划，对日本的中央银行日本银行和其他政府金融机构及各类民间金融机构，实施行政管理、行政指导和行政监督；证券局负责对证券交易机构的调查和规划；国际金融局负责有关国际资本交易事务和充分利用外资政策的制定与实施。日本银行则在大藏省管辖下，主要负责民间银行业务的管理，通过具体的贷款政策、买卖证券、存款准备金制度和窗口指导等货币政策工具来指导和管理民间金融机构；在人事安排上，除总裁和副总裁由内阁任命外，其余高级管理人员均由大藏大臣任命。

20世纪90年代中期日本泡沫经济破产以后，金融机构不良债权十分严重，成为经济回升和结构调整的最大障碍。在世界金融市场日趋开放化、自由化的背景下，日本金融市场却显得十分封闭，日本出现"金融空洞化"，大量资金流向海外，外国证券公司纷纷撤离日本，东京股票市场的交易量逐年下降，日本企业纷纷到欧洲市场发行股票。尤其是在1997年东南亚金融危机的严重冲击下，日本开始对战后形成的金融体制进行重大改革。通过吸取英国和美国的经验，改革后的日本金融监管体系主要由三个方构成：日本金融厅（Financial Services Agency）、日本银行（Bank of Japan）和日本存款保险公司（Deposit Insurance Corporation of Japan）。对金融机构的监管主要由金融厅承担。日本金融厅是一个全能的金融监管机构，主要依据《银行法》、《信托法》、《证券法》以及《保险法》等一系列法律和法案，负责对银行业、证券业、保险业、信托业和整个金融市场进行监管。新《日本银行法》规定日本银行的主要目标是保持物价稳定，保证金融体系的稳定，促进经济稳健增长。对在日本银行开立账户的金融机构实施现场检查（on－site examination）和非现场监测（off－site monitoring），以评估这些金融机构的业务经营状况、风险管理、资本充足以及盈利能力。日本存款保险公司的主要职能为对投保的金融机构进行审查（inspection）以保护金融体系的稳定和存款人的利益。日本存款保险公司通过非行政手段达到监管的目的，主要任务是：收集保险金，向需要支持的金融机构融资，并对金融机构实施监督检查；托管破产金融机构的金融资产；帮助金融企业剥离和消除坏账；必要时向金融机构注资。

2. 德国的金融监管体制。德国作为"二元化"金融监管体制的国家，按照1961 年的《联邦银行法》及1962 年修改的《信用制度法》（KWG）的规定，德国联邦银行监督署负责银行的监督管理，但通过与联邦银行的密切合作来行使它的职能。例如，联邦银行收集和估价各银行的业务报告，对银行进行日常监管。联邦银行监督局根据这些报告决定采取适当的步骤，如机构审批和撤换执照等。联邦银行监督局在与联邦银行协议以后才公布关于银行清偿能力和资本情况的细则。这两个机构很重视信息交流并且合作得很好。

（三）"一元化"金融监管体制

英国是"一元化"金融监管体制的国家。英国是现代君主立宪制、古典经济学、传统的自由竞争资本主义及工业革命的发源地。英国只有有限的农田，除煤和北海石油外，自然资源极为有限，是食品和原料的大进口国，是制成品，如钢铁、机器、化工产品、纺织品等的出口大国，能源能够自给自足。英格兰银行"一元化"金融监管体制的特点：

（1）英格兰银行是西方中央银行传统模式的代表。英国是西方建立中央银行最早的国家。英格兰银行由一家私营的商业银行逐渐演变成为管理金融的中央银行，它在其历史演变中逐渐形成的中央银行的三大职能，成为后来许多西方国家建立中央银行的一种传统模式。

（2）英国在金融监管上独具特色。英国的金融制度比较健全，金融机构都很重视信誉，英格兰银行对金融业的管理一向采取合作与协商方式。国会在1979 年4 月通过了英国第一部银行法。该法规定所有吸收存款的金融机构（包括外国银行）都要向英格兰银行登记，请求批准。批准后参照资本大小和信誉高低分为"认可银行"和"特许吸收存款机构"。它们都要定期向英格兰银行呈报材料，接受管理和监督，未经批准的机构都不准接受存款。《1987 年银行法》规定英格兰银行负责该法的实施，规定英格兰银行内设金融监管委员会，依法履行金融监管职责。金融监管委员会每年准备一份金融监管报告，由英格兰银行作为其年度报告的一部分提交财政大臣，并通过转呈议会。英格兰银行内部设有金融监管处，具体负责金融监管的执行工作。

实行"一元化"金融监管体制的国家还有：澳大利亚、比利时、奥地利、意大利、卢森堡、荷兰、加拿大、新西兰、瑞典、瑞士等国家。

六、巴塞尔银行监管委员会和《巴塞尔协议》

（一）《巴塞尔协议》的产生

20 世纪 80 年代以来的金融国际化趋势，使得跨国银行和国际资本的规模及活动日益扩大。随之而来，银行业风险的国际扩散威胁着各国的金融稳定。然而，1988 年以前各国规定的资本充足率计算方法和最低标准各不相同，对跨国银行的国际业务，依靠母国管理当局的监管实难完全奏效。对此，大力推动金融监管的国际合作，制定一套各国通行的资本充足率计算方法作为国际统一的银行监管标准，成为迫切需要。

早在 1974 年，由美国、英国、法国、德国、意大利、日本、荷兰、加拿大、比利时、瑞典等 10 大工业国（十国集团）的中央银行行长建立了"巴塞尔银行监管委员会"（The Basel Committee on Banking Supervision），作为国际清算银行（BIS）的一个常设委员会，以各国中央银行官员和银行管理当局为代表，总部在瑞士的巴塞尔。于 1988 年 7 月由巴塞尔银行监管委员会通过的《关于统一国际银行的资本计算和资本标准的协议》（简称《巴塞尔协议》），第一次建立了一套完整的国际通用的、以加权方式衡量表内与表外风险的资本充足率标准，消除国际金融市场上各国银行之间的不平等竞争，加强国际银行体系的健康发展，有效地扼制与债务危机有关的国际风险。该协议的主要内容有：

（1）关于资本的组成。协议把银行资本划分为核心资本和附属资本两档：第一档核心资本包括股本和公开准备金，这部分至少占全部资本的 50%；第二档附属资本包括未公开的准备金、资产重估准备金、普通准备金或呆账准备金。

（2）关于风险加权的计算。协议订出对资产负债表上各种资产和各项表外项目的风险度量标准，并将资本与加权计算出的风险挂钩，以评估银行资本所应具有的适当规模。

（3）关于标准比率的目标。协议要求银行经过 5 年过渡期逐步建立和调整所需的资本基础。到 1992 年底，银行的资本对风险加权化资产的标准比率目标为 8%。其中核心资本至少为 4%。

这个协议的影响广泛而深远，不仅给跨国银行的资本金监管明确了标准，就是各国国内，其货币当局也要求银行要遵循这一准则，甚至以立法形式明确下来。我国也在《商业银行法》中规定商业银行的资本充足率不得低于 8%。

进入 20 世纪 90 年代中期以来，许多国家银行系统的弱点逐渐暴露出来，银行系统的巨额坏账、银行违规操作造成的损失、银行倒闭乃至连锁的破坏性反应，严重威胁到各国和全世界的金融稳定。1997 年 9 月，巴塞尔银行监管委员会正式通过了《有效银行监管的核心原则》（以下简称《核心原则》），为规范银行监管提出了国际统一的准则，确定了有效监管系统所必备的 25 项基本原则，共分 7 大类：有效银行监管的先决条件；发照和结构；审慎法规和要求；持续性银行监管手段；信息要求；正式监管权力；跨国银行业。《有效银行监管的核心原则》的主要内容为：

（1）必须具备适当的银行监管法律、法规；监管机构要有明确的责任、目标、自主权等。

（2）必须明确界定金融机构的业务范围，严格银行审批程序；对银行股权转让、重大收购及投资等，监管者有权审查、拒绝及订立相关标准。

（3）重申《巴塞尔协议》关于资本充足率的规定；强调监管者应建立起对银行各种风险进行独立评估、监测、管理等一系列政策和程序，并必须要求银行建立起风险防范及全面风险管理体系与程序，以及要求银行规范内部控制等。

（4）必须建立和完善持续监管手段，监管者有权在银行未能满足审慎要求或当存款人安全受到威胁时采取及时的纠正措施，直至撤销银行执照。

（5）对跨国银行业的监管，母国监管当局与东道国监管当局必须建立联系，交换信息，密切配合；东道国监管者应确保外国银行按其国内机构所同样遵循的高标准从事当地业务。

巴塞尔委员会认为，达到《核心原则》的各项要求将是改善一国及国际金融稳定的一个重要步骤，但各国实现这一目标的时间会不尽相同。另外，核心原则只是最低要求，各国需针对其金融体系的具体情况与风险加以强化或补充。

（二）《巴塞尔协议》的发展

1. 《巴塞尔协议Ⅱ》

从发展历程来看，《巴塞尔协议》经历了一个内容不断更新、方法不断改进、思想不断成熟的深化过程。自 1997 年，国际货币基金组织和世界银行一直在金融部门评估计划中利用《核心原则》评估各国银行监管体系和实践。由于监管制度和实施方面出现了不少新问题，人们的认识也不断加深，委员会对核心原则及评估方法进行了修订。1999 年 6 月，巴塞尔委员会提出了以三大支柱——资本充足率、监管部门监督检查和市场纪律为主要特点的新资本监管框架草案第一稿，并广泛征求有关方面的意见；2001 年 1 月，巴塞尔委员会公布新资本协议第二次征询意见稿；2003 年巴塞尔委员会完成了新资本协议第三次征求意见稿；2003 年第四季度完成新协议正式稿，于 2006 年在成员国开始实施。新版《有效银行监管的核心原则》是 1997 年 9 月巴塞尔银行监管委员会颁布的《有效银行监管的核心原则》的修订,又称为《新巴塞尔协议》、《巴塞尔协议Ⅱ》。

新协议框架的突出特点是改进了风险管理,提高了风险敏感性,提出了"三大支柱"的概念,即最低资本要求、监管当局对资本充足率的监督检查、信息披露要求。

(1)关于最低资本要求。新协议主要涵盖了信用风险、市场风险、操作风险。明确提出将操作风险纳入资本监管范畴,即将操作风险作为银行资本比率分母的一部分。新协议在保留外部评级的基础上,强调建立银行内部风险评估体系,并提出三种选择方案,即标准化方案、基础 IRB(Internal Rating – Based Approaches)内部评价法方案和高级 IRB 方案。

(2)对资本充足率的监督检查。重点强调各国监管当局对各国银行业的监管。新协议延续了以前监管的思路,强调银行评估各类风险总体所需资本,监管当局可采用现场和非现场稽核的方法对银行进行评估检查及采取适当措施。巴塞尔委员会希望监管当局担当起三大职责:全面监管银行资本充足状况;培育银行建立内部信用评估体系;加快制度化进程,督促商业银行建立完备的资产分类制度安排、内部风险评估制度安排等。

(3)信息披露市场约束。新协议从公众角度来对待银行,强调以市场力量来约束银行,认为市场是一股强大的推动银行合理、有效配置资源并全面控制经营风险的外在力量。巴塞尔委员会提出全面信息披露的理念,不仅要披露风险和资本充足的信息,而且要披露内外风险评估和管理过程,资本结构以及风险与资本配置状况的信息;不仅要披露定性信息,还要披露定量的信息;不仅要披露核心信息,还要披露附加信息。巴塞尔委员会还要求监管机构对信息披露本身也加强监管,并对银行的信息披露进行评估。

2.《巴塞尔协议Ⅲ》

2007—2009 年的金融危机使全球金融秩序陷入混乱,经济陷入衰退。IMF 认为,此次金融危机的根源在于长期的高增长率、低实际利率和低波动性滋长了乐观情绪,并且金融监管、宏观经济政策和全球架构方面出现了政策失效,如金融监管上没有预见到金融创新繁荣后的风险集中和有缺陷的激励机制;宏观经济政策上没有考虑到金融体系和房地产市场累积的系统性风险;全球架构上各行其是的监管体系加剧了对日益增长的脆弱性及关联的失察(IMF,2009)。因此,有必要在系统风险监察、对系统性风险宏观审慎反应的国际协调、金融监管的跨国界安排和流动性支持融资等四个方面实施改革(陆静,2011)。

2010 年 12 月 16 日,历经一年半的充分讨论,在韩国首尔举行的 G20 峰会上获得正式批准后,巴塞尔委员会颁布了《巴塞尔协议Ⅲ》,对原有的银行监管标准和体系实施全面改革。相比强调银行内控、监管审查与市场纪律的《巴塞尔协议Ⅲ》更关注银行的资本质量与抗周期性风险的能力，除提高了资本充足率外，《巴塞尔协议Ⅲ》首次引入了全球流动性标准等新的监管指标。改革的根本目的在于提高银行业应对来自金融和经济压力冲击的能力和吸收损失的能力，从而减少金融风险向实体经济的溢出。

《巴塞尔协议Ⅲ》的大规模监管改革主要集中在三个领域：①资本监管要求，包括资本的重新定义、资本留存缓冲、逆周期资本缓冲和杠杆比率；②流动性监管要求，给出了流动性监管的新工具；③对《巴塞尔协议Ⅲ》的过渡期时间表安排。《巴塞尔协议Ⅲ》规定，截至 2015 年 1 月，全球各商业银行的一级资本充足率下限将从现行的 4% 上调至 6%，由普通股构成的"核心"一级资本占银行风险资产的下限将从现行的 2% 提高至 4.5%。另外，各家银行应设立"资本防护缓冲资金"，总额不得低于银行风险资产的 2.5%，该规定将在 2016年 1 月至 2019 年 1 月之间分阶段执行。

表 8.3　　　　　　　　　　《巴塞尔协议Ⅲ》的资本要求

	普通权益	一级资本	总资本
最低资本要求	4.5%	6.0%	8.0%
资本留存缓冲	2.5%		
资本的基本要求 = 最低资本 + 资本留存缓冲	7%	8.5%	10.5%
逆周期缓冲	0 ~ 2.5%		
系统重要性银行的强制资本附加	1 ~ 2.5%		
最低杠杆率（合格资本与总风险暴露的比率）	3%		

资料来源：BCBS. Basel Ⅲ: A global regulatory framework for more resilient banks and banking systems [R]. Bank for International Settlements, 2010 – 12 – 16.

（1）资本留存缓冲。资本留存缓冲是为了确保银行维持一个恰当的资本缓冲区，银行在金融和经济紧张时期把资本缓冲抽出以吸收或有损失。资本留存缓冲和拨备的明显区别在于，资本留存缓冲是相对风险资产总额提取的，拨备则是相对于不良资产提取的；资本留存缓冲因风险资产的增加而增加，拨备覆盖却有可能在拨备余额并无增加时，因资产不良率的下降，而出现拨备覆盖率虚增的现象。因此资本留存缓冲比拨备具有更好的抵御周期波动的能力（钟伟，2010）。

（2）逆周期资本缓冲。在《巴塞尔协议Ⅱ》框架下，银行采用可变的风险权重，监管资本对风险资产更为敏感，这可能导致商业银行对风险管理工具尤其是内部模型法的滥用，并以此放大杠杆节约资本，使得银行的资本充足率呈现更强的顺周期性，加剧了银行体系的波动。为了实现更广泛的宏观审慎目标，《巴塞尔协议Ⅲ》提出了 0 ~ 2.5% 的逆周期资本缓冲（countercyclical capital buffer）作为备选工具的要求。银行在信贷高速扩张时期计提超额资本，当信贷过快增长以至于出现系统性风险，在经济下行期银行得以将逆周期资本缓冲用于吸收损失，以维护整个经济周期内的信贷供给稳定。逆周期缓冲资本由普通股构成，在 0 ~ 2.5% 的范围内确定具体的比例则取决于各国经济状况。

（3）流动性监管指标。《巴塞尔协议Ⅲ》对短期及中长期流动性设定了不同的监管指标：①短期流动性指标，它规定银行的流动性覆盖比率（Liquidity Coverage Ratio，LCR）应大于等于 100%，目的是保证银行有充足的流动性资产以应对短期流动性冲击；②中长期流动性指标，它规定银行的净稳定融资比率（Net Stable Funding Ratio，NSFR）应大于等于 100%，目的是控制银行的流动性错配，鼓励银行使用稳定的融资渠道。

$$流动性覆盖比率（LCR）= \frac{优质流动性资产存量}{未来 30 日净现金流出总额} \geq 100\%；$$

$$净稳定融资比率（NSFR）= \frac{可用的稳定资金}{业务所必需的稳定资金} \geq 100\%。$$

其中，优质流动性资产是指在正常或压力情景下，无变现障碍的资产。换句话说就是，以很小的代价就可以容易且迅速地转换为现金的资产。这类资产具有较低的市场风险和信用风险；价值稳定且容易确定；与风险资产的相关性较弱；在广泛认可的发达交易所挂牌交易等基本特点。可用的稳定资金（Available Stable Funding，ASF）包括资本；到期日在 1 年或 1 年以上的优先股；到期日在 1 年或 1 年以上的债务；当出现特殊压力事件（Idiosyncratic stress event）时，预计将会保留在银行的部分活期存款或部分期限在 1 年以内的定期存款；当出现特殊压力事件时，预计将会保留在银行的部分期限在 1 年以内的机构融资（Wholesale funding），可用的稳定资金额（ASF）的计算式将机构的资产（权益资本和负债的账面价值）乘以对应的 ASF 因子[①]，再加权平均的总和就是可用的稳定资金额。业务必需的稳定融资（Required Stable Funding，RSF）是监管者基于该机构的表内外资产和其他相关活动下的整体流动性风险情况，进行假设而测定出来。所需稳定资金额的计算是将机构所持有的或由融资而得到的资产价值乘以所对应的 RSF 因子，加权平均的总和就是所需的稳定资金额（巴曙松，2011）。

---

① 《巴塞尔协议Ⅲ》给出了机构的可用稳定资金项目列表、业务所需的稳定资金项目列表以及各自对应的 ASF 因子和 RSF 因子。

（4）系统重要性银行的强制资本附加要求。系统重要性银行或系统重要性金融机构（Systemically Important Financial Institutions，SIFIs）是指业务规模较大、业务复杂程度较高、发生重大风险事件或经营失败会对整个银行体系带来系统性风险的银行。《巴塞尔协议Ⅲ》对 SIFIs 提出了额外的资本要求，预计这类银行将被要求持有 1% 左右的额外资本。

2011 年 11 月，IMF 的国际金融监督和咨询机构金融稳定理事会在法国戛纳发布全球 29 家具有系统性影响力的银行名单，这 29 家银行中包括高盛、汇丰、花旗、德意志银行、中国银行等国际知名大型银行，其中 17 家银行来自欧洲，8 家银行来自美国，4 家来自亚洲。中国银行成为中国唯一一家入选银行。入选全球系统重要性银行，意味着中国银行将被要求额外增加资本金。巴塞尔银行监管委员会曾建议对系统重要性银行施行 1% 至 2.5% 的强制资本附加要求。

（5）新监管指标"杠杆比率"。杠杆是指金融机构放大头寸或者投资的收益率超过自有资金直接投资于货币市场可获得的收益率。对于金融机构而言，其杠杆有三种形式：资产负债杠杆（balance sheet leverage）、经济杠杆（economic leverage）和内嵌杠杆（embedded leverage）。资产负债杠杆是最明显的一种杠杆形式，指金融机构资产负债表中资产超过权益资本。经济杠杆依赖市场的未来现金流，指金融机构所持头寸的价值面临变化的风险，价值超过所支付的数额，如贷款担保包含一个或有承诺可能在未来需要实现。内嵌杠杆是结构性金融工具本身所具有的杠杆，如银行所持有的结构性金融工具（信用衍生品）风险暴露超过其基础资产的风险暴露。杠杆比率是指符合《巴塞尔协议Ⅲ》要求的合格资本与总风险暴露的比率，以季度为计算周期，取季度内每月杠杆比率的平均值。从 2013 年 1 月 1 日至 2017 年 1 月 1 日的最低杠杆率为 3%。总风险暴露的计量应与金融企业的会计计量一致，包括表内项目、回购协议和证券融资、衍生品、表外项目等。表外项目（包括承诺、无条件可撤销的承诺、承兑、备用信用证、未清算证券等）必须按照 100% 的信用转换因子计算（对于无须事先通知，银行可以随时撤销的无条件承诺可以采用 10% 的转换因子）。

（三）《新巴塞尔协议》对银行业的影响

1.《巴塞尔协议Ⅱ》对银行业的影响

《巴塞尔协议Ⅱ》为各国银行提供了趋向规范的管理环境，削弱了各国金融管理的差异，建立了更有利于优胜劣汰的机制，有利于各国银行的平等竞争和银行业效率的提高。

《巴塞尔协议Ⅱ》的实施，①使银行在资产负债管理方面加强了风险资产管理。现代商业银行管理一直得益于资产负债管理理论。资产负债管理理论强调"对称原则"，力图形成安全性、流动性和盈利性三者均衡协调。《巴塞尔协议》

设计的以资本充足性管理为核心的风险资产管理模式，约束银行放款和投资的本金风险。促使银行保持适度的资本，同时加强对风险资产的管理，自觉地划定风险资产占总资产的合理比例，适时地调整资产组合中不同权重风险资产的组合，适当向低风险资产倾斜。②使银行管理的对象由资产负债表拓宽到表外。银行表外业务作为金融市场竞争激烈、金融机构规避金融管制的金融创新产品，在最近几十年中得以迅猛发展。表外业务的发展，提高了商业银行的业务竞争能力，降低了银行经营活动的透明度，不仅使客户和股东难以了解银行的全部财务状况，也给金融当局的监管加大了难度。巴塞尔协议强调表外业务可能带来的风险，运用信用换算系数对不同类型资产负债表外的业务项目和交易的信用风险进行分析，把表外业务纳入资产负债管理和风险管理之中。③使银行信用膨胀的作用受到约束。近几十年来，银行信用膨胀日趋显著，从简单的派生存款发展到种类繁多的金融衍生产品，从票据的发行到各种信用工具的出现，以及各种承兑、承诺、保兑、保付、信用证、担保、信用便利、回购协议、期货和期权交易等，无一不使银行信用大幅膨胀，信用危机隐患日益严重。《巴塞尔协议》建立了银行资本金与风险资产包括表外业务的比例关系，使银行信用无限膨胀的趋势受到约束。

《巴塞尔协议Ⅱ》不仅在资本风险资产比例方面为银行业制定了标准，而且为国际间银行监督提出了有效可行的方案。在《巴塞尔协议Ⅱ》所指定的原则下，各国金融监管当局的合作和交流大大加强，国际银行业务更趋规范。这无疑对银行业的国际化发展起到积极的推动作用。

2. 《巴塞尔协议Ⅲ》对银行业的影响

由于各国银行业发展程度的差异以及受到金融危机影响的不同，《巴塞尔协议Ⅲ》给不同地区或国家银行业的冲击也不一致。有关发达地区（欧美）和发展中地区（印度和中国）的分析表明，在短期内《巴塞尔协议Ⅲ》对中国和印度两个新兴市场经济国家的影响不大，而对欧洲和美国银行业有较大影响。

《巴塞尔协议Ⅲ》确立之后，欧洲银行受到的冲击最大，新协议要求银行缩小资产负债表规模和业务范围，银行必须提高储蓄资金以避免潜在的资产损失，投资者得到的贷款额将相应减少。摩根士丹利分析师指出，德意志银行、爱尔兰联合银行、爱尔兰银行和奥地利第一储蓄银行都将陷入资本充足率不能满足新规定的麻烦。花旗银行主管曾表示，新协议将减少银行的股息派放，并且有可能将持续到 2011 年。根据 Harle 等（2010）对欧洲 45 家最大规模银行的估算，《巴塞尔协议Ⅲ》对欧洲银行业的影响巨大，如果以 2010 年中期报表为基数，到 2019 年，欧洲银行业将需要增加 1.1 万亿欧元的一级资本、1.3 万亿欧元的短期流动性资产、2.3 万亿欧元的长期融资。如果按 50% 留存盈余分配率和 3% 的名义年增长率计算，到 2019 年，欧洲银行业将需要增加 1.2 万亿欧元的一级资本、1.7 万亿欧元的短期流动性资产、3.4 万亿欧元的长期融资。要弥补这些资本（或资产）缺口，银行的盈利能力将受到极大的冲击。当其他条件不变时，《巴塞尔协议Ⅲ》将使欧洲银行业的净资产收益率下降 4%。

2008 年金融危机后，经过多方注资，美国银行业在短期内资本充足率较高，但长期内，它们与欧洲银行业类似，也将面临着资本短缺和盈利能力下降的问题。根据美国银行业 2010 年第二季度财务报告计算的资本充足率，当前所有美国银行都满足《巴塞尔协议Ⅲ》资本要求，且大多数指标都超过了《巴塞尔协议Ⅲ》标准 20% 以上。如果要考虑《巴塞尔协议Ⅲ》对扣除项的新标准和未来银行加权风险资产的增长，《巴塞尔协议Ⅲ》对美国银行业的影响也将非常巨大。以 2010 年中期报表为基数，到 2019 年，美国银行业将需要补充 8700 亿美元的一级资本、8000 亿美元的短期流动性资产、32000 亿美元的长期融资。当其他条件不变时，《巴塞尔协议Ⅲ》将使美国银行业的净资产收益率下降 3%（Hale，2010）。

目前中国的银行监管部门所设定的监管要求已经可以覆盖《巴塞尔协议Ⅲ》的要求，而且多数银行都已经满足了这些要求。中国银监会的数据显示，2010 年末我国商业银行整体加权平均资本充足率 12.2%，比年初上升 0.8 个百分点；核心资本充足率也在 10% 以上；平均拨备覆盖率则是超过 160%。而《巴塞尔协议Ⅲ》对中国银行业短期影响小而长期影响较大。（1）短期影响较小。由于中国在国际收支中的资本项目仍然处于管制状态，中国金融市场一直匮乏创新工具，使得中国商业银行在本次金融危机中损失较小，商业银行的经营与发展一直持续稳定。在短期内，中国银行业的一级资本缺口不大，仍然可以继续为实体经济提供融资。但也应该注意到，在应对 2007—2009 年的国际金融危机中，中国银行业的信贷过度增长，继 2009 年新增约 10 万亿元贷款后，2010 年新增贷款也达到了 8 万亿元。除了高速信贷扩张可能带来不良贷款的反弹外（Guan 等，2010），按照《巴塞尔协议Ⅲ》关于逆周期资本和系统重要性银行的要求，中国银行业还应补充额外的资本。（2）长期影响很大。根据中国银监会披露的数据，我国商业银行近年来资产和负债平均增长率约为 25%，按资本和加权风险资产增长率为 10% 和 20% 的保守数据计算未来的资本缺口（分别为缺口 1 和缺口 2），到 2019 年，中国银行业的资本缺口 1 为 3.86 万亿元，缺口 2 为 10.86 万亿元，按 2010 年底人民币与美元的汇率折算，分别为 5848 亿美元和 16451 亿美元，这样缺口金额与美国或整个欧洲银行的一级资本缺口相当（陆静，2011）。

《巴塞尔协议Ⅲ》是全球银行业监管的标杆，其出台必将引发国际金融监管准则的调整和重组，影响银行的经营模式和发展战略。中国银监会及时推出的四大监管工具已获国务院批准，包括资本要求、杠杆率、拨备率和流动性要求，构成了未来一段时期中国银行业监管的新框架，被业界称为中国版"巴塞尔Ⅲ"。获批方案资本充足指标自 2012 年初开始执行，系统重要性银行于 2013 年底达标，非系统重要性银行于 2016 年底达标。执行新标准后，系统重要性银行最低总资本充足率要求为 11.5%，非系统重要性银行为 10.5%。

【专题 8-2】　次贷危机促使欧美中央银行金融监管权的扩大

金融监管是中央银行重要的职能之一。在中央银行不能身兼货币政策和金融监管两大职能的观点支持下，中央银行曾经历了 20 世纪 80 年代和 90 年代金融监管职能独立的高潮。然而美国次贷危机以后，为改善金融监管效率，英国、美国和欧盟等国家和地区纷纷扩大了中央银行的金融监管职能。

一、欧美中央银行金融监管权扩大的主要实践

目前，中央银行货币政策与金融监管二者之间的关系主要体现为三种模式：一是中央银行与金融监管机构合作对金融体系进行监管，如美国、意大利、爱尔兰以及许多亚洲国家等；二是中央银行货币政策与金融监管职能完全分开，中央银行只负责货币政策，如英国、澳大利亚等国家；三是介于这二者之间，如日本，日本银行可以依据《日本银行法》对金融机构执行现场检查，并在必要时提供监管建议和指导。2008 年全球金融危机爆发后，美国、英国等西方发达国家纷纷强化了中央银行的金融监管权力。中央银行金融监管权的扩大是适应各国自身金融结构、经济发展的要求，也是基于其特定历史背景的一种反映。

（一）英国：金融监管职能合并到英格兰银行

英国从 1998 年开始由独立于中央银行的金融服务局（FSA）负责对所有金融机构的审慎监管和商业行为监管。2008 年的次贷危机引发的金融危机表明，中央银行与金融监管彻底分离的制度不利于系统性风险的识别、防范与危机的有效处置。为加强系统性风险防范，提高监管效率，避免监管真空，英国对金融监管体系进行了改革。在新任英国财政大臣乔治·奥斯本的推动下，2010 年 6 月 21 日，英国金融服务委员会被合并到英格兰银行，标志着金融监管和货币政策分离的路线出现逆转。财政部计划在未来两年内取消英国金融服务管理局（FSA），赋予英格兰银行金融监管权，成立专门的消费者保护及市场管理局。改革后，英国的金融监管模式将转变成双峰监管模型（Twin Peak Model），即一个机构负责监管稳定性，另一个负责投资者保护。消费者保护及市场管理局将与审慎监管局密切合作，并相互沟通信息。

（二）美国：赋予美联储对系统性重要金融机构的监管职能

长期以来，美国实行的是一种带有分业监管特征的功能监管模式，监管体系十分庞大和复杂，通常被称为"双重多头"伞形监管模式。"双重"是指联邦政府和各州政府都拥有金融监管权；"多头"是指由货币监理署、美联储、证券交易委员会、存款保险公司、保险监管局等多个机构进行分散监管。2008年3月美国财政部向国会提交《金融监管体系现代化蓝图》的两年多以后，2010年7月15日，美国国会参议院通过最终版本金融监管改革法案，即《2010年华尔街改革和消费者保护法》，又称为《多德—弗兰克法案》①。参议院表决结果为该法案最终成为法律清除了最后障碍。该法案的核心内容有：新的监管框架必须有效防范系统性金融风险、消费者金融保护。在新的金融监管框架下，美联储除继续负责监管金融控股公司和一些地方银行外，还被赋予对具有系统重要性的金融机构的监管权力，享有系统性风险监管者的"广泛权力"：美联储为新成立的金融稳定监督委员会（FSOC）的当然成员之一，参与识别和防范系统性风险，并受委员会委托制定更严格的信息披露、资本和流动性要求，该规则适用于银行以及给金融体系带来风险的非银行金融机构（如保险公司）；对有系统性风险的金融机构，经金融稳定监督委员会（FSOC）三分之二多数投票通过后，可批准美联储对大型的金融机构强制分拆重组，或资产剥离，以防范可能的系统性风险，结束金融机构"大而不倒"的现象。在事前预防方面，建立新的系统风险监管框架，将所有具有系统重要性的银行和非银行机构纳入美联储的监管之下。例如，大型的对冲基金、私募股权基金及其他投资顾问机构具有特大规模或特别风险，除接受证监会（SEC）监管外，还将同时接受美联储的系统性风险监管。在美联储内设立消费者金融保护署（CF-PA），以保证美国消费者在选择使用住房按揭、信用卡和其他金融产品时，得到清晰、准确的信息，同时杜绝隐藏费用、掠夺性条款和欺骗性的做法。把消费者金融保护署设立在美联储内，有利于其更好地获得市场监管信息。

（三）欧盟：设立欧洲系统性风险委员会强化中央银行金融监管职能

为弥补欧元区原有金融监管体系在金融危机中暴露的明显缺陷，欧盟理事会推出了新的金融监管框架：成立欧洲系统性风险理事会，主要负责宏观金融的审慎监管；建立欧洲金融监管体系，主要负责微观金融的审慎监管；加强欧洲系统性风险理事会与欧洲金融监管体系的协调，统一宏观监管与微观监管。

---

① 以提出法案的参议院银行委员会主席克里斯托弗·多德和众院金融委员会主席巴尼·弗兰克命名。

在新的金融监管框架中，欧洲系统性风险理事会负责对整个欧盟金融体系的宏观审慎监管，主要职责是识别金融稳定面临的潜在风险，提前发布风险预警，并提出风险处置方案。欧洲中央银行（ECB）将在宏观审慎监管中发挥领导作用。欧盟委员会27个成员国的中央银行行长和欧洲中央银行行长都将成为欧洲系统性风险理事会的成员。

二、中央银行金融监管权扩大的理论分析

支持中央银行金融监管与货币政策分离观点的理论依据主要有：货币政策目标与银行监管目标之间存在角色冲突；中央银行负责金融监管，可能引起严重的道德风险。然而从欧美国家金融监管的实践看，支持银行监管者严格独立于货币当局的观点，不仅在实践中受到了严重的挑战，而且缺乏理论基础。相比于专业监管机构仅专注于微观审慎监管和个体金融机构风险而言，中央银行负责货币政策职能，更能从宏观审慎的角度把握经济金融体系中的系统性风险，统一宏观审慎监管和微观审慎监管，并有针对性地调整微观审慎监管措施以防范金融危机的爆发。

（一）扩大中央银行金融监管权是防范系统性金融风险的需要

微观审慎监管的对象仅针对单个金融机构的资本充足率、流动性和盈利能力等指标，往往容易忽视金融体系内部、经济和金融体系之间的内在联系，不能有效维护金融稳定。自20世纪70年代以来，为规避金融管制和金融风险的金融创新层出不穷，金融机构交叉持有金融产品加速了风险在金融体系内部的传导。

将宏观审慎监管和微观审慎监管分开，独立监管机构无法从宏观的角度把握金融体系的风险状况是2008年金融危机难以避免的重要原因。英格兰银行由于缺乏对金融机构的直接检查权和干预权，制约了它对系统性风险的分析、监测和评估。而拥有金融监管权的金融服务局（FSA）因缺乏宏观管理的经验，微观审慎监管中缺失宏观意识，结果也不能维护金融稳定。美国的多头监管，也使得美联储在识别和防范系统性金融风险方面存在困难。因此，扩大中央金融监管权力甚至微观审慎监管权力，主要是基于中央银行拥有较高的宏观经济金融风险评估的专业能力及其在宏观审慎工具方面的设计、开发能力。

（二）扩大中央银行金融监管权是央行采取宏观审慎视角执行货币政策的需要

货币政策的目的在于通过物价稳定促进经济可持续增长。然而，中央银行稳定物价的目标并不能确保金融体系的稳定。20世纪80年代以来爆发的日本金融危机、亚洲金融危机、欧洲信贷危机以及2008年度全球性危机，均是在低

通胀情况下发生的。宽松的货币政策并非危机爆发的唯一原因，但是在经济高增长、低通胀、低利率的宽松环境下，市场在长期持续宽松的货币环境产生了过高的杠杆率和期限错配，并由此加速了泡沫的形成。因此，物价稳定和金融体系的稳定在于当前和未来宏观经济的稳定。

不少研究将本次金融危机归咎于美联储宽松的货币政策，而实际上原因不完全如此。由于没被赋予明确的系统性风险监管职责，美联储很难从宏观审慎监管的视角考虑货币政策的有效性。没有宏观审慎监管的协调配合，微观审慎监管不能有效防范系统性金融风险，货币政策还有可能助长金融风险。

中央银行拥有审慎监管权，即可运用宏观审慎监管工具，调整微观审慎监管标准，通过影响金融机构的激励机制和稳健性，抑制金融机构的顺周期行为，从而提高中央银行货币政策的有效性。

参考文献

[1] John J. Klein, Money and the Economy (2nd ed.) [M]. New York：Harcourt, Brace and World, 1970. pp. 145 –146.

[2] [美] 莫瑞·罗斯巴德（Murray Rothbard）著，李文浩等译：《银行的秘密：揭开美联储的神秘面纱（第 2 版）》，北京，清华大学出版社，2011。

[3] 汤小青：《论我国中央银行货币政策和金融监管的制度选择》，载《金融研究》，2001（10）。

[4] 刘锡良、肖龄：《从独立走向合作——中央银行未来发展趋势》，载《金融研究》，2003（10）。

[5] IMF, Initial Lessons of the Crisis [R]. International Monetary Fund, 2009 – 02 – 06.

[6] 陆静：《巴塞尔协议Ⅲ及其对国际银行业的影响》，载《国际金融研究》，2011（3）。

[7] 沈伟基、张慧莲：《货币金融学》，北京，北京工业大学出版社，2001。

[8] 潘金生：《中央银行金融监管比较研究》，北京，中国金融出版社，1999。

[9] 王佩真：《货币金融理论与政策》，北京，中国金融出版社，2005。

[10] 向志容：《欧美中央银行金融监管权扩大的理论分析及其启示》，载《金融与经济》，2010（9）。

[11] 谢平：《巴塞尔协议Ⅲ对中国银行业监管的启示和影响》，载《中国金融四十人论坛》，2010（12）。

[12] 钟伟：《巴塞尔协议Ⅲ的新近进展及其影响初探》，载《中国金融四十

人论坛》，2010（12）。

[13]巴曙松、朱元倩：《巴塞尔资本协议Ⅲ研究》，北京，中国金融出版社，2011。

[14]张晨：《网络金融对我国中央银行职能的影响和对策》，载《合肥工业大学学报（自然科学）》，2003。

[15] KPMG, Basel Ⅲ: Pressure is Building [R]. KPMG, 2010.12.

[16] Harle, Philipp, Erik Luders, Theo Pepanides, Sonja Pfetsch, Thomas Poppensieker, Uwe Stegemann, Basel Ⅲ and European Banking: Its Impact, How Banks Might Respond, and the Challenges of Implementation [R]. McKinsey, 2010.11.

[17] Guan, Sue, Xuan Gui, Beixiao Liu, Comment Letter to the Basel Committee [R], BIS, 2010.4.

[18] Basel Committee on Banking Supervision (BCBS) . Basel Ⅲ: A Global Regulatory Framework for more Resilient Banks and Banking Systems [R]. Bank for International Settlements, 2010 – 12 – 16.

[19] Basel Committee on Banking Supervision (BCBS) . Basel Ⅲ: International Framework for Liquidity Risk Measurement, Standards and Monitoring [R]. Bank for International Settlements, 2010 – 12 – 16.

[20] Hannoun, Herve. The Basel Ⅲ Capital Framework: A Decisive Breakthrough [R]. Bank for International Settlements, 2010.9.

[21] IMF. Initial Lessons of the Crisis [R]. International Monetary Fund, 2009 – 02 – 06.

第九章

货币供求均衡理论与实践

【本章导读】

　　货币政策的制定和执行是一国中央银行的重要职责之一，货币政策是中央银行为实现其特定的经济目标而采用的各种控制和调节货币供应量或信用量的方针和措施的总称。因此，货币政策是对货币供求关系的调控，本章研究货币供求理论目的是为下一章讨论中央银行的货币政策提供必要的知识准备。本章首先介绍了货币政策的基础理论——货币需求和货币供给，从经济学理论探讨了货币需求的影响因素，分析了货币供给的概念和层次划分，探讨了中央银行货币供给渠道和影响因素。

　　在货币需求和货币供给理论的基础上，本章分析货币供求均衡的内涵及其与社会总供求均衡的关系。分析宏观经济的 IS – LM 模型中的货币供求均衡与社会均衡的实现，为下一章引入货币政策和财政政策之间的配合作出准备。

　　在货币供求均衡概念的基础上，本章分析了货币供求失衡的经济现象，阐述了通货膨胀和通货紧缩的定义及成因。

第一节　货币供求均衡理论

一、货币需求

（一）货币需求概念

　　货币需求指经济体（如居民、企业和单位等）在特定利率下能够并愿意以货币这种最具流动性的形式持有的资产数量。运用经济学范畴的有效需求概念，货币需求作为一种经济需求，是由货币需求能力和货币需求愿望共同决定的有效需求。

货币需求是派生于人们对商品的需求，固定充当一般等价物的货币具有流通手段、支付手段和贮藏手段等职能，能够满足经济体对商品生产和交换的需求，以及以货币形式持有财富的需求和资产保值增值的需求等。货币是最具灵活性、流动性的资产，经济体对货币资产具有偏好。各个经济体对货币的需求总和构成了社会整体的货币需求。

（二）货币需求理论

1. 古典货币数量理论

（1）费雪方程式。古典经济学家在 19 世纪末 20 世纪初发展起来的货币数量理论，是一种探讨总收入的名义价值决定的理论。20 世纪初，美国经济学家、耶鲁大学教授欧文·费雪在其 1911 年出版的《货币的购买力》一书中，提出了交易方程式：$MV = PT$，或者 $P = MV/T$。式中，M 表示一定时期流通中货币的平均数量；V 表示一定时期单位货币的平均周转次数即货币流通速度；P 表示商品和劳务价格的加权平均数；T 表示商品和劳务的交易数量。

该方程式表示货币数量 M 乘以货币使用次数 V 必定等于名义收入。费雪认为，M 是一个外生变量；V 是社会制度和习惯等因素决定的，所以长期内比较稳定，可视为常数；在充分就业条件下，T 相对产出水平保持固定的比例，也是稳定的，可以视为常数。因此只有 P 和 M 的关系最重要。这样，交易方程式就转化为货币数量论。

货币数量论提供了价格水平变动的一种解释：价格水平变动源于货币数量的变动，当 M 变动时，P 作同比例的变动。货币数量论揭示了对于既定的名义总收入下人们所持的货币数量，费雪认为人们持有货币的目的在于交易，又称现金交易数量论。

（2）剑桥方程式。剑桥方程式是由 1917 年英国剑桥学派的马歇尔、庇古和罗伯逊等人提出的一种货币需求函数，认为货币需求是人们为便利和安全的动机而保留在身边的现金余额，故又称现金余额方程式：$M = kPQ$，式中 Q 表示实际生产量，P 表示价格水平，PQ 表示名义收入，k 表示人们持有的现金量占名义收入的比率，因而货币需求是人们的名义收入中以现金表现的部分。

Q 取决于人们所控制的经济资源、技术水平、生产要素供给等外生因素，短期内变动不大。$k = $ 货币财富/总财富，可以视为货币流速 V 的倒数，影响 k 的因素主要是持有货币的流动性便利和规避风险利得；持有货币的机会成本；货币用于消费所得到的效用满足程度。剑桥方程式表达的经济意义主要是：①强调人们保有的现金余额对币值和物价的影响。现金余额的增加使 k 增大，在 Q 和 M 不变的条件下，k 增大必然使 P 减小，表明货币的价值与 kQ 成反比，与 M

成正比；②货币的供给对币值和物价的影响。因为在一定时期内一国经济交易方式和支付结算方式变动不大，k 也可以视为常数，则 P 与 M 成正比，货币的价值决定于货币的供求。

剑桥方程式在研究货币需求问题时，重视微观主体的行为。认为处于经济体系中的个人对货币的需求，实质是选择以怎样的方式保持自己资产的问题。决定人们持有货币多少的，有个人的财富水平、利率变动以及持有货币可能拥有的便利等诸多因素。在其他条件不变的情况下，对每个人来说，名义货币需求与名义收入水平之间总是保持着一个较为稳定的比例关系。

剑桥方程式与费雪方程式两者在形式上基本相同，但在研究方法和内容上却有本质的区别：①对货币需求内容的侧重点不同。费雪方程式强调货币的交易手段职能，侧重于商品交易量对货币的需求；剑桥方程式强调货币作为一种资产的职能，侧重于财富收入的需求。②对货币需求形态的侧重点不同。费雪方程式侧重于货币流量分析，剑桥方程式侧重于货币存量分析；③对货币需求的分析角度和所强调的决定货币需求因素有所不同。费雪方程式是对货币需求的宏观分析，剑桥方程式是从微观角度对货币需求进行分析。马歇尔和庇古不仅将交易水平和影响人们交易方式的制度作为研究人们持有货币的关键要素，还探讨了货币作为财富的一种被人们选择持有的原因和对货币需求量的影响，不排除利率的影响。

2. 凯恩斯学派的货币需求理论

（1）凯恩斯的流动性偏好理论。作为马歇尔、庇古的学生，凯恩斯在货币需求理论上继承了老师重视货币需求的各种动机分析，在 1936 年出版的《就业、利息和货币通论》中提出了流动性偏好说。沿着剑桥学派货币需求理论分析人们持有货币资产动机的方向，凯恩斯认为人们对持有流动性强的现金和活期存款具有偏好，主要出于三种动机：交易动机（transaction motive）、预防性动机（precautionary motive）和投机性动机（speculative motive）。

①交易性货币需求。由于收入与支出的时间不一致，经济体为满足日常生活和生产需要所发生的经常性支付而持有的货币量。凯恩斯交易性货币需求的认识与古典经济学派的货币需求观点相同，认为交易性货币需求与经济体的收入水平正相关关系 $M_{d1} = f(Y)$。虽然凯恩斯并不否认交易需求同利率有关，但他并未给出一个具体明确的关系。

②预防性货币需求。经济体为了应付不测之需而持有的货币量，经济体会在交易性货币持有量之外，再保留一部分货币用来应付意外事件，如伤病、失业、意外的支出增加和收入减少等不可预见的情况。凯恩斯认为，出于交易动机而在手中保存的货币，其支出的时间、金额和用途一般事先可以确定，但是

经济生活中经常会出现一些未曾预料的、不确定的支出机会，人们也需要保持一定量的货币在手中，这类货币需求可称为货币的预防需求。但不确定性如何影响货币需求，凯恩斯的分析未见细致。凯恩斯认为预防性货币需求与经济体的收入存在稳定的正相关关系 $M = f(Y)$；同时，经济体持有预防性货币量存在机会成本，受市场利率的影响，预防性货币需求还是利率的反函数 $M = f(i)$，可以表达成预防性货币需求 $M_{d2} = f_1(Y) + f_2(i)$。

　　③投机性货币需求。投机动机是指人们根据对市场利率变化的预测，需要持有货币以便满足从中投机获利的动机。由于未来利息率不确定，人们为避免资本损失或增加资本收益，需要及时调整资产结构，而货币是最灵活的流动性资产，具有周转灵活性，持有它可以根据市场行情的变化随时进行金融投机。出于这种动机而产生的货币需求，称之为货币的投机需求，它受货币资产与债券等其他金融资产之间选择持有比率的影响。由于债券理论价格与利率成反比 $P = $ 本利和 $S/$ 市场利率 i，当前利率水平较低时，预期利率上升的人数会增加，人们保有货币以备利率上升后低价买入债券，故投机性货币需求 M_{d3} 增加；当前利率较高时，预期利率会下降的人增加，预期证券价格会上升没有低价投机的机会，投机性货币需求 M_{d3} 会减少。凯恩斯认为投机动机的货币需求与利率成负相关关系 $M_{d3} = f_2(i)$。

　　因此，凯恩斯的流动性偏好理论所分析的货币需求由三部分构成：$M_d = M_{d1} + M_{d2} + M_{d3} = f_1(Y) + f_2(i) = f(Y, i)$。凯恩斯首次将市场利率 i 视为同经济体收入 Y 具有相同作用的货币需求函数的自变量，货币需求 M_d 是收入的正函数，是利率的反函数。

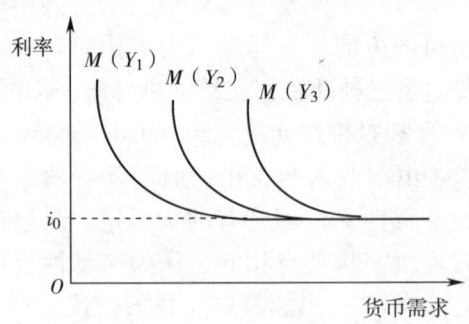

图 9.1　流动性偏好理论货币需求与利率和收入的关系

　　随着收入的增加 $Y_1 \to Y_2 \to Y_3$，货币需求也增加 $M(Y_1) \to M(Y_2) \to M(Y_3)$（见图9.1）。当利率低到一定的程度（$i_0$），货币需求则变为无限大，从而进入"流动性陷阱"。流动性陷阱（liquidity trap）是凯恩斯提出的一种假说，指

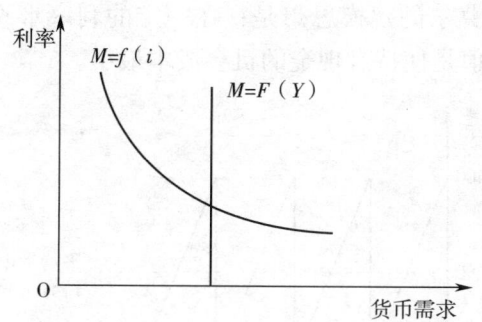

图9.2 货币供应外生性的货币需求与利率关系

当一定时期的利率水平降低到极低时，人们就会产生利率上升而债券价格下降的预期，投机性货币需求弹性就会变得无限大，即使货币供给再增加，也将如数地被人们投机动机的货币需求所吸收，从而市场利率不再下降的经济现象。发生流动性陷阱时，再宽松的货币政策也无法改变市场利率，使得货币政策失效。

1997年亚洲金融危机后，美国麻省理工学院的保罗·克鲁格曼认为凯恩斯的流动性陷阱在日本出现，原因在于日本的利率已经接近零利率，但还未起到扩张内需、增加支出的作用。2000年前后在中国出现了经济衰退，持续24个月物价指数负增长，为了拉动经济，中国人民银行连续7次下调存贷款利率和1次下调法定存款准备金率，然而货币政策的效果并不明显，学者普遍认为中国已经进入了流动性陷阱，应该寻求其他途径解决经济下滑的问题。当时发生在中国的"流动性陷阱"其根源并非像凯恩斯所说的出现了投机性货币需求 $M_{d3} = f_2(i)$ 无穷大，而是由于中国的经济体制改革巨大的社会成本转嫁而使得经济体具有无穷大的预防性货币需求 $M_{d2} = f_1(Y) + f_2(i)$。因此，只有通过建立健全社会保障体系才能消除经济体的预防性货币需求无穷大的问题。

（2）凯恩斯学派对凯恩斯货币需求理论的发展。凯恩斯认为人们交易性货币需求 M_{d1} 主要取决于收入规模变量，并没有给出与利率的具体关系分析。围绕这一问题，鲍莫尔（1952）和托宾（1956）结合库存的费用模型给出了一般的回答。

①鲍莫尔的平方根模型。鲍莫尔（1952）针对凯恩斯的流动性偏好中的交易型货币需求 $M_{d1} = f(Y)$ 与利率 i 无直接关系进行深入讨论，认为人们持币与否包括两种相关的费用：持有现金的机会损失和处置有价证券的佣金支出，由于这两种费用互为消长，个人决策将面临选择和权衡，并使得总费用最小。以货币形式保有交易余额的主要目的在于便利交易的进行，而保有交易余额要花费

一定的机会成本，鲍莫尔的建模思想是：在一定的利率水平下，人们所持有的平均现金余额的最佳值是使持有现金的机会成本最小。

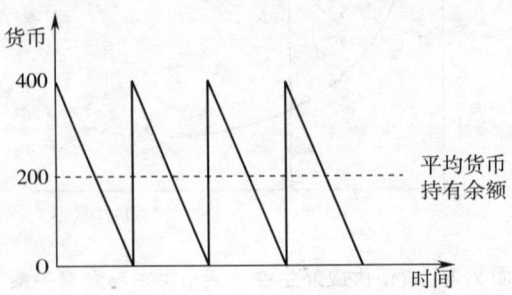

图9.3 经济体货币持有余额的平均化

设：T 为经济体的月收入（全部用于交易，即他可以预见的交易型支出为 T），C 为每次兑现数，b 为每次兑现的重置成本（如，付出一定的费用而收入现金；买卖证券的手续费），i 为月利率。则：一个月中他兑现次数 $n = T/C$，每月兑现的重置成本 $nb = Tb/C$（买卖证券的成本总额），每次获得的货币量 C 均平均使用，在两次兑现之间所持有现金平均余额为 $C/2$，故保有货币的利息成本为 $Ci/2$。为满足交易所需保有货币余额的总成本是：$X = \dfrac{Tb}{C} + \dfrac{Ci}{2}$，为求出使 X 最小的 C 值，求 X 对 C 的一阶导数，并令一阶导数为0，$X' = \dfrac{\mathrm{d}X}{\mathrm{d}C} = -\dfrac{Tb}{C^2} + \dfrac{i}{2} = 0$，有 $C = \sqrt{\dfrac{2Tb}{i}}$，故最佳现金余额 $M = C/2 = \sqrt{\dfrac{Tb}{2i}}$，可见 M_{d1} 与收入水平 T、重置成本 b、利率 i 有关。

②托宾的货币需求模型。凯恩斯的投机性货币需求分析是以对未来利率变动的预期为基础的，投资者对正常的预期利率已有确定的判断，因此投资者只能在货币和证券中选择其一而不能兼有，这显然与现实生活中不确定状态和投资者的分散风险行为不符。托宾认为：假定社会财富只有货币和债券两种，市场利率为 i，未来利率如何变动对经济体来说是未知数。以 A_1 表示财富总量中货币所占的比率，A_2 表示债券所占比率，则 $A_1 + A_2 = 1$，$0 \leqslant A_1 \leqslant 1$，$0 \leqslant A_2 \leqslant 1$。以 E 表示预期未来一年内财富总值的增值比率，$E = iA_2$。未来利率发生变动持有债券要冒跌价的风险，预期风险以 R 表示，设 s 为风险系数，则 $R = sA_2$，$0 \leqslant s \leqslant 1$。$s$ 越大债券持有者的风险损失就越大；s 越小越接近于零，则 E 全部实现的可能性就越大。利率 i 提高，预期财富增量增长，经济体会减少货币持有增加债券持有，因此经济体的货币持有与债券持有存在"替代作用"。托宾的资产选择理论

从更一般的角度论证和证实了货币的资产需求与利率的反函数关系。

此外，在凯恩斯学派的基本理论基础上，J. R. 希克斯与 A. H. 汉森建立的 IS – LM 模型，对货币供求与国民经济均衡给出了一般意义上的数量关系。

3. 现代数量论的货币需求理论

以 M. 弗里德曼为首的新货币数量论者认为，货币数量说不是关于产量、货币所得或物价问题的理论，而是关于货币购买力的理论。弗里德曼将货币看做是资产的一种形式，用消费者的需求和选择理论来分析人们对货币的需求。消费选择理论认为，消费者在选择消费品时，须考虑三类因素：收入（这构成预算约束）；商品价格以及替代品和互补品的价格；消费者的偏好。因此，弗里德曼的货币需求模型的自变量主要有：

（1）预算约束的总财富及其结构：个人所能够持有的货币以其总财富量为限，并以恒久收入（Y）作为总财富的代表。恒久收入是指过去、现在和将来的收入的平均数，即长期收入的平均数。弗里德曼认为，在总财富中有人力财富和非人力财富。人力财富是指个人获得收入的能力，非人力财富即物质财富。弗里德曼将非人力财富占总财富的比率（W）作为影响人们货币需求的一个重要变量。

（2）货币及其他资产的预期收益率：包括货币的预期收益率、债券的预期收益率、股票的预期收益率、预期物价变动率。弗里德曼认为持有货币的收益率（r_m）可能等于零（手持现金、支票存款），甚至小于零（当通胀严重时手持现金），也可能大于零（定期存款或储蓄存款等），预期物价变动率 $\frac{1}{P} \cdot \frac{\mathrm{d}P}{\mathrm{d}t}$ 成为货币需求的影响因素之一。其他资产的收益率，例如债券收益率（r_b）、股票收益率（r_e）通常大于零，其他资产的收益率就成为持有货币的机会成本。其他资产的收益率越大，货币持有量越小；预期通胀率越高，货币持有的损失就越大，货币需求就越小。

（3）财富持有者的偏好。将货币视为各种资产中的一种，通过对影响货币需求各种因素的分析，提出了货币需求函数公式。

弗里德曼货币需求模型为 $M_d = f(Y, W, P, r_b, r_e, \frac{1}{P} \cdot \frac{\mathrm{d}P}{\mathrm{d}t}; U)$

式中：M_d 为名义货币需求量，P 为物价水平，r_b 为固定收益的债券利率，r_e 为非固定收益的证券利率；$\frac{1}{P} \times \frac{\mathrm{d}P}{\mathrm{d}t}$ 是物价变动率；Y 是永恒所得；W 是非人力资本对人力资本的比率；U 是反映主观偏好、客观技术、制度等其他变量。

4. 马克思的货币需求理论

马克思是现代货币需求理论的先驱之一。马克思的货币需求理论以金币流通为假设条件。认为，商品价格取决于商品价值和黄金价值，而商品价值取决于生产过程，所以商品是自身带着价格进入流通的；商品价格有多大就需要多少金币来实现它；商品与货币交换后，商品退出流通，黄金货币却留在流通中继续媒介商品的交换活动，从而可使其他的商品得以出售。因此，执行流通手段的货币必要量 = 商品价格总额 × 货币流通次数

或者：执行流通手段的货币必要量 $M = \dfrac{\text{商品价格总额}}{\text{货币流通速度}} = \dfrac{PQ}{V}$

货币的需要量 M 与货币流通速度 V 成反比；与商品数量 Q 和商品的价格水平 P 成正比。

(三) 货币需求的影响因素

1. 收入水平。收入状况是决定货币需求的主要因素之一。这一因素可以分解为收入水平和收入间隔两个方面。在一般情况下，货币需求量与收入水平成正比，当经济主体的收入增加时，他们对货币的需求也会增加。如果人们取得收入的时间间隔延长，则整个社会的货币需求量就会增大；相反，如果人们取得收入的时间间隔缩短，则整个社会的货币需求量就会减少。

2. 消费倾向。消费倾向是指消费支出在收入中所占的比重，可分为平均消费倾向（Average Propensity to Consume，APC）和边际消费倾向（Marginal Propensity to Consume，MPC）。平均消费倾向是指消费总额在收入总额中的比例，而边际消费倾向是指消费增量在收入增量中的比例。在一般情况下，消费倾向与货币需求变动的方向一致。

3. 利息率水平。在市场经济中，利息率是调节经济活动的重要杠杆。在正常情况下，利息率与货币需求呈负相关关系。原因是：货币市场利息率提高，意味着人们持有货币的机会成本上升，货币需求趋于减少。市场利息率与有价证券的价格成反向变动，利息率上升，有价证券的价格下跌；利息率下降，有价证券价格上升，这样公众的持币愿望与利息率成反比，与有价证券的价格成正比，公众的持币愿望是决定货币需求的重要因素。

4. 信用的发达程度。如果一个社会信用发达，信用制度健全，人们在需要货币的时候能很容易地获得现金或贷款，那么整个社会所必需的货币量相对于信用不发达的社会所必需的货币量就少些。一般情况下，货币需求量与信用发达程度成反比。

5. 货币流通速度、社会商品可供量、物价水平。这三个因素对货币需求的影响可用马克思的货币流通规律 $M = PQ/V$ 加以说明。

6. 公众的预期和偏好。货币需求在相当程度上受到人们的主观意志和心理活动的影响，公众的预期和偏好各不相同，对货币需求的影响存在不确

定性。

二、货币供给

（一）货币供给与货币供给量的含义

货币供给是一个动态概念，指货币供给主体——银行系统向货币需求主体供给货币的经济行为。其数量表现即货币供应量，货币供应量是一个静态的存量概念，也就是指财政部门、各个基层企事业单位、居民个人持有的由银行体系所供给的债务总量。货币供给研究的主要内容包括货币层次的划分；货币创造过程；货币供给的决定因素等。

（二）货币总量及其层次划分

货币总量有存量和流量之分，货币存量是指一个国家在某一时点上实际存在于整个经济中的货币量；货币流量是指一个国家在一定时期中货币流通的总量，它是货币存量与货币流通速度的乘积。通常所说的货币供应量就是货币存量。

我国从 1994 年第三季度起由中国人民银行按季向社会公布货币供应量统计监测指标。参照国际通用原则，根据我国实际情况，中国人民银行将我国货币供应量指标分为四个层次：

M_0：流通中的现金；

M_1：M_0 + 企业活期存款 + 机关团体部队存款 + 农村存款 + 个人持有的信用卡类存款；

M_2：M_1 + 城乡居民储蓄存款 + 企业存款中具有定期性质的存款 + 外币存款 + 信托类存款；

M_3：M_2 + 金融债券 + 商业票据 + 大额可转让存单等。

其中，M_1 是通常所说的狭义货币量，流动性较强；M_2 是广义货币量，M_2 与 M_1 的差额是准货币，流动性较弱。M_1/M_2 的比率反映货币供给的流动性强弱。

（三）中央银行与货币供给

货币供给过程是指银行体系通过其货币经营活动而创造出货币的过程，它包括中央银行通过调节基础货币量而影响货币供给的过程和商业银行通过派生存款机制向流通供给货币的过程。

1. 基础货币（monetary base）

基础货币亦称高能货币、强力货币或货币基数，从基础货币的性质来看，它是指货币当局的负债，即由货币当局投放并为货币当局所能直接控制的那部分货币，即中央银行直接发行的货币量，它只是整个社会货币供给量的一部分；从基础货币的构成来看，它由两个部分构成：商业银行的存款准备金 R（包括商业银行的库存现金以及商业银行在中央银行的准备金存款）；流通于银行体系之外而为社会大众所持有的通货 C，$B = C + R$。基础货币量的伸缩对商业银行信用规模的影响极为有力，它直接决定着商业银行准备金的增减。

2. 基础货币的决定因素

基础货币是指货币当局的负债，因而研究基础货币的决定机制可以从中央银行资产负债表入手。

表 9.1　　　　　　　　　　银行体系资产负债表

资产	负债
贴现及放款	流通中的通货
政府债券和财政借款	国库及公共机构存款
外汇、黄金储备	商业银行及金融机构存款
其他资产	其他负债和资本项目

中央银行的货币供给渠道主要有：向商业银行贷款、向财政贷款（透支）、收兑金银和外汇资产。若中央银行的资产中有增有减，则基础货币是否增减，就要视各项资产变动的相互作用而定。因此，外汇、黄金储备；政府债券和财政借款；贴现及放款都对基础货币有决定影响。

3. 货币乘数

中央银行每提供 1 单位的基础货币 B，其构成部分之一的商业银行准备金 R 就会成为创造存款、供给货币的基础，可以创造派生存款，将准备金扩大；而其中的通货部分 C 则不存在这样的扩张。最终形成的货币供给量 M_S 与基础货币 B 之间会有一个倍数关系，即货币乘数 m。货币供给的基本模式可以表示为：$M_S = mB$，其中 M_S 为货币供给量；B 为基础货币；m 为货币乘数，表示单位基础货币的变化所引起的 M_S 增减的幅度。

若以通货和活期存款的货币存量 M_1 为对象；c 表示通货比率，即流通中的现金（C）与活期存款（D）的比率；r_d 表示活期存款的法定准备金率；r_t 表示定期存款的法定准备金率；t 表示定期存款（T）对活期存款的比率；e 表示商业银行的超额准备率。用 M_1 代替 M_S，由于 $M_1 = D + C, B = R + C$，其中的 R 指商业银行的法定准备金又包括超额准备金（E）；既包括商业银行的库存现金，又包括商业银行在中央银行的准备金存款，即 $R = R_d D + r_t D_t + E$，将其带入货币供给的基本模式 $m = Ms/B$ 并将分子分母都除以 D 得到货币供应 M_1 的货币乘数 m_1：

$$m_1 = \frac{M_1}{B} = \frac{D+C}{R+C} = \frac{1+c}{r_d + r_t + e + c}$$

若将 M_1 替换为 M_2，就可得到 M_2 的货币乘数 m_2。因为：$M_2 = D + C + T$，T

表示定期存款和储蓄存款余额。同理可得

$$m_2 = \frac{M_2}{B} = \frac{D + C + T}{R + C} = \frac{1 + c + t}{r_d + r_t + e + c}$$

以上分析表明，货币乘数是由活期或定期存款的法定准备金率、商业银行的超额准备率、定期存款比率以及通货比率等变量决定的。其中，活期存款和定期存款的法定准备金率 r_d、r_t 由中央银行决定，而超额准备率 e 由商业银行决定，通货比率 c 和定期存款占活期存款的比率 t 由社会公众的行为共同决定。

4. 货币乘数的决定因素

（1）通货比率。是流通中通货占活期存款的比率，它主要取决于公众的资产偏好流通中通货增加或减少，虽然一方面直接是货币供应量的同向增加或减少，但另一方面又直接导致超额准备金的反向增加或减少，从而引起货币供应量数倍的反向增加或减少。因此，在基础货币确定的情况下，通货比率的变化反向作用于货币供应量的变动。决定通货比率的主要因素有：①公众可支配收入水平的高低。一般来讲，可支配收入愈高，通货比率也愈高。反之则愈低。②用通货购买或以支票购买的商品或劳务的相对价格的变化，例如，一段时间食物价格相对于耐用消费品的价格是上升的话，则通货比率会增加。③公众对未来通货膨胀的预期。如果公众认为通货膨胀会加剧，则会提取更多的通货，以抢购保值资产从而避免购买力的损失，这时通货比率会增高。此外，社会的支付习惯、银行业的发达程度、信用工具的多寡、社会和政治的稳定性以及其他金融资产收益率的变动都会影响通货比率的大小。

（2）定期存款比率。同样是由公众的资产偏好所决定的，定期存款比率的变动反向作用于货币供应量的变动。影响定期存款比率的因素除公众的可支配收入外，定期存款利率的高低也起着重要作用。定期存款的利率越高，则定期存款比率越高，反之则越低。

（3）超额准备率。是指商业银行保有的超额准备金对活期存款的比率，超额准备率 e 主要取决于商业银行的经营决策行为。商业银行留存的超额准备金越多，其贷款和投资规模愈小，从而存款扩张的倍数，即货币乘数 m 愈小，反之则越大。因此，e 的变动较强地反向作用于货币供应量的变动。影响商业银行的超额准备金比率的主要因素有：①保有超额准备金的机会成本的大小，即市场利率的高低，市场利率越高，银行越愿意持有较少的超额准备金。②借入超额准备金成本的大小，这主要是指中央银行再贴现率的高低。再贴现率高意味着借入超额准备金的成本增大，在这种情况下，商业银行会留存较多的超额准备金以备不时之需；反之，若借入超额准备金成本很小，则商业银行就没有必要留存过多的超额准备金。③经营风险和资产流动性的考虑。在竞争的情况下，商业银行是在充满风险的状态中经营的。因此，为应付难以预料的意外提现、支票结清时所发生的准备金头寸短缺或企业借款需求增加等都会使商业银行在风险和收益的双重权衡中，改变所留存的超额准备金的大小。此外，整个经济的变化趋势及银行存款结构的变动等因素都会影响超额准备金比率。

（4）法定存款准备金比率。是指中央银行规定的、商业银行必须保有的存款准备金对其存款负债总额的比率，包括活期存款准备金比率 r_d 和定期存款准备金比率 r_t。假设其他变量不变，如果提高法定存款准备金比率，则同样数额的存款需要更多的准备金，由此形成的储备不足意味着银行必须收缩贷款，使存款及货币供给减少，相对于没有变动的基础货币 B 来说，货币乘数 m 下降。因而，可以得出结论：货币乘数与法定存款准备金率负相关。

此外，政府部门的财政收支以及公债政策也会影响到货币乘数的变化。

综上所述，货币乘数是法定存款准备金率、超额准备金率、定期存款比率和通货比率等多个变量相互作用的结果，即取决于中央银行、政府部门、商业银行及社会公众的行为。因此，货币供应量是由中央银行、政府部门、商业银行及社会公众行为共同决定的。

三、货币均衡与社会总供求均衡

（一）货币均衡与非均衡

1. 货币均衡的含义

（1）货币均衡是货币供需作用而达到货币供给与货币需求大体一致的状态，而非数量上的完全相等。

（2）货币均衡是一种动态过程，它并不要求在某一时间上货币供给与货币需求的完全相等，它允许短期内货币供需存在可接受的不一致状态，但在长期内是大体一致的。

（3）在现代经济运行中，货币均衡在一定程度上反映了国民经济中总体均衡状况。货币不仅仅是现代经济中商品交易的媒介，货币运行平稳还是国民经济发展的内在要求；货币供需的相互作用，制约并反映了国民经济运行的全过程，并且有机地将国民经济运行与货币供需的相互作用联系在一起。在所分析的时期内，国民经济的运行状况势必要通过货币均衡的状况反映出来。

2. 货币非均衡（货币失衡）的表现及成因

在现实经济生活中，绝对的货币均衡是不常见的，货币失衡反而是一种常见的经济现象，货币失衡有：货币供给过多、货币供给不足以及结构性货币失衡等。

（1）货币供给过多。货币供给量大于货币需求量的经济状态，一般表现为物价上涨和强迫储蓄。假设货币市场原本处于均衡状态，若货币供给量超出了经济运行对货币的客观需要量，则均衡被打破，只有通过物价的上涨吸收过多的货币，使货币供求在较高的价格水平上恢复均衡，这是一种带有破坏性的强制均衡；直接的或间接的强制性储蓄都是强制均衡，过多的货币并不会消失，压力始终存在。

造成货币供给大于货币需求的原因主要是：①政府发生财政赤字而向中央银行透支，政府财政收支若发生赤字，在中央银行没有事先准备的条件下，政府财政的投资会迫使中央银行增发货币，银行信贷规模不适当扩张，从而导致货币供给量增加过量，造成货币供需失衡。②从时期分析的观点看，若前期货币供给量相对不足，产品积压和再生产过程受阻，为促进经济运行的正常进行，中央银行实行扩张性货币政策，但由于力度把握不适当，导致银根过度放松，货币供给的增长速度超过了客观经济发展的需要，从而形成过多的货币供给，其结果便诱发了高通货膨胀。③从开放经济的角度看，在经济落后、经济结构刚性的发展中国家，货币条件的相对恶化和国家收支失衡使得国民经济运行仅靠进出口机制来弥补收支逆差极为困难，而汇率高估和本国货币贬值造成货币供给量急剧增长，从而造成货币供需失衡。

（2）货币供给不足。货币供给不足以满足客观经济运行对货币的需求，其表现在生产过程中出现过多的存货或其他的资源闲置。出现这种失衡，理论上可引起工资、价格、利率的下跌，从而刺激投资，增加货币的支出流量，使货币供需恢复均衡。但是，因工资和物价均具有刚性，利率下降在经济不景气的情况下对投资的刺激也很有限，所以往往需要扩张性财政政策来恢复货币的均衡。

导致货币供应不足的原因有：①在原有经济运行中的货币供需处于均衡状态时，中央银行出于预防通货膨胀的目的，实施紧缩性的货币政策，减少货币供给，从而使流通中的货币出现短缺，经济发展由此受到限制；②在经济危机阶段，由于经济运行中信用链条断裂，正常的信用关系遭到破坏，社会经济主体对货币的需求急剧增加，而中央银行的货币供给量却相对滞后，从而导致货币供需失衡；③在经济体制转轨时期，随着货币化进程的加深，经济吸收货币的能力变强，货币需求增加，而中央银行的货币供给没有跟上，从而产生货币供给不足。

（3）货币供求的结构性失衡。以上两种货币失衡状况是货币供求数量上的失衡，而货币供求结构性失衡是指在货币供给与需求总量大体一致的均衡条件下，货币供给结构及与之相对应的货币需求结构不相适应。这种结构性货币失衡往往为短缺与滞存同时存在，经济运行中的部分商品和生产要素供过于求，另一部分商品和生产要素又求大于供。造成这种货币失衡的原因在于社会经济结构的不合理及以此为基础的结构刚性。

（二）社会总供给与总需求

总供给与社会总需求是宏观经济学中的一对基本概念。社会总供给是指一个国家或地区在一定时期内（通常为 1 年）由社会生产活动实际可以提供给市场的可供最终使用的产品和劳务总量。它包括两个部分：一是由国内生产活动提供的产品和劳务，包括农林牧渔业、工业、建筑业等行业提供的产品，也包括由交通运输、邮电通信、银行保险、商业服务业等行业提供的服务，即国内生产总值（GNP）。二是由国外提供的产品和劳务，即商品和劳务输入。

总需求指一个国家或地区在一定时期内（通常为 1 年）由社会可用于投资和消费的支出所实际形成的对产品和劳务的购买力总量。它取决于总的价格水平，并受到国内投资、净出口、政府开支、消费水平和货币供应等因素的影响。总需求包括两个部分：一是国内需求，包括投资需求和消费需求。投资需求由固定资产投资需求和流动资产投资需求组成；消费需求由居民个人消费需求和社会集团消费需求组成。二是国外需求，即产品和劳务的输出。

（三）货币均衡与社会总供求平衡

社会总供求之间的平衡是指社会总供给与总需求的相互适应，它是宏观经济的最终平衡，而要实现这一平衡，就必须实现商品市场和货币市场的统一均衡。现代经济运行总体均衡的重要特征是货币形态的均衡，只有实现了货币的供求平衡，才能实现商品劳务的供求平衡。

1. 货币供给量与社会总需求。社会总需求（AD）的构成通常包括：消费需求（C）、投资需求（C）、政府支出（G）和净出口需求（$X - M$），即：$AD = C + I + G + (X - M)$。

以上各种需求在现代经济中均表现为有货币支付能力的需求，任何需求的实现都需要支付货币。社会总需求由流通性货币及其流通速度构成，而不论是流通性货币还是潜在货币，都是由银行体系的资产业务活动创造出来的。银行体系的资产业务活动创造出货币供给，货币供给量形成有支付能力的购买总额，从而影响社会总需求；调节货币供给量的规模能影响社会总需求的扩张水平，因而，货币供给量是否合理决定着社会总需求是否合理，从而决定着社会总供求能否达到均衡。

2. 社会总供给决定货币需求。社会总供给的平衡包括商品劳务总供给与总需求的平衡，又因为任何商品（包括劳务）都需要货币来度量其价值并通过与货币交换实现其价值，商品市场上的商品供给由此决定了一定时期货币市场上的货币需求。可见，商品供给的规模决定了与此相对应的货币需求。

3. 货币供给对社会总供给的影响。货币供给量在对社会总需求产生影响的同时，又通过两个途径影响社会总供给：①货币供给量的变化发生在社会有闲置生产要素的前提下，这时货币供给量的增加导致社会总需求的相应增加，在此基础上生产要素进行有机结合，从而导致社会总供给增加和对货币需求的增加，使商品市场和货币市场都恢复均衡；②货币供给量增加和随之而来的社会总需求的增加，并未引起社会总供给的实际增加，而是引起价格上涨和总供给价格总额增加，对货币实际要求并未增加，从而使货币市场和商品市场只是由于价格上涨而处于一种强制的均衡状态。

4. 单个市场的均衡要求。①在货币市场上，货币需求决定了货币供给。货币需求是货币供给的基础，中央银行控制货币供给的目的是力图使货币供给与货币需求相适应，以维持货币均衡。②在商品市场上，商品供给与商品需求必须保持平衡，这不仅是货币均衡的物质保证，而且是社会总供需平衡的出发点和复归点。

综上所述，一方面货币供给影响着社会总需求，进而又影响着社会总供给；另一方面，社会总供给水平的高低对货币提出了相应规模的需求，在货币市场、商品市场各自要求供需平衡的机制下，宏观经济才能在其相互作用下达到最终的平衡。

四、宏观经济均衡的 IS – LM 模型

从上面关于货币均衡与社会总供求均衡的关系分析可以看出，在产品市场上，国民收入决定于消费 C、投资 I、政府支出 G 和净出口 $(X - M)$ 加合起来的总支出或者总需求水平，而总需求尤其是投资需求要受到利率 i 影响，利率则由货币市场供求情况决定，就是说货币市场要影响产品市场；另外，产品市场上所决定的国民收入又会影响货币需求，从而影响利率，这又是产品市场对货币市场的影响。而收入和利率也只有在产品市场和货币市场这种相互联系、相互作用中才能得以确定。宏观经济理论中的 IS – LM 模型，就是用来描述和分析这两个市场相互联系的理论。

"IS – LM" 模型是由英国现代著名的经济学家约翰·希克斯（John Richard Hicks）和美国凯恩斯学派的创始人汉森（Alvin Hansen），在凯恩斯宏观经济理论基础上概括出的一个经济分析模式，又称"希克斯—汉森模型"。该模型要求同时达到两个条件：

① $I(i) = S(Y)$，即生产领域中的投资与储蓄（IS, Investment – Saving）均衡；

② $M/P = L_1(i) + L_2(Y)$，即货币领域中流动性偏好与货币供应（LM, Liquidity preference – Money Supply）的均衡，就是货币供求的均衡。

式中：I 为投资；S 为储蓄；M 为名义货币量；P 为物价水平；M/P 为实际货币量；Y 为总产出；i 为利率。

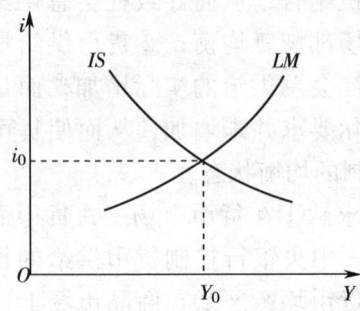

图 9.4　IS – LM 模型的均衡

IS 曲线是描述产品市场均衡的模型，根据封闭经济的等式：Y（国民收入）= C（消费）+ I（投资）+ G（政府支出），其中 $C = C$（Y），消费水平随收入正向变化；$I = I$（i），i 为利率，投资随利率反向变化。则有收入 Y 与利率 i 在产品市场均衡时的曲线斜率为负，斜率大小受投资与利率敏感度及投资乘数影响，曲线位置受自主性支出决定。

LM 曲线是描述货币市场均衡的模型，根据等式：$M/P = L_1$（i）+ L_2（Y），通常将实际货币量 M/P 视为由中央银行确定的定值，而利率 i 和货币量呈反向关系，收入 Y 和货币量呈正向关系，可得收入 Y 与利率 i 在货币市场均衡时的曲线斜率为正，斜率大小由货币供应量对利率和收入分别的敏感度决定，而位置由货币供应量决定。

将 IS – LM 绘于同一坐标图上，两曲线交点反映了产品市场和货币市场同时达到均衡时的利率水平和收入水平，对于分析宏观经济问题很有意义。

第二节　货币供求失衡问题

在宏观经济运行中，货币供求失衡可能产生的两种经济现象是通货膨胀和通货紧缩。无论是通货膨胀还是通货紧缩，对一国经济的平稳发展都是具有负面影响的。因此通货膨胀和通货紧缩的治理是货币政策重要的最终目标之一，研究制定和执行治理通货膨胀和通货紧缩的货币政策是货币当局重要的宏观调控任务。

一、通货膨胀

（一）通货膨胀的定义

1. 西方学者对通货膨胀的定义。自由主义经济学家 F. 哈耶克认为：通货膨胀的原意是指货币数量的过多增长，这种增长会合乎规律地导致物价的上涨。货币主义的代表人物弗里德曼认为：物价的普遍上涨就是通货膨胀。只有物价水平的上移是一个持续过程时，通货膨胀才是一种货币现象。新古典综合派代表人物保罗·萨缪尔森认为通货膨胀是物品和生产要素的价格普遍上涨——面包、汽车、理发价格上升；工资、租金等也都上升。美国经济学家莱德勒和帕金认为，通货膨胀是一个价格持续上升的过程，是一个货币价值持续贬值的过程。

2. 我国对通货膨胀的定义。我国对通货膨胀的研究大致可以分为两个阶段：第一阶段是 20 世纪 70 年代以前，这一时期的定义大多引自苏联，认为通货膨胀是剥削阶级利用它降低劳动人民的实际工资及收入，实现国家财富有利于自身利益再分配的手段，把通货膨胀看做是资本主义制度特有的经济现象。第二阶段是 1978 年改革开放以后，逐步摒弃了上述论断，认识到在社会主义市场条件下，存在发生通货膨胀的可能性。

目前有两种比较流行的观点：一是认为通货膨胀是在纸币流通条件下，流通中的货币量超过实际需要而引起的货币贬值、物价上涨的经济现象；二是认为由于流通中的货币量难以确定，而且引起物价上涨的原因有很多，并非仅仅是货币量过多所致，于是就将通货膨胀的表象"社会一般价格水平的持续上涨"作为通货膨胀的定义。

（二）通货膨胀的度量

由于市场经济中的通货膨胀的最终结果是物价上涨，因此，各种测度方法都是围绕价格变动来展开的。然而这种方法不适用于计划经济下的隐性通货膨胀的度量。

1. 物价指数。物价指数是报告期商品价格与基期商品价格的比率，用以说明各种商品价格的平均变动。由于价格的刚性作用，物价指数通常大于 100%，其超出 100% 的部分即物价上涨率，也就是通货膨胀率。

物价指数是最常用来测度通货膨胀的一种方法，由于计算时采用的商品或价格等不同，因而又有各种不同称谓的物价指数。世界各国通常用来测度通货膨胀的物价指数主要有批发物价指数（PPI）、零售物价指数、消费价格指数（CPI）等。

2. 货币购买力指数。货币购买力是指一定时期内单位货币实际能买到的商品和服务的数量。如果物价下跌，单位货币买到的商品与服务就增多，货币购买力提高；反之，如果物价上升，单位货币所能买到的商品与服务就减少，货币购买力下降，货币贬值。在这里，物价起着决定性作用。因此，货币购买力的变化反映了通货膨胀是否发生和程度大小。货币购买力一般根据物价指数来计算，也就是物价指数的倒数。货币购买力指数小于 1，说明货币购买力下降，货币贬值，通货膨胀发生；货币购买力指数越小，通货膨胀越严重。

3. 国民生产总值平减指数。国民生产总值平减指数，或国民生产总值调整数，它是指按现行价格计算的国民生产总值与按不变价格计算的国民生产总值的比率。

以国民生产总值平减指数度量通货膨胀的优点是，它所包括的范围广，除消费品和劳务外，还包括资本品以及进出口商品等，能够全面反映社会总体物价水平的趋势。

（三）通货膨胀的类型

1. 按市场机制的作用来划分，通货膨胀可以分为公开型通货膨胀和隐蔽型通货膨胀。

2. 按物价上涨速度来划分，通货膨胀可以划分为爬行通货膨胀、温和通货膨胀以及恶性通货膨胀。

3. 按通货膨胀的预期来划分，通货膨胀可以分为预期通货膨胀和非预期通货膨胀。

4. 按通货膨胀产生来划分，通货膨胀可以分为需求拉上型通货膨胀、成本推进型通货膨胀、预期型通货膨胀和结构型通货膨胀等。这是最常见的对通货膨胀的划分。由此也产生了相关类型的通货膨胀理论，即需求拉上说、成本推进说、通货膨胀预期说和结构说等。

（四）通货膨胀的成因理论

1. 需求拉上说

在社会消费支出和投资支出激增的情况下，由于各种原因，如生产资源和要素已接近充分就业或达到充分就业（Y_F），商品供给和劳务供给增加受到了限制，或没有能随有效需求的增长而相应地增长所引起的一般物价水平上涨的现象。

在图 9.5 中，横轴代表总产出或实际收入（Y），纵轴代表物价水平（P）。社会总供给曲线（S）可按社会的就业状况而分成 AB、BC 与 CS 三个阶段：①AB 阶段的总供给曲线基本上呈水平状态。此时，社会上存在着大量的闲置资源或劳动力，生产要素未达到充分就业，这意味着供给弹性无限大，即总供给的增加能力很大。当总需求从 D_1 增至 D_2 时，实际收入便从 Y_1 增至 Y_2，物价水平保持不变。②BC 阶段的总供给曲线表示社会逐渐趋于充分就业，这意味着社会

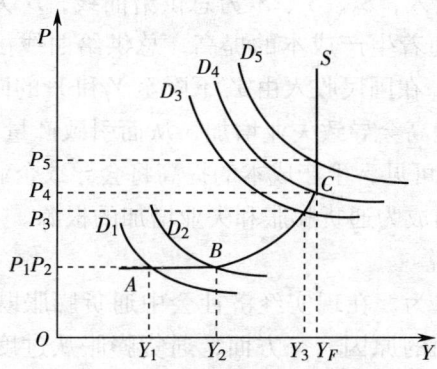

图 9.5　需求拉上型通货膨胀

上的闲置资源已经不多，此时为扩大产量而增加的需求会促使产量和生产要素资源价格的上涨。因此，当总需求从 D_2 增至 D_3 时，实际收入虽然有所增加但增幅减缓，同时物价水平也有所上升。③CS 阶段的总供给曲线表示社会资源已经达到充分利用状态，Y_F 就是充分就业下所能达到的最大国民收入，这时的总供给曲线成为无弹性的曲线。当总需求从 D_4 增至 D_5 时，只会导致物价水平的上升。在图 9.5 中，需求拉上型通货膨胀主要指 BC 阶段和 CS 阶段。

2. 成本推进说

成本推进型通货膨胀是指由于生产成本上升引起的物价持续上涨的现象。成本提高的主要原因是存在着强大的、对市场价格具有操纵力量的压力团体（如工会组织、垄断大公司和环境保护主义者组织等）。这种类型的通货膨胀又可以分为：工资推进型通货膨胀、利润推进型通货膨胀、操纵价格的通货膨胀和汇率成本推进型通货膨胀等。

在图 9.6 中，横轴代表总产出或实际收入 Y，纵轴代表物价水平 P，Y_F 为充

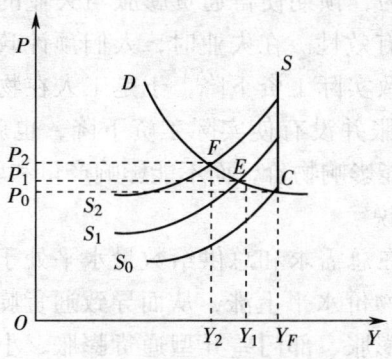

图 9.6　成本推进型通货膨胀

分就业条件下的实际收入，S_0、S_1、S_2 为总供给曲线，D 为总需求曲线。在总需求 D 不变的情况下，随着生产成本的提高，总供给曲线由 S_0 向左上方移至 S_1，再由 S_1 移至 S_2。结果，在国民收入由 Y_F 下降至 Y_1 和 Y_2 的同时（国民收入之所以下降是由于生产成本提高会导致失业增加，从而引致产量的损失），物价水平却由 P_0 上升至 P_1 和 P_2。可见，生产成本的提高将会导致企业产量压缩、失业增加和总供给的减少，从而成为通货膨胀和失业增加的根源。

3. 供求混合推动说

供求混合推动说认为，在现实经济社会中通货膨胀既有来自需求方面的原因，又有来自供给方面的原因。一方面，通货膨胀从过度需求开始，但由于需求过度所引起的物价上涨会促使工会要求提高工资，因而转化为成本（工资）推进的因素；另一方面，通货膨胀也从成本上升开始。

4. 通货膨胀预期说

通货膨胀预期说认为，经济中预期因素的存在也会使物价持续上涨。由于预期的存在，政府的财政与货币政策的效应会被合理的预期所抵消。政府为了达到政策目标，必须制定下一轮更猛烈的宏观经济政策，从而可能导致物价进一步上涨。例如，政府为了使就业量增加，采用扩大总需求的财政和货币政策。在没有预期存在的情况下，生产者会根据增加的需求量增加生产。但是，生产者预计到政府的宏观政策会使得通货膨胀率达到 4%，不仅自己的商品涨价了，每一种商品都将涨价，则自己商品的实际相对价格并没有涨，这样，产量和就业又回到原来水平。政府如果要使就业量增加，就必须设法使实际通货膨胀达到 4% 以上，而这使得通货膨胀加剧。

预期本身也会使通货膨胀加剧。当企业和工人对未来通货膨胀率有一合理预期后，为了保持各自的实际收入不减少，都会要求提高价格和工资，这会引发通货膨胀。

通货膨胀预期说认为，预期使得通货膨胀与失业的交替关系丧失，否定了短期中菲利普斯曲线的有效性。在失业时，人们预计政府会采用通货膨胀政策来扩大就业，而这将导致实际工资下降，于是工人在物价上涨之前就要求增加工资；雇主发现通货膨胀并没有使实际工资下降，也就不再增雇工人。于是，政府的通货膨胀政策只能影响物价，而不能影响产量和就业。

5. 结构型通货膨胀说

结构型通货膨胀指在总需求和总供给数量水平处于平衡状态时，经济结构方面因素的变化也会使物价水平上涨，从而导致通货膨胀。结构型通货膨胀又分为：需求转移型通货膨胀、部门差异型通货膨胀、小国型通货膨胀和二元经济结构型通货膨胀等。

（1）需求结构转移型通货膨胀。即在总需求不变时，某部门的部分需求转移至其他部门，于是，需求增加的部门的工资和产品价格上涨，而需求减少了的部门的产品价格却未必相应下降，因此导致物价总水平的上升。

（2）部门生产率差异型通货膨胀。由于不同部门的生产率存在差异，例如产业部门生产率的增长一般快于服务业部门，但两大部门的货币工资增长速度是由产业部门生产率的增长速度所决定的，于是服务业部门货币工资的增长速度必然会超过其生产率的增长速度，造成其成本持续上升的压力，从而成为一般物价水平上涨的原因。

（3）小国开放型通货膨胀。所谓"小国"是指该国在世界市场上只是价格的接受者；开放型小国的经济可分为两大部门：一个是生产出口产品并参加世界市场竞争的开放经济部门（包括大多数制造业、运输业、一部分农业和矿业等）；另一个是生产内销产品不参加世界市场竞争的非开放经济部门（包括服务业、建筑业、公用事业和小部分生产性加工行业等）。当世界市场上的价格上涨时，开放部门的产品价格也随之上涨，结果会使开放经济部门的工资也相应上涨。这又会带动非开放经济部门的价格和工资上涨，导致"小国"全面通货膨胀。

（4）二元经济结构型通货膨胀。这类通货膨胀多发生于发展中国家。对于发展中国家来说，传统农业部门和现代工业部门并存，传统农业部门往往是生产结构僵化、资本短缺、农产品供给弹性不足，从而使得农产品不能满足工业化及经济发展的需要，在劳动力自由流动程度低和货币化程度低等因素的制约下，极易导致农产品价格上涨，从而带动整个物价水平上涨。

二、通货紧缩

（一）通货紧缩的定义及度量

1. 通货紧缩的定义。在 20 世纪二三十年代的经济萧条时期，通货紧缩曾是经济学研究的重要课题。凯恩斯曾多次提到过通货紧缩问题。然而在二战以后，由于很少发生通货紧缩，而通货膨胀成了经济的主流问题，在六七十年代的西方经济学教科书中很少提及通货紧缩。目前，经济学界关于通货紧缩存在三种认识：

西方经济学界的主流观点都是根据价格总水平的下降来定义通货紧缩，又称"单一要素论"。萨缪尔逊和诺德豪斯给通货紧缩的定义是"总体价格水平的持续下降"。斯蒂格利茨的定义是"一般价格水平持续下降"。戴维·莱德勒认为通货紧缩是一种价格下降和货币升值的过程。

也有经济学家认为通货紧缩不只是价格下降，还包括货币数量减少，又称

"二元要素论"。例如，弗里德曼认为："货币供给的过分低的增长率，更不用说货币供给的绝对减少，将不可避免地意味着通货紧缩"。

再一种观点认为，通货紧缩是由价格下降、货币量下降、经济衰退三要素共同构成，故又称"三要素论"。例如，北京大学中国经济研究中心宏观组的定义，通货紧缩过程包括货币供应量下降、物价下降并伴随经济增长率下降的过程。加拿大经济学家莱斯根提出通货紧缩还应包括货币流通速度下降，以及经济萧条等表现。

2. 通货紧缩的度量和判断。通货紧缩通常也是采用度量通胀率的物价指数来度量。在经济实践中，一般有这样的判断：当出现通胀率持续下降并由正值变为负值的时候，可以认为出现了轻度的通货紧缩；当通胀率负增长超过 1 年且未出现转机的情况下，可以判断进入了中度的通货紧缩；当中度通货紧缩持续时间发展达 2 年以上，或物价降幅达 2 位数以上时，可以认为出现了严重的通货紧缩。

（二）通货紧缩的成因

1. 债务—通货紧缩论。费雪在 1933 年的《大萧条中的"债务—通货紧缩"理论》中指出，当经济中存在过度负债时，债权人一旦注意到这种过度负债的危险就会趋于债务清算。这种清算会使一些不能到期还债的企业被迫破产重组，当这种债务重组成为一种较为普通的现象时，会破坏整个社会的商业信用，从而导致企业销售量的全面下降，存款货币增长速度和整个货币流通速度的下降，这种双重下滑引致了物价总水平的下降。假使物价的下降不能被通货膨胀或其他措施所抑制，则会降低企业的净经营资产和利润率，导致产量、劳动力就业数量的减少和企业资信水平的降低，从而导致金融机构贷款规模的收缩，货币流通速度和物价总水平又因此而下降，通货紧缩越来越严重。

上述变化还会导致对利率的扰动，会提高债务的真实利率，真实利率的上升则意味着企业真实负债的扩大。会进一步降低企业利润率，加重通货紧缩的发展。可见，以过度负债为初始原因的通货紧缩和经济萧条具有自我循环和自我加速的特点。

2. 信贷过度扩张论。奥地利学派米塞斯和哈耶克（V. Hayek）认为，通货紧缩是繁荣过度的必然后果。信贷扩张和货币的注入推动繁荣局面的同时，也引起生产结构的失调，导致通货紧缩。假定开始时处于充分就业状态，由银行系统派生的信贷增加将促使市场利率下降，低于自然利率。会引导企业从消费品生产转向投资品生产。经过一段时间，由于消费品供给相对于需求发生短缺，消费品价格相对于投资品就会上涨。为使经济体系重新向均衡方向调整，有必要提高利率，这会使那些在低市场利率时有利可图的投资变得无利可图，使得投资品部门的预期收益不能实现，银行贷款质量相应恶化，银行体系为防范自身的风险被迫收缩信贷，导致通货紧缩的发生。

3. 货币供应收缩论。弗里德曼在 1963 年出版的《1867—1960 年美国货币史》中，对美国 30 年代货币政策进行考察。他认为，美联储防止银行破产努力的失败和 1930 年底至 1933 年货币存量的下降，应对 30 年代严重的经济衰退负主要责任。当时银行倒闭破坏了存款货币存量，也提高了流通现金和准备金两者与存款的比例，从而降低了货币乘数，使货币存量急剧减缩。而这期间美联储一直执行货币紧缩政策。从 1919 年 4 月到 1920 年 6 月期间，美国联邦储备银行曾多次提高贴现率，将贴现率由 4% 提高到 7%。美国 1920—1921 年出现的严重通货紧缩是货币紧缩的结果。

当货币紧缩时，货币的边际收益上升，人们就会将金融资产和实物资产转换成货币资产，直到重新构成新的资产组合，使得各资产的边际收益率相等，这就可能导致金融资产和实物资产的价格下降，甚至会引起经济衰退。

4. 本币对外升值论。麦金农等对 20 世纪 90 年代日本通货紧缩的研究表明，日本出现长期的通货紧缩，是基于浮动汇率安排下日元汇率长期的升值和升值预期，使日本陷入流动性陷阱，引发通货紧缩。其形成机理为：日本经常项目长期顺差→日本金融机构的美元资产增加→市场预期日元升值，要求更高的美元资产收益率→因美元资产的收益率由国际市场给定，日元资产收益率被迫下调→为阻止日元升值，日本银行大规模干预外汇市场，增加货币投放，降低日元资产利率→由于日本的高储蓄倾向，日元升值没有影响日本贸易持续顺差的局面→日本民间持有的美元资产继续增加，日元升值预期长期存在→日本短期利率在 1996 年底几乎降到零，日本经济陷入流动性陷阱，日本银行货币政策扩张再不能刺激经济。

5. 资产缩水论。资产泡沫的破裂、资产价格下降会导致通货紧缩，对经济产生致命的消极影响。资产价格下降会引起私人部门总财富的减少，从而减少总需求：资产缩水减少了家庭的净财富，则家庭部门就会减少消费支出，特别是耐用消费品的支出；资产缩水也会引起企业净投资的减少，如果股市价格持续下降，企业股权融资的成本将大大增加，投资将因此减少。

20 世纪 30 年代初期的大萧条以及产品价格的持续下跌，同 1929 年开始的资产价格下降紧密相关，对经济产生极大的负面影响。从 20 世纪 90 年代初泡沫经济破灭以来，日本的股价、地价不断缩水。以 2002 年 10 月 10 日股市为例，日经平均股价为 8439 日元，比过去最高股价（1989 年 12 月的 38915.87 日元）缩水 78.3%，比 2001 年底缩水 19.9%。据日本国土交通省在 2002 年 4 月发表的"土地价格调查"，以 2002 年 1 月 1 日为基础，日本土地平均价格比上年又下跌了 5.9％，地价连续 11 年下跌。资产缩水给日本经济带来了严重的紧缩效应。特别是日本的银行向来以土地作为主要的贷款抵押品，地价不断下跌致使银行的贷款抵押不断贬值，银行资产严重恶化，影响着金融机构的信用等级和金融体系的稳定。

6. 供给过剩论。通货紧缩是物价持续下降的一种经济现象。理论上，通货紧缩可能是需求下降造成，也可能是供给增长太快造成。需求下降的原因可以是信贷紧缩或货币供应紧张导致市场利率上升，筹资成本增加，致使投资需求下降，并使企业开工不足，工人收入和消费减少；或是金融、房地产等泡沫破灭，国民财富缩水，引起居民消费需求萎缩，同时使银行等金融机构坏账增加，导致信用紧缩，而致投资需求减少。供给增长过快的原因则可能是科技进步带来生产力提高过快，也可能是投资增加太快，生产能力膨胀，而需求增长的速度跟不上生产能力增长的速度。可见，供求两方面因素都可能造成通货紧缩，国内经济学界的分析侧重于前者。林毅夫（1999）的实证研究发现，1998—1999 年间我国的通货紧缩和经济衰退主要是由于供给严重过剩所致。认为，严重的供给相对过剩形成的通货紧缩使经济陷入恶性循环并使一般的货币和财政政策失效。排除了货币信贷供给下降、股市波动、房地产萧条、消费乏力等因素的影响。

7. 政府调控行为论。此外，国内学者还提出政府宏观调控不当，以及转嫁体制改革的成本等，导致了 90 年代末我国发生的通货紧缩问题。吴敬琏等（2000）认为，1993 年下半年起，中央政府采取了旨在加强宏观调控的 16 项强硬措施，整顿经济秩序，控制经济过热，并使中国经济于 1996 年实现了"软着陆"。但伴随着政府宏观调控的日益加强，尤其是 1997 年亚洲金融危机的爆发促使政府加大对经济运行的干预力度之后，一些政府部门对正常的经济活动进行不当干预，用行政手段限制市场准入、控制价格、限制合理竞争，政府作用的不当发挥和过度干预，是造成当时通货紧缩局面的重要原因之一。

随着我国社会经济体制改革的深入，在社会保障体系尚不完善的情况下，政府转嫁了包括住房、就业、医疗和教育等方面的改革成本，让公众承担了过重的改革负担，经济体的预防性货币需求无穷大，阻碍了刺激经济增长的各项政策措施的发挥，是导致当时我国通货紧缩、经济衰退进一步加剧的深层次原因。

参考文献

[1] 周振华：《关于通货膨胀问题的系统思考》，载《经济体制改革》，1988（3）。

［2］樊纲：《西方公众对通货膨胀的预期》，载《瞭望》，1988（45）。

［3］北京大学中国经济研究中心宏观组：《正视通货紧缩压力，加快微观机制改革》，载《经济研究》，1999（7）。

［4］国务院发展研究中心宏观部课题组：《中国通货紧缩的成因、危害与对策》，载《中国经济时报》，2000－08－16。

［5］余永定：《打破通货收缩的恶性循环，中国经济发展的新挑战》，载《经济研究》，1999（7）。

［6］谢平、沈炳熙：《通货紧缩与货币政策》，载《经济研究》，1999（8）。

［7］李晓西：《通货紧缩、需求不足与政策思路》，载《财贸经济》，1999（8）。

［8］国家计委宏观研究院形势课题组：《集中力量治理通货紧缩》，载《人民日报》，1999－06－28。

［9］林毅夫、蔡方、李周：《中国的奇迹：发展战略与经济改革》，上海，上海人民出版社，1994。

［10］杨存亮：《货币流动性与通货膨胀》，载《金融理论与实践》，2008（11）。

［11］刘金全、金春雨、郑挺国：《中国菲利普斯曲线的动态性与通货膨胀率预期的轨迹：基于状态空间区制转移模型的研究》，载《世界经济》，2006（6）。

［12］张曙光：《我国的通货膨胀预期》，载《财贸经济》，1989（3）。

［13］张林阁、杭斌：《通货膨胀预期对消费影响的测定》，载《山西财经大学学报》，1993（5）。

［14］李占风、陈妤：《我国货币流动性与通货膨胀的定量研究——基于时变参数模型的实证》，载《数量经济技术经济研究》，2010（8）。

［15］张锐：《日本政府有限放纵日元升值》，载《金融经济》，2010（1）。

［16］张晓民：《对日元升值、油价下跌的浅析》，载《国际贸易》，1986（8）。

［17］王潮江：《日元升值三年与日本经济的变化》，载《现代日本经济》，1989（1）。

［18］程志强、周梅：《关于两次日元升值不同结果的比较分析》，载《宏观经济研究》，2007（2）。

［19］Hall, Thomas E. and J. David Ferguson. The Great Depression：An International Disaster of Perverse Economic Policies ［M］. Ann Arbor：The University of Michigan Press，1998.

第十章

中央银行的货币政策体系

【本章导读】

广义的货币政策指包括中央银行在内的各有关部门所有关于货币方面的规定和采取的影响金融变量的一切措施；狭义的货币政策指中央银行为实现其特定的宏观经济目标而采用的各种控制和调节货币供应量或信用量的方针和措施的总称。本章讨论的是狭义的货币政策，即货币政策是指中央银行为了实现一定的经济目标，运用各种工具调节和控制货币、信用、利率及汇率等变量，进而影响宏观经济的方针和措施的总和，一般包括三个方面内容：（1）货币政策目标；（2）实现目标所运用的政策工具；（3）达到预期政策效果的传导机制。

货币理论和货币政策是同一事物的两个方面，前者侧重经济理论角度，后者侧重分析政策措施。货币政策作为宏观经济调控的重要手段之一，在整个宏观经济调控体系①中占据重要的地位。货币政策理论一直是经济理论研究、实践探讨的焦点之一。本章主要按照货币政策的三个构成部分分别讨论货币政策目标、货币政策工具和货币政策传导机制。并结合当前实际，对 2008 年金融危机后中美货币政策进行比较分析。

财政政策和货币政策是国家宏观经济调控的两大基本政策手段。二者主要是通过实施扩张性或收缩性政策，来调整社会总供给和总需求的关系。二者既各有侧重，又紧密联系，必须准确把握和正确处理二者的关系，根据实际情况协调而灵活地运用财政政策和货币政策，才能充分发挥其应有作用，保证国民经济健康持续快速发展。本章从经济学视角分析了封闭的和开放的宏观经济条件下，货币政策与财政政策协调配合的法则，并结合金融危机后期的政策实践，

---

① 宏观经济调控体系是国家按照社会经济发展战略规划，遵循价值规律，为获得最大总体社会经济效益而对国民经济运行进行计划管理和调节的体系。它是包括总供给与总需求的总量平衡和财政、信贷、要素、国际收支局部平衡等综合平衡的商品经济宏观调控总体系。

比较中美在危机后期的政策。最后，分析金融危机后期，我国货币政策与财政政策配合的制约因素和改革建议。

第一节 货币政策目标

一般来说，广义上的货币政策目标（goals of monetary policy）由货币政策的操作目标、中间目标和最终目标三个渐进层次组成。中央银行对货币政策工具施加作用后，其影响力经由操作指标、中介指标到达最终目标的传递过程，中央银行对这些目标的可控性逐渐减弱，而宏观经济调控的效果逐渐显现。有时将操作目标和中介目标统称为中间目标，指中央银行为了实现其货币政策的终极目标而设置的可供观测和调控的指标。而狭义上的货币政策目标仅指最终目标（ultimate objective of monetary policy）。

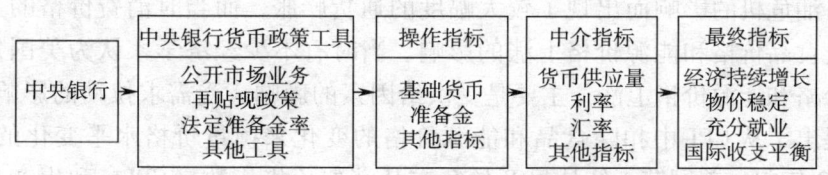

图 10.1 中央银行货币政策体系

一、货币政策的最终目标

货币政策的最终目标，指中央银行实行一定货币政策在未来时期要达到的最终目的，它反映了社会经济对货币政策的客观要求。货币政策的实质是正确处理经济发展与稳定货币的关系，各国中央银行货币政策的终极目标主要是稳定物价，促进经济增长，实现充分就业和国际收支平衡等。这四大目标也就是一国宏观经济调控的最终目标。

（一）稳定物价

稳定物价（又称为经济安定或者抑制通胀）目标是中央银行货币政策的首要目标，而稳定物价就是要抑制通货膨胀、避免通货紧缩，物价稳定的实质是币值的稳定。所谓币值，贵金属货币时期指单位货币的含贵重金属重量；在现代信用货币流通条件下，衡量币值稳定是根据单位货币的购买力，即在一定条件下单位货币购买商品的能力，通常以一篮子商品的物价指数，或综合物价指数来表示。通常使用的衡量物价稳定与否的指标有：

1. 消费物价指数（Consumer Price Index，CPI），是根据与居民生活有关的产品及劳务价格统计出来的物价变动指标，能较准确地反映消费物价水平的变化情况。通常作为观察通货膨胀水平的重要指标。

从 2011 年 1 月起，我国 CPI 开始计算以 2010 年为对比基期的价格指数序列。这是自 2001 年计算 CPI 定基价格指数以来，第三次进行基期例行更换，首轮基期为 2000 年，第二轮基期为 2005 年。因为对比基期越久，价格可比性就会下降，基期的调整是为了更容易比较。2011 年中国 CPI 构成和各部分比重最新调整为：食品 31.79%；烟酒及用品 3.49%；居住 17.22%；交通通信 9.95%；医疗保健个人用品 9.64%；衣着 8.52%；家庭设备及维修服务 5.64% 和娱乐教育文化用品及服务 13.75% 共八大类。

核心 CPI（Core CPI）是指将受气候和季节因素影响较大的产品价格剔除之后的居民消费物价指数。目前我国对核心 CPI 尚未明确界定，美国是将燃料和食品价格剔除后的居民消费物价指数定为核心 CPI。这是 1975 年由美国经济学家戈登（Robert J. Gordon）最早提出的，其背景是美国在 1974—1975 年受到第一次石油危机的影响而出现了较大幅度的通货膨胀，而当时消费价格的上涨主要是受食品价格和能源价格上涨的影响。当时有不少经济学家认为美国发生的食品价格和能源价格上涨，主要是受供给因素的影响，受需求拉动的影响较小，因此提出了从 CPI 中扣除食品和能源价格的变化来衡量价格水平变化的方法。从 1978 年起，美国劳工统计局开始公布从消费价格指数（CPI）和生产价格指数（PPI）中剔除食品和能源价格之后的上涨率。但是在美国经济学界，关于是否应该从 CPI 中扣除食品和能源价格来判断价格水平，至今仍然存在很大争论。

2. 生产者物价指数（Producer Price Index，PPI），又称为批发物价指数，是一个用来衡量制造商出厂价的平均变化的指数，它以批发交易为对象，能较准确地反映大宗批发交易的物价变动情况。生产者物价指数主要的目的在衡量各种商品在不同的生产阶段的价格变化情形，是反映某一时期生产领域价格变动情况的重要经济指标，也是制定有关经济政策和国民经济核算的重要依据。目前，我国 PPI 的调查产品有 4000 多种（含规格品 9500 多种），覆盖全部 39 个工业行业大类，涉及调查种类 186 个。

根据价格传导规律，PPI 对 CPI 有一定的影响。PPI 反映生产环节价格水平，CPI 反映消费环节的价格水平。整体价格水平的波动一般首先出现在生产领域，然后通过产业链向下游产业扩散，最后波及消费品。产业链可以分为两条：一是以工业品为原材料的生产，存在原材料→生产资料→生活资料的传导。另一条是以农产品为原料的生产，存在农业生产资料→农产品→食品的传导。在中国后一条传导路径，即农产品向食品的传导能量较大，2006 年以来粮价上涨是拉动 CPI 上涨的主要因素。而第一条，即工业品向 CPI 的传导路径不显著。

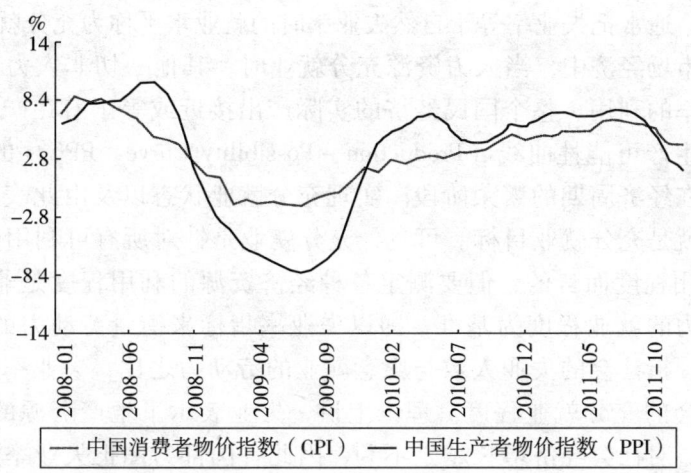

资料来源：http://www.news.cn/fortune。

图 10.2 2008—2011 年中国 CPI 和 PPI

3. GNP（国民生产总值）平减指数（GNP deflator），是指反映价值指标增减过程中与物量变动同时存在的价格变动趋势和程度的价格指数。GNP 平减指数是衡量一国在不同时期内所生产的最终产品和劳务的价格总水平变化程度的价格指数。GNP 平减指数计算方法：GNP 平减指数 = 报告期价格计算的 GNP/不变价格计算的 GNP。

GNP 平减指数包括的范围广、内容全面，除了消费品和劳务外，还包括资本品和进出口商品，能较全面地反映一般物价水平的变动趋势。然而编制国民生产总值平减指数需要收集大量的资料，需要投入大量的时间，很难及时更新和公布，在时效上无法满足经济决策的需要。

除了通货膨胀以外，还有一些属于正常范围内的因素，如季节性因素、消费者嗜好的改变、经济与工业结构的改变等，也会引起物价的变化。总之，在动态的经济社会里，要将物价冻结在一个绝对的水平上是不可能的，关键在于把物价控制在经济长期增长所允许的限度内。这个限度的确定，各个国家不尽相同，主要取决于各国经济发展情况、宏观经济制度、传统消费投资习惯等因素。一些国家的经验表明，物价上涨率应控制在 5% 以下，以 2% ~ 3% 为宜。

（二）充分就业

充分就业（full employment）的概念是英国经济学家 J. M. 凯恩斯在《就业、利息和货币通论》一书中提出的，是指在某一工资水平之下，所有愿意接受工作的人，都获得了就业机会。充分就业并不等于全部就业或者完全就业，而是仍然存在一定的失业。但所有的失业均属于摩擦性的和季节性的，而且失业的间隔期很短。通常把失业率等于自然失业率时的就业水平称为充分就业。

在现代市场经济中，当人力资源充分就业时，其他一切非人力资源也同时得到最有效率的利用，整个国民经济的实际产出接近或等于潜在产出，经济产出状态处在生产可能性曲线（Production – Possibility Curve，PPC）的最大边缘，经济发展处在经济周期的繁荣阶段。实现充分就业状态以及由此表征的整体经济运行状态就是充分就业目标。可见，充分就业是针对所有可利用资源（生产要素）的利用程度而言的，但要测定各种经济资源的利用程度是非常困难的，一般以劳动力的就业程度为基准，即以失业率指标来衡量劳动力的就业程度。所谓失业率，指社会的失业人数与愿意就业的劳动力之比，失业率的大小，也就代表了社会的充分就业程度。理论上讲，失业表示了生产资源的一种浪费，失业率越高，对社会经济增长越是不利，因此各国都力图把失业率降到最低的水平，以实现其经济增长的目标。

造成失业的原因主要有：①总需求不足。由于社会总供给大于总需求，使经济社会的各种经济资源（包括劳动力资源）无法得到正常与充分的利用。例如在经济周期中的经济危机与萧条阶段，由于需求不足所造成的失业。②摩擦性失业。是指因季节性或技术性原因而引起的失业，即由于经济在调整过程中，或者由于资源配置比例结构调整等原因，使一些人需要在不同的工作岗位上转移，这些人等待转业而产生了临时性失业现象。③结构性失业是劳动力供给结构与劳动力需求结构不一致造成的失业。

西方经济学认为，除了需求不足造成的失业外，其他种种原因造成的失业是不可避免的现象。由于人口结构的变化、技术的进步、人们的消费偏好改变等等因素，社会上总会存在着摩擦性失业和结构性失业，摩擦性失业率及结构性失业率加总之和为自然失业率（natural rate of unemployment）。自然失业率是指在没有货币因素干扰的情况下，由劳动市场和商品市场的自发供求力量起作用而达到总需求与总供给均衡状态下的失业率，又称为"均衡失业率"或者"充分就业状态下的失业率"。从经济效率的角度看，保持一定的失业水平是适当的，充分就业目标并不意味着失业率等于零。在不同国家和不同时期具有不同的自然失业率，各国政府可以依据具体情况来确定本国特定时期的充分就业目标。以美国为例，20 世纪五六十年代的自然失业率为 3.5% ~ 4.5%，即 95.5% ~ 96.5% 的劳动力人口就业率就是充分就业状态；20 世纪 70 年代的自然失业率为 4.5% ~ 5.5%；20 世纪 80 年代的自然失业率为 5.5% ~ 6.5%。美国多数学者认为 4% 的失业率即为充分就业，而一些保守的学者则认为应将失业率压低到 2% ~ 3% 以下。

受金融危机的影响，美国经济下滑，出现了连续的失业率攀升问题，2009

年、2010 年和 2011 年的失业率分别为 9.3%、9.6% 和 8.9%，预计 2012 年美国的失业率会缓慢下降，但仍将处在 8% 以上的高位，国际上一般的失业率警戒线为 7%。2011 年德国和日本的失业率分别为 7% 和 4.6%。

　　由于存在户籍管理体制、就业统计口径和统计方法的差异（存在城镇登记失业率，调查失业率等不同的统计）等问题，中国的失业率统计数据较难取得。根据第五次人口普查，2000 年中国城市失业率为 9.4%，其中男性为 8.7%，女性为 10.4%。劳动和社会保障部、国家统计局在《2001 年度劳动和社会保障事业发展统计公报》中认为全国城镇登记失业率为 3.6%，而中国社会科学院在《2001 人口与劳动绿皮书》中认为中国城镇的实际失业率已经达到了 7% 的国际警戒线。2006 年上海社科院副研究员曾燕波认为，如果把农村富余劳动力算入，我国失业率就要高达 20%，如果把城镇下岗人口纳入失业统计，失业率数字将更高，亚洲开发银行测算中国大陆失业率在 34.3%。中国社科院于 2008 年 12 月 16 日发布的《社会蓝皮书》称，中国城镇失业率已经攀升到 9.4%。人力资源和社会保障部公布截至 2011 年第三季度末中国城镇登记失业率为 4.1%。我国的失业率数据一直存在官方统计和学界统计差异较大现象，而且官方统计的失业率数据始终明显低于非官方的统计数据。

　　（三）经济增长

　　经济增长（long – term economic growth）通常是指在一个较长的时间跨度上，一国人均产出（或人均收入）水平的持续增加。这里强调的是经济的长期可持续增长。经济增长率的高低体现了一个国家或地区在一定时期内经济总量的增长速度，也是衡量一个国家或地区总体经济实力增长速度的标志。目前各国衡量经济增长的指标一般采用人均实际国民生产总值的年增长率，即用人均名义国民生产总值年增长率剔除物价上涨率后的人均实际国民生产总值年增长率来衡量。决定经济增长的直接因素有：投资量、劳动量、生产率水平。用现价计算的 GDP 可以反映一个国家或地区的经济发展规模，用不变价核算的 GDP 增长率可以用来计算经济增长的速度。西方经济增长理论一般是运用均衡分析方法，通过建立各种经济模型，考察在长期经济增长的动态过程中，如要实现稳定状态的均衡增长所需具备的均衡条件。经济增长最常见的有两种定义：①经济增长是指一个经济体所生产的物质产品和劳务在一个相当长的时期内的持续增长，也即实际总产出的持续增长。②经济增长是指按人口平均计算的实际产出，即人均实际产出的持续增加。美国经济学家 S. 库兹涅茨给经济增长的定义为："一个国家的经济增长，是给居民提供种类日益繁多的经济产品的能力长期上升，这种不断增长的能力是建立在先进技术以及所需要的制度和思想意识的相应调整基础上的。"库兹涅茨从其定义出发，根据历史资料总结了经济增长的特征：①经济增长最显著的特点在于产量增长率、人口增长率、人均产量增长率、生产率的增长率普遍较高；②伴随着生产率提高的还有技术进步加快、经济结构的变革、社会结构与意识形态结构的迅速改革；③增长在世界范围内迅速扩大并且是不平衡的。

经济增长理论认为，经济增长受到资源约束（包括自然条件、劳动力素质、资本数额等方面）、技术约束和体制约束（体制规定了人们的劳动方式、劳动组织、物质和商品流通、收入分配等内容，规定了人们经济行为的边界）等方面的制约（1948 年的哈罗德—多马经济增长模型、1957 年的索洛经济增长模型等）。经济的合理增长需要多种因素的配合，最重要的是要增加各种经济资源，并且要求各种经济资源实现最佳配置。中央银行作为国民经济中的货币主管部门，其货币政策对资本的供给与配置产生巨大作用。因此，中央银行以经济增长为目标，在接受既定目标的前提下，通过其所能操纵的政策工具对各种资源的运用加以组合和协调。一般地说，中央银行可以用增加货币供给或降低实际利率水平的办法来促进投资增加；或者通过控制通货膨胀率，以消除其所产生的不确定性对投资的影响。

虽然大多数国家的中央银行普遍将经济增长列为货币政策目标之一，但由于它在各国货币政策目标中所处的地位不同，其重要程度不尽相同，就一国而言，在各个历史时期也并不一样。从美国来看，高度重视经济增长是在 20 世纪30—50 年代，因为当时美国面临二战后的生产严重下降，以及随后出现的 50 年代初的经济衰退。而自 70 年代以来，尤其是 1981 年里根担任总统之后，货币政策目标则以反通货膨胀为重点。日本在第二次世界大战后也同样提出了发展经济的目标，实际上，在经济增长与稳定物价这两个目标的重点选择上，日本始终以稳定物价为主。联邦德国由于吸取两次世界大战之后爆发恶性通货膨胀的惨痛教训，虽把经济增长列入政策目标之一，但在实际执行中宁愿以牺牲经济增长来换取马克的稳定。韩国的货币政策目标曾一度是经济增长为主，稳定物价被置于次要位置。

（四）国际收支平衡

国际收支平衡也称外部平衡，指一国国际收支净额即净出口与净资本流出的差额为零。一国国际收支的状况主要取决于该国进出口贸易和资本流入流出状况。一国在一定时期内的国际收支状况可以由该国当期的国际收支平衡表来反映。根据国际货币基金组织的定义，国际收支平衡表是某一时期一国对外经济往来的统计表，它全面反映某一经济体同世界其他地方之间在商品、劳务和收入方面的交易；该经济体的货币性黄金、特别提款权以及对世界其他地方的债权、债务的所有权等的变化；为平衡不能相互抵消的上述交易和变化的任何账目所需的无偿转让和调节项目。

国际收支平衡表中的经济交易根据其性质可分为两种：一种是自主性交易，或叫事前交易，它是出于经济目的、政治以及道义上的动机而自主进行的经济交易，如贸易、汇兑、援助、赠与等。另一种是调节性交易（或叫事后交易），它是为弥补自主性交易的差额而进行的，如获得国际金融机构的短期资金融通、动用本国黄金储备、外汇储备以弥补差额等。若一国国际收支中的自主性交易收支自动相等，说明该国国际收支平衡；若自主性交易收入大于支出，称之为顺差；若自主性交易支出大于收入，则称之为逆差。判断一国的国际收支平衡与否，关键就是看自主性交易平衡与否，是否需要调节性交易来弥补。如果不需要调节性交易来弥补，则称之为国际收支平衡。当一国国际收支处于失衡状态时，市场机制可以进行一定程度的调节，但这种调节力度有限，特别是在固定汇率制度下。政府作为宏观经济的管理者，在很多情况下要实施不同的宏观经济政策以弥补市场对国际收支平衡调节力度的不足。

货币政策的平衡国际收支目标，就是中央银行采取各种货币政策工具措施影响本币汇率或货币供应量等指标，进而纠正国际收支差额使其趋于平衡。在开放的社会经济中，本币汇率水平的变化影响到该国国际贸易状况，因此货币汇率与国际收支有关。国际收支状况还与国内货币供应量密切相关。顺差时，货币供应量呈增加趋势；逆差时，货币供应量将减少。因此，中央银行可以通过调控汇率和货币供应量使国际收支趋于平衡。因为一国国际收支出现失衡，无论是顺差或逆差，都会对本国经济造成不利影响，长期的巨额逆差会使本国外汇储备急剧下降，并承受沉重的债务和利息负担；而长期的巨额顺差，又会造成本国资源使用上的浪费，使一部分外汇闲置，特别是如果因大量购进外汇而增发本国货币，则可能引起或加剧国内通货膨胀。

各国一般是根据其国际收支出现的问题来确定其当期的平衡国际收支目标。美国在 20 世纪 60 年代末出现了国际收支失衡，1969—1971 年，国际收支逆差累计达到 400 亿美元，黄金储备大量流失，这时平衡国际收支成为美国货币政策的第四大目标。日本的情况与美国类似。20 世纪 50 年代以后，日本对外贸易和国际收支经常出现逆差，严重影响国内经济的发展，因此才将平衡国际收支列为政策目标。1965 年以前，日本银行在国际收支方面主要解决逆差问题，此后日本国际收支呈现出完全顺差的趋势。当时日本因致力于国内物价稳定而忽视了对顺差的关注，结果导致顺差的进一步扩大，并由此引起了 1971 年 12 月的日元升值，之后，日本银行转而解决国际收支顺差问题。英国的情况有所不同，因其国内资源比较缺乏，对外经济在整个国民经济中占有较大的比重，特别是国际收支失衡会使国内经济和货币流通产生较大的波动，因此战后英国一直把国际收支平衡列为货币政策的重要目标。中国改革开放以来始终将略有顺差作为国际收支平衡的目标，30多年来，我国因国际收支顺差而积累的国际储备资产快速增长，2006年超越当时国际储备第一大国日本之后，始终占据国际储备第一大国的地位。

（五）货币政策最终目标之间的关系

货币政策最终目标之间的关系较复杂，有的一定程度上具有一致性，如充分就业与经济增长；而更多地表现为目标间的冲突性。因此，除了研究货币政策目标的一致性以外，还必须研究货币政策目标之间的矛盾性及其缓解矛盾的措施。各目标之间的矛盾表现为：

1. 物价稳定与充分就业之间的关系

物价稳定与充分就业之间存在一种交替关系。当失业人数过多时，货币政策要实现充分就业的目标，就需要扩张信用和增加货币供应量，以刺激投资需求和消费需求，扩大生产规模，增加就业人数，增加货币工资；同时由于需求的大幅增加，会带来一定程度的物价上升，必然造成物价与就业两项目标的冲突。如西方国家在20世纪70年代推行的扩张政策，不仅无助于实现充分就业和刺激经济增长，反而造成滞胀局面。

物价稳定与充分就业之间的矛盾关系可用菲利普斯曲线来说明。1958年，英国经济学家菲利普斯（A. W. phillips）根据英国1861—1957年失业率和货币工资变动率的经验统计资料，勾画出一条用以表示失业率和货币工资变动率之间反向交替关系的曲线，当失业率较低时，货币工资增长率较高；反之，当失业率较高时，货币工资增长率较低。1960年美国经济学家萨缪尔森和索洛认为物价的变动只与货币工资的变动有关，以物价上涨率代替了原菲利普斯曲线中的货币工资变化率，提出了"失业—物价"菲利普斯曲线。后来学者发现，人们真正关心的是工资的购买力而不是货币工资本身，实际工资变化率才是真正需要关注的，名义工资变化率必须用通货膨胀率来纠正。工资变化率是由预期通货膨胀率和实际失业率决定的；通货膨胀率等于工资变化率减去生产率增长率。在扩展到菲利普斯曲线中（见图10.3），SPC为短期菲利普斯线，它随生产率的增长率和预期通胀率的变化而移动；LPC为长期菲利普斯线，由于长期看，通胀的预期准确，而且预期通货膨胀全部进入工资合同，因此得到一条垂直的菲利普斯曲线LPC，只有生产率的增长率变化才能使LPC移动。

菲利普斯曲线表明失业率与物价变动率之间存在着一种相互替换关系，因此，失业率和物价上涨率之间可能有的选择是：失业率较高的物价稳定；通货膨胀率较高的充分就业；在物价上涨率和失业率的两极之间实行组合，即所谓的相机抉择，根据具体的社会经济条件作出正确的组合。所以，中央银行只有

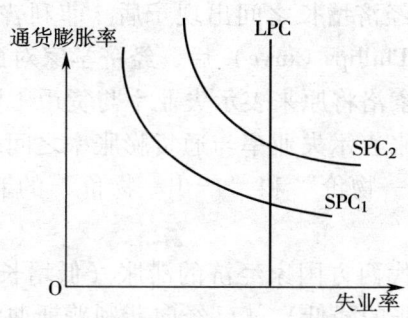

图 10.3　拓展的菲利普斯曲线

根据具体的社会经济条件，寻求物价上涨率和失业率之间某一适当的组合点。

2. 物价稳定与经济增长的关系

稳定物价与促进经济增长之间是否存在着矛盾，理论界对此看法不一，主要观点有：

（1）物价稳定才能维持经济增长。认为劳动力增加、资本增加、技术进步等因素促进生产发展和产量增加，随之而来的是货币总支出的增加。货币工资和实际工资是随生产率的发展而增加的，只要物价稳定，整个经济就能正常运转，维持其长期增长的趋势。这是供给决定论的古典学派经济思想在现代经济中的反映。马克思在分析金本位制度下资本主义经济时认为，随着经济的增长，价格应趋于下降或趋于稳定。因为经济的增长主要取决于劳动生产率的提高和新生产要素的投入，在劳动生产率提高的前提下，生产的增长，意味着产品的增加和单位产品生产成本的降低，稳定物价目标与经济增长目标并不矛盾。

（2）轻微物价上涨能够刺激经济增长。凯恩斯学派的观点认为，在充分就业没有达到之前增加货币供应，增加社会总需求主要是促进生产发展和经济增长，这一阶段物价上涨缓慢，因此轻微的物价上涨会促进整个经济的发展。美国的凯恩斯学派的学者也认为：价格的上涨，通常可以带来高度的就业，在轻微的通货膨胀之中，工业之轮开始得到良好的润滑油，产量接近于最高水平，私人投资活跃，就业机会增多。

（3）物价稳定与经济增长存在矛盾关系。从现代经济社会的实践看，经济增长总是伴随物价上涨。从世界上许多国家近 100 年中经济增长时期的物价资料的分析发现，凡是经济正常增长时期，物价水平都呈上升趋势，特别是第二次世界大战以后，情况更加明显。从西方货币政策实践的结果来看，要使稳定物价与经济增长同时实现并不容易。原因在于，政府往往较多地考虑经济发展，追求经济增长的高速度，采用扩张信用和增加投资的办法，其结果必然造成物价上涨，使物价稳定与经济增长之间出现矛盾。菲利普斯提出"失业—工资"关系的菲利普斯曲线（Phillips Curve）后，经济学家对此进行了大量的理论解释，尤其是萨缪尔森和索洛将原来表示失业率与货币工资率之间交替关系的菲利普斯曲线发展成为用来表示失业率与通货膨胀率之间交替关系的曲线。存在"失业—工资"、"失业—物价"和"产出—物价"的菲利普斯曲线三种表达方式。

　　然而20世纪70年代西方国家经济的滞胀（低增长率与高通货膨胀并存，经济放缓也不见通货膨胀的降低）就已经向菲利普斯曲线理论发出了挑战。货币主义经济学家米尔顿·弗里德曼提出的货币主义学说就指出了一种维持经济增长和物价稳定的政策行为——保持货币发行量的低水平的稳定增长，在这一理论的指导下，20世纪90年代以来，美联储在格林斯潘的领导下，连续进行了20次左右的加息政策，造就了美国经济近15年的持续繁荣、国内物价稳定的大环境。

　　3. 稳定物价与平衡国际收支的关系

　　理论上说，稳定物价和平衡国际收支是能够保持一致性的货币政策目标。因为物价稳定表明货币对内价值稳定，货币在国内市场的购买力稳定；国际收支平衡使得本币对外汇率趋于稳定，因此稳定物价与平衡国际收支保证了货币对内价值和对外价值的稳定。在开放经济体中，货币对内价值和对外价值存在密切的正相关关系。持续的贸易顺差会推动顺差国货币汇率的上升，反之，巨额国际收支逆差国家的货币汇率会趋于贬值。然而在实践中，稳定物价与平衡国际收支目标要同时实现却存在一定的矛盾。这主要是因为货币价值的稳定受到内外部诸多因素的影响，诸如货币供求关系、国际贸易和国际投融资行为、货币市场投机、内外部通货膨胀率的相对变化情况等，例如，当货币在本国价值稳定，国内没有发生通货膨胀，但其他国家发生通货膨胀，则会造成本国输出增加、输入减少，国际收支发生顺差；反之，则出现逆差，使国际收支恶化。要实现稳定物价与平衡国际收支的均衡，现实中存在一定的矛盾。

　　4. 经济增长与国际收支平衡的矛盾

　　随着经济增长，对进口商品的需求通常也会增加，如果该国的出口贸易不能随进口贸易的增加而相应增加，结果会出现贸易逆差，使得贸易收支状况恶化；反之，为消除逆差，平衡国际收支，需要紧缩信用，减少货币供给，可能会导致经济增长速度放慢。

　　要促进国内经济增长，就要增加投资提高投资率。在国内储蓄不足的情况下，有必要借助于引进外资、引进外国的先进技术和设备，引进外资可能形成国际收支中资本项目的差额。尽管这种外资的流入可以在一定程度上弥补贸易逆差而造成的国际收支失衡，但并不一定就能确保经济增长与国际收支平衡的齐头并进。

总之，对于任何一个国家，上述各种目标往往不能同时兼顾。如何在这些相互冲突的目标中作出适当的选择，是各国中央银行制定货币政策时所面临的最大难题。在中国，货币政策目标的选择在实际中有两种主张，一种是单一目标，以稳定币值作为首要的基本目标；另一种是双重目标，即稳定货币和发展经济兼顾。从各国中央银行货币政策的历史演变中来看，无论是单一目标、双重目标或多重目标，都不能脱离当时的经济社会环境以及当时所面临的最突出的基本矛盾。但货币政策要保持足够的稳定性和连续性，政策目标不能偏颇和多变。

从 2011 年 12 月 30 日召开的中国人民银行货币政策委员会 2011 年第四季度例会对当前国内外经济金融形势分析和货币政策实施方案中，可以看出货币政策制定与执行过程的多目标和复杂性。会议提出密切关注国际国内经济金融最新动向及其影响，继续实施稳健的货币政策，保持政策的连续性和稳定性，进一步增强政策的针对性、灵活性和前瞻性，把握好调控的力度、节奏和重点，根据形势变化适时适度进行预调微调，处理好保持经济平稳较快发展、调整经济结构和管理通胀预期之间的关系，加强系统性风险防范。综合运用多种货币政策工具，继续发挥宏观审慎政策措施的逆周期调节功能，保持合理的货币信贷总量和社会融资总规模。按照有扶有控的原则，着力引导和促进信贷结构优化，加大对社会经济重点领域和薄弱环节的支持力度，引导金融机构提高金融服务水平，更好地支持实体经济发展。进一步完善人民币汇率形成机制，保持人民币汇率在合理均衡水平上的基本稳定。

二、货币政策的中介目标和操作目标

（一）货币政策中介目标和操作目标的概念

中央银行在实施货币政策中所运用的政策工具无法直接作用于最终目标，需要一些中间环节来监测政策实施的进程和力度，完成政策传导的任务。因此，中央银行在其政策工具和最终目标之间，放置了中介目标和操作目标两组金融变量，通过这些变量的变动，中央银行的政策工具间接地影响产出、就业、物价和国际收支等最终目标变量。

货币政策的中介目标和操作目标又称营运目标。它们是一些较短期的、数量化的金融指标，作为政策工具与最终目标之间的中介或桥梁，使中央银行对宏观经济的调控更具弹性。操作目标是接近中央银行政策工具的金融变量，又称为近期目标，它直接受政策工具的影响，其特点是中央银行容易对它进行控制，但它与最终目标的因果关系不太稳定。中介目标是距离政策工具较远但接近于最终目标的金融变量，又称为远期目标，其特点是中央银行不容易对它进行控制，但它与最终目标的因果关系比较稳定。建立货币政策的中介目标和操作目标，是为了及时测定和控制货币政策的实施程度，使之朝着正确的方向发展，以保证货币政策最终目标的实现。

（二）选择中介目标和操作目标的标准

货币政策中介目标是连接货币政策最终目标与政策工具操作的中介环节，也是实施货币政策的关键步骤。中介目标必须具备三个特点：

1. 可测性。指中央银行能够迅速获得中介目标相关指标变化状况和准确的数据资料，并能够对这些数据进行有效分析和作出相应判断。

2. 可控性。指中央银行通过各种货币政策工具的运用，能够较有把握地将选定的中介目标控制在确定的或预期的范围内，能在较短时间内（如 1～3 个月）控制中介目标变量的变动状况及其变动趋势。

3. 相关性。指中央银行所选择的中介目标，必须与货币政策最终目标有密切的相关性，中央银行运用货币政策工具对中介目标进行调控，能够促使货币政策最终目标的实现。

（三）充当中介目标的变量

可以作为中介目标的金融指标主要有长期利率、货币供应量和贷款量。

1. 长期利率（long－term rate）

西方传统的货币政策均以长期利率为中介目标。长期利率能够作为中央银行货币政策的中介目标，是因为：（1）长期利率不但能够反映货币与信用供给的长期状态，而且能够表现供给与需求的相对变化趋势。利率水平趋高被认为是银根紧缩，利率水平趋低则被认为是银根松弛。（2）长期利率属于中央银行影响可及的范围，中央银行能够运用政策工具设法提高或降低利率。（3）长期利率资料易于获得并能够经常汇集。

2. 货币供应量（money supply）

以弗里德曼为代表的现代货币数量论者认为宜以货币供应量或其变动率为主要中介目标。主要理由是：（1）货币供应量的变动能直接影响经济活动。（2）货币供应量及其增减变动能够为中央银行所直接控制。（3）与货币政策联系最为直接。货币供应量增加，表示货币政策松弛，反之则表示货币政策紧缩。（4）货币供应量作为指标不易将政策性效果与非政策性效果相混淆，因而具有准确性的优点。

以货币供应量为指标需要考虑的问题是：（1）中央银行对货币供应量的控制能力。货币供应量的变动主要取决于基础货币的改变，但还要受其他种种非政策性因素的影响，如现金漏损率、商业银行超额准备比率、定期存款比率等，非中央银行所能完全控制。（2）货币供应量传导的时滞问题。中央银行通过变动准备金以期达到一定的货币量变动率，但此时却存在着较长的时滞。（3）货币供应量与最终目标的关系不太稳定。对此有些学者尚持怀疑态度。但从衡量的结果来看，货币供应量仍不失为一个性能较为良好的指标。

3. 贷款量

以贷款量作为中介目标，其优点是：（1）与最终目标有密切相关性。流通中现金与存款货币均由贷款引起，中央银行控制了贷款规模，也就控制了货币供应量。（2）准确性较强，作为内生变数，贷款规模与需求有正值相关；作为政策变数，贷款规模与需求也是正值相关。（3）数据容易获得，也具有可测性。

以贷款量作为中介目标在具体实施中各国情况也有差异。以贷款量的指标，各国采用的计量口径也不一致，有的用贷款余额，有的则用贷款增量。政府对贷款控制较严的国家，通过颁布一系列关于商业银行贷款的政策及种种限制，便于中央银行控制贷款规模。以贷款量作为中间目标多适用于计划经济国家。

（四）充当操作目标的变量

通常采用的操作目标主要有短期利率、商业银行的存款准备金、基础货币、汇率等。

1. 短期利率（short – term rate）

短期利率通常指市场利率，即能够反映市场资金供求状况、变动灵活的利率。它是影响社会的货币需求与货币供给、银行信贷总量的一个重要指标，也是中央银行用以控制货币供应量、调节市场货币供求、实现货币政策目标的一个重要的政策性指标。过去美国联储主要采用国库券利率，近年来转为采用联邦基金利率。日本采用的是银行同业拆借利率。英格兰银行的长、短期利率均以一组利率为标准，其用做操作目标的短期利率有：隔夜拆借利率、3 个月期的银行拆借利率、3 个月期的国库券利率；用做操作目标的长期利率有：5 年公债利率、10 年公债利率、20 年公债利率。

2. 商业银行的存款准备金（reserves）

中央银行以准备金作为货币政策的操作目标，其主要原因是，无论中央银行运用何种政策工具，都会先行改变商业银行的准备金，然后对中介目标和最终目标产生影响。由于商业银行准备金越多，银行贷款与投资的能力就越大，从而派生存款和货币供应量也就越多。因此，银行准备金增加被认为是货币市场银根放松，准备金减少则意味着市场银根紧缩。

作为内生变量，准备金与信贷需求负相关，借贷需求上升，银行体系便减少准备金以扩张信贷；反之则增加准备金而缩减信贷。作为政策变量，准备金与社会需求正相关。中央银行要抑制需求，一定会设法减少商业银行的准备金。

3. 基础货币（monetary base）

基础货币是中央银行发行的债务凭证，因其具有使货币供应总量成倍放大或收缩的能力，又被称为高能货币（high-powered money）。它是中央银行经常使用的一个操作指标，基础货币是商业银行准备金和流通中通货的总和，包括商业银行在中央银行的存款、银行库存现金、向中央银行借款、社会公众持有的现金等。通货与准备金之间的转换不改变基础货币总量。基础货币的影响因素主要是中央银行对商业银行等金融机构债权的变动、国外净资产数额变化、对政府债权净额的变化等。

中央银行有时还运用"已调整基础货币"指标，或者称为扩张的基础货币，它是针对法定准备的变化调整后的基础货币。单凭基础货币总量的变化还无法说明和衡量货币政策，必须对基础货币的内部构成加以考虑。因为：（1）在基础货币总量不变的条件下，如果法定准备率下降，银行法定准备减少而超额准备增加，这时的货币政策仍呈扩张性；（2）若存款从准备比率高的存款机构转到准备比率较低的存款机构，即使中央银行没有降低准备比率，但平均准备比率也会有某种程度的降低，这就必须对基础货币进行调整。

多数学者认为基础货币是较理想的操作目标。因为基础货币是中央银行的负债，中央银行对已发行的现金和它持有的存款准备金都掌握着相当及时的信息，因此中央银行对基础货币是能够直接控制的。基础货币比银行准备金更为有利，因为它考虑到社会公众的通货持有量。

4. 汇率（exchange rate）

汇率不仅具有可测性、可控性，中央银行可以动用外汇基金在外汇市场上进行公开市场操作实现对汇率的控制，而且具有相关性，本币汇率直接影响到本国的国际贸易，汇率作为货币政策的中介指标有利于实现外部均衡等最终目标。一部分国家由于特定的经济金融条件，将汇率作为货币政策的中介指标。主要有两种类型的经济体：（1）高度开放的小型市场化经济体。如新加坡、中国香港，由于其经济的对外依存度很高。本币汇率的稳定对于其经济的繁荣与稳定具有重要的影响作用，因此将货币汇率作为货币政策的中介指标，有利于准确掌握经济发展动态，及早作出政策调整。（2）发生恶性通货膨胀的国家，在其克服恶性通胀的过程中，将本币与外国较强的货币进行挂钩，以此来稳定本币价值、增强对货币的信心。在将本币与外币挂钩的时期，汇率就成为货币政策的中介指标。如墨西哥在1987年经济危机后通过将本币与美元挂钩，有效地将通胀率从159%控制到1994年的7%。

（五）货币政策中介目标的概念的演变

货币政策中介目标是中央银行为实现货币政策最终目标而选择作为调节对

象的目标。西方货币理论认为中介目标的重要性在于：①货币政策作用机理具有滞后性和动态性，因而有必要借助于一些能够较为迅速地反映经济状况变化的金融或非金融指标，作为观察货币政策实施效果的信号；②为避免货币政策制定者的机会主义行为，需要为货币当局设定一个名义锚，以便社会公众观察和判断货币当局的言行是否一致以及监督货币当局的行为效果。

货币政策中介目标的概念最早是 20 世纪 60 年代美国经济学家提出的，但当时的中央银行并没有从宏观控制的角度来考虑中介目标。20 世纪五六十年代，货币政策最终目标强调充分就业、经济增长，受凯恩斯经济学派的影响，西方主要国家货币当局一般采用利率作为货币政策的中介目标。

20 世纪七八十年代，货币政策最终目标以稳定通货为主，中介目标是货币供应量。早在 20 世纪 60 年代，以米尔顿·弗里德曼为代表的一批货币主义者就正确预见了短期菲利普斯曲线的崩溃，提出了凯恩斯主义宏观微调管理政策无效的观点。随着西方国家在 20 世纪 70 年代普遍出现了经济滞胀现象，验证了货币主义的观点。加上整个 70 年代受频繁发生石油危机的实质性冲击，以货币供应量作为货币政策的中介目标成为西方各国货币当局的必然选择。在当时的政策制定者看来，货币供应量指标无论是在可测性、可控性和相关性上都要优于利率指标。进入 20 世纪 90 年代以后，某些西方国家实行以反通胀为唯一目标的货币政策，放弃了以货币供应量作为中介目标的监控方法，部分国家建立了以短期利率为主要操作手段、实现通货膨胀目标的货币政策体系，货币政策操作直接盯住通货膨胀目标。

虽然近年来这些西方国家的货币中介目标基本已经稳定下来，但经济学界对此的争论却从未停息，学者仍在运用各类方法，论证自己的见解。下面以美国、英国、日本、德国和中国为例，阐述各国货币政策中介目标的演变。

1. 美国的货币中介目标演变

20 世纪 70 年代以来，美国联邦储备银行基本上接受了货币主义的"单一规则"，确定货币供应量作为对经济进行宏观调控的主要手段。进入 20 世纪 90 年代，由于美国在预算平衡案的新财政运作框架下，联邦政府已不再可能通过扩大开支、减少税收等传统财政政策刺激经济，在相当程度上削弱了财政政策对经济实施宏观调控的作用。货币政策就成为政府对经济进行调控的主要工具。货币主义理论自身的局限性以及国际金融活动的变化，推动了美国的货币中介目标从"单一规则"向"泰勒规则"演变。

对于货币主义理论基于货币乘数和货币流通速度的稳定性论证货币供应量目标的适当性，学者抱有质疑：①货币当局所能控制的只是基础货币（B），而决定着基础货币到货币供应量（Ms）之间的杠杆——货币乘数，并不是货币当局所能完全控制的，它不仅取决于中央银行确定的法定存款准备金率，还取决于商业银行愿意持有的超额准备率和公众愿意持有的通货比率；②由于物价水平的变化会影响持有货币的机会成本，在通货膨胀期持有货币的机会成本较高，货币流通速度呈现加快的趋势，反之货币流通速度则会降低，从而导致面对相同的货币供应量水平在不同的经济景气阶段会产生不同的名义需求。

由于 20 世纪 60 年代中期以来，规模日益增大的"金融创新"浪潮，使得货币供应的定义和统计变得日益困难。货币供应量作为中介目标的实践在 20 世纪 80 年代出现失败。20 世纪 70 年代末以来，以离岸金融和跨国银行活动为主导，国际上掀起了金融自由化的浪潮。国际间资本流动与 70 年代相比有跳跃性增长，尤其是短期资本流动和外汇交易增长更为迅速。这些资金流动对各国货币政策的实施，造成了巨大的不确定性影响。基于上述原因，1993 年 7 月美联储决定放弃实行了十余年的以调控货币供应量来调控经济运行的单一货币政策规则，而以调整实际利率作为对经济实施宏观调控的主要手段。这就是现在美国金融界的"泰勒规则"：在各种影响物价水平和经济增长率的因素中，真实利率是唯一能够与物价和经济增长保持长期稳定关系的变量。"泰勒规则"秉承了"单一货币增长规则"的主旨，又比"单一规则"更具灵活性。该规则将规则性和相机抉择的两种政策模式配合起来，以规则性保证政策的连续性，以相机抉择为货币政策增加一定的灵活性和应变性。泰勒规则受到了众多学者的重视，并为越来越多的中央银行所接受。

美联储货币政策的制定和实施，从实践层面证明了泰勒规则的政策效果。哥伦比亚大学、纽约大学以及高盛投资公司众多学者的研究还表明，德国、日本等发达国家以及一些新兴国家与发展中国家的货币操作与利率调控也基本上都是遵循泰勒规则或其演化形式进行的。

2. 英国的货币中介目标演变

英国从 1993 年开始货币政策操作直接盯住通货膨胀目标，不再依赖于其他中介目标，而货币供应量指标只是作为对宏观经济研究的监测指标。从英格兰银行 1694 年建立以后的三百年里，英国的平均通胀率仅为 1.4%。但在经历了第二次世界大战之后，通胀率达到了 6%，并且在 1965 年至 1980 年的 15 年间平均达到 10.3% 以上。

面对如此严重的通货膨胀，经济学家都认为政府应该在长期内从通货膨胀和产出两者中直接作出权衡。1970 年，货币总量目标被引入，货币政策先是面对宽口径的货币量 M_2 和窄口径货币量 M_1。在 80 年代中期，由于英镑危机以及一些无法预期的变化导致了政府舍弃货币总量目标而转向汇率目标。1990 年英国加入欧洲货币联合汇率机制，但在 1992 年 9 月 16 日被迫放弃了会员资格。

1992 年 10 月，英格兰银行和财政部共同宣布了新的货币政策框架：①利率作为应对通货膨胀的直接货币政策目标；②英格兰银行担当设定利率的重要角色。这种变化增强了货币政策的传导性和开放性。在新政策公布的 10 个月内，通货膨胀率控制在 2.5% 以下，在 1996 年底达到 3.1%。至今，英国仍然直接盯住通货膨胀目标，货币中介目标以利率为主。

3. 日本的货币中介目标演变

20 世纪 70 年代以前，日本银行主要以银行同业拆放市场利率作为操作目标，同时关注民间金融机构尤其是城市银行的贷款增加额。

进入 70 年代后，随着世界金融形势的变化，主要发达国家都将货币政策的中介目标从利率转向货币供应量，受其影响日本银行也将中介目标的重点转向了货币供应量，最初选择了 M_1 作为主要中介目标。在 1979 年引入可转换大额存单制度后，改为 $M_2 + CD$。因为 $M_2 + CD$ 包括了现金、活期存款、定期存款和 CD 等项，避免因利率变动产生的不稳定性。并且 $M_2 + CD$ 能先于收入和支出变动，对未来的收入和支出产生影响，$M_2 + CD$ 较之 M_1 与将来的收入和支出有着更为密切的因果关系。作为中央银行，最重要的就是要控制与将来可能出现的收入和支出联系最密切的通货指标。

80 年代中期，金融创新引起货币层次的复杂性，日本银行对货币供应量作为中介目标的依赖性逐渐减弱，注意力转移到一整套反映金融市场变量上，包括市场利率、汇率、资产价格、广义货币等，其中市场利率日益成为货币政策操作的中心。

90 年代末的亚洲金融危机之后，海外经济的普遍下滑对日本经济也产生了很大的负面影响，美国的恐怖袭击事件更是加剧了日本经济前景的不确定性。作为应对措施，2001 年，日本银行改变了主要的操作目标，从隔夜拆借利率转向经常性账户未偿付差额，并且在物价停止紧缩之前始终保持这个政策。虽然日本实施宽松货币政策对经济复苏的影响有限，但对于低谷中的日本经济，还是具有积极影响的。

4. 德国的货币中介目标演变

1973 年前，德国中央银行——德意志联邦银行一直是把银行的银根作为其货币政策中介目标，具体指标是自由流动储备，包括商业银行的超额储备、商业银行持有的货币市场上的证券存量、短期外国资产及未使用的再贴现限额。把自由流动储备作为货币政策中介目标的条件是，自由流动储备与银行信贷活动之间要有稳定的联系，才能保证联邦银行可以通过控制自由流动储备来达到控制银行信贷、影响货币量和整个经济活动水平的目的。这只有在商业银行需要依靠联邦银行来获得流动性的情况下，联邦银行的目的才能达到。在 70 年代前的德国，这种条件是具备的。

然而进入 70 年代后，欧洲货币市场的急剧发展壮大，为商业银行的国际融资活动提供了便利条件，CD 市场的出现，行际关系的扩大，都使得商业银行流动性来源渠道多样化。联邦银行通过改变商业银行的流动性比率来控制银行提供信贷量变得困难了。1973 年的石油危机及联邦银行一贯实行的紧缩银根的做法，导致市场上对贷款的需求很大，推动利率上升，储备额大增，商业银行为攫取利润尽力降低流动性比率来满足信贷需求，造成联邦银行对银行银根和货币总量失控，致使当年通货膨胀率达到 7%。并且 70 年代以后德国保卫马克的政策目标受到威胁，联邦银行认识到货币供应量与经济波动之间的关系比银行银根与实际经济波动之间的关系更加密切。这样，从 1974 年开始，联邦银行就把中介目标从自由流动储备转向货币供应量。在 1988 年以后，由控制中央银行货币存量转向控制 M_2，取得了良好的效果。

5. 中国货币政策中介目标的演变

自 1983 年中国人民银行专门行使中央银行职能开始，围绕货币政策最终目标的择定问题，我国理论界提出两种观点：①"双重目标"论，以稳定货币与发展经济作为货币政策最终目标，而稳定货币是发展经济的前提条件。②"单一目标"论，以稳定货币作为货币政策的最终目标。

国务院《关于中国人民银行专门行使中央银行职能的决定》（1983 年）指出，中国人民银行"集中力量研究和做好全国金融的宏观决策，加强信贷资金管理，保持货币稳定"。《中华人民共和国中国人民银行法》（1995 年）明确地指出，我国中央银行的"货币政策目标是保持货币币值的稳定，并以此促进经济增长"。

1979 年以前，我国实行完全计划经济体制，人民银行的职责是根据国民经济计划供应资金，货币政策的目标则是便利计划的贯彻，经济计划的执行结果与计划要求非常接近。货币政策的传导人为地进行控制，中间经济变量简单而且变动很小。货币政策中介目标的作用并不大，人民银行并不重视中介目标的控制。

1979 年我国经济体制改革之后，货币政策对国民经济的影响作用逐步上升。1985 年信贷管理体制改为"实贷实存"，货币政策传导中，有许多新的经济变量发挥着重要作用，设置中介目标也被提上了议事日程。在改革之初，我国货币政策中介目标主要是控制现金量，之后转向控制广义货币供应量。但当中央银行对基础货币吞吐不能自主操作时，为了货币金融的稳定，又将贷款规模也作为货币政策的中介目标。但随着市场经济的发展，贷款规模作为中介目标的弊端日渐暴露。贷款规模不利于地区间资金的合理调整和社会资源的优化配置。

银行为了争规模、占指标，不管企业是否需要资金，不管是好企业还是差企业，到年底就大规模突击放贷，造成众多恶性影响。贷款规模缺乏严肃性和科学性，已不能真实反映经济运行状况（卞志村，1995）。

1996 年，人民银行取消了实行近五十年的贷款规模控制。中国人民银行采用货币供应量 M_1 和 M_2 作为货币政策的调控目标。货币政策的中介目标和操作目标是货币供应量、信用总量、同业拆借利率和银行备付金率。

在我国货币中介目标转变为货币供应量后，学术界对此讨论的焦点主要集中在利率和货币供应量上。其中支持货币供应量的主要观点认为，与 20 世纪 90 年代西方国家的情况有所不同，目前我国经济金融发展尚未对放弃货币供应量作为中介目标提出客观要求，金融市场远没有那么发达，间接融资仍是社会融资的主要方式，人民币资本项下尚未完全开放，金融创新处于起步阶段，选择货币供应量作为货币政策中介目标是必要的（蒋万进等，2002）。

抵制货币总量作为货币中介目标的观点主要有：利率或货币供应量哪个更适宜作为中介目标取决于一国经济波动的特定结构。通过对货币供应量目标失效的结构分析以及对我国主要货币政策工具的效果分析，认为货币供应量已不宜作为我国货币政策的中介目标。货币总量可控性问题、货币流通速度的下降是导致中介目标效果不佳的重要原因（夏斌等，2001）。学者在分析了美国的货币政策之后，认为我国货币政策中介目标"两量"、"两率"的作用都没有充分发挥，然而与"三大法宝"中的公开市场操作紧密联系的国债利率未列入中介目标。国债利率风险低，应成为金融市场中的基准利率（李健等，2001）。电子货币的产生与发展，使传统的货币理论出现新的变化，使中央银行货币政策面临挑战，给货币政策中介目标选择带来影响，保持币值稳定应当是今后我国货币政策目标理想选择（张泽红，2010）。

货币政策中介目标选择的启示。特定的货币政策中介指标选择和运用方式，在很大程度上取决于不同国家的社会经济背景和金融状况。货币政策中介指标的选择必须根据客观市场环境，依据金融市场的变化及时调整。在我国现阶段，尽管货币供应量作为货币政策中介目标的适宜性已经降低。然而这并不意味着我国已经具备了采取利率指标的条件，也不意味着现在要放弃货币供应量指标。由于我国目前的利率市场化改革还没有完成，把利率作为货币政策中介目标还有一定的困难，因而近期宜继续采用货币供应量作为我国货币政策中介目标，并通过调整货币供应量统计口径、扩大货币供应量目标的浮动范围及提高对货币乘数变动的预测能力来加强货币供应量中介目标有效性；同时通过改善利率中介目标的微观基础、大力发展货币市场与完善人民币汇率制度等措施加快利率市场化进程与配套的金融改革，渐进实现利率中介目标的制度安排。

三、金融创新对货币政策中介目标的影响

金融创新使所有可以充当中介目标的金融变量都偏离了中介目标的基本要求，即与中介目标所要求的可测性、可控性、相关性的差距拉大了。

1. 金融创新降低了中介目标的可测性。金融创新模糊了可作为中介目标的金融变量的含义，并使中央银行越来越难以观察、监测和分析。一方面，货币形态的多样化使传统货币概念发生了根本的改变，货币变得难以把握；另一方面，金融创新使各种金融资产的流动性发生很大的变化，使以流动性强弱为标准的划分货币层次的方法难以清晰地划分货币与非货币的界限。尤其是电子货币的兴起，由于电子货币发行的分散性、发行过程的连续性，加之电子货币使得货币与活期存款、定期储蓄、甚至证券买卖之间的资金转移能够便捷地进行，金融资产之间的替代性加大，各层次货币的定义和计量变得十分困难和复杂。

2. 金融创新降低了中介目标的可控性。金融创新使各种可充当中介目标的金融变量的内生性越来越强，与货币政策工具之间的联系变得日益松散和不稳定。比如货币供应量指标，金融创新一方面增加了货币供应的主体，并使之复杂多变，增强了货币供应的内生性；另一方面，中央银行法定准备金率的覆盖面缩小且作用降低，再贴现率的波动性增强，作用范围缩小，使中央银行对货币供应量的可控性大为削弱。再比如利率指标，金融创新使市场信息的传递十分灵敏，利率的决定更为复杂，内生性进一步加强，中央银行运用货币政策工具所能影响的几种短期利率和名义利率在市场利率体系形成中的作用下降，使中央银行对利率的可控性也下降了。

3. 金融创新削弱了中介指标的相关性。金融创新使可作为中介指标的金融变量与货币政策最终目标间的关系变得松散和不稳定。比如，由于货币乘数不稳定，即使控制住了基础货币，也不一定能控制住货币总量；由于货币需求不稳定，即使货币供应量达到了目标中介指标值，也不一定能实现稳定货币的最终目标；创新使货币需求利率弹性下降，使利率对货币需求的作用力减弱，而创新所带来的储蓄和投资实际收益率提高，使中央银行所能控制的名义利率对投资的影响力下降。这样，即使中央银行控制住了中介目标，也未必能实现最终目标（黄宪，2005）。

第二节　货币政策工具

货币政策工具，指中央银行为实现货币政策目标所运用的策略手段。中央

银行的政策工具包括一般性工具、选择性工具和补充性工具等。

一、一般性货币政策工具

（一）法定存款准备金率政策（reserve requirement ratio）

法定存款准备金率是指存款货币银行按法律规定存放在中央银行的存款与其吸收存款总额的比率。

法定存款准备金率政策的真实效用体现在它对存款性银行的信用扩张能力、对货币乘数的调节。由于存款性银行的信用扩张能力与中央银行投放的基础货币存在乘数关系，而乘数的大小与法定存款准备金率成反比。因此，若中央银行采取紧缩政策，中央银行提高法定存款准备金率，则限制了存款货币银行的信用扩张能力，降低了货币乘数，最终起到收缩货币供应量和信贷量的效果，反之则相反。

但是，法定存款准备比率政策存在三个缺陷：一是当中央银行调整法定存款准备金率时，存款货币银行可以变动其在中央银行的超额存款准备金，从反方向抵消法定存款准备金率政策的作用；二是法定存款准备金率对货币乘数的影响很大，作用力度很强，调整幅度不易把握，特别是当法定存款准备金比率上调幅度偏大时，极易引起部分商业银行因为准备金短缺而陷入经营困境；三是调整法定存款准备金率对货币供应量和信贷量的影响要通过存款货币银行的辗转存、贷，逐级递推而实现，成效较慢、时滞较长。因此，法定存款准备金政策往往是作为货币政策的一种自动稳定机制，而不将其当做适时调整的经常性政策工具来使用。

（二）再贴现政策（rediscount rate）

再贴现是指存款性银行持从客户贴现而来的未到期商业票据向中央银行请求再贴现，以取得中央银行的信用支持。广义上，再贴现政策并不单纯指中央银行的再贴现业务，也包括中央银行向存款货币性提供的其他放款业务。

再贴现政策的基本内容是中央银行根据政策需要调整再贴现率（包括中央银行掌握的其他法定利率，如其对存款货币银行的再贷款利率等），当中央银行提高再贴现率时，存款性银行借入资金的成本上升，基础货币得到收缩，反之则相反。与法定存款准备金率相比，再贴现工具的弹性相对大一些、作用力度相对缓和一些。但是，再贴现政策的主动权却操纵在存款性银行手中，因为向中央银行请求贴现票据以取得信用支持，仅是存款货币性融通资金的途径之一，银行还有其他的诸如出售证券、发行存单等融资方式。因此，中央银行的再贴现政策是否能够获得预期效果，还取决于银行是否采取主动配合的态度。

（三）公开市场业务（open market operation）

中央银行在金融市场中公开买卖债券等的业务活动即为中央银行的公开市场业务。中央银行在公开市场开展证券交易活动，其目的在于调控基础货币，进而影响货币供应量和市场利率。

公开市场业务是比较灵活的金融调控工具。与法定存款准备金政策相比较，公开市场操作政策更具有弹性，更具有优越性：一是中央银行能够运用公开市场业务，影响存款性银行的准备金，从而直接影响货币供应量；二是公开市场业务使中央银行能够随时根据金融市场的变化，进行经常性、连续性操作；三是公开市场业务中，中央银行的主动性强；四是由于公开市场业务的规模和方向性可以灵活安排，中央银行可以对货币供应量进行微调。但是公开市场业务工具的实施需要一定的前提条件：具备独立的全国性金融市场；具备种类齐全，规模充足的证券。受制于金融市场的完备程度和规模，发展中国家货币政策工具的公开市场业务实施作用相对有限。

二、选择性货币政策工具

一般性的三大货币政策工具都属于对货币总量的调节，以影响整个宏观经济。在这些一般性政策工具以外，还需要一些选择性政策工具有选择地对某些特殊领域的信用加以调节和影响。选择性工具主要有：

1. 消费者信用控制。消费者信用控制是指中央银行对不动产以外的各种耐用消费品的销售融资予以控制。主要包括：（1）规定用分期付款购买耐用消费品时第一次付款的最低金额。（2）规定用消费信贷购买商品的最长期限。（3）规定可用消费信贷购买的耐用消费品种类，对不同消费品规定不同的信贷条件等。在通货膨胀时期，中央银行采取消费信用控制能起到抑制消费需求和物价上涨的作用。

2. 不动产信用控制。不动产信用控制是指中央银行对金融机构在房地产方面放款的限制措施，以抑制房地产的过度投机。如对金融机构的房地产贷款规定最高限额、最长期限以及首次付款和分摊还款的最低金额等。

3. 证券市场信用控制。证券市场信用控制是中央银行对有关证券交易的各种贷款进行限制，目的在于抑制过度投资。如规定一定比例的证券保证金率，并随时根据证券市场的状况加以调整。

4. 预缴进口保证金。预缴进口保证金是指中央银行要求进口商预缴相当于进口商品总值一定比例的存款，以抑制进口的过快增长，预缴进口保证金多为国际收支经常出现赤字的国家采用。

5. 优惠利率。优惠利率是指中央银行对国家重点发展的经济部门或产业，如出口工业、农业等所采取的鼓励措施。优惠利率不仅在发展中国家多采用，发达国家也普遍采用。

三、其他货币政策工具

1. 直接信用控制。直接信用控制是指中央银行对金融机构的信用活动进行直接控制。例如，规定利率的最高限额，对商业银行的信贷实行规模控制，规定商业银行的流动性比例等。可以认为，直接信用控制是在市场机制不完善，一般性货币政策工具不能发挥作用或作用不大时采用的，即在通过"一般性货币政策工具—操作目标—中间目标—最终目标"的政策传导的市场路径不通畅时，以直接信用工具直接作用于中间目标货币供应量或利率等。

2. 间接信用控制。间接信用控制是指中央银行通过道义劝告、窗口指导等办法间接影响商业银行的信用创造。

道义劝告是指中央银行利用其威望和地位，对金融机构发出通告、指示或指导意见等，劝告金融机构进行或不进行某种活动。例如，当经济发展速度过快时，劝告商业银行减少放款；当消费信贷过旺时，劝告商业银行减少这方面的贷款等。

窗口指导就是指中央银行根据产业行情、物价趋势和金融市场动向，规定商业银行每季度贷款的增减额，并要求执行。虽然窗口指导没有法律约束力，但其作用有时也很有效。第二次世界大战后，窗口指导曾一度是日本货币政策的主要工具。

间接信用控制比较灵活方便，既可以对金融机构的某项业务活动进行劝告，也可以对整个金融活动发出劝告。从实践看，间接信用控制工具的作用是有效的，因为：（1）作为金融机构管理者的中央银行的权威和地位具有影响力；（2）中央银行掌握的信息多且与政府的关系密切，对经济形势的预测能力要比其他金融机构强，金融机构一般也听从这种劝告；（3）中央银行可以利用"奖惩"手段，对服从劝告的金融机构提供便利，而对不服从劝告的金融机构设置一些障碍和加强监督等。

四、货币政策工具的配合

在中央银行货币政策的各种工具中，有针对总量调节的，也有针对结构调整的工具。为了保证国家经济长期平稳健康发展，必须做到总量调节中的结构优化与结构调整中的总量控制并举。因此中央银行在宏观调控的过程中，各种货币政策工具的协调配合尤为重要。

1. 不同类型政策工具的配合

一般性的三大政策工具是针对总量调控的，通过影响整个银行系统的储备，改变银行系统的流动性供给状况，从而实现对社会信用总量的控制。而选择性政策工具（如消费者需要控制、不动产需要控制等）则是主要针对具体的行业，改变社会资金在不同行业之间的配置结构，因此是偏重于经济结构调整的政策工具。这两类货币政策工具的配合使用，可以同时兼顾总量调控和结构调整。其他补充性政策工具（如直接信用控制、道义劝说、窗口指导等）也可以与一般性政策工具配合使用。例如道义劝说和窗口指导等间接信用调控形式的政策工具的使用，可以避免一般性政策工具的过度使用而带来的经济发展不平稳问题。

2. 同一类别的政策工具的配合

即使是同一类别的政策工具，在使用时注意工具之间的协调配合可以达到最佳的政策效果。例如三大一般性政策工具之间的配合。

法定存款准备金率政策是中央银行调控货币供应量的主要政策工具之一，由于其调整的政策威力巨大，对商业银行体系的影响较大，一般中央银行较少适用。在使用法定存款准备金率政策的时候，除了进行信用的总量控制外，也可以只是调整某一类型存款的准备金率，起到结构调整的目的。由于法定存款准备金率政策工具的威力大，中央银行在使用时一般会和公开市场业务配合，即采用反向的公开市场操作来减弱法定存款准备金率变动的影响力。另外，法定存款准备金率政策在配合公开市场操作工具的使用上具有重要意义，法定存款准备金为中央银行提供了一个稳定可预测的储备需求量，为中央银行的公开市场操作和对短期利率的控制提供了便利。

再贴现政策工具可以配合其他货币政策工具进行经济结构调整，尤其是它作为公开市场业务的辅助工具发挥了重要作用。贴现窗口的借款量（借入的储备）通常作为公开市场业务的操作指标；中央银行在进行公开市场操作后，会收缩或者扩张银行的储备总量，这种影响对不同的银行效果不同，小银行由于资金融通渠道有限所受的冲击较大型银行更大，因此，中央银行会通过贴现窗口为小银行提供资金支持，以抵消公开市场操作带来的副作用，保证金融体系的稳定运行。

从西方成熟市场化国家的发展历程来看，公开市场业务成为最主要的货币政策工具是未来的发展趋势。但是公开市场业务不能脱离存款准备金率和再贴现率政策工具而独立行使，这三者仍是一个不可分割的完整的货币政策操作体系。

【专题10-1】 金融创新对货币政策工具作用力的影响

金融创新对货币政策工具作用力的影响不一,有弱化工具的作用,也有强化工具的作用。

1. 弱化法定存款准备金率的作用。主要原因有:(1)金融创新使融资证券化趋势日益强劲,大量资金从银行流向非存款性金融机构和金融市场,绕开了存款准备金率的约束;金融创新改变了银行的负债结构,存款在其负债中所占的比例逐渐下降,而通过国内外货币市场的短期借入款和其他长期负债却稳步增加。这两个方面的变化导致整个银行体系的存款大为减少,法定存款准备金率作用范围随之缩小。(2)降低了实际提缴的法定准备金。商业银行通过创造出新型负债种类来减少法定准备金率的提缴,许多商业银行还通过不受法定存款准备金率约束的子公司和新型附属机构转移资金以逃避提缴。(3)银行超额准备金率的弹性增强。由于货币市场高度发达,银行调整超额准备的途径很多,也十分便利,这就使银行超额准备金率的弹性增大。例如,当中央银行调高法定准备金率而银行不愿意收缩信贷规模时,就可以通过减少超额准备来保持其贷款规模,流动性不足的问题可以通过货币市场来解决,其结果是削弱了调整法定存款准备金率的作用。

2. 削弱了再贴现政策的效果。金融创新削弱了再贴现率调整的作用力。因为创新使金融机构的融资渠道更加多元化(诸如出售证券、贷款证券化、同业拆借、发行短期存单、从国际金融市场借款等),创新还使借入成本降低,从而使金融机构对再贴现的依赖减弱,削弱了中央银行再贴现窗口的重要性。

3. 强化了公开市场业务的作用。金融创新所带来的证券化趋势和金融市场的高度发达,大大增强了公开市场业务这一货币政策工具的力度:①为政府债券市场注入了活力,不仅满足了政府投融资需要,而且为公开市场业务操作提供了大量可供买卖的工具,使中央银行吞吐基础货币的能力增强。买卖方式的创新,使中央银行能够在金融市场上主动地按既定的时间和数量注入或收缩基础货币。②创新使证券日益成为社会公众和金融机构所持有的主要资产形式,由于政府债券的收益率和价格在整个金融市场中起着基准性作用,其他证券的收益率和价格形成都以此为参照系数,并在动态中保持着相对距离。因此,中央银行公开市场业务可以通过变动政府债券的收益率和价格影响一般证券的收益率与价格,影响公众和金融机构对经济前景的预期,从而加强了公开市场业务的"告示效应",扩大了影响范围(黄宪,2002)。

【案例 10 - 1】　　　中国人民银行的货币政策工具

我国中央银行的货币政策工具,《中国人民银行法》第四章的"业务"中对此作出了明确规定,中国人民银行执行货币政策中所可运用的货币政策工具有:要求金融机构按照规定的比例交存存款准备金;确定中央银行基准利率,为在中国人民银行开立账户的金融机构办理再贴现,向商业银行提供再贷款;在公开市场上买卖国债和其他政府债券及外汇,以及国务院确定的其他货币政策工具。

1. 存款准备金政策

存款准备金政策是我国中央银行调控金融的重要工具,1983 年中国人民银行专门行使中央银行职能后正式启用这一工具。为适应建立社会主义市场经济体制及实现间接调控宏观金融的需要,1998 年 3 月 21 日,中国人民银行对原有的存款准备金制度进行改革:把原各金融机构在中国人民银行的准备金存款和备付金存款两个账户合并为"准备金存款"账户;法定存款准备金率从原来的 13% 下调到 8%,由各金融机构总部存入所在地中国人民银行,中国人民银行对各金融机构的法定存款准备金按法人统一考核;存款准备金利率由原来的 7.56% 下调到 5.22%。我国存款准备金政策的主要内容包括:①规定缴存存款准备的对象为金融机构;②规定存款准备率;③规定计提准备金的办法。

法定存款准备金率已经成为中国人民银行主要的政策工具。1987 年为了防止经济过热,将法定存款准备金率由 10% 上提到 13%。1998 年亚洲金融危机后,法定存款准备金率由 13% 下降到 8%,1999 年再次下调到 6%。为管理人民币汇率上升,稳定货币供应量,2003 年和 2004 年存款准备金率分别提高 0.5 个百分点。2006 年开始,由于固定资产投资扩张,国际贸易顺差增加,我国再次面临货币供应量过多和需求过旺的通胀压力,2006—2008 年两年间,中国人民银行连续 18 次上调法定存款准备金率。受 2008 年国际金融危机的影响,面对经济急速下滑的趋势,中国人民银行下调法定存款准备金率以救助危机中的经济,从 2008 年 6 月的 16% 迅速下调到 2008 年 12 月的 5.7%,保证了中国经济较快时间内企稳回升。2010 年以后,国内出现物价过快上涨,通胀压力持续上升,中国人民银行又连续 11 次上调存款准备金率,到 2011 年 5 月已经达到 21.5% 的历史最高点。2011 年下半年,通胀呈现被控制的迹象。然而存款准备金率已经达到可调控的顶点,过高的准备金率影响了商业银行部分正常业务的开展,出现了中小企业融资严重短缺的问题。2011 年末中国人民银行将存款准备金率略微下调至 20.5%。国内不少学者关注中国货币政策的存款准备金率工具的有效性研究。

2. 再贷款与再贴现政策

中国人民银行规定，凡经中国人民银行批准并持有经营金融业务许可证、在中国人民银行单独开立账户的金融机构，只要其信贷资金营运基本正常，还款资金来源有保障，均可向中国人民银行申请办理各种贷款（年度性贷款、季节性贷款、日拆性贷款）及再贴现。《中国人民银行法》规定，中国人民银行根据执行货币政策的需要，可决定对商业银行贷款的数额、期限、利率和方式，但贷款的期限不得超过一年。再贴现业务方面，中国人民银行经国务院批准，自 1994 年 11 月起正式开办再贴现业务。其后，我国的商业汇票承兑、贴现与再贴现业务在规范中不断发展；商业汇票业务规模不断扩大，商业汇票承兑、贴现与再贴现结构逐步改善且趋于合理。为了规范再贴现业务操作，1997年中国人民银行总行专门制定《中国人民银行对国有独资商业银行总行开办再贴现业务暂行办法》，对再贴现对象、再贴现总量安排及结构投向、再贴现率及其业务操作程序等作了具体规定。

3. 公开市场业务

公开市场业务指中央银行公开买卖债券和外汇以实现货币政策目标的活动，它由本币公开市场业务与外汇公开市场业务两部分组成。①外汇公开市场业务。中国人民银行外汇公开市场业务始于 1994 年 4 月 1 日，规定持有或需要外汇的企业，须按外汇指定银行的外汇挂牌价将外汇卖给银行或从银行买汇，外汇指定银行再根据自己的头寸情况，在银行间外汇市场上调剂外汇头寸。中国人民银行为调控外汇市场运行，维护市场稳定，在上海设立了中国人民银行公开操作室，依据中国外汇交易中心制定的交易规则买卖外汇，调剂外汇指定银行外汇头寸。②本币公开市场业务。中国人民银行以国债回购形式于 1996 年 4 月 9 日正式开展本币公开市场业务。中国人民银行国债公开市场业务的开展，以国有商业银行等一级交易商为国债交易对象，国债交易利用招标方式进行，国债回购清算严格依据《国债公开市场业务操作——国债回购交易会计核算手续》办理。中国人民银行开展国债公开市场业务，以买卖国债的形式调控货币供应量。中国人民银行为进一步规范公开市场操作，又颁布了《公开市场业务暨一级交易商管理暂行规定》，该规定对公开市场业务、公开市场业务一级交易商、公开市场业务日常工作负责者作了明确界定，并对债券交易、一级交易商的条件与审定及其权利义务、资格变更终止作了详细说明。

第三节　货币政策传导机制理论

货币政策传导机制（conduction mechanism of monetary policy）是中央银行从操作货币政策工具到对货币政策最终目标产生影响的过程。货币政策工具的变动，首先影响的是银行准备金、基础货币和短期利率。在基础货币和短期利率发生变动后，再引起货币供应量和市场长期利率的变动，并通过这一中介目标达到影响生产、物价、就业和国际收支平衡的最终目标。

货币政策传导机制理论是探讨货币供求失衡对就业、产量、收入及物价等实际经济因素产生影响的方式、途径或过程的学说。货币传导机制理论较早产生于18世纪初，在200多年的发展中最有影响的是凯恩斯学派和货币主义学派。

一、凯恩斯学派的货币政策传导机制理论：利率传递途径

凯恩斯学派的货币政策传导机制是利率传导途径的代表，属于资产价格传导途径的理论范畴，其理论思想为：通过货币供给量 Ms 的增减影响利率 r，利率 r 的变化则通过对资本边际收益率的影响使投资 I 以乘数方式增减，而投资 I 的增减进而影响到总支出 E 和总收入 Y。其传导过程用符号表示为：$Ms \rightarrow r \rightarrow I \rightarrow E \rightarrow Y$。

货币供应量的调整首先引起利率的升降变动，然后才使投资乃至总支出、总收入发生变化。货币供给增加，如果产出水平不变，利率会相应下降（即"流动性效应"），从而刺激投资需求，并引起总支出的增加，总需求的增加推动产出提高，而产出的增加提出了更大的货币需求。如果没有新货币供给的投入，货币供求关系的失衡会使下降的利率回升；利率的回升又会使总需求减少，产出下降，导致货币需求下降，利率再次回落。这个过程的不断往复，直到货币市场供求和商品市场供求都达到均衡。但是理论上可能存在极端情况，因为名义利率是有最低限的，至少不能小于零，所以当利率极低时，货币供应增加对降低利率可能不起作用，即通常所说的"流动性陷阱"，这时货币政策传导机制就受阻隔。

二、信用可得性理论的货币政策传导机制：信用传递途径

20世纪50年代，西方社会普遍的通货膨胀引起人们对凯恩斯的赤字财政政策产生了怀疑，激发了对货币政策有效性问题的重新探讨，信用可得性理论就是在此背景下产生的。信用可得性理论是罗伯特鲁萨（Robert Roosa）在1951首倡，后经卡莱肯（G. H. Karaken）、林德伯克（A. Lindbeck）、斯可特（I. O.

Scott)、托宾（J. Tobin）以及拉德克利夫（Radcliffe）等经济学家发展而成。信用可得性理论是信用传导途径论的代表，伯南克在此理论基础上进一步提出了银行借贷渠道和资产负债渠道两种理论，并得出货币政策传递过程中即使利率没发生变化也会通过信用途径来影响国民经济总量。

信用可得性理论认为，以往的货币政策利率传导理论仅仅分析利率变动对借款者和储蓄者的影响，而忽视了利率变动对贷款者的影响，所以当发现借款者的利率需求弹性较低时，就怀疑利率传导机制的货币政策有效性。然而，贷款者的利率供给弹性往往高于借款者的利率需求弹性，而贷款者的利率供给弹性的高低直接决定信用供给的可能量，即决定借款者的信用可得性的水平，从而进一步影响社会总需求水平的高低。信用可得性理论主要是针对金融过程和将最终借款人（赤字者）与最终贷款人（盈余者）连结起来的金融机构，强调货币政策通过对信贷机构的效应，而非仅仅对借款人的影响发生作用。信用可得性理论在本质上属于数量型信用控制，其理论的核心是央行通过货币政策工具（公开市场操作等）影响信贷机构的资产组合构成，进而影响其准备金水平，达到控制贷款人的放贷能力和借款人的信用可得性这一目的。该货币政策传导机制可以描述为：$Ms \to r \to$（借款者、贷款者）一般信用可得性和资产组合结构$\to I \to E \to Y$。货币政策通过两条途径作用于实际经济活动：①通过利率结构变动来影响金融机构的流动性及贷款规模，进而影响整个社会的信用可得性和流动性；②通过利率结构变动来影响个人和企业的流动性和支出规模。

三、货币学派的货币政策传导机制理论：投资行为传递途径

货币学派与凯恩斯学派不同，认为利率 r 在货币政策传导机制中并不起重要作用，货币需求函数具有内在稳定性，更强调货币供应量 M_s 在整个传导机制上的作用。当货币供应量增加时，人们会把富余的货币用于购买各种资产，包括金融资产（股票、债券等）、非金融资产（土地、机器、房屋等）以及耐用消费品（汽车）等。这种支出改变了各种资产在总财富中占有的比例，发生资产结构调整，同时也影响各种资产的价格（如有价证券的利率）和商品供应的数量。当债券价格上涨收益下降时，人们会增加对实际资产的购买，使实际资产的价格上升。这样，金融资产和实际资产价格都上涨，利率下降，会刺激实际生产增加，最后引起国民收入上涨。其传导过程为：$Ms \to Y \to E$。

货币学派不描述货币供应影响总支出的具体途径，他们认为对传导机制的具体分析既是不可为的，同时也是不必要的。只要能从历史数据中得出货币与收入两变量之间具有显著的相关性，就足以说明货币供应量具有直接影响收入的作用。

四、货币政策的净出口传导机制理论：汇率传递途径

现代货币学派对基于投资储蓄—货币供求（IS – LM）范式的货币政策传导机制的主要反对意见是，它只关心一种资产的价格——利率，而非多种资产的价格。他们主张的是一个通过其他相对资产价格以及真实财富将货币政策传导到经济的机制。凯恩斯主义者也认识到其他资产价格对于货币传导机制十分重要。国际经济学派强调净出口在货币传导机制中的汇率传递途径。汇率是开放经济中一个极为敏感的宏观经济变量，关于货币政策的汇率传导机制的理论主要有购买力平价理论（PPP）、利率平价理论（IRP）和蒙代尔—弗莱明模型等。

随着各国经济的不断国际化以及浮动汇率制度的出现，人们越来越注意到货币政策通过汇率对净出口所产生的影响。这种渠道的作用过程是：如果货币供应量增加，本国的短期名义利率将下降，在存在价格粘性的情况下，这意味着短期真实利率将下降，从而对本国货币的需求也将下降，本国货币就会贬值。本国货币贬值使得本国产品比外国产品便宜，因而使净出口上升，最终导致总产量的上升。货币政策的汇率传导机制的途径可表示为：货币供应量 $Ms\uparrow\rightarrow$实际利率 $r\downarrow\rightarrow$汇率 $Ex\downarrow\rightarrow$净出口 $NX\uparrow\rightarrow$总产出 $Y\uparrow$。

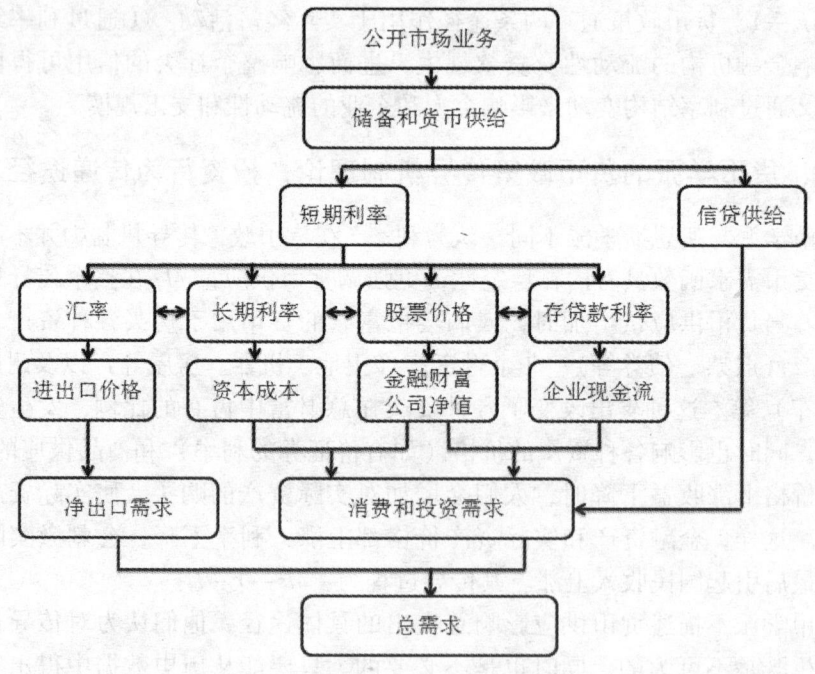

图 10.4　货币政策传导的基本路径

综合各种理论可以认为，货币政策传导途径一般有三个基本环节（见图10.4）：①从中央银行到商业银行等金融机构和金融市场。中央银行的货币政策工具操作，首先影响的是商业银行等金融机构的准备金、融资成本、信用能力和行为，以及金融市场上货币供给与需求的状况；②从商业银行等金融机构和金融市场到企业、居民等非金融部门的各类经济行为主体。商业银行等金融机构根据中央银行的政策操作调整自己的行为，从而对各类经济行为主体的消费、储蓄、投资等经济活动产生影响；③从非金融部门经济行为主体到社会各经济变量，包括总支出量、总产出量、物价、就业等。

【专题 10 - 2】　　中国货币政策的传导机制

（一）中国货币政策传导机制的发展

中国货币传导机制的发展经历了以直接控制为主的货币控制方式和以间接控制为主的货币控制方式两个阶段。

1. 以直接控制为主的货币控制方式（1953—1997年）。在这一阶段，政府对信贷进行直接控制，在不同时期为了适应当时的经济环境和金融体制的要求，直接控制的程度和方式存在着不同。具体可以分为三个时期，即"统存统贷"时期（1953—1978年）、"差额包干"时期（1979—1984年）和"双向调控"时期（1985—1997年）。严格意义上来说，在1984年中央银行体制建立之前，中国没有相对独立的货币政策。

2. 以间接控制为主的货币控制方式（1998年以来）。1998年中国取消了对信贷规模的限制，货币市场和资本市场得到了发展，并且运用了利率等货币资产价格多种渠道控制。目前国内学者对货币政策传导机制的研究对货币政策通过多种渠道进行传导已经形成共识，但对在货币政策传导过程中货币渠道重要还是信用渠道重要的问题存在着争议。

（二）货币政策传导机制理论对我国的启示

1. 货币政策传导机制中利率传导渠道的挑战

西方国家以利率取代货币供应量作为货币政策中间目标，利率传导作用越来越明显，成为货币政策传导的主渠道。然而，随着新经济和股市财富效应的增强，使利率与股市的关系复杂化，货币政策的利率传导渠道面临新的问题和挑战。给我国的启示是应客观认识并恰当把握利率市场化改革的进度，同时兼顾货币供应量增长率与经济增长和物价上涨之间的关系。货币政策不宜简单地以货币供应量增长率是否适度来衡量，应该更多地关注最终目标，即物价上涨水平变化。

2. 关注资产价格渠道在货币政策传导机制中的作用

随着资本市场的迅速发展，间接融资比重的不断下降和直接融资成本的不断降低，使得银行信贷对整个金融市场的反映状况越来越不全面，银行信贷的传导作用越来越小；而资本资产价格、财富效应的传导作用越来越重要，各类资产价格开始纳入西方国家的货币政策监控指标之中。

我国必须高度关注资本市场发展和资产价格变化对于货币政策的影响。我国近年来资本市场发展迅速，一方面，资本市场投资与银行储蓄存款的替代关系越来越明显，客户保证金对货币层次结构的影响越来越大，致使 M_2 指标的全面性受到挑战，需要建立包括保证金等在内的货币供应量统计的新口径。另一方面，当前我国资本市场的财富效应不显著，资产价格变化对实体经济尤其是投资与消费的影响并不大。因此，货币政策需要关注资产价格的变化。在具体操作中应该主要以实体经济的稳定和增长为目标，适当兼顾资本市场的需要。

3. 市场化程度决定货币政策传导效率

货币政策传导机制的效率不仅取决于中央银行货币政策的市场化取向，而且取决于金融机构、企业和居民行为的市场化程度，它们必须对市场信号作出理性的反应。如果它们不能完全按照市场准则运行，即不能对市场信号，包括中央银行的间接调控信号作出理性反应，那么货币政策传导过程就会受到梗阻，货币政策效果就会被减弱。我国应继续深化市场改革、规范市场运作。

4. 重视预期和信心的传导作用

生产者、消费者信心使预期因素的传导作用趋于增强，对于货币政策效果造成了比较复杂的影响，需要在我国货币政策实践中予以重视。我国货币政策实践应适当地考虑预期因素的作用，在货币政策决策之前，对预期因素的作用进行预判，以保证货币政策的有效性。

第四节　货币政策的效应理论

制定和实施货币政策的目的是为了实现宏观经济政策目标。货币政策能否实现和在多大程度上实现其政策目标，即货币政策效应问题。货币政策效应是指货币政策的实施对社会经济活动产生的影响，包括货币政策的数量效应和时间效应。

一、货币政策效应的内容

（一）货币政策的数量效应

货币政策的数量效应是指货币政策的强度，即货币政策发挥效力的大小。

对货币政策效力大小的判断，一般着眼于货币政策所取得的效果与预期要达到的目标之间的差距。由于货币政策之间有矛盾，所以考察货币政策的数量效应就应综合考察各主要货币政策目标的实现情况。比如一个国家的货币政策最终目标主要是稳定物价和经济增长，假设以 y 代表国民收入增长率；P 代表通货膨胀率；y_t、P_t 分别代表政策实施前的国民收入增长率和通货膨胀率；y_{t+1}、P_{t+1} 分别代表政策实施后的国民收入增长率和通货膨胀率。无论货币管理当局实行紧缩的货币政策，还是实行扩张的货币政策，都会出现以下三种结果：

1. $y_{t+1} / y_t > P_{t+1} / P_t$。说明政策实施以后，经济增长减速程度小于物价回落程度；或者经济增长的加速度大于物价上升的程度；或者经济增长加速，而同时伴随着物价的下落。前两者都是比较理想的结果，而后者是最理想的结果。

2. $y_{t+1} / y_t < P_{t+1} / P_t$。说明政策实施以后，经济增长减速程度大于物价回落程度；或者经济增长的加速度小于物价上升的程度；或者经济增长减速，而同时伴随着物价的上涨。这种货币政策综合效应为负，因为货币政策的实施已产生了损害实质经济增长的结果。

3. $y_{t+1} / y_t = P_{t+1} / P_t$。说明政策实施以后，经济增长变动的正效应为物价变动的负效应所抵消；或者物价回落的正效应为经济增长率变动的负效应所抵消，货币政策无效。

（二）货币政策的时间效应

衡量货币政策效应，除了看其发挥效力的大小外，还要看其发挥效力的快慢，这就是货币政策的时间效应，又称货币政策的时滞，指中央银行从制定货币政策到货币政策取得预期效果的时差。

货币政策时滞对货币政策有效性有很大的影响。由于货币政策时滞的存在，有时也会出现当中央银行采取的货币政策正在发挥作用时，经济状况却已发生了完全相反的变化。这时，货币政策不仅不能起到调节经济的作用反而还会使国民经济更加不稳定。如果货币政策的时滞短，并能进行较为准确的预测，则可大大提高货币政策的有效性。货币政策时滞分为三部分：内部时滞、中间时滞、外部时滞。

内部时滞是指从经济形势发生变化需要中央银行采取行动，到中央银行实际采取行动所花费的时间过程。内部时滞还可细分为两个阶段：（1）认识时滞，即从经济形势发生变化需要中央银行采取行动，到中央银行在主观上认识到这种变化，并承认需要采取行动的时间间隔。（2）行动时滞，即从中央银行认识到需要采取行动，到实际采取行动的时间间隔。内部时滞的长短主要取决于中央银行对经济形势变化和发展的敏感程度、预测能力，以及中央银行制定政策的效率和行动的决心，而这些又与决策人员的素质、中央银行独立性以及经济体制的制约程度等密切相关。

中间时滞是指从中央银行采取行动开始，到商业银行和其他金融机构根据中央银行货币政策意图，改变其信用条件的时间过程。这段时间的长短决定于商业银行及其他金融机构的反应以及金融市场的敏感程度，是中央银行不能操纵的。

外部时滞是指从金融机构改变其利率、信用供给量等信用条件开始，直到对货币政策最终目标产生影响力为止的时间。外部时滞又可以分为两个阶段：（1）微观决策时滞，即在金融机构信用条件改变以后，个人和企业面对新的情况作出决定改变自己的投资决策和支出决策的这段时间。（2）作用时滞，即从个人和企业作出新的投资决策和支出决策，并采取行动，到对整个社会的生产和就业等经济变量产生影响所耗费的时间。外部时滞是货币政策时滞的主要部分，它既包括微观经济主体在新货币政策出台后的决策过程，也包括微观经济主体行为对储蓄、投资、消费、货币需求、产出、价格等重要经济变量产生影响的过程。它的长短主要由客观经济条件和微观经济主体的行为决定，是中央银行所不能控制的。

货币时滞长度是各国经济学家研究的重要课题，20世纪60年代以来许多国家经济学家对此进行了实证研究。但由于各国具体情况不同，研究方法各异，得出的结论相差很大，基本结论是：（1）内部时滞长度较短，一般在2~6个月之间；（2）中间时滞比较稳定，可预测，一般认为在2个月左右；（3）外部时滞最长，各国差异很大，一般在4~20个月之间。

二、货币政策效应的理论分析

关于货币政策效应的理论分析，不同经济发展时期出现了不同的理论流派。

1. 经济自由主义的货币政策无效性理论

在1929年以前，西方国家推崇自由经济理论，主张由市场力量自发对经济进行调节，相信经济规律（特别如个人利益、竞争）决定着价格和要素报酬，并且相信价格体系是最好的资源配置办法，提倡自由放任原则，反对国家干预经济生活，认为宏观政策调控是多余的和无效的。

2. 凯恩斯学派的货币政策有效性观点

西方国家在20世纪30年代的大萧条时期，自由主义的传统经济学对此不能作出理论解释。凯恩斯提出必须依靠政府来调节和干预经济，采用相机抉择的政策，通过运用财政政策与货币政策进行需求管理，并认为财政政策是最有力、最直接的调节手段。

3. 货币学派的货币政策有效性观点

第二次世界大战后，美英等发达资本主义国家长期推行凯恩斯主义扩大有效需求的管理政策，引起了持续的通货膨胀。弗里德曼的货币学派从 20 世纪 50 年代起，以制止通货膨胀和反对国家干预经济向凯恩斯主义的理论提出挑战。特别是1973—1974 年，对于资本主义国家出现的物价上涨与高失业并存的滞胀现象，凯恩斯理论无法作出解释。于是货币学派反对国家干预经济，主张"按规则行事"，实行一种"单一规则"的货币政策，并相信只有依靠市场机制才能走出困境。

4. 理性预期理论的货币政策无效观

20 世纪 70 年代，西方各国陷入了滞胀的困境，凯恩斯主义的经济理论发生了危机，货币主义学派的经济理论在改变滞胀局面时也没有出现人们所期望的效果。这种形势下，理性预期学派产生发展起来。理性预期理论提出的基本假设是：（1）理性预期假设。理性预期是在长期动态分析下，经济活动的当事人以完全的、相同的信息为基础，他们能对未来作出准确的预期和合乎理性的经济决策。（2）货币中性假设。货币中性假说是指经济总产量、就业的实际水平和自然水平与对商业周期发展作出反应的货币和财政活动无关。（3）市场规律假设。资本主义市场经济的运行有其内在的动态平衡，外界力量能暂时打破这种平衡，但不能根本改变它，政府应该顺应这种动态平衡。理性预期学派认为，任何经济政策的效力皆来自于公众的预料之外。当经济体预料到政府的行为，就在事前采取行动来抵消政府的政策措施。因此，主张政府制定长期不变的政策规定，认为应该把最理想的一般物价水平作为唯一的政策目标，过多的政府干预只能引起经济的混乱。

在实践中，20 世纪 30 年代大萧条以后，西方国家在凯恩斯主义思想的指导下加强了宏观调控的力度，但到 20 世纪 70 年代，由于凯恩斯主义无法解释滞胀现象，"按规则行事"的观点在政府的宏观政策制定中逐步占据上风。从本质上说，在这个层面上的货币政策有效性讨论，涉及的是基本经济理念之争，即：市场是否是有效的？市场是否有充分的弹性吸收可能出现的各种冲击，并迅速恢复到均衡状态。如果市场是无效的，那么货币政策对实体经济将产生实质的影响，并有助于经济失衡的修复；如果市场是有效的，有能力修复各种冲击，那么过于频繁的货币政策操作不但不会对经济产生积极作用，反倒可能给经济带来负面影响。从世界经济发展来看，在过去的半个多世纪中，随着市场机制的日益完善以及信息技术的提高，市场经济的弹性在不断增强，应对风险的修正能力也大幅提高，有效市场的支持者逐渐占据了上风。

【专题 10 - 3】　金融危机后的中国和美国的货币政策比较

一、货币政策最终目标的比较

中美两国的货币政策都是追求多目标，包括促进经济增长、充分就业、价格稳定、金融体系稳定等，但在本轮危机中其首要目标并不相同。中国的首要目标是促进经济平稳快速增长，美国则是促进金融市场稳定。

两国首要目标的差异是因为其金融体系的受损程度不同。美国的很多金融机构在本次金融危机中损失惨重，普遍陷入了严重的流动性危机。由于机构投资者在美国的金融市场中占主体地位，因而金融机构的流动性危机不仅导致信贷急剧紧缩，而且使整个金融市场出现恐慌，市场功能严重受损。中国的情况则不同，首先，中国的金融机构并没有大量发放次级贷款或购入与次贷相关证券，没有面临普遍的流动性危机，因此中国的金融机构体系比较稳定。其次，虽然 2008 年中国的股票市场也出现了严重的下跌，但主要是因为全球金融危机爆发以及大量非流通股票解禁对投资者的信心产生了极大的冲击。中国政府对股票市场的支持是通过降低印花税税率、中央汇金公司增持银行股等政策恢复市场信心，而不是采用货币政策工具。最后，中国的经济增长率下滑不是源于金融体系的问题，而是由于经济增长对出口严重依赖，国际金融危机使出口大幅下挫而引起，所以中国货币政策的首要目标是通过刺激内需来推动经济增长。

二、货币政策工具的比较

（一）中国人民银行使用的货币政策工具

1. 利率政策

中国人民银行采用的利率工具主要分为两类：一类是调整中央银行基准利率，包括再贷款利率、再贴现利率、存款准备金利率；另一类是调整金融机构对客户的存贷款基准利率，并制定存贷款利率的浮动范围。并且以第一类为主。为应对金融危机，从 2008 年 9 月至 12 月末，中国人民银行对金融机构的法定准备金和超额准备金存款利率由 1.89% 和 0.99% 分别下调至 1.62% 和 0.72%；1 年期流动性再贷款利率由 4.68% 下调至 3.33%；再贴现利率由 4.32% 下调至 1.80%。人民银行先后 5 次下调存贷款基准利率，其中，1 年期存款基准利率由 4.14% 下调至 2.25%；1 年期贷款基准利率由 7.47% 下调至 5.31%。

2. 存款准备金政策

中国人民银行不仅运用存款准备金政策对信用总量实施调控，而且通过制定差别存款准备金率对信用结构进行调节。从 2008 年 9 月 25 日至 12 月 25 日，为保证银行体系流动性充分供应，四次下调法定存款准备金率，其中，大型存款类金融机构的存款准备金率从 17.5% 下降到 15.5%；中小型金融机构的存款准备金率从 17.5% 降至 13.5%。

3. 公开市场业务

中国人民银行在其公开市场操作中，除了买卖国债和金融债券，还发行央行票据以弥补央行和金融机构持有的上述债券规模的不足，这是中国公开市场操作的一大特色。在 2008 年上半年以前，为了预防通货膨胀，人民银行发行了大量央行票据以减少基础货币。但 2008 年 7 月以后，为保持银行体系流动性充足，则逐步减少中央银行票据发行规模和频率，央行票据余额从 2008 年 9 月末的 4.59 万亿元降至 2009 年 9 月末的 3.99 万亿元。

4. 信贷政策与窗口指导

2008 年 11 月，中国人民银行根据经济形势变化取消了年初的信贷规模控制，允许商业银行在合理的范围内扩大信用规模。运用窗口指导引导金融机构加大对"三农"、中小企业、民生工程等重点领域的信贷投放以及对中央投资项目的配套贷款投放。虽然窗口指导是一种间接货币政策工具，理论上对商业银行不具有强制约束力，由于中国的大型金融机构均为国有或国家控股，在实践中是一种较有效的政策工具。

（二）美联储使用的货币政策工具

1. 一般性货币政策工具

美联储最常用的一般性货币政策工具是公开市场操作。在此次金融危机中，公开市场操作与以往主要有两点不同。第一，将联邦基金目标利率降至接近零利率的超低水平，从 2007 年 8 月的 5.25% 迅速下调至 2008 年 12 月的 0 ~ 0.25%，并维持至今；第二，联邦公开市场委员会购入证券的对象和组合发生了很大变化，即不再局限于向金融机构购买政府债券，而是开始直接从美国政府购买长期国债以支持其赤字财政政策，同时还大量购买政府支持企业（GSEs）的债务及其担保的抵押贷款支持证券（MBS）以促进信贷市场的正常运行。例如，2008 年 11 月 25 日，美联储宣布购买 1000 亿美元的 GSEs 的债务和 5000 亿美元 MBS 的计划；2009 年 3 月 18 日，又宣布直接购买 3000 亿美元的长期国债，并将购买 GSEs 债务和 MBS 的计划分别提高至 2000 亿美元和 1.25 万亿美元。

贴现政策也是美联储传统的三大政策工具之一。美联储向存款性机构提供的贴现贷款有三种方式：一级贷款、二级贷款和季节性贷款。其中，一级贷款最为重要，只提供给健康的存款性机构。在金融危机之前，一级贷款期限很短，通常是隔夜的，其利率是联邦基金利率加 100 个基点。金融危机爆发后，为了促进信贷市场的有序运行，美联储对一级贷款做了重要的改变，如 2008 年

3月16日，把一级贷款利率和联邦基金利率之间的利差降至25个基点，并将最长期限延长至90天。

　　美联储的法定存款准备金政策工具的运用在本次金融危机后做了新的调整，即向法定存款准备金和超额准备金支付利息。

　　自2008年10月15日，美联储宣布向法定存款准备金和超额准备金支付利息，前者旨在消除准备金要求给存款性机构施加的隐性税收；后者则为美联储提供了一个额外的货币政策工具。目前，美联储对法定准备金和超额准备金支付的利率均为0.25%。

　　2. 创新性货币政策工具

　　(1) 向存款性机构提供融资工具。2007年12月，美联储引入了定期拍卖工具 (Term Auction Facility, TAF)，它是美联储在贴现窗口下，通过拍卖机制向那些有资格获得一级贷款的存款性机构提供抵押信贷，利率由存款机构竞标确定。为了向存款机构提供充足的流动性，合格抵押品的范围不断扩大，一些大幅贬值并难以销售的担保债权凭证 (Collateralized Debt Obligation, CDO) 也可以用来做抵押品。

　　(2) 向一级交易商提供融资工具。为了进一步促进金融市场的正常运行，美联储于2008年3月推出了向一级交易商提供流动性的工具，主要包括一级交易商信贷工具 (Primary Dealer Credit Facility, PDCF) 和定期证券借贷工具 (Term Securities Lending Facility, TSLF) 等。PDCF是一种隔夜抵押贷款，它允许一级交易商像存款类金融机构一样从贴现窗口借款。在2008年9月中旬金融危机恶化后，抵押品的范围由原来的投资级证券扩大至适用于公开市场操作业务的所有合格抵押品以及市政债券、住房抵押贷款支持债券和资产支持债券等。TSLF是由美联储以拍卖方式将国债借给一级交易商，并要求交易商提供合格抵押品，到期（期限为1个月）后换回。起初，交易商可提供的合格抵押资产包括联邦机构债券、联邦机构发行的住房抵押贷款支持证券等，2008年9月以后，其适用的抵押品范围扩大至所有投资级债券。

　　(3) 向货币市场共同基金等货币市场投资者提供融资工具。2008年9月，美联储推出了资产支持商业票据货币市场共同基金融资工具 (Asset - Backed Commercial Paper Money Market Mutual Fund Liquidity Facility, AMLF)，通过向存款类金融机构和银行控股公司提供贷款，帮助其购买货币市场共同基金持有的高质量的资产支持商业票据。11月，又推出了货币市场投资者融资工具 (Money Market Investor Funding Facility, MMIFF)，纽约联储将向一系列符合条件的私人有限责任公司提供融资，这些公司将购买共同基金等货币市场投资者的合格资产，包括定期存单、高等级金融机构发行的商业票据以及剩余期限在 90 天内的商业票据等。

（4）帮助企业和居民融资的工具。为了促进商业票据市场的流动性，进而支持商业票据发行者，美联储于 2008 年 10 月又推出了一种商业票据融资工具（Commercial Paper Funding Facility，CPFF）。美联储首先向一个专门设立的有限责任公司提供融资，然后由该公司直接从合格的商业票据发行者手中购买高等级的没有抵押品的资产支持商业票据。此外，为了帮助金融机构满足家庭和小型企业的信贷需求，并改善资产支持证券（ABS）的市场状况，美联储还创造了定期资产支持证券贷款融资工具（Term Asset - Backed Securities Loan Facility，TALF）。纽约联储会在无追索权的基础之上向某些 AAA 评级的 ABS 持有人提供多至 2000 亿美元、期限最长可至 5 年的贷款，这些 ABS 可以提供给各类消费者和企业的各种规模的贷款作为担保。除了上述工具外，为防止整个金融体系陷入严重混乱并危及美国经济，美联储还对一些大型金融机构提供了紧急巨额贷款，如 2008 年 9 月 16 日向美国国际集团（AIG）提供 850 亿美元的紧急贷款。

通过比较，可以发现本轮危机中美两国货币政策工具的主要差异在于：

第一，政策工具的类型不同。中国人民银行主要依赖于传统型货币政策工具，其中某些工具对金融机构仍然具有直接调控的特点，如利率政策。美联储除了运用传统的公开市场操作等工具外，还推出了大量创新性货币政策工具向金融机构提供流动性。

第二，政策工具的作用对象不同。中国人民银行运用的政策工具主要针对商业银行等存款性机构，而美联储通过运用其政策工具不仅向存款性机构提供流动性，而且向一级交易商、货币市场共同基金等非存款性机构提供了大量的流动性，其政策工具作用的对象更广泛。

第三，对中央银行资产负债表的规模和构成影响不同。从 2008 年 9 月初至 2009 年 9 月末，中国人民银行的资产规模从 20 万亿元上升至 22.23 万亿元，增幅仅为 11%，资产构成基本没有变化；而美联储的资产规模则从 9000 亿美元迅速扩张至 2.14 万亿美元，增长了近 1.4 倍，同时其资产构成发生了重大变化，即高风险的非政府证券急剧增加。

三、货币政策传导的比较

（一）中国的货币政策传导

受中国政府 4 万亿元经济刺激政策的拉动，银行贷款规模急剧增长，2009 年全年新增人民币贷款 9.59 万亿元，同比增速从 2008 年 9 月的 14.5% 迅速上升至 2009 年末的 31.7%（见图 10.5）。从银行贷款的流向与结构来看，主要流向铁路、公路、机场等政府项目，由于银行信贷偏向于大型国有企业，而这些企业在经济回升过程中依然面临产能过剩的问题，因而缺乏向生产经营领域大量投入资金的动力。在银行信贷条件宽松的情况下，这些企业必然会将其获得的信贷资金的一部分投入股市和房地产市场。不少大型国有企业把信贷资金大量投入房地产市场争夺"地王"，如2009年北京新出现的两个"地王"分别是中化集团和中国电子集团公司的下属公司。进入第三季度以后，在央行窗口指导的作用下，中小企业人民币贷款增长速度加快，全年新增3.4万亿元，占全部新增贷款额的比重从第一季度的5%上升至年末的35.4%。

中国信贷规模的急剧扩张使得货币供给量快速上涨，从2008年9月至2009年12月，广义货币M_2从3.86增加到4.21，狭义货币M_1同比增长率从9.23%上升至29.51%，广义货币M_2同比增长率则从15.21%上升至29.26%。

（二）美国的货币政策传导

在同一时期，美国的情况正相反，商业银行贷款和租赁余额同比增长率不但没有增加，反而从2008年9月的8%急剧下降至2009年末的-8%左右（见图10.5）。一方面由于在经济和金融市场局势不明的背景下，美国各大银行陷入恐慌，银行业贷款异常谨慎，普遍存在惜贷倾向。另一方面，部分借款人在已有债务清偿之前，无有效的贷款需求。贷款供需双双萎缩使美国商业银行的贷款余额同比增长率迅速下降。

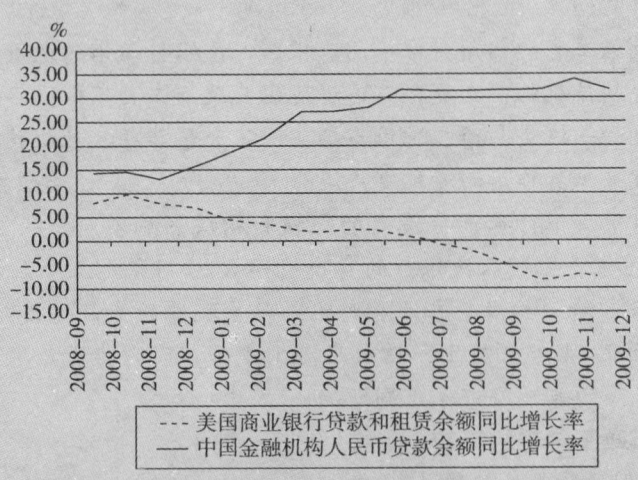

图10.5   中美金融机构贷款余额同比增长率的比较

由于美国商业银行等金融机构惜贷，其持有的超额准备金急剧增加，基础货币也相应大幅上升，M_2则迅速下降，从8.63降至4.6；虽然M_1同比增长率有所上升，但2009年末再度回落，接近期初5.8%的水平；M_2同比增长率则从6.38%下降至4.52%。

（三）货币乘数及货币供给增长率的比较

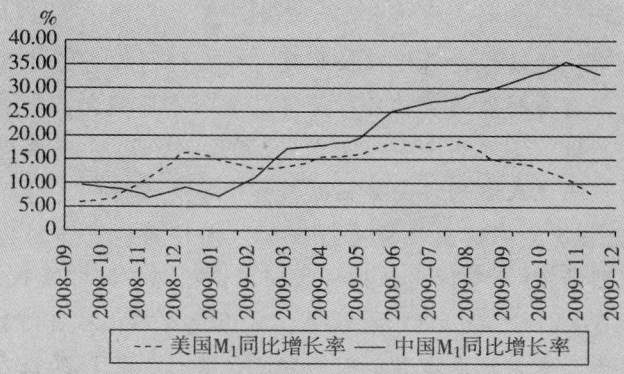

资料来源：中国人民银行网站，http：//www.pbc.gov.cn/；美联储网站，http://federalreserve.gov。

图10.6　中美 M_1 同比增长率比较

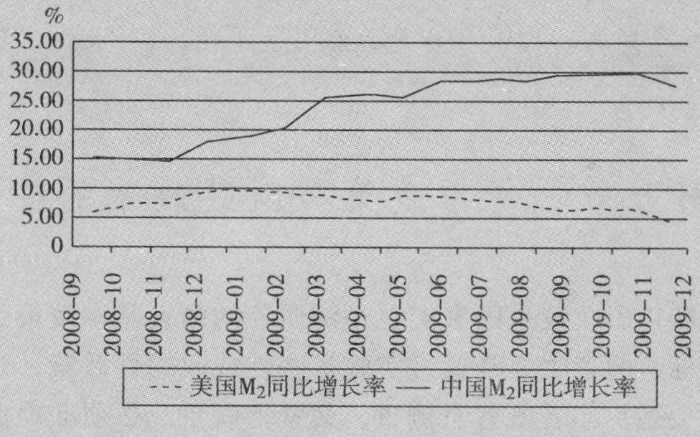

资料来源：中国人民银行网站，http：//www.pbc.gov.cn/；美联储网站，http://federalreserve.gov。

图10.7　中美 M_2 同比增长率比较

四、货币政策有效性的比较

中国扩张性货币政策的执行，扭转了经济增长下行趋势，对于支持经济快速平稳发展起到了重要的作用，GDP增长率从2008年第四季度的6.8%回升到2009年第四季度的10.7%，但同一时期的城镇登记失业率并未相应下降，仍维持在4.2%左右，这与巨额信贷的投放结构不合理密切相关。目前，中国的中小企业占企业总数的比重超过90%，提供80%左右的城镇就业岗位和超过80%农民工就业机会。在本轮国际金融危机的冲击下，许多中小企业面临前所未有的困难，生产成本升高、出口严重受挫、资金短缺加剧。但2009年上半年以前，巨额信贷主要流向国有大型企业，一些中小企业由于融资困难被迫收缩经营规模甚至破产。虽然在第三季度投向中小企业的贷款显著增加，但相比于对国民经济和就业的贡献率而言，其所得贷款份额仍然有限，因而不能有效地拉动就业。

从美国来看，通过执行量化宽松政策，美联储得以部分克服由零利率政策带来的限制。因为美联储的首要目标是促进金融市场稳定，尤其是解决信贷市场的功能障碍，所以美联储主席伯南克（2009）认为，"美联储通过提高信贷市场功能和向市场注入流动性向金融体系提供了关键性的支持。例如，自2008年11月美联储首次宣布购买抵押支持证券以支持房地产市场以来，对联邦基金利率反应微弱的30年期固定抵押贷款利率，已经下降了大约 $1 \sim 1.5$ 个百分点。弗里德雷克·什金（2008）也认为，货币政策不仅在当前的金融危机中是有效的，而且比正常时期更有效，因为它不仅降低了无违约证券的利率，而且有助于降低信贷息差。金融市场趋于稳定和市场功能的恢复促进了美国经济的复苏。然而，美国的失业率从2008年9月的6.2%攀升至2009年10月的10.2%，创26年新高，2010年以来虽然有所下降，但仍维持在9%的高位。

第五节　货币政策与财政政策的配合

财政政策和货币政策是国家宏观经济调控的两大基本政策手段。二者具有相同的政策目标，两者主要是通过实施扩张性或收缩性政策，来调整社会总供给和总需求的关系。二者既各有侧重，又紧密联系，必须准确把握和正确处理二者的关系，根据实际情况协调而灵活运用财政政策和货币政策，才能充分发挥其应有作用，保证国民经济健康持续快速发展。

一、宏观经济中的货币政策与财政政策配合

（一）货币政策与财政政策比较

财政政策是指国家根据一定时期政治、经济、社会发展的任务而规定的财政工作的指导原则，通过财政支出与税收政策来调节总需求。增加政府支出，可以刺激总需求，从而增加国民收入，反之则压抑总需求，减少国民收入。税收对国民收入是一种收缩性力量，因此，增加政府税收，可以抑制总需求从而减少国民收入，反之，则刺激总需求增加国民收入。财政政策是国家整个经济

政策的组成部分。财政政策的制定和执行，要有金融政策、产业政策、收入分配政策等其他经济政策的协调配合。

中国财政政策的基本手段为：（1）国家预算。主要通过预算收支规模及平衡状态的确定、收支结构的安排和调整来实现财政政策目标。（2）税收。主要通过税种、税率来确定和保证国家财政收入，调节社会经济的分配关系，以满足国家履行政治经济职能的财力需要，促进经济稳定协调发展和社会的公平分配。（3）财政投资。通过国家预算拨款和引导预算外资金的流向、流量，以实现巩固和壮大社会主义经济基础，调节产业结构的目的。（4）财政补贴。它是国家根据经济发展规律的客观要求和一定时期的政策需要，通过财政转移的形式直接或间接地对农民、企业、职工和城镇居民实行财政补助，以达到经济稳定协调发展和社会安定的目的。（5）财政信用。是国家按照有偿原则，筹集和使用财政资金的一种再分配手段，包括在国内发行公债和专项债券，在国外发行政府债券，向外国政府或国际金融组织借款，以及对预算内资金实行周转有偿使用等形式。（6）财政立法和执法。是国家通过立法形式对财政政策予以法律认定，并对各种违反财政法规的行为（如违反税法的偷税抗税行为等），诉诸司法机关按照法律条文的规定予以审理和制裁，以保证财政政策目标的实现。（7）财政监察。是实现财政政策目标的重要行政手段。即国家通过财政部门对国营企业事业单位、国家机关团体及其工作人员执行财政政策和财政纪律的情况进行检查和监督。

货币政策与财政政策都属于通过作用总需求以影响宏观经济的政策，而两者还是存在明显的差异：

1. 政策主体不同。货币政策主体是中央银行，财政政策主体是政府和立法机构。由于中央银行相对独立于政府，货币政策受政府的影响较小；财政政策受政府的政治决策和社会政治环境的影响较大。

2. 作用方式的差异。货币政策作用总需求，一般由中央银行或货币当局调节货币存量的方式进行。财政政策作用总需求，一般由政府控制政府支出和税收方式进行。

3. 作用效果的差异。货币政策与财政政策作用总需求的效果存在差异。一般来说，投资需求对利率的敏感程度、货币需求对利率的敏感程度是制约货币政策与财政政策相对有效的两个指标。具体说，在投资需求对利率的敏感程度很高而货币需求对利率敏感程度很低时，货币政策通常较为有效。相反，在投资需求对利率敏感程度很低而货币需求对利率敏感程度很高时，货币政策通常不太有效，财政政策则较为有效，并且，财政政策效力在财政支出乘数增大时会变得更强。

4. 调控对象不同。宏观经济总供求均衡包括总量平衡和结构平衡两方面。货币政策侧重调控总量,财政政策侧重调控结构。因为货币政策直接决定着货币供应量,进而决定着社会商品总需求,只要中央银行能够有效控制货币供应量,实现货币供求均衡,就能基本实现社会总供求的平衡;而财政政策利用其收入机制和分配机制,能够自由调控货币资金的流向,财政政策可以通过自身的收支活动,引导货币资金的流向,从而实现优化经济结构的供求均衡。而且,货币政策侧重于对物价稳定的调节,给经济增长创造良好的环境;财政政策侧重于依托对经济结构的调节来推动经济增长和增长方式的优化。

5. 政策调控机理不同。货币政策主要依靠货币供给机制调控宏观经济,货币供给是借贷资金的运动,具有一定的偿还性和交易性,因此货币政策主要调控的是金融市场中具有偿还性质的借贷资金,其政策调控更加注重提高资金的使用效率。货币政策是以非行政指令的间接调控机制,通过市场活动对宏观经济发生影响,其调控的作用时效较长、效果显现较慢;财政政策应用财政收入和分配机制对宏观经济进行间接调控,调控的主要是财政收支,是无偿性资金,调节经济利益在社会各阶层的分配,其政策注重经济利益分配的公平性;由于财政收支是直接依靠政权法律力量进行集中和分配的,具有一定的强制性和无偿性,财政政策利用行政和法律手段对经济进行直接性调控,相对时效短、效果直接和迅速。

(二) 货币政策与财政政策的配合

关于货币政策与财政政策的重要性问题,尽管主张财政政策比货币政策更重要的凯恩斯学派与主张货币政策更为重要的货币学派相互对立,但就政策目标而言,它们同以稳定总需求作为其政策目标。货币政策与财政政策在西方国家宏观经济政策实践中交相为用。通常,西方国家从经济形势的需要出发,配合使用货币政策与财政政策,其配合形式可以是一松一紧(松的货币政策与紧的财政政策、松的财政政策与紧的货币政策),也可以是同松同紧(松的货币政策与松的财政政策、紧的货币政策与紧的财政政策),还可以是双稳健政策。

表 10.1   宏观经济调控的财政政策与货币政策的配合

政策配合模式	政策工具	适用情境
松财政松货币 (双松政策)	财政工具:增加支出,减少税收; 货币工具:增加货币供应量,降低存款准备金率,减低再贴现率,或在金融市场买入证券,向市场投放货币。	经济处于严重萧条时期,可以扩大总需求,使经济复苏; 经济存在大量未充分利用的资源时,可以刺激投资,促进经济增长。

续表

政策配合模式	政策工具	适用情境
紧财政紧货币 （双紧政策）	财政工具：减少支出，增加税收； 货币工具：减少货币供应量，提高存款准备金率和再贴现率，或在金融市场卖出证券以回笼货币。	经济处于严重膨胀时期，需求旺盛，通胀压力很大时，可以抑制总需求，稳定物价，使经济回落。
紧财政松货币 （紧松政策）	财政工具：减少支出，增加税收； 货币工具：增加货币供应量，降低存款准备金率，降低再贴现率，或在金融市场买入证券，向市场投放货币。	当财政赤字较大，同时社会总需求不足时采用，可以实现财政收支平衡；货币政策适当增加货币供应量，以促进经济适度增长，中央银行可以控制货币流向、提高资金使用效率。
松财政紧货币 （松紧政策）	财政工具：增加支出，减少税收； 货币工具：减少货币供应量，提高存款准备金率和再贴现率，或在金融市场卖出证券以回笼货币。	在经济出现滞胀，即经济增长减缓而通胀压力很大的情况，或者经济结构失调与通货膨胀并存的情况下，采用松财政政策有利于解决经济停滞和结构失衡问题；紧货币政策可以减缓通货膨胀的压力。
稳健财政和稳健货币 （双稳健政策）	财政政策：追求财政预算收支平衡； 货币政策：追求货币供求均衡。	双稳健政策一般适用于经济的过渡时期：从扩张到紧缩的过渡期；或是从紧缩到扩张的过渡期，双稳健政策尽可能减少对市场运行的干扰，不主动刺激或收缩经济，努力维护现有的供求均衡。

二、开放经济中货币政策与财政政策的配合

前面立足于一国国内市场经济的视角，调控宏观经济需要货币政策和财政政策的协调配合，已经成为现代市场经济的一般规律。在开放经济下，政府对经济的宏观调控的性质发生了深刻变化，经济的开放性为一国经济提供了在封闭条件下不具备的有利条件，也对一国经济的稳定与发展带来了巨大的外部冲击，因此，在开放经济下，政府对经济的调控目标不仅是要实现经济稳定与发展，还要确定经济合理的开放状态，实现经济的内部和外部均衡。

（一）丁伯根法则

丁伯根法则（Tinbergen's Rule）是首届诺贝尔经济学奖得主荷兰经济学家丁伯根提出的关于国家经济调节政策和经济调节目标之间关系的法则。其基本内

容是：政策工具的数量或控制变量数至少要等于目标变量的数量；而且这些政策工具必须是相互独立（线性无关）的。即，要实现几种独立的政策目标，至少需要相互独立的几种有效的政策工具的配合。

国际收支的货币分析法及其在外部均衡调节上的思想，与休谟的价格铸币流动机制在本质上是一致的，就是通过国内货币的紧缩以改善外部均衡。但是国内货币的紧缩对国内经济有紧缩性的负作用，因而国际收支的货币分析法与价格铸币流动机制都是以牺牲内部均衡为代价来换取外部均衡的改善。这种经济法则在古典经济学中得以盛行，是因为在工资价格充分弹性及货币数量论的经济学假设下，内部均衡可以自动实现，政府没有维持内部均衡的必要。

20 世纪 30 年代诞生的凯恩斯主义为政府干预经济提供了理论支持，政府必须维持物价稳定和充分就业。然而在布雷顿森林体系下，这种以牺牲内部均衡为代价的外部均衡调节思想很难实行。面对内部均衡（稳定物价、充分就业、经济增长）和外部均衡（国际收支平衡）的政策目标，可以采用的政策有支出调整政策（包括财政政策和货币政策）、支出转移政策（包括汇率政策、直接管制等）。一般是以财政政策和货币政策实现内部均衡，以汇率政策实现外部均衡。然而在布雷顿森林体系的固定汇率制度下，汇率工具无法使用。要运用财政政策和货币政策来达到内外部同时均衡，在政策取向上常常存在冲突。

为解决内外均衡的冲突问题，经济学家进行了大量的研究，其中基础性成果是"丁伯根法则"。此后的美国经济学家米德的"米德冲突"也给出了丁伯根法则的特例，"米德冲突"是指在许多情况下，单独使用支出调整政策或支出转换政策而同时追求内、外均衡两种目标的实现，将会导致一国内部均衡与外部均衡之间冲突。因此，要解决内外部均衡的冲突，必须研究不同性质政策的协调配合。

2007 年 7 月中国 CPI 指数创下 1997 年 2 月以来的新高，其中肉类价格同比上涨 45%，食品价格涨幅达到 15.4%。此时中国同时出现了通货膨胀和巨额贸易顺差。政府和中央银行只是运用支出调整政策（财政政策和货币政策），没有与支出转移政策（如汇率政策）配合使用，作用在中国通货膨胀和贸易顺差的"天平"的任何一头，另一头都将翘起，出现经济失衡问题。

（二）蒙代尔的政策搭配

1962 年，蒙代尔在向 IMF 提交的研究报告中，正式提出了"政策配合说"。蒙代尔的财政政策与货币政策的配合法则是内部均衡用财政政策调节；外部均衡用货币政策调节。如图 10.8 所示，横轴 A 代表财政政策，纵轴 R 代

表货币政策。O 点为 YY 和 FF 线的交点，表示达到内外部平衡。（1）内部均
衡 YY 和外部均衡 FF 线均为正斜率。因为在 YY 线上，国内支出 A 增加→通
胀→利率 R 提高抑制投资和消费需求→恢复均衡。在 FF 线上，国内支出 A 增
加→国际收支逆差→利率 R 提高→外资流入改善逆差。（2）内部均衡 YY 线比
外部均衡 FF 线更陡。因为资金流动对利率的敏感程度大于市场投资和消费对
利率的敏感性。

蒙代尔的政策搭配主张"以财政政策对内，货币政策对外"。从 C 点出发，
首先实施扩张性财政政策，C 点移至 C_1 点，达到内部均衡；然后实施紧缩性货
币政策，C_1 点移至 C_2 点，实现外部均衡目标的同时更加接近内部均衡线，如此
进行下去可以到达 C_3，最终趋于内外均衡点 O。

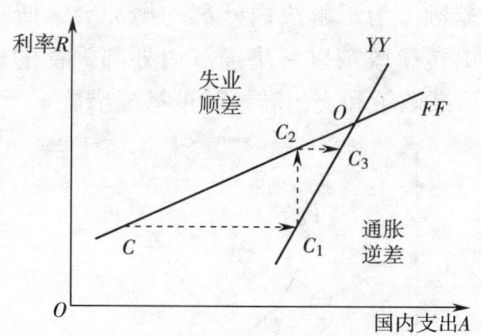

图 10.8 蒙代尔的财政政策与货币政策的配合

基于蒙代尔的政策搭配法则，推导出蒙代尔—弗莱明"不可能三角"，即，
在固定汇率制、资金完全自由流动和货币政策的独立性这三项政策意图之间，
一国最多只能同时实现其中的两项，不可能三项同时兼得。

（三）斯旺的支出调整政策与支出转换政策配合

澳大利亚经济学家斯旺（Swan，1955）进一步研究了内外均衡冲突，提出
了用支出调整政策和支出转换政策解决内外均衡冲突的思想。

支出调整政策是指改变社会总需求或国民经济总支出水平的政策，包括财
政政策和货币政策。支出转换政策是指不改变社会总需求或总支出水平，而改
变国内外商品和劳务在总需求或总支出中比例的政策，包括汇率调整政策和直
接管制政策等。在斯旺图（见图 10.9）中，纵轴是本国货币实际汇率水平 E，
纵轴表示支出转换政策，即汇率政策和外汇管制等。横轴是本国支出水平 A，横
轴表示支出调整变更政策，即财政政策和货币政策。YY 线表示国内经济实现均
衡时汇率和国内支出的组合，FF 线表示国际收支实现均衡时汇率和国内支出的
组合。（1）内部均衡线 YY 为负斜率，因为当国内支出 A 增加→通胀发生→为恢

复均衡，汇率 E 要下降→抑制出口→缓解通胀压力。在 YY 曲线右上方的区域，表示在既定的国内支出水平下本币币值偏低，或在既定的汇率水平下国内支出偏高，这都会引起物价上涨。因此，YY 曲线的右上方为通货膨胀区域；YY 曲线的左下方为失业区域。②外部均衡线 FF 为正斜率，因为当国内支出 A 增加→国际收支逆差→为恢复均衡汇率 E 要上升→促进出口。在 FF 曲线左上方的区域，表示国内支出偏低或本币币值偏低，会出现国际收支顺差。因此，FF 曲线的左上方为国际收支顺差区域。反之，FF 曲线的右下方为国际收支逆差区域。内外均衡在 YY 曲线和 FF 曲线的交点 O 处实现。

斯旺假定在总支出水平超过充分就业产出之前，一国价格水平保持不变，同时假定国际资本流动对国际收支不产生影响，即没有国际资本流动，国际收支差额等于贸易收支差额。为了解决内外部均衡冲突，斯旺提出了必须同时使用支出增减政策和支出转换政策以解决经济内外部失衡的建议，并就内外失衡不同状态提出了支出增减政策和支出转换政策搭配措施。

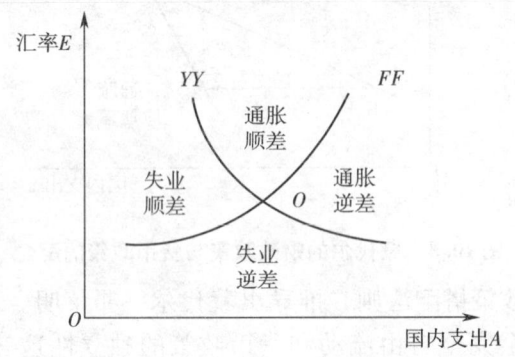

图 10.9　斯旺的政策搭配图

斯旺的观点对于人们认识开放经济条件下政策配合的重要性具有积极意义，为汇率政策与其他经济政策配合的研究作出了突出贡献。但是，斯旺图存在两大局限性：（1）斯旺假设没有国际资本流动，国际收支差额就等于贸易收支差额，这与现实世界有很大的差距。20 世纪 60 年代后，国际资本流动的规模越来越大，对一个国家的经济发展，乃至世界经济的发展都产生了举足轻重的影响。（2）斯旺把货币升值与贬值看成是支出转换政策的主要手段，但在现实中有很多国家和地区采用固定汇率制或钉住汇率制，难以用货币的升值或贬值来达到国际收支平衡的目的，这就使斯旺的分析陷入政策两难的困境。

【专题 10 – 4】　　后危机时期我国的财政政策与货币政策的配合

2008 年为应对国际金融危机的不利影响，我国实施了积极的财政政策和适度宽松的货币政策，在保持稳定出口的同时扩大国内需求，取得了较好的政策效果。进入后危机时期，我国宏观调控在总量平衡和结构优化方面的任务越来越繁重，财政政策和货币政策不仅要在各自领域发挥应有的作用，还要加强协调配合，发挥调控互补的联动效果，避免政策运用的相互掣肘。

一、我国财政政策与货币政策协调配合的实践

改革开放 30 多年以来，我国先后经历了数次通货膨胀和 1998—2002 年长达 5 年的通货紧缩，并遭受亚洲金融危机、国际金融危机等影响。在此期间，我国综合运用经济、法律及行政手段，采取不同的财政政策和货币政策组合来调节经济运行，确保了国民经济持续快速发展。

1. 从调控时机看，有四次经济过热出现在 20 世纪 80—90 年代市场经济体制建立之前。面对商品零售价格快速上涨、经济增长率超过 11% 的状况，国家只能被动采取较为激烈的调控措施。2003 年出现的新一轮经济过热发生在市场经济体制初步建立之后，由于固定资产投资增长过快，货币信贷投放过多，煤电油运供求紧张，导致出现经济过热。2008 年后，受国际金融危机影响，我国 GDP 和进出口出现急速下滑，经济增长面临严峻考验。针对金融危机的不利影响，国家采取了一系列针对性极强的调控措施。

2. 从调控手段看，1980 年、1984—1985 年、1988—1989 年三个经济周期中，我国均采取了财政和货币"双紧"的政策，通过控制财政支出，压缩固定资产投资，运用货币信贷手段紧缩银根，来达到治理通货膨胀的目的。在 1993—1994 年的宏观调控中，我国开始注重运用经济和法律手段，采取了适度从紧的财政和货币政策组合，并灵活运用利率杠杆及税收等经济手段进行调控。1998 年为摆脱通货紧缩阴影，制定了扩大内需的方针，采取积极的财政政策和稳健的货币政策。2003 年继续以双稳健的财政和货币政策相互配合，运用经济和法律手段，并辅之以必要的行政手段，实施预调和微调。2008—2009 年在应对金融危机过程中，采取了积极的财政政策和适度宽松的货币政策相互配合。财政政策上，实施了以"保增长、扩内需"为主的规模高达 4 万亿元人民币的一揽子经济刺激计划，通过增加政府投资、结构性减税等多项措施，积极扩大内需；在货币政策上，连续下调利率和存款准备金率，加大银行信贷规模，进一步拓宽企业的融资渠道，为企业提供了较为宽松的融资环境。

3. 从调控效果看，20 世纪 80 年代的三次调控中，我国主要采用行政性手

段，财政政策和货币政策之间缺乏必要的联系载体，通过"双紧"的财政与货币政策全面紧缩投资和消费，导致经济"大起大落"的局面。1993—1994 年的宏观调控开始注重采用市场化的调控方式，财政和货币政策由以往的"双紧"调整为"适度从紧"，使经济增长率平稳回落，国民经济实现"软着陆"；2003 年通过继续采取双稳健的财政和货币政策，进行适时适度、区别对待的预调和微调，适当的控速降温，取得了预期的调控效果；2008 年末，为防止经济增长过快下滑，我国采用了积极的财政政策和适度宽松的货币政策，调控成效显著。

二、我国财政政策与货币政策协调配合的制约因素

为了保证我国财政政策与货币政策协调配合机制的有效运转，应该深入分析在两类政策配合过程中的制约因素，并逐步加以改善。

1. 国债市场的管理问题

国债不仅是财政筹资的一种方式，而且为货币政策的公开市场业务提供了操作对象，因此国债市场的管理是财政政策和货币政策协调配合的一个基本点。我国从 1998 年开始大规模扩大国债发行，至今已初具规模，但依然存在诸多问题：（1）中短期品种不足。由于 1 年期（含 1 年期以下）国债是中央银行公开市场业务操作的主要工具，中短期国债的不足导致中央银行在公开市场操作中缺乏有效的工具，不利于财政政策和货币政策的协调配合，影响了宏观政策的效果。（2）国债流通性差。国债市场由银行间市场、交易所市场和柜台市场组成，而目前我国可流通的国债仅限于银行间市场和沪、深两个交易所，在其他市场之间债券不能自由流动，投资者不能跨市场交易，降低了国债的流动性。（3）国债利率机制缺乏弹性。按照金融市场收益与风险对等的原则，国债利率在市场利率体系中应该是最低的，并可作为基准利率供市场利率参照。而我国国债利率机制缺乏弹性和灵活性，不利于反映社会资金的供求状况，也不利于运用国债利率灵活地调节货币流通和经济运行。此外，还有国债的购买主体单一、市场有效性弱等缺陷。

我国曾经出现财政政策与货币政策配合不默契的情况，其中问题之一就出在国债的发行管理上。例如，1998 年 2 月财政部发行国债，当这笔国债还没有认购完毕时，中国人民银行于 3 月 25 日宣布下调金融机构存、贷款利率，银行存贷款利率明显低于国债发行利率，给财政部造成很大压力。财政部不得不作出临时决定，暂停这次国债的发行工作，把国债的利率降低到与银行存款利率大致相同的程度继续发行。

2. 政策性金融的边界问题

政策性金融是以国家信用为基础，运用各种特殊的融资手段，严格按照国

家法规限定的业务范围、经营对象，以优惠性存贷利率，直接或间接为贯彻、配合国家特定的经济和社会发展政策，而进行的一种特殊性资金融通行为。其作为财政政策和货币政策协调配合的另一个重要结合点，在促进经济有效增长，调整和改善经济结构，强化宏观调控能力上具有独特的功效。

我国目前存在政策性金融与商业银行投融资范围界定不严、缺乏法律依据等问题，政策性金融机构为了追逐市场份额，向竞争性的商业金融业务渗透。财政资金过多地进入竞争性领域，一方面放大了财政资金对民间资本的"挤出效应"，遏制了民间资本的消费和投资；另一方面，使得货币政策的调控难度加大，影响了财政政策与货币政策的协调性，并加大了地方政府融资风险。特别是在 2008 年末国家一揽子投资政策的刺激下，地方政府投融资平台及融资规模的迅速增长，造成银行信贷风险的迅速上升，同时房地产市场的调控降低了地方政府的收入，进而会降低地方政府投融资平台的负债偿还能力，导致地方政府的财政风险。

3. 外汇储备增长过快的问题

自 1994 年实行外汇管理体制改革以来，我国外汇储备以年均 30% 以上的速度高速增长。截至 2012 年 6 月末，外汇储备达到 3.24 万亿美元。随着外汇储备的大量盈余，外汇市场供过于求的矛盾日益突出，国家为了维持汇率稳定，不得不大量购入美元，向市场投放人民币，外汇占款成为我国基础货币投放的主要渠道，导致我国资本市场过多的流动性。尽管可以通过发行中央银行票据来对冲外汇占款的过快增长，但是会导致陷入对外拥有债权和对内拥有债务的被动境地，货币政策失去了独立操作空间。同时中央银行在外汇市场被动收购外汇，使人民币实际汇率与有效汇率的背离程度越来越大，人民币面临短期升值和长期贬值的两难境地。因此，人民币汇率形成机制改革的成效，成为两大政策工具协调配合的关键要素之一。

4. 政策调控的目标主体问题

商业银行、企业和居民是财政货币政策传导的最终调控的经济目标主体，财政与货币政策是否有效，取决于商业银行、企业和居民行为对财政货币政策的反应灵敏度和配合的程度。由于我国商业银行公司治理结构不够完善，金融效率较低，对货币政策变化反应较为迟钝，往往延长货币政策的传导时滞。企业虽然是独立的市场主体和法人，但由于长期依靠贷款维持经营，较少通过市场自筹资金，根据市场变化作出反应的能力低下。居民受收入增长缓慢、社会保障缺失等制度性因素影响，政策变化很难改变其消费预期和消费行为。这些因素的共同作用，使财政政策和货币政策配合的效力下降。

三、加强财政政策与货币政策的协调配合

1. 合理调整财政政策与货币政策在宏观调控中的关系

财政政策和货币政策虽然在调控的终极目标上具有一致性，但在调控的范围、侧重点、手段和功能空间上有诸多不同之处，因此两者在具体运用中必须有明确的分工。财政政策要在促进经济增长、优化经济结构和调节收入分配方面发挥重要功能；而货币政策要在保持币值稳定和经济总量平衡方面发挥作用。

当前和今后一个时期，积极的财政政策和适度宽松的货币政策是宏观调控政策的主基调，但在金融危机的治理上财政政策要寄予更高的期望。凯恩斯理论中存在萧条阶段财政政策更具有效性的认识，（1）在经济不景气的状态下，微观经济主体投资实体经济的意愿不高。企业获取的低成本贷款，易流向非实体领域，导致货币市场利率持续走低，致使货币政策面临进入"流动性陷阱"的风险。（2）持续增加的货币供给易带来通货膨胀的风险。由于实施宽松的货币政策，截至 2009 年末，我国广义货币（M_2）余额同比增长 27.7%，狭义货币（M_1）同比增长 32.4%，货币供给量增长幅度处于历史较高水平。货币供给量持续增长必须通过价格总水平的上涨传导出来，由于存在传导时滞，所需的时间不确定。因此，在继续实施积极的财政政策和适度宽松的货币政策的同时，要增强政策的主动性和灵活性，及时防范和化解通货膨胀等潜在风险。

世界发达国家经济发展的经验表明，财政政策是政府克服经济衰退、启动经济增长的长期有效手段之一。但是，发行长期国债并不是财政政策的主要手段，税收才是克服经济衰退，扩大内需，启动经济增长的最有效的财政政策手段。从美国多年成功的宏观调控实践来看，每当经济增长缺乏动力时，美国政府首先采用的财政政策手段都是减税。我国自 1998 年开始，实施了多年的积极财政政策，主要以发行长期建设国债，拉动政府投资为主要政策工具。这对当时扩大内需、启动经济增长起到了积极作用。但是，当前我国投资需求已经很旺盛，还出现了部分行业投资过热的现象，应重视和充分发挥税收的宏观调控作用（李扬，2008）。

2. 推进政策性金融体系改革和国债管理

在政策性金融方面，应进一步明确财政投资的原则、范围和领域，划清财政投融资与商业银行投融资的界限。后危机时期，我国财政投融资的重点对象应当是基础设施、基础产业、农业、科技进步、区域发展、环境保护等市场机制难以发挥作用的公共领域。为防范融资风险，还要强化对地方政府投融资平

台的管理，提高地方政府投融资效率，构建长期规划、统筹安排、规划有序和风险可控的投融资框架体系。

在国债管理方面，应进一步改革和完善国债管理制度，切实推行国债余额管理。增加短期国债的发行，丰富央行公开市场操作的工具，把国债作为我国财政政策与货币政策协调配合的新基点，实现国债的滚动发行，完善人民银行所持债权资产的品种结构和期限结构。

3. 坚持汇率市场化改革取向以增强财政与货币政策的主动性

我国已持续长达 16 年之久的国际收支经常项目、资本项目"双顺差"格局。进入后危机时期，这种"双顺差"的格局蕴藏着巨大的风险。打破这种格局，必须要坚持汇率形成机制的市场化取向，改革外汇管理制度。尽管短期内面临人民币升值预期导致的大量外汇流入，但从长远看会增加货币政策的主动性和独立性。2007 年，我国发行了 1.55 万亿元特别国债用于购买部分外汇，降低了超额外汇储备对货币政策调控的干扰和运行压力。但是不能期望仅仅通过这一种方式持续解决我国外汇储备增长过快给货币政策带来的压力问题。最根本的是要转变出口拉动型经济增长方式，走扩大内需的节约型发展道路，降低国民经济对出口贸易的依存度。通过鼓励资本输出，控制资本输入，逐步实现国际收支平衡，以减轻外汇占款的压力，使货币政策得以实施。

4. 加强宏观调控政策对最终目标主体的影响

进一步完善国有商业银行公司治理结构，稳步发展多种所有制的中小金融企业，全面深化农村金融改革，提高资产质量、盈利能力和服务水平。

支持鼓励信用等级较高、规模较大的企业通过金融市场直接筹资，推动融资方式由间接融资向直接融资转变；商业银行则应通过完善风险定价机制主要对中小企业提供信贷支持，改善信用风险过度集中于商业银行的状况，进一步完善财政政策和货币政策的微观传导机制，为两种政策的协调配合创造更为坚实的基础。

合理缩小居民之间的收入差距，加快建立健全社会福利体系，合理引导居民消费行为，倡导合理的消费观念。通过建立和完善个人信贷信用、消费信用制度，积极为居民扩大消费铺平道路，调整消费品供给结构，努力实现居民消费的升级，形成新的消费热点。

5. 政策制定体系的配合

从政策的实施体系来看，中国人民银行及其专业分支机构都是其派出机构，其业务的运作呈现出显著的中央控制特色和纵向的一致性。相比之下，我国财政体制改革以后，财政分为中央和地方两级财政，税务分为国税和地税两极格局，中央和地方之间"分利"冲突更为明显，地方政府已具有了较大的自主权，它不仅是中央政策的执行者，也是地区政策的制定者。当前我国财政政策带有明显的横向格局和区域色彩，这就难免产生地方保护和区域割据的现象，使统一的货币政策面对不统一的财政政策。因此，只有通过一定的制度安排来协调财政货币政策的决策者和实施者之间的行为，才能够更好地保证财政货币政策制定、实施的一致性。

参考文献

［1］朱新蓉：《金融学》，北京，中国金融出版社，2005。

［2］殷孟波、曹廷贵：《货币金融学》，北京，中国金融出版社。

［3］张帆：《货币金融学》，福州，福建人民出版社。

［4］黄宪、江春、赵柯敏、赵征：《货币金融学》，武汉，武汉大学出版社。

［5］王佩真：《货币金融理论与政策》，北京，中国金融出版社，2005。

［6］陈涛：《金融危机时期中美货币政策的比较》，载《亚太经济》，2010 (4)。

［7］夏斌、廖强：《货币供应量已不宜作为当前我国货币政策的中介目标》，载《经济研究》，2001 (8)。

［8］应展宇：《论金融发展中货币政策中间目标的调整》，载《经济评论》，2003 (3)。

［9］苟文均：《资本市场与货币政策：国际经验》，载《中国金融理论前沿 Ⅱ》，北京，社会科学文献出版社，2001。

［10］马彦平：《货币政策中介目标的历史演变与现实选择》，载《华北金融》，2007 (4)。

［11］张泽红、杨东荣：《货币政策中介与目标关联性的历史变迁与现实选择》，载《区域金融研究》，2010 (4)。

［12］蒋万进、李文君：《货币供应量目前应继续作为我国货币政策中介目标》，载《中国金融》，2002 (10)。

［13］熊鹏、王飞：《货币政策中介目标选择的国际经验与启示》，载《济南金融》，2007 (9)。

［14］李浩：《西方国家货币政策中间目标的选择及启示》，载《统计与决策》，2005 (7)。

［15］王国松：《我国货币政策信用可得性效应的分析》，载《财经研究》，

2000（8）。

　　[16] 冯彩、刘玄：《内外均衡冲突下的人民币汇率政策选择：基于斯旺模型的研究》，载《上海金融》，2008（2）。

　　[17] 李扬、王国刚等：《经济总量平衡中的中国财政货币政策协调》，载《上海证券报》，2008 - 01 - 24。

　　[18] 樊京京：《不同货币政策工具的实施效果实证分析——基于中国数据的 VAR 检验》，载《当代财经》，2009（3）。

　　[19] 卢庆杰：《中国货币政策工具有效性分析》，载《复旦学报（社会科学版）》，2007（1）。

　　[20] 马飞雄：《我国货币政策有效性实证分析：1980—2005》，载《广东外语外贸大学学报》，2009（2）。

　　[21] 谭旭东：《中国货币政策的有效性问题——基于政策时间不一致性的分析》，载《经济研究》，2008（9）。

　　[22] 余明：《中国存款准备金政策有效性分析》，载《世界经济》，2009（2）。

　　[23] 刘俊峰、叶瑞雪：《我国提高存款准备金率的效果分析》，载《时代金融》，2007（9）。

　　[24] 范从来、朱恩涛：《我国存款准备金制度演变的货币政策视角分析》，载《中央财经大学学报》，2006（12）。

　　[25] 王慧：《我国法定存款准备金政策效果分析》，载《西南财经大学》，2009。

　　[26] 余力、陈红霞：《上调存款准备金率对市场利率结构的影响研究——基于流动性过剩时期的经验证据》，载《财经论丛》，2010（3）。

　　[27] Frledman M. , The Role of Monetary Policy. Ameriean Economic Review. 1968. 1 - 17.

　　[28] Wray L R. , Money, Interest Rates, and Monetary Policy. Journal of Post Keynesian Economics, 1993, 15（4）：541 - 567.

　　[29] Meltzer A. H. , The Transmission Process. In：Deutsehe Bundesbank ed. The Monetary Transmission Process：Recent Developments and Lesson for Europe. Palgrave, London, 2001, 112 - 130.